GÜNTER VITTMANN

ÄGYPTEN UND DIE FREMDEN IM ERSTEN VORCHRISTLICHEN JAHRTAUSEND

KULTURGESCHICHTE
DER ANTIKEN WELT

BAND 97

VERLAG PHILIPP VON ZABERN · MAINZ AM RHEIN

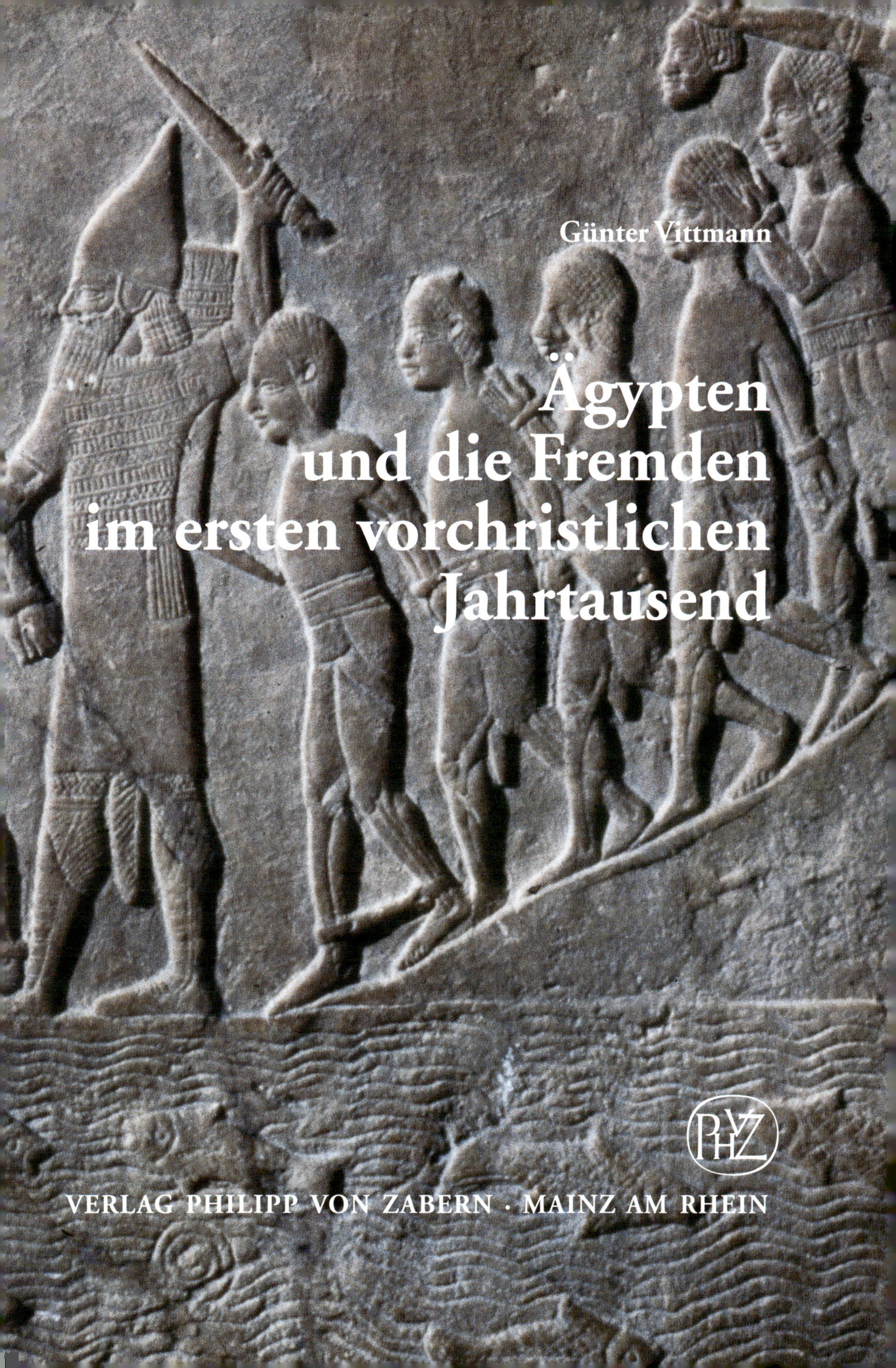

Günter Vittmann

Ägypten und die Fremden im ersten vorchristlichen Jahrtausend

VERLAG PHILIPP VON ZABERN · MAINZ AM RHEIN

X, 322 Seiten mit 122 Schwarzweißabbildungen, 24 Tafeln

Umschlag: Londoner Bronzestatuette des Harpokrates (s. a. Tafel 7a).
Hintergrundabbildung: Grabstele des Persers Djedherbes aus Sakkara, Detail.
(s. a. Abb. 66)

Seite II/III: Assurbanipal in Ägypten: Ausschnitt aus dem großen Wandrelief
aus Ninive (s. a. Tafel 2a)

Bibliographische Information der Deutschen Bibliothek

Die Deutsche Bibliothek verzeichnet diese
Publikation in der Deutschen Nationalbibliographie; detaillierte bibliographische
Daten sind im Internet über <*http://dnb.ddb.de*> abrufbar

ISBN 3-8053-2955-5
Gestaltung: Lothar Bache, Verlag Philipp von Zabern, Mainz
Lithos: Scan Comp GmbH, Wiesbaden

Printed in Germany by Philipp von Zabern
Printed on fade resistant and archival quality paper (PH 7 neutral) · tcf

BERENICEI ET CLEMENTI ET UXORI
SINE QUIBUS NON

Inhaltsverzeichnis

Vorwort

Im Laufe des ersten vorchristlichen Jahrtausends stand Ägypten – wie auch schon früher – in Berührung mit verschiedenen Fremdvölkern. Art und Intensität dieser Kontakte hing natürlich in hohem Grade davon ab, ob die Angehörigen der betreffenden fremden Zivilisationen als Eroberer und Herrscher oder als Händler, Söldner und Handwerker etc. auftraten.

Zur ersten Gruppe zählen Libyer, Assyrer und Perser, wobei zu beachten ist, daß im Unterschied zu den von außen einfallenden Assyrern und Persern die Libyer seit langem ins Land eingesickert waren und die Zügel der Herrschaft sozusagen von innen heraus ergriffen.

In die zweite Gruppe fallen Phöniker, Aramäer, Karer, Araber und – für die Zeit vor der makedonischen Eroberung – Griechen. Wir lernen hier eindrückliche Beispiele für die kulturelle Integration und Assimilation Fremder an die ägyptische Kultur kennen.

Vermissen wird man wahrscheinlich eine Behandung der Kuschiten und ihrer politischen und kulturellen Beziehungen zu Ägypten. Dieses Gebiet ist aber zu umfangreich und zu komplex, als daß es im Rahmen einer schlichten Einführung, wie sie hier geboten werden soll, einigermaßen adäquat abgehandelt werden könnte.

Die Darstellung basiert auf einer Vorlesungsreihe mit dem gleichen Titel, die ich im Sommersemester 1998 an der Universität Würzburg gehalten habe. Die sich aus dem Thema für einen Ägyptologen ergebende Notwendigkeit fortwährender Grenzüberschreitungen empfand ich als willkommene Gelegenheit, über den Zaun zu blicken und den Versuch zu wagen, auch andere dazu zu motivieren. Zwar sind bei der Vielzahl benachbarter Disziplinen, die hier tangiert werden, Lücken in den Literaturhinweisen sowie fallweise vermutlich etwas schiefe Interpretationen gar nicht zu vermeiden. Zum Ausgleich für derlei Mängel wird man dem Verfasser hoffentlich zugute halten, bei den direkt oder indirekt zitierten altsprachlichen Sprach- und Schriftdokumenten grundsätzlich – auch wo existierende Übersetzungen herangezogen wurden – immer *ad fontes* gegangen zu sein, sich also nicht einfach immer nur von Übersetzungen und Deutungen anderer abhängig gemacht zu haben. Der Rückgriff auf die Originalquellen sowie der Wunsch und das Bedürfnis, den interessierten und aufgeschlossenen Leser daran teilhaben zu lassen und ihm die Vielfalt dieser Quellen anschaulich vor Augen zu führen, stellte für mich letzten Endes gleichermaßen Anreiz wie eigentliche Legitimation dar, ein derartiges Unternehmen überhaupt in Angriff zu nehmen.

Obwohl sich das Buch an ein breiteres Publikum wendet – oder vielleicht eher eben deshalb –, habe ich nicht mit Anmerkungen gespart. Ich wollte dem interessierten Leser die Möglichkeit nicht vorenthalten, meinen Darlegungen leichter kritisch folgen und gegebenenfalls selbständig an die jeweiligen Quellen herantreten zu können.

Verschiedenen Spezialisten danke ich sehr herzlich für ihre Freundlichkeit, frühere Versionen bestimmter Kapitel einer kritischen Lektüre zu unterziehen und wertvolle Hinweise beizusteuern: Ursula Höckmann (Kap. VIII), Günther Hölbl (Kap. III und VIII), Karl Jansen-Winkeln (Kap. I und II), Katja Lembke (Kap. VIII), Walter W. Müller (Kap. VI), Wolfgang Röllig (Kap. III), Diether Schürr (Kap. VII). Dankbar bin ich auch Frank Kammerzell, der in kollegialer Weise Abbildungsmaterial aus dem Nachlaß von O. Masson für das Karer-Kapitel zur Verfügung gestellt hat. Mehreren der genannten Personen (Ursula Höckmann, meinem alten Wiener Studienfreund Günther Hölbl und Katja Lembke) danke ich darüber hinaus für die Übersendung einzelner Photos bzw. Dias, ebenso Irma Wehgartner und Karl-Theodor Zauzich für Photos zweier Objekte im Martin-von-Wagner-Museum (des Uschebti eines ägyptisierten Griechen und der ägyptisch-phönikischen Schreibtafel) sowie Martin von Falck vom Gustav-Lübcke-Museum in Hamm dafür, daß er es ermöglicht hat, hier eine bisher völlig unbekannte ägyptisch-aramäische Grabstele zum ersten Mal abzubilden.

Nicht zuletzt aber gilt mein ganz besonderer Dank dem Verlag Philipp von Zabern, insbesondere seiner Leiterin, Frau Dr. Annette Nünnerich-Asmus, und Frau R. Brodhäcker für die Aufnahme dieser Arbeit in das Verlagsprogramm und die tatkräftige und großzügige Unterstützung bei der Beschaffung der Abbildungsvorlagen, sowie allen Personen und Institutionen, die über Vermittlung des Verlags Photos und Publikationsrechte übermittelt haben.

***

Alle historischen Jahreszahlen, sofern nicht ausdrücklich mit dem Zusatz „n.Chr." versehen, sind implizit als vorchristlich zu verstehen.

Ägyptische Namen und Begriffe werden teils in traditioneller, mehr oder weniger künstlicher Vokalisierung wiedergegeben, teils in der wissenschaftlichen vokallosen Umschrift. Bei modernen Namen von Orten in Ägypten und dem Vorderen Orient habe ich mich meist an geläufige, vereinfachte Transkriptionen gehalten oder in der Literatur übliche Wiedergaben übernommen, auch wenn dann der bestimmte Artikel des Arabischen je nachdem als al, el oder il erscheint.

Würzburg, im November 2002

I. Ägypten und die Libyer

Die Libyer waren die ersten Fremden des ersten Jahrtausends, die Ägypten beherrschten; zuvor war dies nur den Hyksos gelungen. Die Kontakte zwischen einheimischen Ägyptern und Libyern setzten natürlich ebensowenig erst mit Schoschenk I., dem Begründer der 22. Dynastie, mit dem man meist die „Libyerzeit" beginnen läßt, ein, wie sie mit der 23. endeten. Schon seit der Frühzeit bestanden enge Berührungen und kulturelle Verflechtungen: beispielsweise sind die Gottheiten Ha und Asch nach allgemeiner Ansicht libyschen Ursprungs, und gewisse Eigentümlichkeiten der libyschen Tracht wie die Phallustasche finden sich auch im Ägypten der Frühzeit, andere wiederum hielten sich bis in die Spätzeit.

Die beiden ältesten in Verbindung mit Libyen und den Libyern gebrauchten Ausdrücke sind Tjehenu – in erster Linie eine territoriale Bezeichnung (Westwüste), die noch in der Spätzeit archaisierend verwendet wurde –, wozu dann seit dem Mittleren Reich das Ethnikon Tjemehu trat. Beide Begriffe wurden bisweilen miteinander vermengt.[1] Im Verlauf des Neuen Reiches tauchen neue Namen für verschiedene Stämme auf wie Meschwesch seit Amenophis III., Libu seit Ramses II., Esbet, Hes[2] und andere. Man nimmt an, daß diese jüngeren Libyer „ethnisch (...) und nach den wenigen verfügbaren Indizien auch in ihrer/n Sprache(n) deutlich von den Ägyptern unterschieden" sind.[3] Am wichtigsten waren Libu und Meschwesch, wobei erstere ursprünglich in der Kyrenaika lebten und Libyen den Namen gaben – auch der moderne Staat hat arabisch den Namen Libia –, während die Heimat der Meschwesch weiter westlich lag. Herodot zufolge sind die libyschen Völker von Ägypten bis zum Tritonsee (Golf von Gabes in Tunesien) Nomaden (IV 186). Die Völker westlich davon seien jedoch keine Nomaden und hätten auch andere Sitten. Über die Maxyer, worin wahrscheinlich das Meschwesch der ägyptischen Quellen steckt, schreibt er: „Westlich vom Tritonstrom grenzen an die Auseer schon Ackerbau treibende und an den Besitz von Häusern gewöhnte Libyer an; diese heißen Maxyer. Sie lassen an der rechten Kopfseite das Haar wachsen und scheren es an der linken ab. Den Körper bestreichen sie mit Mennig" (IV 191). Es folgt eine Schilderung des Landes und seines Reichtums an Tieren. Die Beschreibung der Haartracht stimmt mit dem überein, was wir von bildlichen Darstellungen kennen. Wenn die Meschwesch auch in ihrer Heimat schon Nomaden waren, sollten sie aber eher mit Herodots Machlyern in Verbindung zu bringen sein, wie in der Forschung ebenfalls vorgeschlagen wurde. Man nimmt heute allerdings an, daß nicht nur die Heimat der Libu, sondern auch die der Meschwesch in der Cyrenaica lag und nicht so weit westlich, wie Herodot hinsichtlich der Maxyer wie der Machlyer meinte.

Zu den Libyern gehörten auch die von den Griechen so genannten Psylloi, die ob ihrer Kunst der Schlangenbeschwörung berühmt waren. Demotische Urkunden der Ptolemäerzeit kennen diese Bezeichnung in lautlicher Wiedergabe als Personennamen.[4]

Unsere Hauptquellen für das spätere zweite Jahrtausend sind die Berichte über die Libyerkriege von Sethos I., Ramses II., Merenptah und Ramses III.; es ist für das Verständnis der Situation im ersten Jahrtausend nützlich, auf die Verhältnisse im Neuen Reich – speziell die Kriege Merenptahs und Ramses' III. sowie die Aussagen über die Libyer in administrativen Dokumenten – etwas näher einzugehen. Damals wurden nämlich die Grundlagen gelegt, die schließlich zur Machtübernahme durch die libyschen Herrscher der 21.–24. Dynastie führten.

Während die Libyer bis zum Ende der 18. Dynastie keine wirklich ernsthafte Bedrohung dargestellt hatten, änderte sich die Situation bald darauf: Erst seit Sethos I. gibt es ein „libysches Problem", wie B. Haring es nennt.[5] Im 5. Jahr des Merenptah (ca. 1209) überrannten sie die offenbar schon etwas verwahrlosten westlichen Grenzfestungen und drangen mitsamt Frauen und Kindern sowie ihrem Vieh ins Delta ein, und zwar – wie eine ägyptische Quellen vermeldet – schlicht aus Hunger: „Sie verbringen den Tag, indem sie das Land durchstreifen und kämpfen, um ihren Bauch täglich zu füllen; sie sind in das Land Ägypten gekommen, um Nahrung zu suchen für ihre Münder."[6] Es ging also nicht lediglich darum, Beute zu machen, sondern neuen Siedlungsraum zu gewinnen. Einige fielen sogar in die Oase Farafra, das „Rinderland", ein.[7]

Einzelne Gruppen der sog. „Seevölker" schlossen sich den Libyern an, und es ist gewiß kein Zufall, daß zur selben Zeit auch die Nubier von Süden her das Land bedrängten. Das war sicher Ergebnis einer Absprache, wie wir das schon von der Kamose-Stele kennen.[8] Es half den Libyern aber nichts – die Ägypter trugen nach sechsstündigem Kampf im nordwestlichen Delta den Sieg davon. Die berühmte „Israel-Stele"[9] des Merenptah schildert in beredten Worten, wie der Fürst der Libyer in tiefster Nacht ganz allein barfuß und ohne die traditionelle Straußenfeder auf dem Kopf floh, nachdem man ihm seine Frauen entführt und Wasser und Proviant abgenommen hatte. Seine Leute, die vor ihm allen Respekt verloren hatten, wollten ihm gar ans Leben, und überall wurde gespottet: „Der Fürst, dem ein schlimmes Geschick den Federschmuck geraubt hat". Die Straußenfeder, die auch
Abb. 2 die „Soldaten"-Hieroglyphe ziert, war ein charakteristisches Merkmal der libyschen
Taf. 2a Fürsten. Übrigens kennen die ägyptischen Quellen diesen Federschmuck auch bei den Beduinen des Sinai und den Nubiern.[10]

Unter den schwachen Nachfolgern des Merenptah am Ende der 19. Dynastie trat eine etwa zwanzigjährige Ruhepause ein, während der die Libyer (Libu und Meschwesch) ungehindert ins Westdelta eindrangen und dort, dem „historischen Abschnitt" des P. Harris zufolge, Städte plünderten, bis unter Ramses III. eine neue Welle, verstärkt durch Kontingente aus der Ägäis, heranbrandete.[11] Das Kerngebiet der libyschen Besiedlung in Ägypten lag vermutlich zwischen Kom el-Hisn / Imau und Ausim / Letopolis, also auf jeden Fall im Norden des Landes.

Es wird angenommen, daß diese Einfälle durch eine massive Bevölkerungszunahme in Libyen und der Ägäis als Folge technologischer Fortschritte in Landwirtschaft, Bewaffnung und Medizin durch den Kontakt mit den Hochkulturen Ägyptens, Mesopotamiens und der Hethiter bedingt waren. Früher konnte der Mangel an eigenen Ressourcen bis zu einem gewissen Teil durch altbewährte Praktiken wie Beutezüge und Seeräuberei ausgeglichen werden; der Einbruch einer ariden Klimaphase um 1200 störte dieses Gleichgewicht und führte dazu, daß sich Libyer wie „Seevölker" massenweise und bewaffnet auf die Suche nach neuen Lebensräumen begaben.[12] In seinem 5. Jahr (ca. 1180) schlug der Pharao eine Koalition der Meschwesch, Seped und Libu, die den Monumentalinschriften zufolge auf einem Beutezug unterwegs waren.[13] Trotz der Versicherung des offiziellen Berichtes, den Tjemehu sei das Rückgrat für immer und ewig gebrochen worden, hatte er sechs Jahre später (Jahr 11, ca. 1174), drei Jahre nach der Abwehr der Seevölker, erneut gegen die Meschwesch zu kämpfen. Damit war die Gefahr einer Invasion vorerst einmal gebannt.

Aufschlußreich für die Situation wie auch die künftige Entwicklung ist, wie mit den Besiegten verfahren wurde. Merenptah tötete den Inschriften zufolge 6359 Libyer, die Verbündeten nicht mitgerechnet, und machte 9376 Gefangene. Im Ersten Libyschen Krieg Ramses' III. gab es dann schon angeblich über 28 000 Gefallene im feindlichen Lager! Im Zweiten Libyschen Krieg wurden 2175 Libyer getötet und 2052 gefangengenommen. Von letzteren waren nur 1200 Soldaten, der Rest Frauen und Kinder. Obendrein fiel den Siegern eine riesige Anzahl an Vieh (42721 Stück, darunter, Rinder, Schafe, Pferde etc.) in die Hände.[14] Die Größenordnungen, in denen sich die Angaben über Gefallene und Gefangene bewegen – und es besteht kein stichhaltiger Grund, diese Zahlen als unrealistisch abzutun[15] – lassen den Ernst der Lage erahnen. Überhaupt muß auffallen, daß die Kriege Ramses' III. gegen die Libyer sowie die Seevölker im Gegensatz zu den Unternehmungen der 18. Dynastie sowie der frühen 19. Dynastie, die auf territoriale Expansion zielten, im Prinzip reine Defensivkriege waren.

Von den Kriegsgefangenen wurde ein Teil als Arbeitskraft in den Verarbeitungsbetrieben der Tempel eingesetzt und ein anderer als Soldaten in Festungen und Garnisonen angesiedelt. Wir zitieren hier aus dem „historischen Abschnitt" des großen Papyrus Harris:[16] „Ich holte die, die mein Schwert übriggelassen hatte, als zahlreiche Gefangene, zusammengebunden wie Vögel vor meinen Pferden, ihre Frauen und Kinder wie Zehntausende, ihr Vieh in einer Zahl wie Hunderttausende. Ich siedelte ihre Führer in Festungen auf meinen Namen an. Ich gab ihnen Truppenoberste und Sippenchefs, die gebrandmarkt zu Sklaven gemacht und mit meinem Namen gestempelt wurden; ihre Frauen und ihre Kinder wurden ebenso behandelt. Ich brachte ihr Vieh zum Haus des Amun. Es wurde für ihn zu einer Herde gemacht für immer."

Die großen Mengen an erbeutetem Vieh sind ein Indiz dafür, daß die Viehzucht in der libyschen Wirtschaft eine hervorragende Rolle spielte. Das von Herodot für die libyschen Völker zwischen Ägypten und Tritonsee herausgestellte nomadische Element war zwar durchaus wesentlich, doch bezeugen die Texte auch die Existenz von „Städten". Weiters ist zu bemerken, daß die materielle Kultur der Libyer über den Standard einer reinen Hirtengesellschaft hinausging: im Zweiten Libyschen Krieg Ramses' III. erbeuteten die Ägypter 603 Bögen, 239 Schwerter des mykenischen Typs – knapp die Hälfte davon über zwei Meter lang – und 92 Streitwägen.[17] Die wirtschaftlichen Entwicklung wurde wohl schon damals durch den Handel mit der pharmazeutisch genutzten Silphiumpflanze gefördert.[18]

An dieser Stelle sind auch einige Erläuterungen zu den vorhin genannten militärischen Anlagen angebracht.[19] Abgesehen von den ägyptischen Garnisonen in Vorderasien und in Nubien gab es solche in wichtigen Städten wie Memphis und Theben und im Ostdelta in Pi-Ramesse und Tell el-Yahudiye. Darüber hinaus dienten befestigte Anlagen dem Grenzschutz und der Kontrolle von Bevölkerungsbewegungen in diesen heiklen Zonen: in Bige südlich von Elephantine, in Koptos am Eingang des zum Roten Meer führenden Wadi Hammamat, im Fayum speziell als Bollwerk gegen die Libyer, und an der Ostgrenze in Sile und Tell el-Maskhuta. Dazu kam des weiteren ein Netz von Festungen, das die Straßen nach Syrien-Palästina zum einen (den sog. Horusweg) und in die Kyrenaika zum anderen säumte. Was die Westroute angeht, die uns hier natürlich vorrangig interessiert, so ist speziell die Festung von Zawiyet Umm er-Racham, 25 km westlich von Marsa Matruh, aus der Zeit Ramses' II. gut bekannt. Ein paar Jahrhunderte mußten vergehen – aber damit greifen wir der hier skizzierten Entwicklung bereits voraus –, bis so manche dieser Festungen, die ursprünglich zum Schutz *gegen* die Libyer errichtet worden waren, von diesen erobert und in Betrieb genommen wurden (vgl. unten)!

Wir finden in der ägyptischen Armee seit Ramses III. neben den Einheimischen auch Nubier, Libyer, Asiaten, Ägäer und Hethiter. Schon Ramses II. brüstete sich anläßlich seiner kriegerischen Auseinandersetzungen mit den Libyern damit, Nubier nach Norden, Asiaten nach Ta-seti (Nubien), die Schasu-Beduinen in den Westen und die Tjehenu-Libyer in das östliche Hügelland deportiert zu haben.[20] Noch deutlicher drückt sich eine Inschrift Ramses' III., eine sog. „rhetorische Stele" bei Deir el-Medineh, aus:[21] „Er plünderte die Länder [der Tjemehu,] der Libu und der Meschwesch. Er veranlaßte, daß sie den Fluß überquerten und nach Ägypten gebracht wurden. Sie wurden in den Festungen des starken Königs angesiedelt. Sie hörten die Sprache der Menschen (d.h. Ägyptisch!), indem sie dem König dienten. Er machte, daß ihre Sprache verschwand, er verdrehte ihnen die Zunge. Sie gingen auf einem Wege, den sie vorher nicht herabgestiegen waren" (was vielleicht gleichermaßen wörtlich wie metaphorisch gemeint ist: wörtlich in Hinblick auf die Deportation in ungewohnte Gefilde, metaphorisch im Hinblick auf die den richtigen „Lebensweg" vermittelnde Ägyptisierung[22]). Die siegreiche Macht sprang also mit den Fremden nicht zimperlicher um, als dies gewisse heutige Staaten mit ihren Minderheiten tun. Möglichst viele Nichtägypter sollten der eigenen Zivilisation entfremdet werden und zu willigen Werkzeugen der regierenden Macht werden, indem sie deren Sprache und Kultur unter Aufgabe der eigenen assimilierten.

Wohin wurden nun die Libyer von Ramses III. deportiert? Dem großen P. Wilbour aus dem 4. Jahr Ramses' V. (ca. 1144) ist zu entnehmen, daß in der strategisch bedeutsamen Gegend vom Fayum bis nach Mittelägypten zahlreiche ehemalige Kriegsgefangene verschiedener Herkunft z.T. schon unter Ramses II., vor allem aber nach den Kriegen Ramses' III. in den Festungen und Militärkolonien angesiedelt wurden. Man findet da beispielsweise Schardana (Angehörige der „Seevölker", die Sardinien den Namen gaben), die seit Ramses II. eine Elitetruppe konstituierten und aus der die königliche Leibgarde gestellt wurde.[23] In Friedenszeiten lebten diese Leute mit ihren Familien und bestellten die ihnen zugewiesenen Felder. Von den Libyern, um die es uns hier geht, erfahren wir sehr wenig; es sind einige Tjuk-Leute und ihre Standartenträger bezeugt.[24] Kitchen äußerte die Vermutung, daß die libyschen Kriegsgefangenen vor allem im Ostdelta (Bubastis) angesiedelt wurden.[25] Das scheint auch im Hinblick auf die spätere politische Bedeutung von Bubastis plausibel.

Man wüßte gerne, was mit den am Westrand des Kulturlandes verbliebenen Populationen geschah. Wir können nur vermuten, daß einige Gruppen weiter nach Westen zurückwanderten, etwa ins Gebiet des heutigen Libyen und Tunesien; archäologische Zeugnisse haben wir leider nicht. Andere Gruppen zogen anscheinend entlang der Oasenstraßen nach Süden bis hin nach Nubien. Bereits unter Ramses II. ist die Präsenz von Tjemehu in den Oasen nachzuweisen. Da dort freilich auch nur eine begrenzte Anzahl von Menschen Lebensraum finden konnte, wichen sie nach Osten über die Wüstenstraßen wieder ins Niltal aus, wo wir sie in der späten Ramessidenzeit, also ungefähr im letzten Viertel des 12. Jahrhunderts, allen Kontrollen zum Trotz in Theben finden.

Damit sind wir bei den administrativen Dokumenten, deren Quellenwert neben den historischen Monumentalinschriften schon eingangs erwähnt wurde. Es handelt sich um teilweise noch unpublizierte Fragmente von Tempeljournalen im Zusammenhang mit der Verwaltung der Königsgräber aus der Zeit Ramses' IX.[26] Die Libyer werden je nachdem – vermutlich auf Grund äußerer Merkmale – als Meschwesch und Libu unterschieden oder allgemein als *ḫ3stjw* „Wüstenbewohner" / „Ausländer" bezeichnet; die traditionellen Termini Tjehenu und Tjemehu bleiben Monumentalinschriften und literarischen Texten vorbehalten. Die wiederholt erwähnte Anwesenheit umherstreifender libyscher Gruppen bedeutete eine permanente Bedrohung der Sicherheit, auch wenn nichts von direkten Zusammenstößen berichtet wird. In den sog. Late Ramesside Letters ist für die Zeit Ramses' XI. von der Ausgabe von Getreiderationen an Meschwesch-Leute die Rede, und Meschwesch wurden vom libyschen General Paianch[27] für seine Kampagne gegen den nubischen Vizekönig Panehesi requiriert – der regierende Pharao Ramses XI. war offenbar auf die Zusammenheit mit den Libyern angewiesen.

Die Situation am Ende der 20. Dynastie stellt sich nunmehr, vereinfacht gesprochen, so dar: Das Delta und die Gegend bis hin nach Herakleopolis sind massiv und unkontrolliert von Libyern unterwandert. Oberägypten ist im wesentlichen von Ägyptern besiedelt, doch dringen aufständische Libyer (und wohl auch andere fremde Söldner) aus den diversen von den Ramessiden betriebenen Festungen große Unruhe und Unsicherheit verbreitend bis nach Theben vor und verursachen letztlich den Zusammenbruch des Neuen Reiches am Ende der 20. Dynastie, die Übernahme der Macht durch die Libyer und ein von ca. 1070 bis ins 8. Jahrhundert dauerndes „dark age", „wobei die ersten 150 Jahre ganz besonders dunkel sind."[28]

Es ist schwierig, die einzelnen Mosaiksteinchen zu einem zuverlässigen Gesamtbild zusammenzusetzen; die Quellen liefern selten wirklich klare und eindeutige Informationen. Wir müssen jedenfalls davon ausgehen, daß die Libyer bereits damals – und nicht etwa erst unter Schoschenk I., wie man bis vor kurzem immer dachte – das Land eroberten: Es besteht nämlich in mehrfacher Hinsicht ein perfekter Bruch zwischen dem späten Neuen Reich und der 21. Dynastie, keineswegs aber zwischen der 21. und der 22. Dynastie.[29] Ganz im Gegenteil teilt die 22. Dynastie wesentliche und im Vergleich zu den älteren wie späteren Zeiten unerhörte Eigenheiten mit der 21. Nun erwartet man aber doch Änderungen und Einschnitte eher bei der Machtübernahme durch Fremdherrscher. Da die verschiedenen Gemeinsamkeiten der 21. und 22. Dynastie sehr wohl bemerkt worden waren, man aber die Fremdherrschaft traditionellerweise mit Schoschenk I. beginnen ließ und die Libyer ohnedies als weitgehend assimiliert galten, spiegelte diese Sicht zwangsläufig eine Kontinuität im Übergang vom „nationalen" zum „libyschen" System vor, die es so nicht gegeben hat.

Im Prinzip stellen sich hier hauptsächlich zwei einander berührende Fragen: Worin unterscheidet sich die Libyerzeit von den vorangegangenen Epochen, und in welchem Umfang waren die Libyer des ersten Jahrtausends wirklich ägyptisiert? In der Regel geht man davon aus, daß die Akkulturation schnell und gründlich verlief, und zwar aus zwei Gründen: einmal, weil so etwas wie eine ursprüngliche, echte „libysche" Kultur archäologisch nicht nachweisbar sei, und zum anderen, weil die libyschen Herrscher in den ägyptischen Texten wie auch bei Manetho nicht als Ausländer gezeichnet werden.

Das erste Argument wiegt leicht zumal in Hinblick auf die bekannten Schwierigkeiten von Grabungen im Delta, wo ja die meisten Libyer lebten. Man muß jederzeit darauf gefaßt sein, daß neue Funde unser Bild verändern können. Aber auch das zweite Argument ist nicht beweiskräftig: Der Eindruck vollständiger Ägyptisierung ergibt sich im wesentlichen aus der Übernahme der königlichen Ikonographie. Hier sind tatsächlich keine Modifikationen feststellbar wie etwa bei den Kuschiten. Niemand würde jedoch auf die Idee verfallen, die Ptolemäer für ägyptisiert zu halten, nur weil sie auf den Tempelwänden die traditionelle Rolle der Pharaonen spielten. Was aber Manetho betrifft, so verwertete er Quellen aus dem Delta, die die Libyer gewiß nicht als fremde Usurpatoren hingestellt haben werden. Und eine Situation, aus der heraus die Libyer als Fremdherrscher hätten dargestellt werden können, war schließlich nicht gegeben. Die Libyer waren keine Invasoren, die man hätte vertreiben können, sondern regierten von innen heraus. Immerhin tragen die Häuptlinge der Libu und Meschwesch noch um die Mitte des 8. Jahrhunderts die charakteristische
Abb. 1 Feder im Haar, und libysche Namen und Titel waren noch in Gebrauch, als die libysche Periode schon dem Ende zuging. Die Integration war also durchaus nicht vollständig.

Vor diesem Hintergrund entwickelte A. Leahy[30] in einem 1985 an entlegener Stelle veröffentlichten Aufsatz die sehr beachtenswerte Theorie, daß in vier grundlegenden Aspekten dieser Epoche – also vom zehnten Jahrhundert bis in die erste Hälfte des siebenten, genauer gesagt bis zur Begründung des saitischen Einheitsstaa-

Abb. 1 Schenkungsstele des „Großen Fürsten der Libyer" Amenrudj, der auf dem Kopf die libysche Häuptlingsfeder trägt.

tes durch Psammetich I. – authentischer libyscher Einfluß festzustellen sei. Wir können nichts Besseres tun, als uns diese vier Aspekte zu vergegenwärtigen:
– 1. Das auffälligste Charakteristikum der Epoche ist die Zersplitterung ("fragmentation") des Landes in eine Anzahl unabhängiger Territorien. Die anschaulichsten Quellen hierfür sind die große Pianchi-Stele und die Assurbanipal-Inschriften. Hier haben jeweils der kuschitische und der assyrische Eroberer ein getreues Bild der politischen Verhältnisse gezeichnet, indem sie einen großen Teil dieser Territorien und ihrer Herrscher aus der unvoreingenommenen Sicht der Außenseiter namentlich

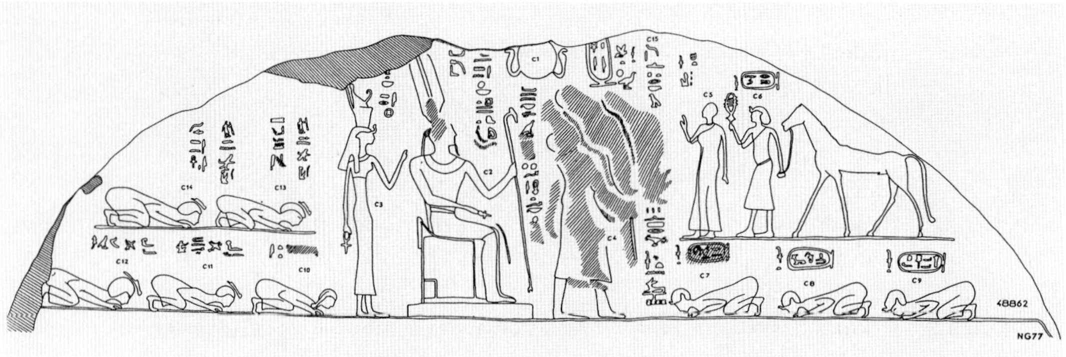

Abb. 2 Giebelfeld der Siegesstele des kuschitischen Eroberers Pije/Pianchi. Rechts die vier im Rang eines „Königs" stehenden Lokalherrscher (oben Namert von Hermopolis mit Sistrum, mit der Linken ein Pferd am Halfter führend), links fünf kniende Fürsten, vier davon mit der libyschen Häuptlingsfeder auf dem Kopf. Die beiden Männer in der oberen Reihe tragen den Titel „Großer Häuptling der Ma".

aufgeführt haben. Die Liste bei Assurbanipal werden wir uns sinnvollerweise im nächsten Kapitel ansehen; wir müssen aber schon jetzt erwähnen, daß bei Assurbanipal die im Ägyptischen ganz unterschiedlichen Herrschertitel alle pauschal und im Hinblick auf die reale Machtfülle bezeichnenderweise als *šarru* „König" wiedergegeben werden. Pianchi/Pije bietet diesbezüglich ein äußerlich differenzierteres
Abb. 2 Bild: Wenn wir das Giebelfeld der Siegesstele (ca. 715) betrachten,[31] sehen wir im Zentrum den kuschitischen Eroberer und vor ihm, in zwei Reihen demütig darniederliegend, vier als *njswt* „König" bezeichnete und mit Uräen dargestellte Herrscher, deren Namen dementsprechend in Kartusche geschrieben werden. Ihr hier nicht genanntes jeweiliges Territorium ist leicht über die Angaben im Text der Stele zu identifizieren. Im einzelnen handelt es sich um

- Namert[32] von Hermopolis
- Osorkon (IV.) von Bubastis (letzter Herrscher der 22. Dynastie)
- Juput von Leontopolis
- Peftjauawibastet von Herakleopolis.

Links sind vier libysche Fürsten mit der obligatorischen Feder auf dem Kopf in derselben Haltung wie die besagten Könige: zwei *ḥ3tjw-ʿ* und zwei „Große der Ma", einer davon mit dem libyschen Namen Akanosch (in Sebennytos), den wir auch noch unter Psammetich I. finden.[33] Das sind nur einige wenige von all den Potentaten; in der großen Inschrift werden noch viele andere – aber keine weiteren „Könige" – genannt. Wichtig waren vor allem der „Große der Ma" Tefnachte, der Vater des berühmten Bokchoris und Gründer der nur aus diesen beiden bestehenden 24. Dynastie in Sais, aber auch der Fürst Peteese von Athribis, der einer uns gut bekannten Familie angehörte.[34]

Über diese verschiedenen Territorien informiert eine grundlegende Arbeit von Yoyotte.[35] Worauf es uns hier vor allem ankommt, ist jedoch folgendes: Im Vergleich mit der Zweiten Zwischenzeit, als das Land in zwei getrennte Teile gespalten war und der nördliche ebenfalls von Königen beherrscht wurde, die aus den Reihen infiltrierter Fremder (aus Vorderasien) stammten, diese Teilung aber als untragbarer Zustand und mit der ägyptischen Königsideologie unvereinbar betrachtet wurde, ist es nun so, daß die verschiedenen Dynastien und Herrschaftsbereiche offenbar friedlich und in gegenseitiger Anerkennung koexistierten. Die Dezentralisierung und die Etablierung dieses Zustands war gewolltes Regierungsmodell, nicht einfach ein Chaos, das sich aus einem mißlungenen Versuch, das traditionelle ägyptische Vorbild nachzuahmen, ergeben hätte. Darum ist es auch nicht angebracht, von libyscher Anarchie zu sprechen, wie dies früher in der Regel geschah; treffender ist Assmanns wertneutrale Charakterisierung dieser Zeit als Polyarchie.[36] Diese ist aber ein wesentliches Merkmal der feudalistischen Strukturen, die für die Libyerzeit typisch sind.[37]

– 2 (und dieser Aspekt hängt mit dem ersten zusammen). Das Konzept des Königtums hat sich unter den Libyern gewandelt. War der traditionelle ägyptische Pharao ein Gott auf Erden, so war der „große Häuptling der Ma“, der Schoschenk I. vor seiner Thronbesteigung gewesen war, nur ein *primus inter pares.* Die Libyer adaptierten zwar äußerlich die pharaonische Königsideologie, wenn man aber sozusagen an der Oberfläche kratzt, kommen darunter die unägyptischen Herrschaftsstrukturen zum Vorschein. Indizien dafür, daß es mit der Ägyptisierung selbst der herrschenden Schichten nicht allzu weit her war und die traditionelle Vorstellung vom Königtum den Libyern im Grunde wenig zu sagen hatte, erkannte Leahy z.B. in dem Umstand, daß auf Schenkungsstelen die Kartuschen als Symbol des Königtums weggelassen und die Häuptlinge der Ma anstelle des Königs als Stifter vor der Gottheit dargestellt werden können.

Diese andersartige Auffassung wird besonders deutlich an einem Orakelgebet Osorkon II., in dem er Amun unter anderem folgendermaßen bittet: „[Du wirst] meine Nachkommenschaft bilden, den Samen, der aus meinen Gliedern kommt, [als] große [Herrscher] von Ägypten, Fürsten, erste Propheten des Amun-Re-Götterkönigs, große Häuptlinge der Ma, [große Häuptlinge der] Ausländer, Propheten des Harsaphes“ etc.[38]

– 3. Indirekten libyschen Einfluß nimmt Leahy für Gebrauch und Entwicklung bestimmter Schriftarten in der Dritten Zwischenzeit an. Einmal ist eine auffallend starke Vermischung der traditionell unterschiedlichen Anwendungsbereiche von Hieroglyphen und Hieratisch zu konstatieren. Die seit dieser Zeit häufig auftretenden Schenkungsstelen (vgl. Abb. 1. 112) sind zumal im Delta oft hieratisch beschriftet, obwohl für Steininschriften normalerweise Hieroglyphen gebraucht wurden. Außerdem scheint es – immer nach Leahy –, daß die Existenz zweier verschiedener kursiver Schriftsysteme, nämlich des sog. Kursiv- oder Abnormhieratischen in der Thebais und des Demotischen, das seinen Ausgang der communis opinio zufolge von Unterägypten nahm, die politische, administrative und ethnische Situation reflektiert: Das zwar zeitweise von Libyern beherrschte, insgesamt aber „ägyptisch“ gebliebene Theben war in der Libyerzeit vom Norden unabhängig.

Ob man soweit gehen darf, mit Leahy anzunehmen, daß die Verschiedenheit der Kursivschriften tatsächlich „a product of the ethnic division of Egypt“ sei, ist Ermessenssache, ein indirekter Zusammenhang (unterschiedliche juristische und administrative Entwicklung in Nord und Süd) mag aber einzuräumen sein. Eine ägyptische Kollegin hat jedoch die Ansicht vertreten, die kursivhieratische Schrift ließe sich entgegen der bisherigen Annahme in der späten 22. Dynastie auch in Unterägypten – konkret auf Serapeumsstelen – nachweisen.[39] Allerdings scheinen mir die von ihr beigebrachten Beispiele wenig überzeugend, und mit den Ausführungen von Leahy hat sie sich leider nicht auseinandergesetzt. Hier bleibt jedenfalls für die Forschung noch einiges zu tun.

Das gilt auch für Verifizierung oder Ablehnung einer weiteren hochinteressanten Hypothese Leahys, daß nämlich auch die verstärkt auftretende Tendenz zu phonetischen anstelle der traditionellen etymologischen Schreibungen in hieroglyphischen und hieratischen Texten ein libysches Substrat offenbart: Die libysche Elite hätte demnach versucht, sich das Schreiben der ihnen von Haus aus ja fremden Sprache auf eine einfachere Weise anzueignen. Leahy hätte hier auch auf die Tatsache hinweisen können, daß gerade die in Unterägypten entstandene demotische Schrift sehr häufig phonetisch und nicht traditionell-etymologisch schreibt, was man aber erst so richtig merkt, wenn man die Texte in Hieroglyphen umsetzt!

Sehr gering ist leider die Ausbeute an libyschem Sprachgut in ägyptischer Überlieferung, und zeitgenössische libysche Sprachdenkmäler, die bei der Interpretation helfen könnten, gibt es nicht. Die Sprache der Eroberer wurde offenbar nur für den mündlichen Verkehr gebraucht; für alle schriftlichen Äußerungen bediente man sich der ägyptischen Schrift(en). Lediglich die modernen tschadisch-berberischen Sprachen stehen also für Vergleichszwecke zur Verfügung. Außer ethnischen Bezeichnungen, von denen wir die meisten schon erwähnt haben (libysche Völkerschaften u.ä.) und einer Reihe von Personennamen – zunächst natürlich die bekannten Königsnamen Schoschenk, Osorkon, Takelothis, weiters etliche Namen von Privatleuten – sind drei Titel als libysch einzustufen: *ms* „Herr, Fürst" (berberisch *mes, mas* „Herr"[40]), *mk* (nicht näher zu bestimmen)[41] und *mtwhr* (Große Dachla-Stele).[42] Freilich können hier und da weitere libysche Wörter unerkannt verborgen sein. So frage ich mich beispielsweise nach der sprachlichen Einordnung der militärischen Bezeichnung *tmrgn*, die in dem sog. Moskauer Literarischen Brief sowie – bisher nicht erkannt – in einem kursivhieratischen Brief aus der Zeit des Taharka aufaucht:[43] Semitisch ist sie jedenfalls sicherlich nicht!

– 4. Im Bestattungswesen sind radikale Veränderungen sowohl im königlichen als auch im privaten Bereich zu beobachten. Der traditionellen ägyptischen Separation der königlichen Nekropole stellt sich nunmehr das Konzept vom „Grab im Tempelhof"[44] entgegen. Wir finden das zuerst in Tanis und Memphis (Grab des Kronprinzen Schoschenk), aber auch in Theben, speziell im Ramesseum und in Medinet Habu (Gräber der Königsgemahlinnen, Grab des noch später kultisch verehrten Königs Harsiese[45]). Eine weitere Innovation ist die ausgeprägte Tendenz zur bescheidenen Familiengruft anstelle kostspieliger Individualbestattung. Unbekümmert werden ältere Anlagen in Eile für die neuen Inhaber hergerichtet, man bemüht sich nicht sonderlich um eine bis ins Detail ausgearbeitete Neudekoration. Das alles liegt gewiß nicht an mangelndem Reichtum – man denke nur an die Schätze aus den Königsgräbern von Tanis – und auch nicht an technischem Unvermögen, sondern spiegelt eine andere Haltung zum Tod wider, eine gewisse Gleichgültigkeit gegenüber den altüberlieferten aufwendigen Vorbereitungen. Das steht nun aber in Einklang mit den Bräuchen einer halbnomadischen Gesellschaft wie der der Libyer.

Soviel also zu den Ausführungen von Leahy. Manche Punkte – vor allem der dritte – werden im Detail noch zu modifizieren sein; die von ihm ausgearbeiteten Beobachtungen und Interpretationen sind jedoch äußerst wertvoll und haben sich bereits anregend und befruchtend auf die weitere Forschung ausgewirkt. So bezeichnete Ritner Leahys bahnbrechenden Aufsatz als „a much-needed corrective to conventional assumptions."[46]

Karl Jansen-Winkeln hat in der Folge Leahys Ansatz vertieft und weiterentwikkelt.[47] Wohl das bemerkenswerteste, fast schon als revolutionär zu bezeichnende Ergebnis wurde schon angedeutet: Die Libyerzeit begann nicht erst mit Schoschenk I., dem ersten König der 22. Dynastie, es ist aber auch nicht einfach so, daß bereits vorher vereinzelt Libyer in höchste Machtpositionen und selbst auf den Königsthron gelangten. Die Libyerzeit begann vielmehr mit der 21. Dynastie. Anders gesagt, die Herrschaft der Ramessiden wurde durch die Libyer abgelöst! Jansen-Winkeln hat herausgearbeitet, was die 21. Dynastie mit der 22. gemeinsam hat und worin sich beide im Detail vom (späten) Neuen Reich einerseits und den nachfolgenden Epochen andererseits unterscheiden. Selbstverständlich spielt dabei Leahys Pionierarbeit eine tragende Rolle, er strich jedoch verschiedene weitere wichtige Aspekte heraus:

– Die 21. Dynastie ist durch „Zweiteilung des Landes in einen unterägyptischen und einen oberägyptischen Teilstaat"[48] gekennzeichnet. Im Norden residiert der König, während der Süden – etwa von Herakleopolis an – sich als „Gottesstaat" gibt, bei dem es sich in Wahrheit freilich um eine Militärdiktatur handelt, die von einem „Generalissimus" als Vasallen des unterägyptischen Königs regiert wird. Da nun die libysche Besiedlung im Süden sehr viel dünner war als im Norden, mußte das Land durch eine Reihe neuerrichteter Festungen – vor allem im Raum el-Hibe / Herakleopolis[49] – kontrolliert werden.

– Ein wesentlicher Zug, der die beiden Dynastien miteinander verbindet, ist die sonst in Ägypten in dieser Form nicht übliche Vereinigung disparatester Funktionen in den Händen einer einzigen Person. Entscheidend ist nicht mehr die Gliederung nach unterschiedlichen, eine spezielle Ausbildung erfordenden Ressorts, sondern das für feudalistische Systeme typische „Überwiegen persönlicher Herrschaftsmittel" über institutionelle.[50] So waren Paianch und Herihor in einer Person „General" und Hoherpriester des Amun. Die traditionelle Zivilverwaltung ist nach den Beobachtungen von Jansen-Winkeln[51] zusammengebrochen; wir haben es hinsichtlich der Oberschicht mit einer libyschen Militäraristokratie auf der einen Seite und ägyptischem Priestertum auf der anderen zu tun.

– Die Gräber der Herrscher der 21. und 22. Dynastie liegen in einem einzigen, ziemlich kleinen Komplex in Tanis, was allein schon auf enge Zusammengehörigkeit hindeutet. *Abb. 3. 4*

– Trotz äußerlicher Ägyptisierung (mit ägyptischer Kleidung) werden Lokalfürsten der Libyerzeit mit der typischen libyschen Häuptlingsfeder dargestellt. *Abb. 1. 2*

Abb. 3 Bei den Königsgräbern von Tanis.

Abb. 4 Grab Schoschenks III. in Tanis, Westwand (vgl. P. Montet, La nécropole de Tanis, III, Paris 1960, pl. XXIX).

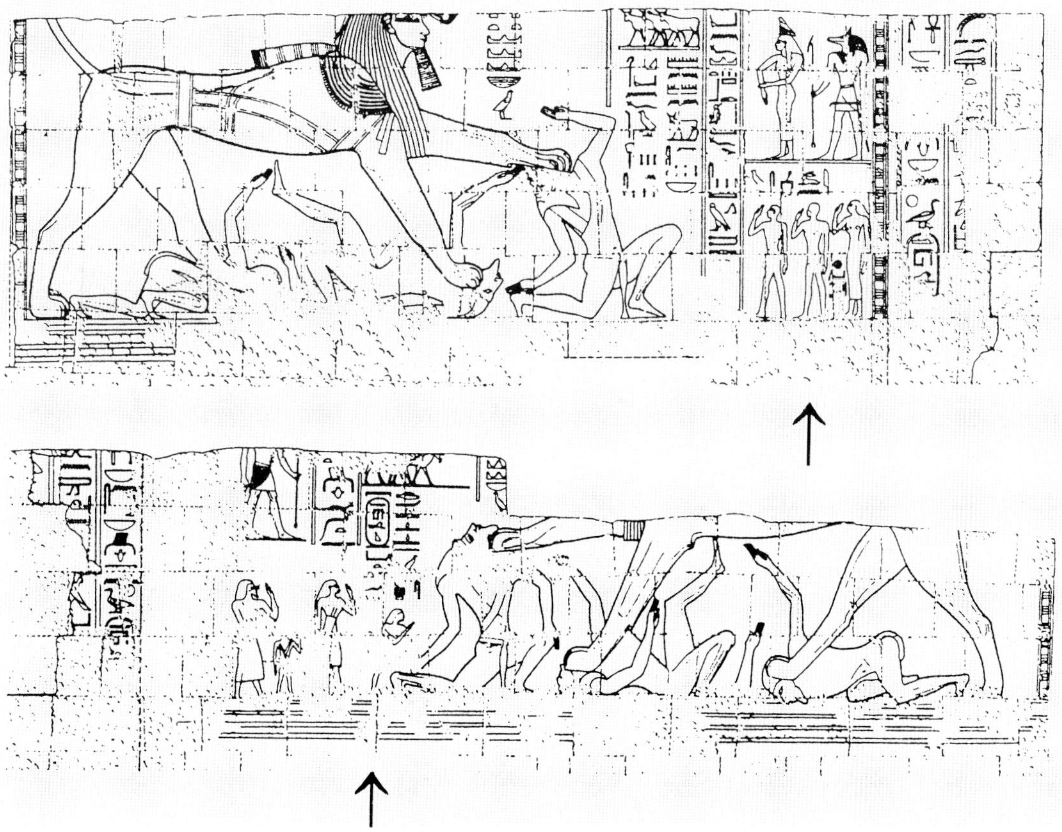

Abb. 5 Die sog. „libysche Familie" nach der Darstellung im Tempel von Kawa. Die Szene taucht erstmals ca. 1800 (!) Jahre früher im Totentempel des Sahure in Abusir – und in der Folge in den Totenkultanlagen mehrerer anderer Pharaonen des Alten Reiches – auf, wobei sich die Personennamen stets gleich bleiben: Es handelt sich um zwei Knaben mit Namen Weni und Wesa und eine Frau Chuit-ites.

Explizite Erwähnungen von Libyen und den Libyern außerhalb der Nennungen von „Großen der Meschwesch" in der Dritten Zwischenzeit sind in den Texten nicht zu häufig.

Unter Taharka wurden Tjehenu zu Arbeiten am Tempel in Sanam requiriert,[52] was eine vorhergehende militärische Konfrontation nahelegt. Hier ist nun ein außerordentlich kurioses Zeugnis zu nennen, nämlich die Darstellung der sog. „libyschen Familie"[53] als Teil eines Bildzyklus in Kawa, der auf dieselbe Vorlage *Abb. 5* zurückgeht wie die etwa 16–1800 Jahre älteren Beispiele aus königlichen Totentempeln der 5. und 6. Dynastie (v.a. Sahure, Pepi I./II.). Auch die individuellen Namen der Feinde sind immer genau dieselben. Dieser Rückgriff auf uralte Vorlagen, die eine längst vergangene Wirklichkeit wiederbeleben, impliziert allerdings nicht automatisch, daß diese Darstellungen auf dieselbe Stufe zu stellen sein müssen wie die traditionellen Szenen vom Niederwerfen der Feinde durch den Pharao bei den

Tempelpylonen. Es ist durchaus mit der Möglichkeit zu rechnen, daß ein konkreter historischer Anlaß zur Anbringung dieses Bildzyklus bestanden hat – vor allem, wenn es andere Indizien in dieser Richtung gibt. Andererseits ist nicht zu übersehen, daß in späten Listen angeblich unterworfener Feinde Völkerschaften erscheinen können, die es zu der betreffenden Zeit längst nicht mehr gab: das gilt für die Nennung der Hethiter im Tempel von Kom Ombo, wo sich übrigens auch die jüngste Nennung der Meschwesch findet.[54]

Abb. 71

Die Zeit der Libyerherrschaft in Ägypten endete mit der Einigung des Landes unter Psammetich I., der in den ersten Jahren seiner langen Regierung (664–610) nicht nur der Herrschaft von Assyrern und Kuschiten ein Ende bereitete, sondern auch die zahlreichen Deltafürstentümer beseitigte und die „Großen der Ma" im Zuge einer Verwaltungsreform durch ägyptische Zivilbeamte ersetzte. Die obenerwähnte, für die Libyerzeit typische Verknüpfung priesterlicher und militärischer Ämter und Funktionen in der Hand einzelner enger Gefolgsleute des Königs weicht der traditionellen Differenzierung (wobei in archaisierender Weise verstärkt auf Titel längst vergangener Epochen zurückgegriffen wurde). Priestertum und Verwaltung obliegen den Ägyptern, das Militär ist jedoch zu einem großen Teil Sache der Libyer. Für den Dienst in den Grenzfestungen und bei militärischen Expeditionen wie der nach Nubien unter Psammetich II. greift der Staat vorzugsweise auf fremde Söldner zurück, die soldatischen Fähigkeiten von Libyern und anderen Nichtägyptern wurden offenbar höher eingeschätzt als die der Einheimischen. Auch in den höheren Chargen fehlt es natürlich nicht an Libyern.[55] Es scheint auch in dieser Hinsicht eine gewisse Parallele zur chinesischen Ch'ing-Dynastie (1644–1911) zu bestehen. Die Mandschu-Herrscher stellten sich zwar wie die Saiten kulturell in die Tradition des unterworfenen Landes, fühlten sich aber im militärischen Bereich entschieden überlegen.[56] Wie aber die Ch'ing, um den Vergleich noch auf einer anderen Ebene ein wenig weiterzuspinnen, nach außen eifrig den tibetischen Buddhismus förderten und gleichzeitig nach innen ihre traditionellen Schamanenkulte pflegten,[57] so kann man sich gut vorstellen, daß die Saitenherrscher ihrerseits außer der ägyptischen Staatsreligion „im Verborgenen" auch Riten der libyschen Vorfahren zelebrierten …

Auf Psammetich I. geht nach einer Mitteilung Herodots die Gründung verschiedener Grenzfestungen zurück, die noch zu seiner Zeit in Betrieb waren: „Unter König Psammetichos lagen Garnisonen in der Stadt Elephantine gegen die Aithiopen, im pelusischen Daphnai eine andere gegen die Araber und (As)syrer, und in Marea gegen Libyen (wiederum) eine andere" (II 30,2). Dieses Marea (Kom el-Idris) liegt weit im Westen, nahe dem Mareotis-See, und ist mit dem von Psammetich I. eingerichteten Verwaltungsbezirk „Wüstengebiet der Tjemehu-Libyer" (*ḫꜣst Ṯmḥw*) zu identifizieren. Ausschlaggebend für diese Gleichsetzung ist das Erscheinen der Ortsbezeichnung „die Stadt ḤSTMḤ" als Herkunft einer aramäischen Familie auf einer Stele der Perserzeit: Offenbar war der Mann an der örtlichen Grenze stationiert (vgl. Abb. 47).[58]

Mit libyschen Söldnern der Westwüste hatte wohl auch der Oberarzt und „Vorsteher der Tjemehu" / „Vorsteher der Ausländer von Tjehenu" namens Psammetich zu tun, der zwischen dem Ende der 26. und dem Anfang der 27. Dynastie lebte und ein Grab in der Nähe der Unas-Pyramide von Sakkara besaß.[59]

In seinem 9. Jahr (656), als Psammetich die Thebais auf diplomatische Weise angliederte,[60] war die Wiedervereinigung vollbracht. Man fragt sich, welcher Her-

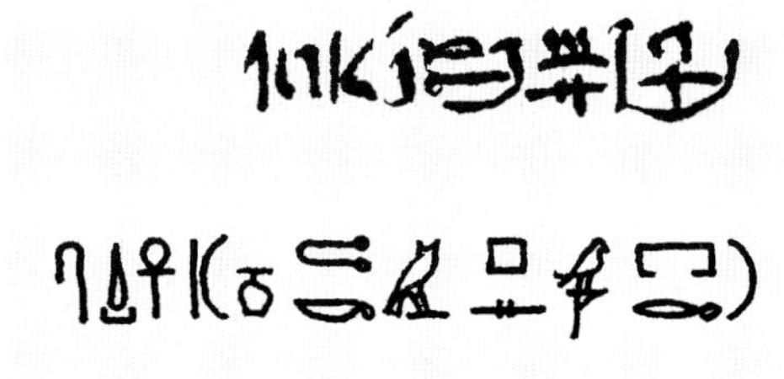

Abb. 6 „Pharao Psammetich, Leben Heil und Gesundheit" in demotischer Schrift (aus Papyrus Rylands 1, datiert 654) mit moderner Umsetzung in Hieroglyphen. Der libysche Königsname ist so geschrieben, als bedeute er „Der Mann des Mischweins" (mit dem Determinativ des Kruges).

kunft eigentlich er selbst war; weder sein eigener Name noch der seines Vaters Necho sind ägyptisch. Manchmal ist „Psammetich" so geschrieben, als bedeute es „Mann des Mischkrugs bzw. Mischweins",[61] es gibt auch eine freilich nur selten belegte Femininbildung,[62] aber das ist alles sekundär. Zu einer anatolischen Ableitung besteht keinerlei Veranlassung; der Name ist zweifellos libysch, Psammetich I. war ein Libyer![63] Er hat also in dem Bestreben nach Einigung und Zentralisierung mit dem alten libyschen Grundsatz der Polyarchie Schluß gemacht. *Abb. 6*

Eine von mehreren Stelen, die 1957 an der westlichen Wüstenstraße bei Dahschur entdeckt wurden, datiert in das 11. Jahr Psammetichs I. (654),[64] also nur zwei Jahre nach der Annexion der Thebais. Im Giebelfeld wird der Herrscher als „Wahibre, der die Tjehenu(-Leute) schlägt" tituliert. Vielleicht „berührt dieses Epithet doch recht eigenartig, da Psammetik selbst libyschen Ursprungs war", aber hier waren, wie Goedicke wohl mit Recht annimmt, „weniger 'nationale' als machtpolitische Momente bestimmend".[65] Abgesehen davon ist die Geschichte der Menschheit überreich an Beispielen dafür, daß Angehörige verwandter ethnischer Gruppen miteinander kämpften, vor allem natürlich, wo wir aus räumlicher und zeitlicher Distanz eine Einheit – im konkreten Falle also „Libyer" – sehen, wo es eine Vielzahl rivalisierender Stämme gab, die nur durch starke Zentralgewalt bei der Stange gehalten werden konnten. *Abb. 7*

In literarischer Gestaltung als sog. Königsnovelle berichtet die genannte Steleninschrift, wie der König von einer Erhebung der westlichen Libyer (Ma und Tjemehu) erfuhr. Das Verständnis der Inschrift ist im einzelnen außerordentlich schwierig; soviel ist aber klar, daß gegen die Rebellen mit militärischer Gewalt vorgegangen werden mußte.[66]

In Anbetracht solcher Maßnahmen mag es überraschend erscheinen, daß die „Obersten der Ma" noch in der fortgeschrittenen Regierungszeit Psammetichs I. aktiv waren. Bisher war der späteste Beleg für einen „großen Häuptling" eine Schenkungsstele aus dem Jahr 8 Psammetichs I. (657), wo ein Petechons mit besagtem

Abb. 7 Stele Psammetichs I. aus Sakkara aus seinem 11. Regierungsjahr (654) mit einem Bericht über die Abwehr libyscher Rebellen.

Titel als Stifter von 10 Aruren Ackerland in Pharbaithos im Ostdelta auftritt.[67] Ritner[68] konnte nun einen bis dahin falsch gelesenen „Obersten der Ma“ noch für das 31. Regierungsjahr Psammetichs I. (634) in der Region von Hibeh identifizieren. Bezeichnend ist jedoch, daß der im Text erwähnte „Oberste der Ma von Ta-qehi (*Tȝ-qḥj*, d.i. ‘der Distrikt’ als Ortsname)“ nicht mehr in eigener Machtvollkommenheit handelt, sondern nur mehr im Auftrag von Vertretern der Staatsmacht. Zum Schutz eines Privathauses beruft er seine Kalasirier[69] in voller Bewaffnung ein. Wenig später erscheint er mit 50 Kämpfern in Hibeh und erhält Anweisung, in Oxyrhynchos und Hardai nach bestimmten Leuten, denen Straffreiheit zugesichert werden soll, zu suchen. Nach Erledigung dieses Auftrags erstattet er ergebenst Bericht, und man hört nichts mehr von ihm.

Abb. 8 Besiegter Feind über dem eine Festung symbolisierenden Oval mit der Inschrift „Das Land Tjemehu (= Libyen) von der Susa-Statue Dareios' I. (vgl. Abb. 58).

In der zweiten Hälfte der 26. Dynastie, gegen Ende der Regierungszeit des Apries (um 570), suchten libysche Stämme unter ihrem König Adikran, die von Kyrene hart bedrängt wurden, Schutz bei den Ägyptern. Apries entsandte ein Heer nach Kyrene, wurde aber geschlagen. Darin lag nach Herodot (IV 159) der Hauptgrund für die wachsende Unzufriedenheit der Ägypter mit dem Regime und den baldigen Sturz des Apries durch Amasis.

Nach der persischen Eroberung Ägyptens durch Kambyses im Jahr 525 unterwarfen sich die Libyer aus Furcht vor Schlimmerem freiwillig, „erklärten sich zu einem Tribut bereit und sandten Geschenke“ (Herodot III 13,3). Unter Dareios wurde Libyen zusammen mit Ägypten mit einem – normalerweise als nicht unmäßig veranschlagten – jährlichen Tribut von zusammen 700 Talenten belegt (III 91,2), wozu noch bestimmte Sonderleistungen kamen.[70] In den Listen der zum Perserreich gehörenden Völkerschaften erscheint Libyen unter dem Namen *Putāya*; auf der Susa-Statue mit dem alten Namen „Land der Tjemehu“.[71]

Abb. 8

Übrigens werden die vorhin erwähnten Ma(xyer) auch noch in einem demotischen Papyrus dieser Zeit aus Elephantine genannt.[72] Sie sollten damals im Jahr 486, in unruhigen Zeiten, eine Ladung Getreide bewachen. Abermals handelten sie im Auftrag der – diesmal persischen – Staatsmacht in polizeilicher bzw. militärischer Funktion.

Die späteren Nachrichten über Libyer in Ägypten – wie z.B. den Deltadynasten Inaros, der sich 463/62 gegen die Perserherrschaft erhob und von Artaxerxes gekreuzigt wurde[73] – müssen wir übergehen, wir wollen aber doch einen Blick auf die Situation in der Oase Siwa und den „Gottesstaat“ der Ammonier mit seinem berühmten, von Alexander dem Großen besuchten und konsultierten Ammonsorakel werfen.[74] Wie Kuhlmann festgestellt hat, „stand Siwa niemals unter direktem ägyptischen oder gar griechischen Verwaltungseinfluß, sondern wurde von einheimischen, wenngleich ägyptisierten Königen geführt.“[75] In der 26. Dynastie, zur Zeit des Amasis, gab es hier einen „König von Ober- und Unterägypten“(!) und „Großen der Fremdländer“ namens Sethirdis[76], der sich in Unterstreichung seines religiösen Ranges als Herrscher des ammonischen Gottesstaates auch als „Erster Prophet des Amun“ bezeichnen ließ. Die Annahme des Königstitels und der Titel eines Hohenpriesters des Amun, der an frühere enge Verbindungen zu Theben gemahnt, erinnert auffallend

an den Hohenpriester Herihor am Ende der Ramessidenzeit, der ja, wie gesagt, sicher ebenfalls libyscher Abstammung war.

Der früheste bekannte Herrscher von Siwa ist aber der Vater des Sethirdis, ein Reruatneb, dessen Name nicht ägyptisch aussieht, sondern wahrscheinlich libysch ist.[77] Während der 30. Dynastie herrschte hier ein „Großer Fürst der Fremdländer" Wenamun. Beide werden durch die typische Straußenfeder im Haar als Libyer ausgewiesen. Wenamun läßt sich auch ganz nach Art eines ägyptischen Pharaos gekleidet darstellen und bezeichnet sich einmal sogar als „geliebter leiblicher Sohn" des Amun-Re.[78] Noch für ca. 207, also zu einer Zeit, „als die Kyrenaika längst zum Ptolemäerreich gehörte" und von einem Libyarchen verwaltet wurde, wird uns von Silius Italicus ein General Nabis als „König" und „Priester des Amun" überliefert.[79] Ob der Name wirklich ägyptisch ist und von einem gar nicht belegten **Nb.f* „sein Herr" kommt (eine Ableitung, die dann konsequenterweise auch für einen gleichnamigen König von Sparta gelten sollte!), scheint freilich abermals äußerst zweifelhaft. *Abb. 9*

Herodot (II 32–33) berichtet von einem König der Ammonier Etearchos, worin sich Kuhlmann zufolge wie im Falle der meroitischen Königin „Kandake" kein echter Personenname, sondern vielmehr ein Herrschertitel verbirgt. Kuhlmann nimmt an, daß dieses Etearchos eine Übersetzung des für besagten Wenamun belegten Ehrentitels „wirklicher Herr(scher)" ist. Aus diesem Grunde bezeichnet er die Lokalherrscher von Siwa pauschal als „Etearchen".[80] Dieses Vorgehen scheint bedenklich, da Etearchos auch sonst als Name bestens bezeugt ist, und zwar nicht nur bei Herodot (IV 154) in bezug auf einen König von Oaxos auf Kreta, dessen Tochter Phronime die Mutter des Battos und damit die Ahnherrin der libyschen Könige werden sollte, sondern häufig in Bezug auf nichtkönigliche Personen.[81]

Im Niltal selbst ist das libysche Element nach dem Ende der Libyerherrschaft wenigstens in drei Bereichen unmittelbar faßbar: der Namengebung, der Literatur und schließlich der Religion. Dynastische Namen wie Osorkon, Schoschenk, Psammetich sind noch in der Ptolemäerzeit belegbar.[82] In der Literatur erlebt die ritterlich feudale Welt der Libyerzeit in den handschriftlich erst sehr spät überlieferten epischen Dichtungen des sog. Inaros-Petubastis-Komplexes ihre Auferstehung.[83]

Zum Schluß noch ein paar Worte über die Bedeutung Libyens in der ägyptischen Religion im ersten Jahrtausend und danach. Hier wäre einmal die Darstellung des libyschen Nemti / Antaios mit der charakteristischen Häuptlingsfeder aus Qau el-Kebir zu nennen.[84] Des weiteren finden wir in demotischen Texten wiederholt eine „Hathor von Libyen",[85] also offenbar die von Sextus Empiricus erwähnte „libysche Aphrodite". Das ist keine späte Sonderentwicklung, denn eine „libysche Hathor" gibt es bereits in der 19. Dynastie.[86] Allerdings bedeutet das nicht, daß wir es hier mit dem Import einer echten libyschen Gottheit zu tun haben wie im Falle der am Anfang dieses Kapitels erwähnten alten Götter Asch und Ha.[87] Der Zusammen- *Abb. 10*

Abb. 9 Ostwand des Tempels von Umm Ubaida/Siwa. Rechts oben der mit der libyschen Häuptlingsfeder geschmückte Lokalherrscher Wenamun vor dem widderköpfigen Amun.

Abb. 10 Relief aus Qau el-Kebir mit einer Darstellung des libyschen „Riesen" Antaios (= Seth) und der Nephthys.

hang mit Libyen liegt wahrscheinlich einfach darin, daß Hathor von alters her mit dem Westen als Totenland assoziiert wurde – „Hathor, Herrin des Westens" oder im ersten Jahrtausend nicht selten „Hathor, der der Westen unterstellt wurde."[88]

In libyscher Zeit scheint der Name des Amun, der eigentlich „Verborgener" bedeutet, mit dem libyschen Wort für „Wasser", *aman*, gleichgesetzt worden zu sein. „Auch die blaue Hautfarbe des Gottes könnte von den Libyern als Farbe des Wassers statt der 'Luft' gedeutet worden sein."[89]

Später, und zwar vor allem in der demotischen Onomastik von Soknopaiu Nesos im Fayum, finden wir häufig auch einen „Horus der Libyer" (Harpagathes).[90] Eine echte libysche Göttin dürfte hingegen Schehdedit[91] sein, die bisher ausschließlich aus spätzeitlichen Personennamen – hier allerdings in zahlreichen Varianten – bekannt ist. In diesem Zusammenhang darf nebenbei bemerkt werden, daß die ägyptischen Personennamen zumal der Spätzeit, und zwar sowohl die hieroglyphischen wie auch die demotischen, eine längst noch nicht erschöpfend ausgewertete, wichtige Quelle zur Erforschung der ägyptischen Religion darstellen.[92]

II. Die Beziehungen Ägyptens zu Assyrien und Babylonien

Während die libyschen und kuschitischen Fremdherrscher die ägyptische Kultur wenigstens nach außen hin in mehr (bei den Kuschiten) oder weniger hohem Maße (bei den Libyern) assimilierten und in den Denkmälern als legitime Pharaonen auftraten, wissen wir von dem assyrischen Intermezzo im Prinzip nur durch Zeugnisse der Eroberer. Die einheimischen Dokumente schweigen diese Epoche völlig tot. Es gibt keinen einzigen zeitgenössischen ägyptischen Text, der nach einem Assyrerkönig datiert oder gar in eindeutiger Weise auf die Ereignisse anspielt, und selbst Herodot und Diodor, aber auch Manetho, wissen nichts davon. Die viel späteren Verarbeitungen in der demotischen Literatur, die immerhin die Namen des Asarhaddon und seines Vaters Sanherib erwähnen, müssen wir hier beiseite lassen.[1] Auch bildliche Darstellungen, die in irgendeiner Weise mit den Eroberern in Verbindung gebracht werden könnten, fehlen.

Lediglich ganz vereinzelte, ziemlich vage Andeutungen sind in diesem Sinne interpretiert worden: Montemhet, der mächtigste Mann in Theben um die Mitte des 7. Jahrhunderts, spricht im Mut-Tempel von Karnak davon, daß er „Oberägypten auf seinen Gottesweg (die rechte Ordnung also) gesetzt" habe, „als das ganze Land auf den Kopf gestellt war".[2] Man hat darin immer gern eine Anspielung auf das assyrische Interregnum gesehen, bis Leclant argumentierte, daß dies schon aus chronologischen Gründen – der dargestellte König ist Taharka, nicht Tanwetamani – unwahrscheinlich sei und eher die „äthiopische Renaissance" am Ende des 8. Jahrhunderts im Blick stehe.[3] Nun haben aber ägyptische Chaosbeschreibungen, wie Assmann[4] deutlich gemacht hat, oft durchaus reale Grundlagen, und es ist noch nicht erwiesen, daß die ältere Interpretation falsch sein muß und nicht doch auf den Vormarsch der eben nicht auf dem „Gottesweg" wandelnden Assyrer *vor* 664 – also in der Zeit des Taharka – angespielt sein könnte.[5]

Vermutlich eine Erinnerung an diese Zeiten beschwört der kurz vor 500 niedergeschriebene demotische Papyrus Rylands 9[6] herauf: im Rückblick aus dem Jahr 4 Psammetichs I. (661) erwähnt er zweimal „diese schlimme Zeit", als die bis dahin steuerfreien „großen Tempel" des Landes zur Leistung von Abgaben und ähnlichem gezwungen wurden.

Einen Nachhall der assyrischen Plünderung Thebens hat man in der Ilias sowie in den Klagen des Propheten Nahum erblickt.[7]

Um zu verstehen, wie es zu den drei Ägyptenfeldzügen Asarhaddons in den Jahren 673, 671 und 669 kam, müssen wir einen Blick auf die Entwicklung der politischen Beziehungen Ägyptens zu Vorderasien während der vorangegangenen Jahrzehnte werfen.

Bereits 853, unter Osorkon II. (ca. 875-837), hatte nach allgemein üblicher, allerdings nicht gesicherter[8] Auffassung ein ägyptisches Kontingent von tausend Mann im Verband einer Koalition syrischer Kleinstaaten, der sich auch Ägyptens alter Handelspartner Byblos sowie Ahab von Israel angeschlossen hatten, bei Qarqar am Orontes gegen Salmanassar III. (858–824) gekämpft, um den drohenden Vormarsch der Assyrer aufzuhalten. Die Schlacht ging zwar unentschieden aus, der Aufstieg Assyriens war aber nicht zu unterbinden. Osorkon II. bzw. sein Nachfolger Schoschenk III. (ca. 837–798) verlegte sich nunmehr darauf, an den assyrischen Hof diplomatische Geschenke zu entsenden. Einige Zeit später finden wir ägyptische Gesandte, die in Assyrien residieren. Bei den kriegerischen Auseinandersetzungen Syrien-Palästinas mit den Assyrern in den Jahrzehnten nach der Schlacht von Qarqar hören wir nichts mehr von einer Beteiligung Ägyptens: offensichtlich war das Land mit seinen inneren Problemen völlig ausgelastet.

Der traditionelle syrische Partikularismus, der auch durch die ausgreifenden Bestrebungen von Damaskus nicht überwunden werden konnte, trug zweifelsohne dazu bei, den Assyrern den Weg zum Mittelmeer und zu den Grenzen Ägyptens zu ebnen. Der entscheidende Durchbruch der assyrischen Offensive gelang unter Tiglatpilesar III.[9] (744–727). In mehreren Feldzügen eroberten er und seine Nachfolger – besonders Sargon II. (721–705) – nacheinander die syrischen Kleinstaaten, die in Vasallenstaaten und schließlich zum guten Teil in assyrische Provinzen umgewandelt wurden. Das blieb auch für die Handelsbeziehungen Ägyptens zu dieser Region nicht ohne Folgen. Tiglatpilesar errichtete 734 ein *bīt kāri*,[10] einen Handelsstützpunkt, nahe der ägyptischen Grenze zwischen dem sog. „Bach von Ägypten" und Gaza. Ein Kommissar der assyrischen Krone (*qēpu*) in Tyros erhielt zwischen 735 und 732 die Weisung, kein Holz nach Ägypten und Palästina zu liefern.[11] Onasch[12] meint hierzu: „Welches Ziel aber mit dieser Maßnahme erreicht werden sollte, muß leider unklar bleiben. Die Anordnung zeigt jedoch, daß das Verhältnis zu Ägypten bereits zu dieser Zeit gewissen Spannungen unterworfen war." Diese Spannungen wurden nicht dadurch verringert, daß Ḫanūn, der Fürst von Gaza, nach einem fehlgeschlagenen Aufstand gegen die Assyrer nach Ägypten floh. Gaza wurde geplündert und mit einem jährlichen Tribut belegt; ferner wurde ein in die assyrische Verwaltung integrierter arabischer Stammeshäuptling mit der Überwachung des Grenzverkehrs betraut. Die von Assyrien ausgehende Bedrohung lauerte also nunmehr gewissermaßen vor der Haustür.

Aus dem Alten Testament (2 Könige 17, 4) erfahren wir, daß sich Hosea, der König von Israel, gegen Salmanassar V. (726-722) verschworen hatte, „Boten an Sō', den König von Ägypten schickte" – das muß um 724 gewesen sein – und die Zahlung der jährlichen Tribute an den Assyrerkönig einstellte. Es ist viel darüber geschrieben worden, wer mit diesem Sō'[13] gemeint ist: meist hat man an Osorkon IV. (ca. 730–722), den in Tanis residierenden Herrscher der 22. Dynastie gedacht. Während die Vermutung, daß Sō' nichts anderes als das Wort für „König" sei, aus sprachlichen Gründen nicht ernsthaft in Betracht kommt, ist die auf den ersten Blick etwas befremdliche Theorie, Osorkon hätte zu Sō' verstümmelt werden können, nicht von vornherein abwegig, wenn man etwa an *Šš* für Schoschenk oder

Ssj für Ramses denkt. Goedicke[14] machte vor vielen Jahren den seither immer wieder mit Sympathie aufgenommenen Vorschlag, Sō’ als „Sais“ zu erklären, im Zusammenhang also: „Er sandte Boten nach Sais <zum> König von Ägypten“. Das wäre dann Tefnachte gewesen, der mächtigste Herrscher des Nordens, der die Region von der Küste bis südlich von Memphis kontrollierte. Es hätte dann also keine Rolle gespielt, daß Osorkons Residenz Tanis viel näher an der Grenze zu Syrien-Palästina als Sais lag. Man hat zur Stützung dieser Rekonstruktion sogar versucht, aus der von Diodor und Plutarch überlieferten Legende, Tefnachte habe bei einem Feldzug gegen die Araber, als die Vorräte immer knapper wurden, das einfache Leben schätzen gelernt, als historischen Kern eine Durchquerung des Nordsinai auf dem Wege nach Palästina herauszuschälen.[15]

Die Gleichsetzung von Sō’ mit Sais sollte aber aufgegeben werden. B. Schipper[16] hat kürzlich mit überzeugenden Argumenten klargestellt, daß Sō’ im sprachlichen Kontext – also hinter *šālaḥ mal’āḵīm æl-* („er sandte Boten zu …“) – nur ein Eigenname sein kann, kein Toponym. Von den referierten beiden Lösungsvorschlägen kommt also wohl nur mehr die Identifizierung mit Osorkon IV. in Frage, der zwar gesamtägyptisch gesehen ein schwacher Herrscher war, aber schon aus geographischen Gründen für Israel als Bündnispartner am ehesten in Frage kam. Akzeptiert man das nicht, bleibt eigentlich nur die theoretische Möglichkeit, So als Namen irgendeines aus ägyptischen Quellen nicht bekannten Lokalherrschers zu verstehen.

Jedenfalls nützte Hosea sein Bittgesuch nichts: nach dreijähriger Belagerung, Ende 722 – und zwar angeblich bereits unter Salmanassars Nachfolger Sargon II. – fiel Samaria; das Nordreich Israel, das zum Schluß nur aus dem von den Assyrern belassenen Rumpfstaat Ephraim bestanden hatte, hörte damit endgültig auf zu existieren.

Etwa um diese Zeit, im Jahr 720, trat eine antiassyrische Koalition auf den Plan, bei der es Ḥanūn von Gaza gelungen war, sich der Unterstützung eines ägyptischen Heeres unter der Leitung des Generals Re’e zu versichern. Dieser Re’e bzw. Rija[17] ist aus ägyptischen Quellen nicht bekannt; er wird assyrisch als *turtānu* bezeichnet, ein Titel, der auch im Alten Testament in der Form *tartān* vorkommt[18] und im Sinne von „Oberfeldherr“ zu verstehen ist. Die Verbündeten erlitten bei Raphia südwestlich von Gaza eine Niederlage, und der ägyptische General mußte heimwärts fliehen. Daß Ägypten an den Kampfhandlungen des Jahres 720 beteiligt war, ist auch aus Reliefs im Palast von Chorsabad zu erschließen, wenngleich dort in wohl anachronistischer Weise Kuschiten dargestellt sind.[19]

Wenige Jahre später, 716, marschierte Sargon II. nach Palästina, um die arabischen Stämme im Süden zu befrieden. In Weiterentwicklung der von Tiglatpilesar III. eingeleiteten Maßnahmen eröffnete Sargon ein Handelszentrum für Assyrer und Ägypter nahe der Grenze der beiden Großmächte in der auch in der Bibel erwähnten „Stadt vom Wadi / Bach Ägyptens“ (*āl naḫal Muṣur*), die bei El-Arish lag, dem Rhinokollura der griechischen Quellen. In den assyrischen Annalen heißt es: „Die versiegelte ⌈Grenze⌉ von Ägypten öffnete ich, [die Einwohner] von Assyrien und von Ägypten vermischte ich miteinander und ließ sie Handel treiben.“[20] Die genaue Lage dieser Handelsstation ist noch nicht geklärt, auch nicht, ob der Platz mit dem knapp zwei Jahrzehnte zuvor von Tiglatpilesar III. gegründeten *bīt kāri* identisch ist: in Frage kommen Qatif an der Küste südlich von Gaza und Tell Abu Salima östlich von El-Arish auf der Straße nach Ägypten.[21] Petrie hatte dort seinerzeit Reste einer Anlage entdeckt, die jetzt als assyrische Zitadelle mit Tempel interpretiert werden. Es versteht sich von selbst, daß durch solche Initiativen der Einfluß Assyriens auf die traditionellen Handelsbeziehungen Ägyptens zu Syrien-Palästina zunahm. Abermals wurde ein Araberscheich (*nasīku*) mit der Sicherung der Grenzregion, die auch als Deportationsgebiet diente, betraut.

Ägypten reagierte auf verschiedene Weise: „Schilkanni, den König Ägyptens, eines [fernen Landes], [befiel] die Furcht vor dem Schreckensglanz (*melammu*) Assurs, meines Herrn, und er brachte zwölf große ägyptische Pferde, wie es dergleichen im Lande nicht gab, als sein Geschenk (*tāmartu*)“.[22] Die Identität dieses Schilkanni ist umstritten: meist wird angenommen, daß es sich um den schon erwähnten Osorkon IV. handelt. Yoyotte[23] hat die Ansicht vertreten, daß Schilkanni – wobei das *š* regulär für gesprochenes s stehen sollte – kein „Pharao“ war, sondern lediglich einer jener vielen regionalen libyschen Machthaber. Der assyrische Text gebraucht auch nicht die lautliche Wiedergabe *pir'u*, sondern das Wort *šarru* „König“, womit jeder beliebige ägyptische Lokalfürst bezeichnet wird. Die wahrscheinlichste Theorie ist aber nach wie vor, daß Osorkon IV. gemeint ist.[24] Pianchi / Pije fiel gerade um diese Zeit, etwa um 734,[25] in Ägypten ein, und auf seiner großen Siegesstele ist Osorkon (IV.) als einer von vier Lokalherrschern im Königsrang dargestellt.[26]

Abb. 2

Hatten die ägyptischen Inschriften von jeher stolz vermeldet, daß alle Fremdländer dem König demütig ihren Tribut entrichten, ist es nun umgekehrt. Ein in diese Zeit zu datierender Brief aus Nimrud unterrichtet den Assyrerkönig darüber, daß die Gesandten aus Ägypten, Gaza, Juda, Moab und Ammon mit ihrem Tribut angekommen seien.[27] Ein anderer von Redford (Anm. 27) zitierter Brief erwähnt fünf ägyptische Pferde als Teil der ägyptischen Leistungen. Die Annalen berichten, daß Sargon Gold, Edelsteine, Elfenbein, Gewürzpflanzen, Pferde und Kamele vom „Pir'u, König von Ägypten“, Samsi, der Königin der Araber, und Itamar dem Sabäer erhalten habe.[28] Wir ersehen daraus nebenbei, daß der ägyptische Herrschertitel *pr-ʿꜣ* (wovon sich „Pharao” herleitet) von den Assyrern in exakter Analogie zum biblischen *parʿoh mælæḵ miṣrajim* gleichsam als Eigenname verstanden werden konnte. Nicht ganz klar ist, wie der gewöhnlich mit „Tribut“[29] (als Abgabe von Vasallen) übersetzte Ausdruck *madattu* – eine Ableitung von *nadānu* „geben“ – hier zu verstehen ist. Ägypten war schließlich noch nicht erobert, und auch im Falle von Itamar dem Sabäer ist argumentiert worden, daß er, auch wenn er in einer nordarabischen sabäischen Kolonie und nicht im südlichen Kernland gelebt haben sollte, sicher nicht unter direkter assyrischer Kontrolle stand. Mußte sich also Osorkon IV. dem Assyrerfürst unterordnen und tatsächlich Tribut leisten?[30]

Wir sagten vorher, daß Ägypten auf verschiedene Weise reagierte, und erwähnten eben, daß Pianchi um diese Zeit im Lande einfiel. Anders als Šilkanni / Osorkon IV. sandte Pianchi keine Pferde an die Assyrer – er interessierte sich selbst lebhaft für die Ställe des hermopolitanischen Königs Namert, die er als seine eigenen betrachtete –,

Abb. 11 Relief vom Gebel Barkal (Sudan) mit Darstellung besiegter Assyrer (Zeichnung von J. G. Wilkinson, 19. Jahrhundert).

sondern drang bis nach Syrien-Palästina, in assyrisches Protektoratsgebiet also, vor. Die Reliefs des Pianchi vom Gebel Barkal zeigen feindliche Soldaten mit Helmen vom assyrischen Typ,[31] die von ägyptischen bzw. kuschitischen Truppen in die Flucht *Abb. 11*
geschlagen werden. Und in kursivhieratischen Urkunden vom 21. und 22. Jahr des Pianchi – und sein großer Feldzug datiert ins Jahr 21! – geht es um den Verkauf von „Männern der Nordregion" als Sklaven: offensichtlich Kriegsgefangene, die die Kuschiten im Zuge ihrer Aktivitäten im syrisch-palästinischen, nunmehr unter assyrischer Oberhoheit stehenden Grenzgebiet genommen hatten. In einem ähnlichen Dokument aus dem Jahr 10 des Schabaka (ca. 710) wird so ein „Mann der Nordregion" mit einem zunächst unklar scheinenden Ausdruck als *qḏwḏ* bezeichnet. Quaegebeur[32] hat in einer seiner letzten Arbeiten überzeugend dargelegt, daß das wörtlich nichts anderes bedeutet als „Bewohner von Gaza" und eine ähnliche Entwicklung durchgemacht hat wie das ungleich häufigere *ḫ3r* „Syrer" > „syrischer Sklave" > „Diener" (auch „Junge"). Schließlich ist darauf hinzuweisen, daß gegen Schluß der großen Steleninschrift des Pianchi (Z. 153f.) davon die Rede ist, daß die heimkehrenden „Schiffe mit Silber, Gold, Kupfer, Kleidern und allen Dingen des Nordlandes, allen Abgaben von Syrien (*Ḫ3rw*) und allen Spezereien des Gotteslandes beladen" waren – und das sieht im Zusammenhang nicht nach hohlen Phrasen aus!

Einige Jahre nach dem Abzug Pianchis, als die kuschitische Herrschaft im Norden zeitweise wieder zu Ende gegangen war, eroberte sein jüngerer Bruder Schabaka um 720 – in seinem 2. Regierungsjahr – das gesamte Delta zurück; Bokchoris, der Nachfolger des Tefnachte, wurde nach Manetho von Sabakon, wie der Historiograph Schabaka nennt, bei lebendigem Leibe verbrannt – eine Art der Bestrafung, die in ägyptischen Quellen gar nicht so selten belegt ist.[33] In diesen Jahren usurpierte ein gewisser Jamani[34] den Thron von Asdod, einer der fünf großen Philisterstädte (die anderen waren Askalon, Ekron, Gath und Gaza) und versuchte vergeblich, den leider nicht namentlich genannten „Pir'u, König von Ägypten" – wer immer das gewesen sein mag – zur Unterstützung für eine antiassyrische Koalition zu gewinnen.[35] Beim Heranrücken der Assyrer im Jahr 711[36] floh Jamani nach Ägypten, vom Pir'u ist aber nicht mehr die Rede. Als Ziel der Flucht wird im Akkadischen angegeben *ana itē Muṣri ša pāṭ Meluḫḫa*. Zwei Interpretationen sind möglich: 1. „bis zur Grenze Ägyptens, die beim Territorium von Nubien liegt".[37] Jamani hätte demnach noch vor der Eroberung des Nordens durch Schabaka das ganze Land bis hin zur traditionellen Südgrenze, als er auf kuschitisches Hoheitsgebiet gelangte, durchquert. 2. „bis zur Grenze von Ägypten, das im Bereich von Meluḫḫa (= Nubien) liegt".[38]

Man ist bis vor kurzem mit Selbstverständlichkeit von zwei naheliegenden Voraussetzungen ausgegangen: 1. daß die akkadische Terminologie *pir'u* „Pharao" und *šar Meluḫḫa* „König von Meluḫḫa" den innerägyptischen Machtwechsel – also von Osorkon IV. und Bokchoris zur Kuschitenherrschaft – widerspiegelt, und 2. daß der kuschitische Herrscher, der den asylsuchenden Flüchtling in Halszwinge, Handschellen und Fesseln an Assyrien auslieferte – nicht aus Sympathie für die Großmacht, sondern um die Hände frei zu haben für die Stabilisierung der eigenen Macht – eben Schabaka war, der wenige Jahre zuvor Ägypten zurückerobert hatte (Siegelabdrücke des Schabaka wurden im Palast des Sanherib in Ninive gefunden).[39]

Durch die kürzliche Veröffentlichung einer ins Jahr 706 zu datierenden Felsinschrift Sargons II. (721–705) im iranischen Tang-i Var[40] stürzt jedoch die bisherige Rekonstruktion in sich zusammen: der Herrscher, der Jamani auslieferte, wird hier zum ersten Mal namentlich genannt, und es nicht Schabaka, sondern dessen
Abb. 12 Nachfolger Schabataka! Das Jahr 690 (Thronbesteigung des Taharka) bleibt zwar als chronologischer Fixpunkt bestehen, aber der Regierungsantritt des Schabataka verschiebt sich von dem bisher meist angenommenen Jahr 702 um mindestens vier Jahre zurück.[41]

Nach dem Tode Sargons II. trat sein Sohn Sanherib (704–681) kein leichtes Erbe an. Die Eroberungen Tiglatpilesars III. und Sargons waren ständig in Gefahr, wieder verlorenzugehen. Überall gärte es: in Babylon, Urartu, Elam und Syrien-Palästina. Es ist in Anbetracht der historischen Situation kein Zufall, daß sich erst unter Sanherib jener fortan bezeichnende „brutale Chauvinismus" der Assyrer als Art „instinktive Abwehrreaktion"[42] nach jahrzehntelanger Politik der Völkervermengung herauszubilden begann.

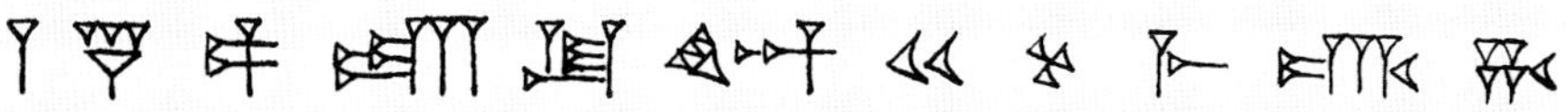

Abb. 12 ^{1}*Šá-pa-ta-ku-u' šar*$_4$ KUR *Me-luḫ-ḫa „Schapataku, König des Landes Meluchcha" nach der Inschrift von Tang-i Var (Zeile 20).*

In Syrien-Palästina hatten sich Sidon, Askalon, Byblos, Moab, Edom und etliche andere Kleinstaaten zusammengeschlossen, um das assyrische Joch abzuschütteln. Padi, der assyrerfreundliche König von Ekron, wurde an Hiskia von Juda ausgeliefert. Aus Furcht vor Vergeltung wandten sich die Leute von Ekron an Ägypten. Im Bericht vom dritten Feldzug des Sanherib,[43] der 701 zur Bereinigung der Lage anmarschierte, liest sich das so: „Die Könige von Ägypten (d.h. die Lokalherrscher des Deltas, die Schabaka als Vasallen belassen hatte) und die Bogenschützen, Streitwagen und Pferde des Königs von Meluḫḫa, eine Streitmacht ohne Zahl, holten sie zu Hilfe, und sie kamen ihnen zu Hilfe. In der Umgebung von Elteke (Altaqu) standen sie mir in Schlachtordnung gegenüber, während sie ihre Waffen schärften. Im Vertrauen auf Assur, meinen Herrn, kämpfte ich mit ihnen und brachte ihnen eine Niederlage bei. Die Wagenkämpfer und die Prinzen von Ägypten nebst den Wagenkämpfern des Königs von Meluḫḫa nahmen meine Hände in der Schlacht lebendig gefangen. Elteke und Timna belagerte, eroberte und plünderte ich." Padi wird wieder als Herrscher von Ekron eingesetzt,[44] dem Hiskia von Juda aber werden weite Teile seines Landes entrissen und an diverse Vasallen-Stadtstaaten Palästinas angegliedert. Nur durch Zahlung eines riesigen Tributs kann er noch schlimmeres Übel abwenden. Man hatte ihn gewarnt: „Siehe, du hast auf Ägypten, diesen geknickten Rohrstab da, vertraut, der jedem in die Hand dringt und sie durchbohrt, wenn er sich darauf stützt. So ist Pharao, der König von Ägypten, zu allen, die auf ihn vertrauen" (2 Könige 18, 21 = Jes 36, 16; den Assyrern in den Mund gelegt). Wobei bei dem assyrischen Bericht natürlich zu berücksichtigen ist, daß er – wie ähnliche Produkte auf ägyptischer Seite ja auch – ideologisch und propagandistisch gefärbt sein wird. Die Einnahme Jerusalems war offensichtlich nicht möglich; Sanherib hatte keinen durchschlagenden Erfolg errungen, und das militärische Potential Ägyptens war immer noch nicht nachhaltig geschwächt.

Die Inschrift von Tang-i Var erlaubt den sicheren Schluß, daß der anonyme „König von Meluḫḫa" der Sanherib-Zeit tatsächlich Schabataka ist und nicht dessen Onkel Schabaka.[45] In 2 Könige 19, 9 liest man indessen, daß damals „Tirhaqah, König von Kusch" heraufgezogen sei, um mit Sanherib zu kämpfen. Da Taharka damals noch nicht an der Macht war, wurde und wird diese Stelle immer wieder als Zeugnis für eine angebliche Mitregentschaft des Taharka mit dem, wie gesagt, von den assyrischen Quellen ohnehin nicht gemeinten Schabataka angeführt. Taharka wäre also der Oberbefehlshaber einen ägyptischen Kontingents, das dann in Elteke besiegt wurde, gewesen. Um den assyrischen Bericht mit der biblischen Erzählung in Einklang zu bringen, hat man auch zwei gegen Sanherib gerichtete ägyptisch-kuschitische Kampfgänge konstruiert. Man darf aber das Zeugnis der Bibel nicht immer allzu buchstabengläubig nehmen: Die anachronistische Erwähnung des Taharka könnte sich auch einfach daraus erklären, daß dieser eben der bekannteste – und überhaupt auch der einzige – Kuschitenkönig gewesen ist, von dem der Chronist Kenntnis hatte, und er dachte irrtümlich, daß er damals bereits die Herrschaft angetreten hätte.[46]

Wenige Jahre später, fast schon am Vorabend der assyrischen Eroberung, trat allerdings tatsächlich der seit 690 regierende Taharka in Syrien-Palästina in Erscheinung. Indirektes Zeugnis sind zunächst die Tempelinventarlisten aus Kawa in Nubien.[47] Bis zum 8. Jahr wird nichts erwähnt, was als Tribut oder Beutestück aus dem Ausland interpretiert werden könnte. Für das 8. Jahr wird nun eine Statue des Königs, der die Fremdländer schlägt – offenbar in Zusammenhang mit den im ersten Kapitel (S. 13) erwähnten Operationen gegen die Libyer – verzeichnet, für das 10. Jahr (681) asiatische Bronze, Gärtner der Mentiu von Asien, Zedern vom Libanon. Ähnliche Hinweise finden sich auch bei Montemhet, der zur Zeit Taharkas thebanischer Stadtgouverneur war und uns noch in assyrischen Quellen begegnen wird. Die Lage entsprach also gar nicht mehr den Anordnungen Tiglatpilesars III. etwa ein halbes Jahrhundert zuvor, Ägypten nicht in den Besitz von Holz gelangen zu lassen (s.o. S. 22).

In einer leider nur fragmentarisch erhaltenen Inschrift in Karnak[48] – ohne Jahresangabe – spricht Taharka zu Amun in vertrauensvoller Hinwendung Sätze wie: „Möge ich es (unklar, worauf sich das Suffix bezieht) mit deinem Tribut des Syrerlandes machen, den man dir vorenthalten (o.ä.) hat". Kurz davor heißt es „Du wirst für mich vertreiben die (Plural) [...]. Es gibt niemanden, der sie abwenden können wird (gemeint wohl: als du)." „O du, der das, was er tut, nicht verläßt, wenn es ein Halbes ist", d.h. „der nicht auf halbem Wege stehenbleibt." Nach Spalinger sieht das alles aus wie das – für ägyptische Verhältnisse durchaus ungewöhnliche – Eingeständnis von Fehlern und Fehlschlägen bei militärischen Operationen in Syrien-Palästina, wo Amun um rechte Wegleitung gebeten werden muß. Spalinger, der dem nicht ohne weiteres faßbaren historischen Aussagegehalt der Inschrift nachgespürt hat, meint, daß sie sehr bald nach einem Desaster in Palästina und vor einer weiteren Offensive verfaßt worden sei, und zwar wegen der vorhin erwähnten Inventarlisten von Kawa nach seinem 10. Jahr, also nach 681.[49]

Das mag im Detail überinterpretiert sein: Tatsache ist jedenfalls, daß Taharka in den achtziger Jahren des 7. Jahrhunderts den Palästinahandel kontrollierte und nicht nur mit den phönikischen Küstenstädten wie Tyros und Sidon, sondern auch mit Juda im Hinterland freundschaftliche Beziehungen unterhielt. Daß jedoch bald eine Wende eintreten sollte, wenngleich durchaus nicht zu seinen Gunsten, ist ebenso klar. Vielleicht hoffte Taharka optimistisch, daß sich das Assyrerreich im Verlaufe des dreimonatigen Bürgerkriegs, der nach Sanheribs Ermordung im Jahre 681 durch Angehörige der eigenen Familie tobte, zugrunderichten würde. Aber nach dem Ende der Wirren saß sein Sohn Asarhaddon[50] (680–669) fest im Sattel und wartete auf die Stunde, da er Ägypten würde einnehmen können.

Taharkas offenbar allzu gute Beziehungen zu Abdimilkutti von Sidon mußten Asarhaddon als ausreichender *casus belli* erscheinen, wenngleich die assyrischen Quellen darüber nichts Eindeutiges verlautbaren lassen. Zuerst rechnete er aber mit dem phönikischen Fürsten ab. Sidon wurde 677 niedergewalzt, und seinen König, der sich aufs hohe Meer flüchtete, „holte ich gleich einem Fisch aus dem Meere heraus und schlug ihm den Kopf ab."[51] Sein Herrschaftsgebiet wurde Baal von Tyros zugeschlagen, der zunächst noch loyal geblieben war. Die Kriegsbeute aus dem Palast des Abdimilkutti wird uns in Zusammenhang mit den Beziehungen Ägyptens zu den
Taf. 3a Phönikern später noch zu beschäftigen haben.

In seinem 7. Regierungsjahr, Anfang Frühjahr 674, versuchte Asarhaddon als erster assyrischer Herrscher, Ägypten zu erobern, wurde aber geschlagen. Der zweite Feldzug im Jahre 671 war jedoch erfolgreich. Asarhaddon beraubte Baal von Tyros, der inzwischen „auf Tarqū (= Taharka), den König von Kusch, seinen Freund, vertraut" hatte, seines Thrones, ohne daß der Kuschit helfend eingegriffen hätte. Man erinnert sich hier wieder einmal an das Bild des geknickten Rohrstabes. Bei einem unidentifizierten Ort namens Ischchupri[52] an der Ostgrenze wurde die ägyptische Armee überrannt. Innerhalb weniger Tage wurde, wie es in einer babylonischen Chronik heißt, „dreimal in Ägypten ein Gemetzel angerichtet" (Variante: „Es wurde geplündert, und seine Götter wurden weggeführt").[53] Winnicki[54] hat unlängst ausführlich dargelegt, daß die Deportation der Götter, d.h. der Götterbilder, kein leerer Topos ist und daß dies konsequenterweise auch für die später in ptolemäischen Königsinschriften häufigen Berichte über die Rückführung geraubter Götterstatuen gilt. Ohne ihre Götter waren die Besiegten erst recht schutzlos und im wahrsten Sinne des Wortes gottesfern.

Im Verlauf dieses Feldzugs wurde die Residenz Memphis erobert. Taharka gelang die Flucht, aber Frau und Kinder – darunter der namentlich genannte Kronprinz *Ušanḫuru*, d.h. Nes-inheret (*Ns-jnj-ḥrt* „Er gehört dem Onuris") – wurden gefangengenommen. Die sog. Zincirli-Stele, auf der Asarhaddon den vor ihm knienden, *Taf. 1* ihn mit erhobenen Armen anflehenden Sohn des Taharka am Nasenseil hält,[55] legt Asarhaddon noch folgende Worte in den Mund:[56] „Seinen Besitz, sein Eigentum, seine Pferde, Rinder und Schafe führte ich in unzähliger Menge nach Assyrien fort. Die Wurzel von Kusch riß ich aus Ägypten heraus und ließ niemanden darin übrig, mir zu huldigen. Über ganz Ägypten beauftragte ich erneut Könige, Beauftragte, Statthalter, Hafeninspektoren, Kommissare und Leiter. Regelmäßige Opfer für Assur und die großen Götter, meine Herren, setzte ich dauerhaft fest. Abgabe und Tribut an meine Herrschaft erlegte ich ihnen alljährlich, ohne aufzuhören, auf." Die Annalen seines Nachfolgers Assurbanipal nehmen rückblickend auf diese Reorganisation Bezug und führen ein neues, aufschlußreiches Detail ein: „Die früheren Stadtnamen änderte er und gab ihnen neue Namen. Seine Diener beauftragte er darin als Könige, Statthalter und Beauftragte."[57]

Asarhaddon hat also – in ähnlicher Weise wie Jahrhunderte später ein anderer ephemerer Eroberer Ägyptens, der Seleukide Antiochos IV. im Jahre 168 – Orte umgetauft.[58] Zwei klare Beispiele für diese Politik: Sais wurde von den Assyrern *Kār bēl mātāti* „Hafen des Herrn der Länder" genannt. In dem für Asarhaddon auch sonst bezeugten Epitheton scheint sich der ägyptische Herrschertitel „Herr der Beiden Länder" zu spiegeln. Den erstmals bei Asarhaddon auftretenden Königstitel *šar mātāte* „König der Länder" hat man naheliegenderweise mit der Eroberung Ägyptens in Verbindung gebracht hat. Athribis hieß nunmehr *Limmer-iššak-Aššur* „Möge der Stadtfürst Assurs aufleuchten". Selbstverständlich wurden diese Namen nur von den Okkupanten selbst gebraucht, und auch da nicht immer. So haben wir auf der einen Seite eine ganze Reihe unidentifizierbarer assyrischer Ortsnamen, die sich anscheinend auf ägyptische Städte beziehen, die von der Reorganisation der Verwaltung betroffen waren. Einige der Beamten haben übrigens ägyptische Namen, wurden also entweder – falls sie loyal genug schienen – aus dem einheimischen Verwaltungsapparat übernommen oder aber neu eingesetzt, andere tragen assyrische Namen. Im letzteren Falle kann man trotzdem nicht sicher sein, daß es sich immer um Assyrer handelt, da Ägypter in dieser Zeit nachweislich Namen in der Sprache ihrer neuen Herren tragen konnten. Auf der anderen Seite aber ist uns in den Assurbanipal-Annalen die Liste der von Asarhaddon und Assurbanipal bestätigten einheimischen Lokalherrscher und Stadtgouverneure erhalten, und hier werden ausschließlich die traditionellen Namen gebraucht. Diese Liste werden wir gleich näher betrachten.

Wenige Jahre nach dem zweiten siegreichen Feldzug sah sich Asarhaddon im Jahr 669 veranlaßt, erneut nach Ägypten zu ziehen; wir wissen nicht, warum. Möglicherweise wollte er eine Offensive nach Oberägypten starten; unterwegs erlag er jedoch einer Erkrankung. Taharka nützte den Thronwechsel zu einem Versuch, Unterägypten zurückzuerobern. Bereits 667 zog Assurbanipal (668–627), unterstützt von „22 Königen der Meeresküste, der Mitte des Meeres und des Festlandes," nach Kār-Banīti, das meist mit Pelusium gleichgesetzt wird, doch ist jüngst argumentiert worden, daß diese Annahme nicht stichhaltig ist.[59] Taharka sandte dem Assyrer von seiner Residenzstadt Memphis aus Truppen entgegen, die aber vernichtend geschlagen wurden. Daraufhin floh er nach Theben. „Diese Stadt", berichtet Assurbanipal, „eroberte ich, führte meine Truppen hinein und ließ sie darin wohnen."[60]

Die Annalen des Assurbanipal über seine Ägypten-Feldzüge[61] gehören zu den bekanntesten assyrischen historischen Inschriften; mehr oder weniger umfangreiche Auszüge daraus fehlen in kaum einer akkadischen Chrestomathie.[62] Eine sowohl sachlich als auch sprachlich besondere Kostbarkeit, die sie für uns bereithalten, stellt die vorhin erwähnte Liste[63] der von Asarhaddon eingesetzten (bzw. bestätigten) Stadtfürsten und ihrer Herrschaftsbereiche dar. Inhaltlich sind die sehr ähnlichen Angaben der rund 50 Jahre älteren Pianchi-Stele zu vergleichen.[64] Der größte Teil der bei Assubanipal enthaltenen Namen läßt sich identifizieren; für die Rekonstruktion der Aussprache des Spätägyptischen sind diese Wiedergaben übrigens von hohem Wert.

Abb. 13 Die Liste nennt 20 Lokalherrscher in weitgehend nord-südlicher Reihung. Jedem wird grundsätzlich die Bezeichnung *šarru* beigelegt, auch wo nach ägyptischer Auffassung von einem „König" keine Rede sein konnte.[65] Es kommt aber dadurch zum Ausdruck, daß manche dieser Potentaten tatsächlich nicht weniger mächtig waren als Könige. Über diese Zersplitterung als Charakteristikum der „libyschen Periode" wurde schon im ersten Kapitel gesprochen. Es genügt jetzt, wenn wir uns einige dieser *reguli* nach den assyrischen Quellen ansehen.

– Den Anfang bildet „Necho (*Nikū*), der König von Sais und Memphis", Ahnherr der 26. Dynastie, dessen Sohn Psammetich I. (664–610) wenige Jahre später die Einheit des Landes wiederherstellen sollte.

– Es folgt ein gewisser *Šarru-lū-dāri*[66] von Ṣi'nu, der einzige Lokalherrscher mit einem assyrischen Namen. Es handelt sich hierbei um einen Eunuchennamen, im konkreten Falle möglicherweise um einen Ägypter. Wir erwähnten schon, daß Ägypter damals oft assyrische Namen annahmen bzw. erhielten. Scharru-lu-dari

Fürstenliste der Assurbanipal-Annalen (Prisma A, 90-109)

(90)	^{I}*Ni-ku-ú* LUGAL ^{uru}*Me-em-pi u* ^{uru}*Sa-a-a*	**(Necho - Memphis und Sais)**
(91)	^{I}LUGAL-*lu-dà-ri* LUGAL ^{uru}*Ṣi-iʾ-nu*	**(Šarru-lū-dāri - Tanis)**
(92)	^{I}*Pi-šá-an-ḫu-ru* LUGAL ^{uru}*Na-at-ḫu-ú*	**(Psenhor - Natho)**
(93)	^{I}*Pa-aq-ru-ru* LUGAL ^{uru}*Pi-ša-ap-tú*	**(Paqrur - Pi-Sopdu)**
(94)	^{I}*Bu-uk-ku-na-an-ni-iʾ-pi* LUGAL ^{uru}*Ḫa-at-ḫi-ri-bi*	**(Bakennanef - Athribis)**
(95)	^{I}*Na-aḫ-ke-e* LUGAL ^{uru}*Ḫi-ni-in-ši*	**(Nahkê - Herakleopolis parva)**
(96)	^{I}*Pu-ṭu-biš-ti* LUGAL ^{uru}*Ṣa-aʾ-nu*	**(Petubastis - Tanis)**
(97)	^{I}*Ú-na-mu-nu* LUGAL ^{uru}*Na-at-ḫu-ú*	**(Wenamun - Natho)**
(98)	^{I}*Ḫar-si-ia-e-šu* LUGAL ^{uru}*Ṣab-nu-ú-ti*	**(Harsiêse - Sebennytos)**
(99)	^{I}*Pu-ú-a-a-ma* LUGAL ^{uru}*Pi-in-ṭi-ṭi*	**(Pujama - Mendes)**
(100)	^{I}*Su-si-in-qu* LUGAL ^{uru}*Pu-ši-ru*	**(Schoschenk - Busiris)**
(101)	^{I}*Tap-na-aḫ-ti* LUGAL ^{uru}*Pu-nu-bu*	**(Tefnachte - Per-ineb)**
(102)	^{I}*Bu-uk-ku-na-an-ni-iʾ-pi* LUGAL ^{uru}*Aḫ-ni*	**(Bakennanef- Ichenu)**
(103)	^{I}*Ip-ti-mur-ṭe-e-šu* LUGAL ^{uru}*Pi-ḫa-at-ti-ḫu-ru-un-pi-ki*	**(Nefertemirdis - Terenuthis)**
(104)	^{I}*Na-aḫ-ti-ḫu-ru-an-si-ni* LUGAL ^{uru}*Pi-šap-ṭi-ʾa-a*	**(Nechthornaschenu - Per-Sopdu-en-iati)**
(105)	^{I}*Bu-kur-ni-ni-ip* LUGAL ^{uru}*Pa-aḫ-nu-ti*	**(Bakenrenef - Pachnuti)**
(106)	^{I}*Ṣi-ḫa-a* LUGAL ^{uru}*Ši-ia-a-u-tú*	**(Djedher - Siut)**
(107)	^{I}*La-me-in-tú* LUGAL ^{uru}*Ḫi-mu-ni*	**(Namert - Hermopolis)**
(108)	^{I}*Iš-pi-ma-a-ṭu* LUGAL ^{uru}*Ta-a-a-ni*	**(Nespamedu - This)**
(109)	^{I}*Ma-an-ti-me-an-ḫe-e* LUGAL ^{uru}*Ni-iʾ*	**(Montemhet - Theben)**

Abb. 13 Fürstenliste der Assurbanipal-Annalen (Prisma A, 90–109)
Jede Zeile ist nach dem Schema „Personenname“ – „König (von)“ – „Ortsname“ gebaut, also „Necho, König von Sais und Memphis“ etc.; vgl. die auswahlweise Besprechung S. 30, 32. LUGAL *ist ein sog. „Sumerogramm“, d. h., man schrieb das sumerische Wort für König (eben* lugal*), sprach aber akkadisch šarru u.ä. bzw. im status constructus šar („König von …). Personennamen sind durchgehend durch ein – wie in der Keilschrift üblich – vorangestelltes spezielles Determinativ gekennzeichnet (konventionell durch hochgestelltes* I *markiert). Die dem Herrschertitel nachfolgenden Stadtbezeichnungen sind alle durch das „Stadt“-Determinativ (sumerisch uru = „Stadt“, als Determinativ nicht gesprochen) gekennzeichnet.*

Da die Keilschriftzeichen oft lautlich ähnliche (nicht selten aber auch völlig verschiedene) Lesungen zulassen, muß sich die Umschrift stets an der rekonstruierbaren Aussprache der ägyptischen Namen orientieren. Aus diesem Grunde hat man z. B. in 99 nicht Pi-in-di-di, sondern Pi-in-ṭi-ṭi zu umschreiben.

Man beachte auch, daß /s/ in assyrischen Texten oft – nicht immer – für ägyptisches š steht und umgekehrt assyrisches /š/ für ägyptisches s.

Unsere Wiedergabe der Eigennamen ist zumeist konventionell, nicht phonetisch, daher die starken Unterschiede zu den assyrischen Transkriptionen.

Eine zusammenhängend vokalisierte Transkription des Keilschrifttextes samt Übersetzung bei Onasch, *Assyr. Eroberung I 118f.*

hieß auch jener König von Askalon, den die Aufständischen 701 am Vorabend der Schlacht von Elteke auf den Thron gehoben hatten. Das Herrschaftsgebiet dieses Dynasten wurde zumeist mit Pelusium gleichgesetzt. Kürzlich ist indessen die interessante Hypothese formuliert worden, daß es ursprünglich zwei im nachhinein kontaminierte Herrscherlisten gegegeben habe und Ṣi'nu nur eine andere Schreibung für Ṣa'nu „Tanis" sei. Scharru-lu-dari wäre demnach der frühere Lokalfürst, der nach der Revolte 667 deportiert und durch den wenig später erwähnten Puṭubišti (s.u.) ersetzt worden sei.[67]

– An vierter Stelle steht Paqruru, „der Frosch", ein häufiger Spätzeitname,[68] Herrscher von Per-Sopdu (Pišaptu) im Ostdelta, der in der Folge mit den ersten beiden gegen Assurbanipal konspirierte. In einer literarischen Reminiszenz an diese Zeit spielt Peqrur, der „Große des Ostens" noch Jahrhunderte später im demotischen Petubastis-Zyklus eine Rolle.[69]

– Der nächste, Bukunani'pi – d. h. Bakennanef „Diener der Winde" – von Athribis, gehört einer dort rund 150 Jahre herrschenden, aus etlichen Quellen bekannten Familie an.[70] Sein gleichnamiger Großvater sowie sein Vater Peteese werden auf der Pianchi-Stele genannt.

– Puṭubišti von Ṣa'nu ist der von einigen Denkmälern bezeugte Petubastis II. von Tanis, eben jener Kleinkönig, der einem ganzen Komplex spätdemotischer Literaturwerke den Namen gegeben hat.

– Indem wir die lange Reihe der übrigen Deltafürsten sowie einen sonst völlig unbekannten Dynasten von Siut übergehen, kommen wir zu den letzten drei Machthabern, die in der Thebais amtierten: Zunächst Lamintu, König von Hermopolis, bei dem es sich auf Grund der verbreiteten Sitte der Papponymie höchstwahrscheinlich um den Enkel jenes hermopolitanischen Königs Namert handelt, der sich von Pianchi den Vorwurf gefallen lassen mußte, die königlichen Marställe vernachlässigt zu haben. Am bemerkenswertesten sind aber die beiden letzten Einträge: in Išpimāṭu von Tajjani hat Leahy[71] den in Abydos (im thinitischen Gau) geborenen und begrabenen und dort vermutlich auch amtierenden Wesir Nespamedu erkannt. „Mantimeanḫe, König von Ne'" schließlich ist der berühmte Montemhet,[72] der damals mächtigste Mann Oberägyptens, der seine Position über die Kuschiten- und Assyrerherrschaft bis in die Zeit Psammetichs I. hinein behaupten konnte. Assyrisch *Ne'* als Bezeichnung für Theben gibt ägyptisch *njwt*, die „Stadt (des Amun)" par excellence, wieder, das No-Amōn der Bibel.

In Assurbanipals eigenen Worten liefert die Liste die Namen der von ihm wiedereingesetzten „Könige (*šarrāni*), Gouverneure (*pāḫāte*) und Kommissare (*qēpāni*), die in Ägypten von (meinem) Vater, meinem Erzeuger, beauftragt worden waren, die vor dem Angriff Tarqūs ihren Verwaltungsbereich verlassen hatten und die Steppe anfüllten."[73]

Nach seiner Reorganisation der Verwaltung und Abnahme des Treueschwurs kehrte der Assyrerkönig „mit zahlreichen Kriegsgefangenen und schwerer Beute wohlbehalten nach Ninive zurück." Auch für das folgende ist es das beste, die Quellen in ihrer Anschaulichkeit selbst zu Wort kommen zu lassen. Der in mehreren Versionen erhaltene Bericht fährt nun fort: „Später versündigten sich diese Könige, soviele ich eingesetzt hatte, gegen den Eid und mißachteten den Eid der großen Götter. Die ihnen erwiesene Wohltat vergaßen sie, und ihre Herzen sannen auf Böses. Lügnerische Rede redeten sie, und erfolglosen Plan berieten sie unter sich. Wenn sie Tarqū aus Ägypten vertreiben, wo ist dann unser Wohnen? Zu Tarqū, dem König von Kusch, schickten sie, um einen Eid abzulegen und Frieden zu schließen, ihre Gesandten. Ein Bündnis wollen wir unter uns schließen und einander willfährig sein. Das Land wollen wir untereinander aufteilen, und zwischen uns soll kein anderer Herr sein."[74] Eine andere Version enthüllt die uns schon bekannten Namen der Verschwörer: es sind Necho von Sais, Šarru-lū-dāri von Pelusium und Paqrur von Per-Sopdu. Die Bevölkerung der Städte, die sich ihnen angeschlossen hatten, wird grausam bestraft. Bei Necho, der nach Ninive überführt wird, läßt der Herrscher ungewohnte Milde walten, „obwohl er gesündigt hatte." Er beschenkt ihn reich und läßt ihn zurück nach Sais eskortieren, wobei er ihn in seiner Herrschaft bestätigt.[75] In diesem Zusammenhang verdient das Detail Beachtung, daß dem Necho ein sog. *allu* als „Zeichen seines Königtums" (*simat šarrūtīšu*) überreicht wird: Es könnte sich dabei um eine lautliche assyrische Wiedergabe von „Uräus", dem ägyptischen Herrschaftssymbol par excellence (äg. *j'rt*), handeln.[76] Nechos Sohn Nabušezibanni, der niemand anderer als Psammetich I. ist, wird in Athribis eingesetzt, wo er offenbar die örtliche Dynastie des vorhin erwähnten Bakennef ablöst.

Nach der Flucht Taharkas bestieg Tanwatamani,[77] der Sohn des Schabaka, 664 den Thron und rüstete zum Kampf gegen die Besatzungsmacht in Memphis. Über diesen Feldzug unterrichtet uns von ägyptischer Seite die sog. „Traumstele".[78] Tanwatamani zog demnach von Napata ins Delta, um die verlorene Oberherrschaft zurückzugewinnen. Die Lokalfürsten verschanzten sich allerdings in ihren Festungen, und da der Kuschit weder ein neuer Thutmosis III. noch ein belagerungskundiger Assyrer war, blieb ihm nur der Rückzug nach Memphis übrig. In der Folge erschien zwar der uns schon als Assyrerfeind bekannte Paqrur von Pisopdu, um sich dem Tanwatamani zu unterwerfen, aber alles in allem müssen dessen politische Bestrebungen gescheitert sein. Offenbar fühlten sich die verschiedenen Fürstentümer sicher genug, so daß sie keine Notwendigkeit sahen, ihre relative Unabhängigkeit aufs Spiel zu setzen. Jedoch kann es als nahezu erwiesen gelten, daß es Tanwatamani gelang, seinen ägyptischen Hauptfeind, den von den Assyrern so hofierten Necho, zu beseitigen. Schon die Tatsache, daß das Verschwinden des einen und der Aufstieg des anderen zeitlich zusammenfallen, gibt zu denken. Herodot überliefert diesen politischen Mord, schreibt ihn aber irrtümlich dem Schabaka zu (II 152,1).

Assurbanipal rückte auf die Nachricht von den Unternehmungen des Tanwatamani erneut nach Ägypten aus, was den Kuschiten dem assyrischen Bericht zufolge *Taf. 2*
zur Flucht von Memphis, seiner Residenzstadt, nach Theben veranlaßte. Die von Assurbanipal wiedereingesetzten „Könige, Statthalter und Kommissare" erwiesen dem Eroberer jedoch ihre Huldigung. Die Assyrer setzten dem Tanwatamani nach Theben nach; dieser aber floh in eine nicht zu identifizierende Stadt namens Kipkipi. Es kam zu einer schweren Plünderung Thebens, in deren Verlauf auch zwei Obelisken aus Elektron nach Ninive abtransportiert wurden. Wir können diese übrigens in bildlichen ägyptischen Darstellungen nachweisen.[79] Kürzlich wurde *Abb. 14*

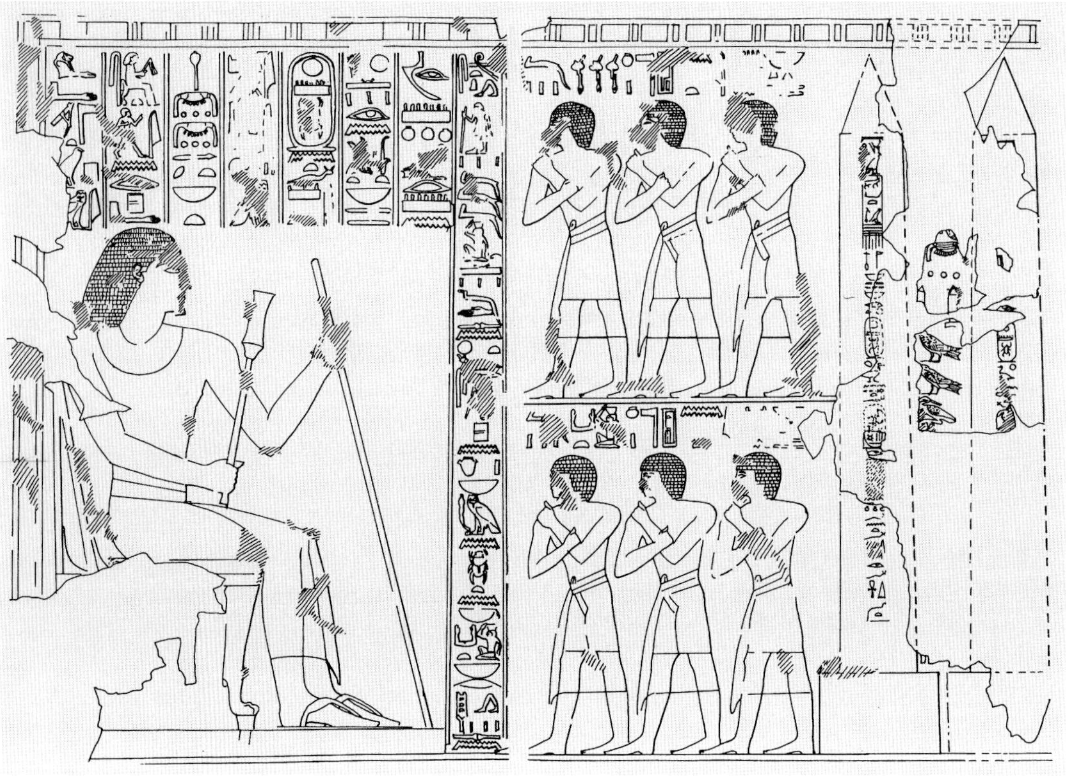

Abb. 14 Diese Szene aus dem Grab des Puiemre in Theben West zeigt nach üblicher Ansicht genau die beiden – unter seiner Leitung im Namen Thutmosis' III. errichteten – Obelisken, die Assurbanipal nach Ninive abtransportierte.

jedoch argumentiert, daß die – als Faktum aber natürlich nicht bezweifelte – Plünderung Thebens keine massiven Zerstörungen mit sich brachte, kein wirklich einschneidendes Ereignis war und zu keinen grundlegenden machtpolitischen Veränderungen führte.[80]

Abb. 15 Den assyrischen Invasoren sind vielleicht ein Helm und Geräte zuzuschreiben, die Petrie 1896 in Theben-West nördlich vom Tempel der Tausret entdeckt hat:[81] materielle Relikte einer relativ kurzen, aber bewegten Zeit, die die offiziellen Quellen totschweigen.

Die Plünderung Thebens ist das letzte historische Ereignis, das die assyrischen Quellen in bezug auf ihre neugewonnene Provinz berichten. Wir müssen aber noch kurz über Gyges von Lydien[82] sprechen. Nachdem dieser den ersten Ansturm der Kimmerier[83] erfolgreich abgewehrt hatte, konnte er es sich etwa um 660 erlauben, Psammetich I. Söldnertruppen zu schicken, die ihm beim Aufbau seiner Herrschaft in Unterägypten behilflich sein sollten. Diese Aktionen waren nicht unbedingt gegen Assurbanipal gerichtet: Psammetich, der dem Assyrer letztlich Leben und Thron wie auch die Befreiung von seinem kuschitischen Erzfeind zu verdanken hatte, stand mit ihm nicht im schlechtesten Einvernehmen. Der Abfall war aber auf die

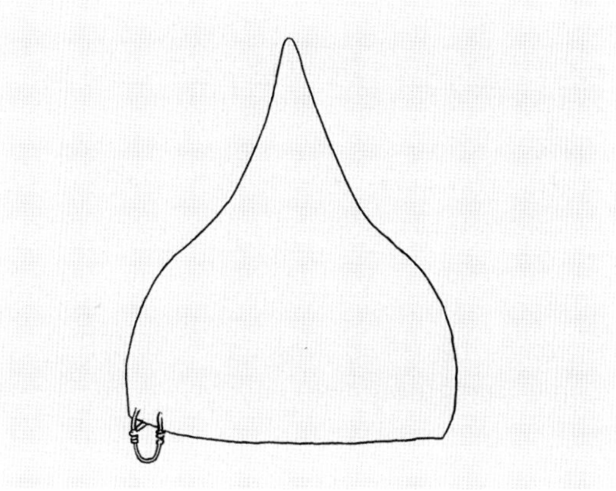

Abb. 15 Helm aus Theben-West, der vielleicht den assyrischen Invasoren zuzuschreiben ist.

Dauer nicht zu verhindern. „Unklar muß bleiben," schreibt Onasch,[84] „welche Stärke die in Ägypten zurückgelassenen Kontingente hatten und wann die Assyrer endgültig die Kontrolle über Ägypten verloren haben." Das Faktum konnten selbst die offiziellen assyrischen Quellen nicht ignorieren. Der genannte Bericht über die Beziehungen des Gyges zu den Saiten vermerkt, daß Pišamilki – also Psammetich – „das Joch meiner Herrschaft abgeschüttelt"[85] habe.

Wenngleich das Thema dieses Buches in erster Linie „Ägypten und die Fremden" ist, soll auch die komplementäre Seite – nämlich „Ägypter in der Fremde" – nicht ganz aus dem Blick geraten. Wie schon angedeutet, gab es im assyrischen Kernland nicht wenige Ägypter. Diese Leute sind ausschließlich durch assyrische Dokumente bezeugt, und zwar zum überwiegenden Teil erst aus einer Zeit, als das assyrische Interregnum schon wieder vorbei war. Die meisten Personen werden sicherlich im Zuge der berüchtigten Deportation unter Asarhaddon nach Mesopotamien gekommen sein. Zu den frühesten Quellen zählt eine Urkunde aus der Zeit Sanheribs, genauer aus dem Jahr 692, die den Kauf eines Hauses in Ninive durch einen ägyptischen Schreiber namens Ṣilli-Aššur dokumentiert. Unter den Zeugen finden sich auch Personen mit ägyptischen und dynastischen Namen, darunter ein Šušanqu, „Verschwägerter des Königs" (*ḫatnu šarri*), offenbar ein verschleppter Angehöriger einer im Delta herrschenden Dynastie.[86]

Insgesamt werfen diese Urkunden Streiflichter auf das Leben der Ägypter im Ausland. Wenn die Leute ägyptische Namen tragen,[87] darf man daraus in diesem Ambiente auf entsprechende Herkunft schließen; es gibt aber auch, wie wir wissen, Ägypter mit akkadischen Namen, die wir ohne spezifische Herkunftsangabe nicht einordnen könnten. Einige wenige Beispiele:[88] Da liest man auf einer Tontafel aus Ninive von Puṭueši (Peteese), der von einem Puṭumeḫēši (Padimaihesa) dessen Sklavin Alḫapimepi (Arhep(er)mennefer) käuflich erwirbt und sie zu seiner Frau macht. Wie man an den Namen sieht, sind hier nur Ägypter involviert. Nach einem anderen Dokument gleicher Provenienz adoptierte ein gewisser *Pu-ṭi-at-ḫi-iš* – also sicher ein Ägypter, dessen Name allerdings nicht vollständig gedeutet werden kann – ein aus der Tempelprostitution stammendes Kind, und zwar den Enkel eines Abdi-kurra namens Aḫu-iddina. Zeugen sind Leute mit ägyptischen und assyrischen Namen, und man möchte trotz der erwähnten Tatsache, daß Ägypter damals auch akkadische Namen tragen konnten, doch glauben, daß die Familie des Kindes einheimisch – jedenfalls nicht ägyptisch – war. Übrigens sind alle diese keilschriftlichen Namenwiedergaben ebenso wie die oben erwähnten Listen in den Assurbanipal-Annalen eine äußerst wertvolle Quelle zur Rekonstruktion der Aussprache des Spätägyptischen; darüber hinaus bereichern sie unsere Kenntnisse der spätzeitlichen Onomastik. Hermann Ranke, der das nach wie vor trotz unaufhaltsamen Anwachsens des Materials unentbehrliche und unersetzte Werk über die ägyptischen Personennamen verfaßt hat, verstand sich auch auf das Akkadische und war daher in der Lage, keilschriftliches Namenmaterial adäquat auszuwerten und mitzuberücksichtigen.[89]

Bis hin zu Assurbanipal waren die Beziehungen Ägyptens zu Assyrien mehr oder weniger von Furcht, Mißtrauen und Feindschaft bestimmt. In den Jahrzehnten nach Beendigung der Fremdherrschaft änderte sich das allmählich. Ob es einem gewissen Gefühl von Loyalität und Verbundenheit gegenüber dem einstigen Oberherrn entsprang, daß Psammetich I. in seinen späteren Jahren dem darniederliegenden assyrischen Riesen militärische Unterstützung gewährte, darf bezweifelt werden. Eher gab politisches Kalkül den Ausschlag: dem bedrohlichen Aufstieg des jungbabylonischen Reiches mußte – im Endeffekt vergebens, wie sich zeigen sollte – ein Riegel vorgeschoben werden.

Allerdings steckte nicht nur in Tanwatamani, sondern auch in Psammetich I. und seinen späteren Nachfolgern allenfalls mit Ausnahme des letztlich glücklosen Necho II. wenig vom imperialistischen Geist Thutmosis' III. oder gar der assyrischen Eroberer. Spalinger[90] hat das ägyptische Engagement in der Levante von der zweiten Hälfte des siebenten Jahrhunderts bis zum ersten Viertel des sechsten mit prägnanten Worten charakterisiert als „commercial in intent, benevolent in application, laissez-faire in nature, and short in duration." Was natürlich keinesfalls bedeutet, daß der Libyer Psammetich das Militär vernachlässigt hätte, ganz im Gegenteil: es wurden karische, lydische und ionische Söldner ins Land geholt und befestigte Anlagen wie Daphnai errichtet. In Migdol, Athribis, Memphis, Theben, Assuan sowie an verschiedenen Orten im Delta finden wir syrische Siedlungen.

Lange bevor es noch zum Kräftemessen mit Babylon kam, fegte ein aus den Weiten der südrussischen Steppe heranbrausender Kimmeriersturm über den Nahen Osten hinweg. Gyges von Lydien konnte den ersten Ansturm abwehren, erlag aber dem zweiten um ca. 644. Die kimmerische Bedrohung wurde einige Jahre später durch die Skythen beendet, die freilich ihrerseits nach Herodot 28 Jahre, bis zum Fall Ninivehs (612), mordend, plündernd und sengend durch die Lande zogen und bis zur ägyptischen Grenze vordrangen. Angeblich vermochte Psammetich I. nur durch Geldgeschenke, sie zum Abzug zu bewegen – eine Vorgangsweise, die auch zu anderen Zeiten und an anderen Orten durchaus üblich war –; sie hielten sich dafür durch die Plünderung von Askalon schadlos. Nach dem Rückzug der Skythen nahm Psammetich Asdod ein.[91]

Im selben Maße, in dem der Stern des Assyrerreiches um die Mitte des 7. Jahrhunderts zu sinken begann, machte sich in Vorderasien ein Wiedererstarken des ägyptischen Einflusses, anders gesagt, ein Rückgewinn der verlorenen ägyptischen Hegemonie, bemerkbar. Und wenn es an einer Stelle des Papyrus Rylands 9 für die Zeit um 650 heißt „Es stand gut mit dem Südland (d.h. Oberägypten)",[92] so kann man dazu nur ergänzend anmerken, daß es auch um die ägyptische Sache im vorderen Orient nicht übel bestellt war. Etwa zum Ende der Regierung Psammetichs I. (610) und in den ersten Jahren seines Nachfolgers Necho II. war die ägyptische Vorherrschaft in Syrien-Palästina sukzessive wiederhergestellt.

Die Inschrift auf einer Serapeumsstele aus dem Jahr 613[93] setzt die Kontrolle Psammetichs I. über die phönikische Küste voraus. In Zusammenhang mit Einbalsamierung und Beisetzung des heiligen Apisstieres ist auch von kostbaren Hölzern, u.a. Zedernholz, die Rede. Dann heißt es: „Ihre (nämlich der zuvor erwähnten Handwerker) Großen / Fürsten sind Untertanen des Palastes; ein *smr-njswt* ('Freund des Königs') steht über ihnen. Ihre Abgaben sind für die Residenz festgesetzt wie Ägypten", d.h. also, die namentlich nicht genannte Region wird gleichsam als Teil von Ägypten betrachtet. Ein babylonisches Zeugnis für die ägyptische Suprematie in dieser Zeit liefert die propagandistische, an gut sichtbarer Stelle auf einem Felsen angebrachte Inschrift im Wadi Brisa, die Nebukadnezar nach seiner Eroberung Syrien-Palästinas anbringen ließ, und worin er auf die zurückliegende Zeit der ägyptischen Vorherrschaft anspielt. Damals wurden nämlich, so wird verkündet, der Libanon, der Zedernberg und der üppige Wald des Marduk von einem fremden Feind beherrscht, der das Land seiner Schätze beraubte, so daß die Bevölkerung die Flucht ergriff.[94]

Wiederholt ist auch die Statue des „Boten von Kanaan und Palästina" Peteese in die Zeit um 600 datiert worden.[95] Bestimmte epigraphische Details[96] sprechen allerdings für den Ansatz des Erstherausgebers Steindorff, der vor über 60 Jahren eine Datierung in die 22. Dynastie – also mindestens 200 Jahre früher – befürwortet hat. Im übrigen haben die vereinzelten Funde aus saitischer Zeit, die in Asdod, Karkemisch und Megiddo zu Tage getreten sind, wenig historische Aussagekraft. Sie beweisen allenfalls – wie dies bei derartigen Objekten die Regel ist – intensive Handelsbeziehungen. *Abb. 21*

Für unser Anliegen lohnt es sich, die bewegte Geschichte vom Ende des assyrischen Reiches wenigstens ganz kurz zu betrachten. Ungefähr im Jahr 627 starben Assurbanipal, der letzte bedeutende Assyrerkönig, sowie Kandalanu von Babylon.[97] Nach einer einjährigen königlosen Zeit in Babylon, das theoretisch an Assyrien angeschlossen war, wurde Nabupolassar erst in Sippar, dann auch in Babylon als König von „Akkad" anerkannt. In den folgenden zwei Jahrzehnten gelang es Babyloniern und Medern in langwierigen Kämpfen vereint, die Assyrer in die Knie zu zwingen: 614 fiel Assur, 612 Ninive – die alttestamentlichen Propheten jubelten. Assur-uballit, Nachfolger des vermutlich im Kampf gefallenen Sin-scharra-ischkun, setzte sich nach Harran ab und begründete dort ein Rumpfreich. Von den alliierten Medern und Babyloniern verfolgt, flüchtete er auf die Westseite des Euphrat und versuchte, mit Hilfe eines Kontingents, das ihm Necho II., seit 610 Psammetichs Nachfolger, gesandt hatte, seine Residenz zurückzuerobern. Das mißlang, und wir hören von Assur-uballit nichts mehr. Es ist vermutet worden, daß die Ägypter ihren schwachen Bündnispartner ermordet hätten, als er ihnen nichts mehr nützen konnte. „Jedenfalls gab es fortan kein Assyrien mehr. Babylon stand Ägyptens Truppen unmittelbar gegenüber, und Ägypten hatte Assyrien in seiner Rolle am Euphrat abgelöst."[98]

Eine bemerkenswerte Episode berichtet das Alte Testament: Als Necho gleich zu Beginn seiner Regierung zum Euphrat marschierte, trat ihm 609 in Megiddo[99] der durch seine Kultreform berühmt gewordene König Josia von Juda persönlich entgegen. Über die Motive läßt sich nur spekulieren. *Eine* Vermutung ist, daß er verhindern wollte, daß Ägypten durch Aufbau seiner Hegemonie in Syrien-Palästina in die Fußstapfen der Assyrer trat. Mehr Wahrscheinlichkeit kann vielleicht eine andere Deutung beanspruchen, daß nämlich Josia, der zuvor den Ägyptern durchaus wohlgesinnt war, die Zeichen der Zeit richtig erkannt habe: Assyrien lag in unheilbarer Agonie, Ägypten war feige und schwach, wie sich im Jahr zuvor bei Harran gezeigt hatte, aber Babylon gehörte die Zukunft. Der König von Juda hätte sich also aus einem Gefühl gemeinsamer politischer Interessen mit Babylon auf die „richtige" Seite geschlagen. Die wirklichen Motive für Josias Verhalten bleiben aber letztlich unklar. Schipper[100] hält es sogar für möglich, daß die Worte „und er (Josia) ging ihm (dem Necho) entgegen" in 2 Könige 23, 29 gar nicht auf eine militärische Auseinandersetzung anspielen, sondern vielleicht einfach „ein freundliches Entgegenkommen Josias, der womöglich bereits ein ägyptischer Vasall war und dem neuen Pharao nur seine Aufwartung machen wollte", bezeichnen.

Wie dem auch sei, Josia mußte sein Leben lassen. Seinen Sohn und Nachfolger Joachaz setzte Necho ab und machte einen anderen Sohn des Josia zum neuen König von Juda. Dieser Eljakim wurde von Necho zu Jojakim umbenannt – eine sinnfällige Machtdemonstration, die zeigen sollte, daß er König von Nechos Gnaden war; ansonsten bedeuten beide Namen dasselbe („Gott / Jahweh richtet auf"). Genau dieselben Maßnahmen wurden zehn Jahre später von Nebukadnezar II. angewandt, als er den von ihm nach Jerusalem deportierten Jojachin durch Mattanja ersetzte und diesen in Zedekia umbenannte. Diese Namensänderungen erinnern ein wenig an die Art, wie die Assyrer in Ägypten mit Menschen und Orten umgingen – wir haben davon schon gesprochen. Der wesentliche Unterschied ist, daß sich die Assyrer, wie es auch naheliegend war, bei den Umbenennungen ihrer eigenen Sprache bedienten, während Necho und Nebukadnezar sich immerhin der Sprache der Unterlegenen anbequemten. Sie hätten ja auch je nachdem einen ägyptischen und einen babylonischen Namen verleihen können.

In den nächsten zweieinhalb Jahren nach der Beseitigung des Josia führte Necho eine Reihe ehrgeiziger Projekte durch. Wir zitieren Herodot II 158,1: „Er nahm als erster den ins Rote Meer führenden Kanal in Angriff, den Dareios der Perser zum zweiten Male grub (d. h. vollendete)." Das ist der „Kanal des Ostens", der in der ptolemäischen Pithom-Stele genannt wird.[101] Am Nordufer, etwa 24 Kilometer vom Golf von Suez entfernt, gründete er die befestigte Grenzstadt Per-Atum, das biblische Pithom, das von der Bibel mit der Fron der Israeliten im Exodus in Verbindung gebracht wurde (jetzt Tell el-Maskhuta). Griechische Trieren sollten merkantile wie kriegerische Aktivitäten erleichtern und der Expansion Babylons das Wasser abgraben.

Die Konfrontation Ägyptens mit Babylon ließ nicht lange auf sich warten. Nach anfänglichen Erfolgen erlitt Necho 605 bei Karkemisch eine entscheidende Niederlage.[102] Die Folge war, wie 2 Könige 24, 7 vermeldet: „Der König von Ägypten rückte aus seinem Lande nicht mehr aus, denn der König von Babel nahm vom Bache Ägyptens bis zum Euphratstrom alles, was dem König von Ägypten gehört hatte." Der Prophet Jeremias, der seine Jugendjahre an den Ufern des Nils verbracht hatte und für das Land der Pharaonen nichts übrig hatte, triumphierte darob und erblickte in Nebukadnezar ein Werkzeug Gottes. Ägyptens Vorherrschaft in Syrien-Palästina war beendet, ehe sie sich noch richtig entfalten hatte können. Allerdings war Ägypten nicht vollständig aus der Region vertrieben, und es gab immer noch loyale Kleinfürsten, die sich von den Ägyptern eine größere relative Unabhängigkeit erhofften als von den Babyloniern.

Wir haben schon gesehen, wie die syrisch-palästinischen Fürsten des 8. Jahrhunderts vergeblich auf ägyptische Hilfe bauten; es wird sich inzwischen nicht viel geändert haben. Ein in Sakkara gefundenes Papyrusfragment enthält den in der damaligen Diplomatensprache Aramäisch abgefaßten Brief eines Vasallenfürsten Adon.[103] Es ist noch nicht lange her, daß aufgrund des demotischen Adressenvermerks der im Brieftext nicht erhalten gebliebene Name des Reiches dieses Adon bestimmt werden konnte. Es steht da nämlich: „Was der Große (d.h. Fürst) von Ekron gegeben hat dem ... ". Ekron ist eine der fünf großen Philisterstädte; wir haben es bereits als Residenz des von Hiskia abgesetzten Padi kennengelernt. Auf dem leider stark beschädigten Papyrus liest man: „An den Herrn der Könige, den Pharao,[104] dein Diener Adon, der König von [Ekron]" etc. ["Die Truppen o.ä.] des Königs von Babylon sind gekommen und haben Apheq erreicht." (Es gibt mehrere Ortschaften dieses Namens.) „Sie haben genommen [...]. Denn der Herr der Könige, der Pharao, weiß, daß dein Diener [...] ein Heer zu senden, um mich zu retten. Verlaß ⸢mich⸣ nicht [...] und seine guten Beziehungen (oder ähnlich, wörtlich 'sein Gutes') hat dein Diener bewahrt." In den folgenden kümmerlichen Resten ist noch von einem „Statthalter im Lande" die Rede. Man sieht deutlich, daß sich der Herrscher von Ekron in arger Bedrängnis befand und auf ägyptische Intervention hoffte. Dies ist das einzige derartige Schriftzeugnis dieser Zeit aus Ägypten; man fühlt sich unwillkürlich an die fast 800 Jahre älteren, aber ebenso vergeblichen Bittgesuche der syrisch-palästinischen Fürsten an den Pharao aus der Amarnakorrespondenz erinnert.

Nebukadnezars Plan war, sich mit Gewalt den Weg nach Ägypten zu bahnen. Ende 604 – gewiß bald nach der Einnahme von Ekron – fiel Askalon; es wurde dem Erdboden gleichgemacht und entvölkert. Ende 601 marschierte der Babylonier von Syrien-Palästina aus nach Ägypten, aber die Ägypter waren über Nebukadnezars Anrücken durch ihre Wachposten im Bilde, und als er in Migdol eintraf, warteten sie schon auf ihn. Necho gelang es, die Babylonier zurückzuschlagen und ihnen – vermutlich mit griechischer Hilfe – Gaza abzunehmen. Der seinerzeit von Necho eingesetzte Jojakim, der auf die babylonische Seite übergegangen war, fiel wieder ab. Daraufhin wurde Jerusalem 597 zum ersten Mal von den Babyloniern belagert; Jojachin, der Nachfolger des inzwischen verstorbenen Jojakim sowie Tausende von

Menschen wurden nach Babylon deportiert. In Jerusalem inthronisierten die Babylonier einen neuen König, den sie Zedekia nannten.

In Ägypten hatte Psammetich II., Sohn und Nachfolger des 595 verstorbenen Necho, in seinem dritten Regierungsjahr einen entscheidenden Feldzug gegen Nubien geführt. Vermutlich im Vertrauen darauf, daß die Kunde davon auch zu den Babyloniern gedrungen war, und vor allem im Wissen, daß König Zedekia von Juda inzwischen Babylon die Treue aufgekündigt hatte, wagte er es, in seinem vierten Jahr – also 592 – zum Zwecke einer, wie es scheint, friedlichen Demonstration nach Palästina zu ziehen. Unsere einzige Quelle hierfür ist der im übrigen durchaus tendenziöse demotische Papyrus Rylands 9, aber man kann davon ausgehen, daß die Sache nicht aus der Luft gegriffen ist, zumal der chronologische wie geographische Rahmen zu dem, was wir sonst wissen, ausgezeichnet paßt. Unter Verzicht auf alle für den Verfasser des Schriftstückes uninteressanten Details und Motive wird lapidar berichtet:[105] „Im Jahre 4 des Pharaos Psammetich Neferibre sandte man zu den großen Tempeln von Ober- und Unterägypten mit den Worten: 'Der Pharao begibt sich ins Syrerland. Mögen [die] Priester mit den Blumengebinden der Götter von Ägypten kommen, um sie mit dem Pharao ins Syrerland zu nehmen!'" Es wird dann ausgeführt, wie die Priester von Teudjoi in Mittelägypten einem unliebsamen Rivalen mit Erfolg einreden, er sei dafür gerade der richtige Mann, um ihn loszuwerden, doch das gehört nicht mehr in unsere Geschichte.

Nach Ende der kurzen Ära Psammetichs II. führte sein Sohn Apries (589–570) die Bestrebungen, den ägyptischen Einfluß in der Levante aufrechtzuhalten, fort. Babylon sah indessen nicht untätig zu; Jerusalem wurde zum zweiten Mal belagert. Von den berühmten Lachisch-Ostraka, die aus den dramatischen letzten Tagen des Königreiches Juda stammen, wissen wir, daß damals Konjahu, der Oberbefehlshaber des Heeres, nach Ägypten ging[106] – zweifellos in der unausgesprochenen Absicht, um militärische Unterstützung anzusuchen. Apries, in der Bibel Hophra genannt, schickte auch tatsächlich ein Heer, welches erfolglos versuchte, die von den Babyloniern belagerte judäische Hauptstadt zu entsetzen. Jerusalem wurde 586 in Schutt und Asche gelegt, es gab neue Deportationen sowie Hinrichtungen angesehener Würdenträger. König Zedekia wurde mitsamt seiner Familie auf der Flucht eingeholt und, nachdem er die Ermordung seiner Söhne hatte ansehen müssen, geblendet. Die Babylonier ließen unter Gedaljah noch einen Rumpfstaat mit der Hauptstadt Mizpah, der aber nur von sehr kurzer Dauer war, bestehen: Gedaljah fiel bald von der Hand eines aus dem Hause David stammenden Fanatikers. Damit endet 586 auch die Geschichte des Südreiches Juda.[107]

Es wird angenommen, daß die Kriege des Apries in Phönikien nach dem Ende Judas stattfanden: Herodot (II 161,2) überliefert, daß Apries gegen Tyros und Sidon kämpfte. Das paßt allerdings nicht recht zu der Tatsache, daß Nebukadnezar seinerseits einen langen Belagerungskrieg gegen Tyros führte (586–573), der mit einem Pyrrhussieg geendet zu haben scheint. Ägypten verfügte über eine ansehnliche Flotte, und wir kennen aus dieser Zeit eine ganze Reihe von Admirälen.[108] Dieser Aufschwung hängt allerdings nicht zum geringsten damit zusammen, daß Ägypten aus der Not eine Tugend machen mußte: zu Lande waren nämlich die Babylonier im Vormarsch. Die Situation spitzte sich dermaßen zu, daß Nebukadnezar im Jahre 571, wie aus dem Buch Ezechiel zu erschließen ist, in Ägypten einfiel. Über nähere Einzelheiten verfügen wir leider nicht. Wie massiv der babylonische Vorstoß wirklich war und wie weit Nebukadnezar überhaupt ins Landesinnere vordrang, ist unbekannt. Es ist nicht möglich, ohne weitere stützende authentische Zeugnisse die düsteren Prophezeiungen des Ezechiel, die natürlich von Wunschdenken und dem traditionellen Haß der Propheten auf Ägypten geprägt sind, auch nur als teilweise zutreffende *vaticinia post eventum* zu verifizieren. Vollständige Vernichtung von Migdol bis Syene wird geweissagt. Und es heißt da (30, 10. 13–14): „So spricht Gott der Herr: Ich will ein Ende machen der Volksmenge Ägyptens durch die Hand Nebuchadrezzars, des Königs von Babel (…) Im Lande Ägypten soll kein Fürst mehr sein, und ich will Schrecken verbreiten im Lande Ägypten. Ich will Patros[109] verwüsten, Feuer an Zoan (d.i. Tanis) legen und Gericht in No (Amon, d.i. Theben) halten", und so geht es lange weiter in kraftvollen Tönen. Soviel darf als sicher gelten: ein zweiter Assurbanipal ist Nebukadnezar für Ägypten nicht geworden; Ägypten stand nie auch nur für kurze Zeit wirklich unter babylonischer Herrschaft.[110]

Aus einer akkadischen Quelle erfahren wir von der Konfrontation des Nebukadnezar in seinem 37. Regierungsjahr (568/67) mit Amasis. Leider ist die betreffende Tafel im Britischen Museum[111] nur fragmentarisch erhalten; der Name des Pharaos kann aber aus den vorhandenen Resten sicher bestimmt werden. Es heißt „[Aḫm]asu, der König von Ägypten, ⌜bot seine Truppen auf⌝, [die O]bersten der Stadt Puṭu-Jāman, [die Obersten] entfernter Gebiete des Meeres und viele Obersten inmitten Ägyptens, [sowie] Waffenträger, Pferde und St[reitwag]en bot er [eilends zu] seiner Hilfe auf […". Der eigenartige Ortsname Puṭu-Jāman bedeutet „Libyen des Ioniers" und ist, wie Edel[112] gezeigt hat, mit der griechischen Gründung Kyrene zu identifizieren, mit der Amasis ein Bündnis geschlossen hatte (Herodot II 181). Es ist also nicht davon die Rede, daß das der Ort ist, an dem der Kampf zwischen Babyloniern und Ägyptern ausgetragen worden wäre.

Dank Edels Bemühungen durchschauen wir jetzt besser die Hintergründe der Politik des Apries und des Amasis. Der große Gelehrte hatte nämlich erkannt, daß der zitierte Keilschrifttext auf dieselben Ereignisse Bezug nimmt wie eine seit langem bekannte Monumentalstele aus Assuangranit.[113] Die wichtige Inschrift, die sich früher im Kairoer Museum befand, ist jetzt im Garten des neuen Nubien-Museums in Assuan ausgestellt. Leider ist sie sehr schwer lesbar, da die Stele seinerzeit einem Palast in Kairo als Türschwelle gedient hat, doch hat sie Edel eingehend kollationiert und – unter Berichtigung eines entscheidenden Jahresdatums – ein Maximum an historischen Informationen herausgeholt. Es heißt dort also für den 20. März 567 (d.i. das 4. – nicht 3. oder 2.! – Jahr des Amasis): „Man kam, um Seiner Majestät zu melden: 'Die Asiaten (*sṯtjw*) haben sich in der Überheblichkeit ihres Herzens empört, so daß sie auf dem Horusweg gehen. Tausende sind dort und greifen das Land an, indem sie jeden Weg bedecken; diejenigen, die sich auf Schiffen befinden, indem ihr Herz plant, unser Land umzustürzen." „Horusweg" ist die traditionelle Bezeichnung entweder für die Verkehrsstraße von Ägypten nach Syrien-Palästina oder aber, wie Valbelle jetzt argumentiert,[114] für die Grenzregion im Ostdelta, beim pelusischen Nilarm. Offenbar wird hier eine kombinierte Land- und Seeoperation geschildert, ähnlich, wie wir dergleichen vom „Seevölkerkrieg" Ramses' III. in dessen 8. Regierungsjahr kennen.

Es trifft sich, daß das Jahr 37 des Nebukadnezar (Monat oder Tag ist nicht angegeben) ca. drei Wochen später, am 13. April, endete. Es kann keinem Zweifel unterliegen, daß mit den auf der Elephantinestele genannten „Asiaten" die babylonischen Truppen gemeint sind. Im weiteren Verlauf der Inschrift wird berichtet, daß ein offenbar gottverhängter Hagelsturm die in einen Nilarm eingedrungene Flotte der Feinde vernichtet habe. Mitten unter den Feinden erblickte Amasis den unter der Deckbezeichnung „der Überhebliche"[115] genannten Apries, der im Kampf gefallen war und nun im Wasser trieb. Er sorgte allerdings für ein würdiges Begräbnis des Gegenspielers. Nach Herodot, der von den Babyloniern nichts schreibt, fand die entscheidende Schlacht dagegen bei Momemphis statt, und Apries soll nach anfänglich guter Behandlung dem darüber murrenden Volk ausgeliefert und erdrosselt worden sein (II 169). Die Beisetzung in der Gruft der Vorfahren – im Heiligtum der Neith von Sais – vermerkt allerdings auch Herodot.

Was war geschehen? Apries hatte, wie schon im ersten Kapitel erwähnt, dem Hilferuf des Königs Adikran Folge geleistet und ein Heer gegen die griechische Gründung Kyrene gesandt, wurde aber vernichtend geschlagen. Dies hatte seine Absetzung im Jahr 570 zur Folge. Von seinem ersten vergeblichen Versuch, dem „Usurpator" Amasis die Herrschaft wieder zu entreißen – Amasis war ein homo novus und mit dem Königshaus der 26. Dynastie nicht verwandt![116] – berichtet der erste Teil der großen Stele, der ins Jahr 1 des Amasis datiert ist. Anscheinend wandte sich Apries daraufhin an Nebukadnezar, um ihn zu einem Eingreifen in Ägypten zu bewegen. Amasis scheint von den Umtrieben des Apries rechtzeitig Wind bekommen zu haben und schloß darum zur Rückendeckung in aller Eile das erwähnte Bündnis mit Kyrene, das durch die Heirat mit der Prinzessin Ladike besiegelt wurde.

Babylon konnte, wie gesagt, in Ägypten nicht Fuß fassen. Es ist müßig, darüber zu spekulieren, was passiert wäre, wenn Apries Erfolg gehabt hätte. Wahrscheinlich wäre er ein Marionettenkönig von Babylons Gnaden geworden wie zuvor der unglückliche Zedekia von Juda, und die persische Invasion 45 Jahre später hätte trotzdem stattgefunden. Nabonid, der bemerkenswerteste unter den Nachfolgern des Nebukadnezar, zog sich für zehn Jahre aus letztlich ungeklärten Gründen nach Taima in Arabien zurück.[117] Von einem Interesse an einer Auseinandersetzung mit Ägypten ist nichts mehr zu merken. Es war auch kaum mehr Gelegenheit dazu; die Perser waren in aufhaltsamem Vormarsch: 547 besiegte Kyros den legendären Lyderkönig Kroisos und annektierte sein Reich. 539 rückte er nach Babylonien, wo er die großen Zentren und schließlich Babylon selbst ohne nennenswerten Widerstand – Nabonid war ziemlich unbeliebt – einnahm. Nur wenige Jahre noch, und auch Ägypten erlag dem Angriff der Perser (525).

Die babylonische Invasion in Ägypten ist in späterer Zeit literarisch verarbeitet worden: der koptische Kambysesroman[118] vermengt die Geschehnisse mit der ein knappes halbes Jahrhundert später erfolgten persischen Invasion. Eine ähnliche Vermischung konstatieren wir in der äthiopischen Chronik des Bischofs Johannes von

Nikiu,[119] bei der es sich um die Übersetzung eines verlorengegangenen arabischen Originalwerkes aus der Zeit der islamischen Eroberung handelt. Merkwürdigerweise behaupten mehrere dieser späten Überlieferungen – auch der arabische Historiker Ṭabarī –, daß Nebukadnezar den ägyptischen König getötet habe, was aber unzutreffend ist. Apries starb nicht von babylonischer Hand, vielmehr fand er, wie wir gehört haben, sein Ende während der Wirren des Bürgerkriegs.

Zum Schluß noch einige Worte zum Thema „Ägypter in Babylonien" (zum Umgekehrten läßt sich gar nichts sagen, da wir hier meines Wissens keinerlei Quellen besitzen). Über die Präsenz von Ägyptern in Assyrien haben wir schon gesprochen. Daß Apries am babylonischen Königshof vorstellig geworden sein dürfte, wurde bereits erörtert. Das erscheint nur auf den ersten Blick ungewöhnlich. Schon Psammetich I. war ja einst vor den Kuschiten zu Assurbanipal geflohen, konnte aber im Unterschied zu Apries siegreich heimkehren. Und gerade aus der Zeit Nebukadnezars besitzen wir Keilschrifttexte, welche die Verpflegung jüdischer und ägyptischer Exulanten im Palast des Nebukadnezars betreffen. Nicht nur der König von Juda, Jojachin,[120] wird da genannt, auch Namen von ägyptischen Privatleuten wie Psammetich, Necho und anderen finden sich. Auch sonst stoßen wir in babylonischen Texten ab und zu auf Ägypter.[121] Eine Keilschrifturkunde aus dem ersten Regierungsjahr des Kambyses (529) dokumentiert den Verkauf eines Feldes und einer Zisterne in einem Ort in der Nähe von Babylon „vor der Versammlung der Ältesten der Ägypter".[122] Es gab also dort bereits damals – noch vor der Eroberung Ägyptens durch die Perser – eine organisierte ägyptische Gemeinde, vermutlich Nachkommen von Kriegsgefangenen als Folge der Schlacht von Karkemisch (605).[123] Faßt man assyrische und babylonische Quellen über die Präsenz von Ägyptern in Mesopotamien zusammen, finden wir unter ihnen Ärzte, Seher, *ḫarṭibi*,[124] Schlangenbeschwörer, Sänger, Gold- und Kupferschmiede, Brauer, Bäcker, Fischer u.a.m., aber auch Schreiber.

III. Ägypten und die Phöniker

Das Thema „Ägypten und die Phöniker" dürfte bei jedem Ägyptologen – wenn überhaupt – verschiedene Assoziationen auslösen. Während man Assyrer und Perser zwangsläufig mit Zeiten der Fremdherrschaft verbindet, die Karer mühelos mit dem Etikett „Söldner" versieht und bei den Aramäern wahrscheinlich in erster Linie an die Militärkolonie von Elephantine und die dort gefundenen Papyri denkt, tritt dem Ägyptologen die zahlenmäßig freilich auch geringere phönikische Präsenz im Lande im allgemeinen sehr viel weniger ins Bewußtsein. Das dürfte auch daran liegen, daß eindeutig als „Phöniker" bzw. „Phönikien" zu übersetzende Termini nicht existieren. Man hat zwar früher die Phöniker gerne sprachlich in den schon in den Pyramidentexten erscheinenden *fenechu* erkennen wollen, aber die lautliche Entsprechung ist nur sehr oberflächlich – und zufällig.[1] Man muß sich weiters klarmachen, daß die Bezeichnung „Phöniker" von den Griechen stammt und auf die für die Phöniker typische Tätigkeit der Purpurfärbung anspielt. Homer spricht als erster von Φοίνικες – soweit er nicht den Ausdruck Σιδόνιοι im unfassenderen Sinne gebraucht –, doch kennen schon die mykenischen Texte das femininine Adjektiv *po-ni-ki-ja*[2] in bezug auf einen „roten" Wagen. Semantisch entspricht dem die semitische Verwendung der Begriffe „Kanaan" ("purpurrot") und „Kanaanäer", die allerdings primär für das gesamte syrisch-palästinische Gebiet gilt, im Alten Testament aber speziell zur Bezeichnung der Phöniker dient. Sich selbst bezeichneten diese freilich weder als „Phöniker" noch als „Kanaanäer", sondern immer nur je nachdem als „Mann von Tyros", „Mann von Arados", „Frau von Sidon" etc. – ein typisches Phänomen des syrisch-palästinischen Partikularismus. Im Kanopusdekret[3] aus dem Jahr 238 finden wir folgende Differenzierungen: im griechischen Teil Συρία καὶ Φοινίκη, im demotischen „das Gebiet des Syrers / Assyrers" und „das Gebiet der Charu-Leute (= Phönikien)". Im hieroglyphischen Teil wird in der Version aus Tanis in antiquierender Weise vom „östlichen Retjenu" für Syrien und vom „Land der Keftiu" (für Phönikien) gesprochen, was für uns irreführend ist, da Keftiu normalerweise die Kreter meint. Eine andere Version (Kom el-Hisn) spricht deutlicher vom „Fenech(u)-Land" (vgl. auch S. 239).

Nach diesem knappen terminologischen Vorspann ein Blick auf die geographische Lage: Die Heimat der Phöniker, das phönikische Kernland also, liegt im syrisch-palästinischen Küstenstreifen von Shukshu im Norden (Tell Sukas) bis Akko im Süden. Dabei ist zu beachten, daß nach verbreiteter Ansicht von einer spezifisch phönikischen Kultur und Zivilisation erst ab ca. 1200 – mit Beginn der Eisenzeit – die Rede sein kann. Natürlich existierte Byblos schon lange Zeit vorher,

Abb. 16

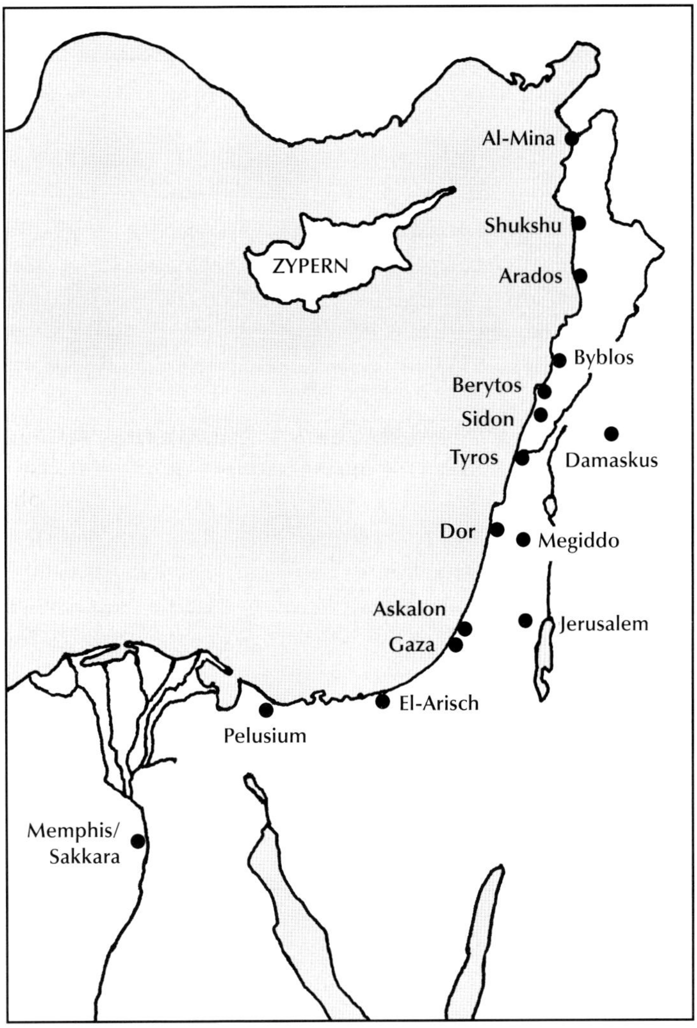

Abb. 16 Phönikien.

aber es war noch nicht wirklich „phönikisch". Zu jener Zeit gab es noch keine nennenswerte Unterschiede zwischen Küste und Hinterland: Sprache, Religion und Kunsthandwerk der Region südlich von Ugarit waren noch relativ einheitlich, wir haben es eher mit einer „syrischen" oder „syrisch-palästinischen" als mit einer „phönikischen" Kultur zu tun. Es soll aber nicht verschwiegen werden, daß in den letzten Jahren die Frage gestellt wurde, ob und ab wann es überhaupt so etwas wie ein „phönikisches Volk" gegeben hat – manche meinen, erst ab 800. Wer will, mag also wenigstens die frühen Phöniker noch allgemein als „Kanaanäer" bezeichnen.[4]

Der Zerfall der Vorherrschaft der Großmächte (Ägypten, Mesopotamien, Hethiter) in Zusammenhang mit den Einfällen der Seevölker um 1200 sowie die Ansiedlung neuer Völkerschaften im Hinterland (Aramäer, Hebräer) führte zum Aufstieg der Stadtstaaten an der Küste, einer Intensivierung ihrer wechselseitigen Beziehungen und ihrer Orientierung zum Handel und zur Kolonisation im westlichen Mittelmeerraum.

Der Drang zu dieser kommerziellen Expansion ergab sich aus der Küstenlage einerseits und der Schwierigkeit einer Ausdehnung ins Hinterland andererseits.

Die größten phönikischen Städte sind – in nord-südlicher Reihung – Arados, Byblos, Berytos, Sidon, Sarepta, Tyros. Ägyptens wichtigster Holzlieferant war seit alter Zeit Byblos, das offenbar unter ägyptischem Einfluß eine eigene, bis heute erst im Ansatz entzifferte Silbenschrift[5] herausgebildet hatte, die leider nur von vierzehn zum Teil sehr fragmentarischen Inschriften bekannt ist. Diese Schrift wurde zur Zeit des Mittleren Reiches gebraucht und geriet in der Folge anscheinend rasch außer Gebrauch. Während wichtige Städte wie Ugarit, Alalach und Kadesch dem Seevölkersturm zum Opfer fielen und für immer zugrunde gingen, erholte sich Byblos rasch. Ein Feldzug Tiglatpilesars I. um 1100 nach Syrien-Palästina war mehr ein Beutezug: Byblos mußte Tribut zahlen, wurde aber keineswegs in die Knie gezwungen. Wenamun, der etwa um diese Zeit im Auftrag des thebanischen Herrschers Herihor am Ende des Neuen Reiches Zedern- bzw. Pinienholz – das wichtigste Exportgut der Phöniker aus ihrem Kernland – für die Barke des Amenrasonther beschaffen sollte, mußte lernen, daß sich ein selbstbewußter Fürst nicht mit wohltönenden Phrasen abspeisen ließ: Leistung ja, aber nicht für den Gotteslohn, den Wenamun in Aussicht stellt, sondern nur gegen handfeste Gegenleistungen. Die enorme Wichtigkeit des Holzexportes an Ägypten kann man auch daraus ersehen, daß einige Jahrhunderte später (zwischen 735 und 732) ein Kommissar der assyrischen Krone in Tyros die Weisung erhielt, kein Holz nach Ägypten und Palästina zu liefern (vgl. S. 22).

Die Reiseerzählung des Wenamun[6] ist in mehrfacher Hinsicht ein höchst anschauliches (und obendrein unterhaltsames) Dokument für die Beziehungen Ägyptens zur phönikischen Welt am Ende des 2. Jahrtausends. Nicht mit letzter Sicherheit geklärt ist die Frage, ob es sich dabei um ein rein literarisches Produkt handelt – wie es alles in allem doch den Anschein hat – oder um einen Tatsachenbericht, der dann aber zweifellos literarisch ambitioniert wäre.[7] Es ist uns hier natürlich nicht möglich, im Detail auf diese Frage einzugehen, wir wollen aber zwei Dinge festhalten:

– Erstens ist m.W. bei der Frage, ob es sich um ein Literaturwerk im engeren Sinne handelt oder nicht, folgender Sachverhalt nie recht gewürdigt worden: aus demselben Ort Hibeh am Fayumeingang, aus dem der „Wenamun“ stammt, kommt nicht nur der sog. „Moskauer literarische Brief“, sondern auch der demotische Papyrus Rylands 9.[8] Letzterer ist de facto ein bunt schillerndes, realistisches Kultur- und Sittengemälde der Saiten- und frühen Perserzeit und würde für sich alleine betrachtet wohl ohne weiteres als literarische Fiktion – wenngleich auf das wirkliche Leben der damaligen Zeit gegründet – angesehen werden. Die simple Tatsache, daß er Teil eines Archivs und prosopographisch fest darin eingebunden ist, erweist allein schon seinen letztlich dokumentarischen Charakter. Sollte letzteres also doch, wie seinerzeit Jaroslav Černý angenommen hatte, auch für den „Wenamun“ gelten? Man muß aber zugeben, daß manches – z.B. die auffallend auf Amun hin orientierte Anthroponymie oder die Lobrede des Fürsten von Byblos auf die ägyptische Kultur – dafür spricht, daß es sich um ein „fiktionales“ Literaturwerk handelt.

Tafel 1 Sog. Zincirli-Stele Asarhaddons I. Der Assyrerkönig hält den Sohn des Kuschitenherrschers Taharka und einen phönikischen Fürsten am Nasenseil.

Tafel 2a Assurbanipal in Ägypten: Ausschnitt aus dem großen Wandrelief aus Ninive mit der Abführung ägyptischer und libyscher (oder kuschitischer?) Gefangener. Vgl. auch Frontispiz S. II und III.

Tafel 2b Relief Sethos' I. von der Außenwand des Großen Hypostyls in Karnak (Nordwand, Ostseite): Die Bewohner des Libanon schlagen Zedern für den Pharao.

Tafel 3a In Assur entdecktes Alabastergefäß mit den Kartuschen Takelothis' III. und einer Keilinschrift, derzufolge es sich bei dem Stück um Kriegsbeute aus Sidon handelt.

Tafel 3b Relief Schoschenks I. von der südlichen Außenwand des Großen Hypostyls in Karnak zur Verherrlichung des um 925 stattgefundenen Palästinafeldzugs (vgl. den Bericht in 1 Könige 14, 25–26; 2 Chronik 12, 3–4).

Tafel 4 Detail aus Taf. 3b mit den Namen mehrerer unterworfener Ortschaften.

Tafel 5 Sarkophag des Königs Eschmunazar von Sidon mit langer, historisch bedeutsamer phönikischer Inschrift.

Tafel 7a Londoner Bronzestatuette des Harpokrates mit Widmungsinschriften von zwei Personen: einer ägyptischen (nicht recht klaren) und einer phönikischen. Die letztere lautet: „Harpokrates gebe Leben dem Amos, Sohn des Eschmunjatan, Sohnes des Azarmilk (…)."

Tafel 7b Madrider Bronzestatuette des Harpokrates mit phönikischer Widmungsinschrift: „Harpokrates gebe Leben seinem Diener Abdeschmun, Sohn des Aschtartjatan, Sohnes des Magon, Sohnes des Hantûs, Sohnes des Petebentêt, Sohnes des Pschem[h]ê" (die letzteren drei Namen sind ägyptisch).

Tafel 6 Phönikisch-ägyptischer Sarkophag aus Tell el-Maskhuta, etwa Ende 5. bis 1. Hälfte 4. Jahrhundert. Das ursprünglich einer Frau gehörende Monument wurde sekundär von einem Djedher, dem Sohn eines Mannes mit semitischem Namen, benutzt.

Tafel 8 Bronzestatuette des Imhotep mit quasi-komplementärer ägyptischer („Imhotep Sohn des Ptah gebe Leben") und phönikischer („für Wahibre, Sohn des Eschmunjatan") Beschriftung.

– Zweitens, und das ist letztlich das Entscheidende: Wenngleich der „Wenamun" primär „literarisch" und „fiktional" ist, darf man trotzdem davon ausgehen, daß die realen Hintergründe nicht zu stark verfälscht sind, und das umso mehr, als das leicht angeschlagene Prestige Ägyptens in der Levante ja eben nicht tendenziös beschönigt wird. Kein Geringerer als Alan Gardiner war der Meinung, daß dieses Dokument „ein so ungeschminktes und überzeugendes Bild entwirft, daß die oft erörterte Frage, ob er ein echtes historisches Werk oder einen auf Tatsachen aufbauenden Roman darstelle, eigentlich müßig ist."[9]

Sehen wir uns aber den „Wenamun" auf unser eigentliches Thema hin näher an! Der Held der Geschichte befährt von Tanis aus das „Große Meer von Syrien", und zwar auf einem ägyptischen Schiff, dessen Kapitän dem semitischen Namen[10] nach zu schließen offenbar ein Syrer bzw. Phöniker ist. Das ist bezeichnend: als Bewohner der Küstenstädte waren die Phöniker für die Seefahrt gewissermaßen prädestiniert: „schiffsberühmt" nennt sie Homer.[11] Dabei ist festzuhalten, daß damals die Küstenschiffahrt üblich war.

Als erstes erreicht Wenamun Dor, eine Stadt der Tjeker. Diese Tjeker gehörten zu den sogenannten „Seevölkern", die Ramses III. von Ägypten hatte vertreiben können – sofern sie nicht als Hilfstruppen in die Armee aufgenommen wurden –, deren Erscheinen in der Levante aber zu umwälzenden Veränderungen und Verschiebungen des politischen und gesellschaftlichen Gefüges führte. Man hat angenommen, daß Tjeker mit Teukros, dem Stammvater der Trojaner, nach dem diese oft benannt wurden, zusammenhängt.[12] Das ist lautlich problematisch; besser zu begründen ist dagegen die Identifizierung mit den *Šikalāju* (= Σικελοί) der Keilschriftquellen.[13]

Die „Seevölker"-Präsenz in Dor ist archäologisch nachweisbar: Die große, befestigte Stadt der Tjeker wurde um die Mitte des 11. Jahrhunderts zerstört und von Phönikern besiedelt.[14] Viel später, im 5. Jahrhundert, wurden Dor und Jaffa auf Weisung des Großkönigs dem Herrschaftsgebiet Sidon zugeschlagen.[15]

Während seines Aufenthalts in Dor wird Wenamun von einem seiner eigenen Männer bestohlen, der daraufhin die Flucht ergreift. Wenamun glaubt darauf beharren zu können, daß nach geltendem Recht der Herrscher des betreffenden Territoriums für Diebstähle haftbar gemacht und zur Ersatzleistung gezwungen werden kann. Der Fürst von Dor weist Wenamun aber unmißverständlich darauf hin, daß das natürlich nur für den Fall gilt, daß der Dieb ein Untertan des Fürsten ist – oder, darf man wohl hinzufügen, wenn die Identität des Diebes nicht festgestellt werden kann und damit gerechnet werden muß, daß es ein Untertan ist. Da der Übeltäter diesmal aber einer von Wenamuns eigenen Leuten war, ist sein Ansinnen lächerlich. Der Fürst erklärt sich dann immerhin dazu bereit, den Dieb suchen zu lassen – freilich, wie zu erwarten, ohne Erfolg. Wenamun greift daraufhin zur Selbsthilfe, indem er sich an einem Schiff der Tjeker schadlos hält, bis das gestohlene Gut wieder herbeigebracht würde, und macht sich auf die Weiterfahrt nach Byblos. Durch dieses eigenmächtige Vorgehen zieht er sich begreiflicherweise den Zorn der Tjeker zu. Kein Wunder also, daß diese ihn, als er gerade im Begriffe steht, sich für die Rückreise einzuschiffen, festnehmen wollen. Bezeichnend sind die für unser Empfinden ziemlich schlitzohrig anmutenden Worte des Fürsten von Byblos an die Tjeker-Leute: „Ich kann doch den Gesandten des Amun nicht in meinem (eigenen) Land festnehmen. Laßt mich ihn verabschieden, und dann fahrt ihm nach, um ihn festzunehmen!" (2, 73-74). Der Herrscher ist also nach damaligem internationalen Recht auf seinem – und nur auf seinem – Hoheitsgebiet für die Sicherheit und Immunität fremder Gesandter verantwortlich. Was außerhalb davon passiert, geht ihn nichts mehr an.

Daß sich Tjekerbaal seinem Gast gegenüber so berechnend und distanziert verhielt, hatte freilich noch andere Gründe. Noch bevor sie miteinander handelseins wurden, hatte der Fürst von Byblos den Wenamun gleich nach dessen Ankunft tagelang aufgefordert, seinen Hafen zu verlassen. Daß Ägypten in dieser Zeit nicht mehr so mächtig war wie früher – „wessen Herr ist denn Pharao noch?", heißt es in einem spätramessidischen Brief [16] –, ist sicherlich eine, aber gewiß nicht die einzige Ursache für diese unfreundliche Haltung. Schließlich war Ägypten immer noch der wichtigste Handelspartner für die syrisch-palästinischen Kleinstaaten, und Tjekerbaal selbst legt Wenamun gegenüber Wert auf die Feststellung, daß er für den Handel mit Smendes über 20 Schiffe verfüge. G. Bunnens[17] hat in einem lehrreichen, wenngleich den nicht zu bezweifelnden Prestigeverlust Ägyptens etwas zu sehr herunterspielenden Artikel argumentiert, daß die Ursachen für die schnöde Behandlung, die sich der Ägypter gefallen lassen mußte, hauptsächlich in seinem mehrfachen Verstoß gegen die Etikette gelegen hätten. Der erste ist seine schon erwähnte Selbstjustiz gegenüber den unbeteiligten Tjeker-Leuten. Die Kunde davon wird Wenamuns Ankunft in Byblos vorausgeeilt sein und ihm sicher keinen Sympathievorschuß eingetragen haben. Der zweite ist etwas komplexer; wir müssen darauf näher eingehen, weil die Sache für das Verständnis der Abwicklung internationaler Handelsbeziehungen in dieser Zeit von nicht geringer Bedeutung ist. Es mußte schon einmal – auch wenn es im Text nicht ausgesprochen wird – Verwunderung erregen, daß Wenamun ohne Eskorte eintraf. Auch wenn die Amarna-Briefe nichts davon erwähnen, wissen wir doch aus den Mari-Archiven, daß Boten von Wachen des Heimat- oder Ziellandes begleitet wurden, und das ist in Anbetracht der Strapazen und Gefahren, die in der Fremde auf einen warteten, nur verständlich. Des weiteren gilt Wenamun als „Gesandter" bzw. „Bote" (*wpwtj*), kann sich aber nicht ausweisen und ruft damit den Zorn des Fürsten von Byblos hervor. Wenamun gibt an, er habe das entsprechende Schreiben seines thebanischen Auftraggebers bei Smendes, dem Herrscher des Nordens, zurücklassen müssen (1, 53). Offenbar handelte es sich um ein Empfehlungsschreiben des Herihor – genaugenommen, wie der Text berichtet, des Amun höchstselbst, der ja in der Theorie der eigentliche Herrscher des thebanischen „Gottesstaates" war –, das den Wenamun dem Schutze des Smendes und seiner Gemahlin Tentamun anempfahl. Solche Empfehlungsbriefe kennen wir z.B. aus der Amarnakorrespondenz: da schrieb in Brief Nr. 30 ein ungenannter König (wahrscheinlich Tuschratta von Mitanni) den „Königen von Kanaan", sie sollten seinem im Dienste des Pharaos stehenden Gesandten freien Durchzug gewähren und ihm sicheres Geleit bieten.[18]

Dieses Schreiben hätte der Fürst von Byblos aber auch gar nicht akzeptiert, denn es betraf ihn nicht, wenigstens nicht unmittelbar. Da half auch Wenamuns Beteuerung wenig, daß sein Schiff ein ägyptisches und kein syrisches war, wie Tjekerbaal unterstellte. Wenamun hätte ein Beglaubigungsschreiben vorweisen müssen, das ihm bestätigte, daß er auftragsgemäß handelte. Es konnte ja immer wieder passieren, daß die Behauptungen eines Gesandten bzw. Boten angezweifelt wurden; auch das kennen wir aus El-Amarna und der übrigen vorderorientalischen Korrespondenz jener Zeit. Ein derartiges Schreiben hatte er jedoch nicht bei sich. Da aber der Text von mehreren Briefen spricht, muß man fast annehmen, daß Smendes das zur Vorlage bei Tjekerbaal gedachte Beglaubigungsschreiben aus irgendwelchen Gründen einbehalten hatte.

An die beiden genannten Verstöße gegen die Etikette – unberechtigte Selbstjustiz, Unfähigkeit, sich auszuweisen – reiht sich als dritter und gewiß am schwersten wiegender der Umstand, daß Wenamun nach Byblos mit leeren Händen kam. Natürlich wußte er, daß sich das nicht gehörte, und er hatte ja auch die nötigen Wertsachen mit sich geführt, aber die waren ihm eben gestohlen worden. Nicht endgültig geklärt ist die Frage, ob die begehrten Güter durch das System des Geschenkeaustausches oder durch regelrechten Kauf erworben wurden. Was wir als internationale Handelsbeziehungen bezeichnen, gründete bis tief ins erste vorchristliche Jahrtausend hinein auf einem Austausch von Geschenken. Ob dann bereits das 8. Jahrhundert die Wende von der Palastwirtschaft, wie sie bis dahin in Phönikien vorherrschte, zu einem (angeblich) privaten „Unternehmertum" der homerischen Epen bezeichnet, ist fraglich.[19] Jedenfalls mußte das begehrte Zedernholz de facto letztlich doch nach langem Feilschen gekauft werden,[20] auch wenn das mit der offiziellen ägyptischen Version nicht zusammengestimmt hat. *Taf. 2b*

Der Unwillen des Fürsten wurzelt jedenfalls darin, daß Wenamun mit keinen Gegenleistungen aufwarten kann. Nicht einmal ein Begrüßungsgeschenk (*šulmānu*), wie es das Herkommen verlangt, hat er dabei! Wenn Tjekerbaal erklärt „Ich bin nicht dein Diener, und ich bin auch nicht der Diener dessen, der dich gesandt hat" (2, 12–13), so braucht man daraus keine Zweifel an der Legitimität des thebanischen Regimes herauszulesen. Es ist auch müßig, darüber zu spekulieren, ob es Wenamun leichter gehabt hätte, wenn er im Auftrag des Smendes unterwegs gewesen wäre. Man gewinnt nämlich bei der Lektüre des Textes den Eindruck, daß sich der Fürst generell ziemlich unabhängig von Ägypten fühlt: „Der Herrscher von Ägypten der Herr des Meinigen, und ich dazu sein Diener!? Daß er (früher) Gold und Silber bringen zu lassen pflegte – war es etwa mit den Worten 'Führe den Auftrag des Amun aus!'? War es etwa eine Lieferung königlicher Geschenke, die meinem Vater gemacht zu werden pflegte (und nicht vielmehr regelrechte Bezahlung)?" (2, 10–12).[21] In diesen ironischen Äußerungen kommt doch deutlich Tjekerbaals Überzeugung zum Ausdruck, daß die Pharaonen das benötigte Zedernholz nicht einfach als dem Amun geschuldete Gratisdienstleistung des Fürsten von Byblos reklamieren konnten. Jedenfalls bleibt Wenamun nichts anderes übrig, als die erwarteten Gegengaben aus Ägypten nachschicken zu lassen. Erst dann beginnen sich die Beziehungen zu bessern.

Worum es sich bei diesen Gegengaben handelt, wird nicht mitgeteilt: Wenamun wird schon gewußt haben, was seine Gastgeber schätzten und erwarteten. Aus anderen Quellen können wir uns eine Vorstellung davon machten: dazu gehörte an erster Stelle Getreide, für das Ägypten der wichtigste Produzent war (man denke nur an seine Rolle als Kornkammer des Römischen Reiches). Wichtig waren auch Leinen und Byssos; das bezeugt nicht nur der Prophet Ezechiel in seinem Klagelied über den Untergang von Tyros (Ez 27), sondern es läßt sich auch indirekt aus einer Passage in der phönikischen Inschrift des Königs Kilamuwa von Sam'al / Ja'udi (Zincirli, um 825) ersehen. In einer Reihe von Formulierungen des Gedankens, daß alle Dinge auf den Kopf gestellt seien – der Ägyptologe denkt sofort an die Klagen des Ipuwer –, heißt es auch: „Und wer von seiner Jugend an kein Leinen gesehen hatte, in diesen Tagen bedeckte ihn Byssos".[22] In die nordsyrischen hethito-aramäischen Kleinstaaten mit ihrem international bedeutenden Umschlagplatz Al-Mina kam dieser kostbare Stoff ohne Zweifel über phönikische Vermittlung aus Ägypten. Weiters wurden von den Phönikern auch bestimmte Tiere importiert, die hauptsächlich dem assyrischen Hof zugedacht waren.[23]

Daß Tjekerbaal – um nochmals zur Erzählung des Wenamun zurückzukehren – bei allem Beharren auf Unabhängigkeit die kulturelle Priorität Ägyptens freimütig eingesteht, möchte man, wie schon angedeutet, als Indiz für einen literarisch-fiktiven Charakter der Geschichte zumindest in der uns vorliegenden Ausgestaltung werten. „Ja, Amun hat alle Länder gegründet. Er hat sie gegründet, nachdem er das Land Ägypten, aus dem du kommst, zuerst gegründet hatte. Denn die Kunstfertigkeit ist von dort gekommen bis dahin, wo ich bin. Und die Weisheit ist von dort gekommen bis dahin, wo ich bin" (2, 19-22). Aber hinter dieser so propagandistisch wirkenden Lobhudelei nach dem Motto *ya salām 'ala Maṣr^{i} 'umm id-dunya*[24] steht doch der unausgesprochene Gedanke „und damit hat es sich, jetzt sind wir reif und stehen auf eigenen Beinen." Es folgt nämlich unmittelbar die giftige Bemerkung: „Was sollen diese dummen Reisen, die man dich machen läßt?" (2, 22).

Der Bericht des Wenamun wartet mit einer ganze Reihe weiterer interessanter Einzelheiten auf: so erfahren wir – was man sich freilich auch so hätte denken können –, daß es Boten und Gesandten sehr viel schlimmer ergehen konnte als unserem Helden. Tjekerbaal macht Wenamun darauf aufmerksam, daß er mit ihm auch anders verfahren könne: „Ich habe dir wahrlich nicht angetan, was den Gesandten des Chaemwese [Ramses XI.] angetan wurde, nachdem sie 17 Jahre in diesem Lande verbracht hatten. Sie sind gestorben, wo sie waren" (2, 51–52). Das offenherzige Angebot, sich das Grab dieser Unglücklichen zeigen zu lassen, schlägt Wenamun aus. In der Fremde zu sterben und nicht in der Heimat beigesetzt zu werden, war für einen anständigen Ägypter ein unerträglicher Gedanke!

Auch wenn es sich nicht um einen Tatsachenbericht handelt, wird die Schilderung der Umgebung, in die Wenamun gerät, nicht völlig frei erfunden sein. Tjekerbaal hat einen Diener mit dem in ganz Ägypten häufigen Namen Penamun („Der des Amun").[25] Den Mann soll man sich wahrscheinlich auch wirklich als Ägypter vorstellen, obwohl die Annahme nicht absolut zwingend ist. Wenn der Text fiktiv ist, könnte der Name im Hinblick auf Amun als die vom Fürsten zugestandene Rolle Amuns als „Kulturbringer" propagandistisch gewählt sein und braucht nicht unbedingt einen geborenen Ägypter zu bezeichnen.

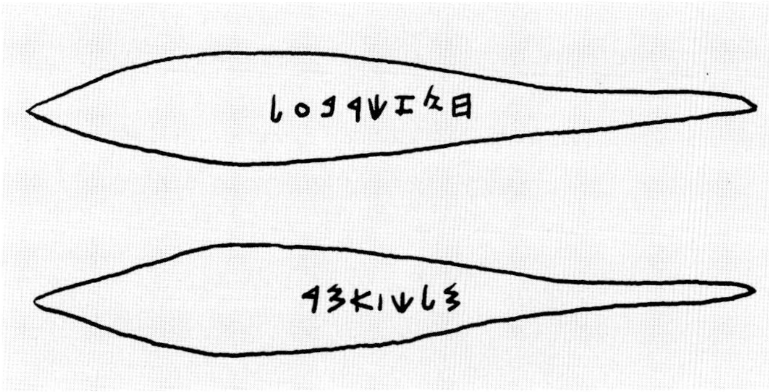

Abb. 17 Pfeilspitze mit frühphönikischer Inschrift
ḤṢ ZKRB'L MLK 'MR
„Pfeil des Zakarbaal, Königs von Amurru“.

Die Dame, die den von den Tjeker bedrängten Wenamun auf Geheiß des nunmehr nach Empfang der Gegengeschenke ein wenig gnädiger gestimmten Fürsten aufheitern soll, ist aber auf alle Fälle eine echte Ägypterin: sie heißt Tentniut, „die von Theben“ – ist auch dieser Name bewußt gewählt worden? –, „eine ägyptische Sängerin, die bei / mit ihm (dem Tjekerbaal) war“ (2, 69).

In der Folge wird Wenamun nach Alašija verschlagen (2, 74ff.), was aller Wahrscheinlichkeit nach mit Zypern bzw. einem Teil davon gleichzusetzen ist.[26] Es ist möglich, daß es dort bereits zu dieser Zeit Phöniker (oder „Proto-Phöniker“) gegeben hat; faßbar wird uns die phönikische Kolonisation dort schon früh.[27] Der Name der Königin Ḥatiba wird semitisch als „Holzfällerin“ bzw. „-sammlerin“[28] gedeutet: das wirkt ungewöhnlich, vor allem für eine Frau, aber ähnliche Bildungen sind in der semitischen Namengebung durchaus belegt. Wenamuns Frage nach jemandem, der des Ägyptischen kundig ist, wird positiv beantwortet; auch das ist zweifellos ein wirklichkeitsnaher Zug der Erzählung. Zwar erinnert man sich daran, daß schon dem Sinuhe in Syrien-Palästina versichert wurde, er könne Ägyptisch reden hören, aber das ist kein bloßer Topos: Bei der großen Bedeutung, die Ägypten bis ins erste Jahrtausend für den internationalen Handelsverkehr hatte, und seinem im kulturellen Bereich ungebrochenen Prestige, ist mit Selbstverständlichkeit davon auszugehen, daß es an allen wichtigen Stationen Leute gab, die Ägyptisch konnten – seien es Ägypter selbst, seien es Fremde, die diese Sprache gelernt hatten.

Man hat neuerdings Gründe dafür vorgebracht, daß sich der Verfasser des „Wenamun“ über gewisse sprachliche Schnitzer des Phönikers lustig mache.[29] Demnach gäbe Tjekerbaal Sätze wie – in englischer Wiedergabe – „You shall give me for *done it*, and I will *done it*!“ von sich. Allerdings ist eine Erklärung unter Zugrundelegung des korrekten Sprachstandards vorzuziehen.[30]

Der Name des Tjekerbaal ist in der Tat gut phönikisch ("Baal hat sich erinnert“ o. ä.).[31] Eine sehr frühe phönikische Pfeilspitzeninschrift aus etwa derselben Zeit (11. Jahrhundert) nennt einen „König von Amurru“ namens Zakarba'al;[32] am Ende *Abb. 17*
vielleicht sogar tatsächlich den im „Wenamun“ genannten Fürsten! Amurru war ein aus den Zeiten der Amarna-Korrespondenz gut bekanntes Kleinkönigreich.

In zeitlicher Nähe zu Zakarbaal steht ein berühmtes Denkmal, der sog. Sarkophag des Ahiram, Königs von Byblos, um etwa 1000 zu datieren (nebenbei be- *Abb. 18*

Abb. 18 Sarkophag des Königs Ahiram von Byblos.

merkt, findet sich hier eine der frühesten im eigentlichen Sinne phönikischen Inschriften[33]). Wir zitieren aus dem großen, von S. Moscati herausgegebenen Band „Die Phöniker" das Urteil von S. F. Bondi:[34] „In einem Synkretismus, wie er für die spätere phönizische Kunstentwicklung typisch wird, sind hier ägyptische Motive (der König sitzt von Sphingen flankiert auf einem Thron; die Lotosblüte in seiner Hand) mit solchen aus dem syrischen oder hethitischen Kulturraum (die Züge der Figuren auf dem Deckel, die Löwen, die den Sarg tragen) vereint. Es wurden also Einflüsse und Ideen verschiedener Herkunft gemischt und frei interpretiert. Dies sollte für die Entwicklung der phönizischen Kunst die Jahre hindurch typisch bleiben." Eine ähnliche Stilmischung – wobei indessen das ägyptische Element wesentlich stärker betont ist als bei Ahiram – ist beispielsweise im Bildfeld der Stele des Yehaumilk, *Abb. 19* eines späteren Königs von Byblos, zu beobachten.[35]

Aus dem Grab des genannten Ahiram stammen übrigens zwei allerdings ältere Alabastervasen mit den Kartuschen Ramses' II.[36]

Archäologisch existiert einiges Material für die Beziehungen Ägyptens zu Phönikien in dieser frühen Phase. Zu nennen sind hier vor allem die Fragmente zweier *Abb. 20* Statuen Schoschenks I. und Osorkons I. aus Byblos, die mit phönikischen Inschriften der Lokalkönige Abibaal und Elibaal versehen wurden.[37] Die erste dieser beiden In-

Abb. 19
Stele des Königs Yehaumilk von Byblos.

Abb. 20 Statue Osorkons I. mit phönikischer Inschrift des Königs Elibaal von Byblos.

schriften lautet: „[Statue, welche] gebracht hat Abibaal, der König [von Byblos, Sohn des ..., Königs von] Byblos aus[38] Ägypten für die Herr[in von Byblos, seine Herrin"]. In der Lücke wird die in derartigen Weihinschriften übliche Formel mit Bitte um Gewährung langen Lebens ergänzt. Eine Interpretationsmöglichkeit ist, daß Abibaal die Statue als Geschenk anläßlich eines Besuches in Ägypten erhielt und sie bei der Rückkehr nach Byblos im Heiligtum der Gottheit zur Steigerung seines Prestiges aufstellen ließ. Die Inschrift des Elibaal ist besser erhalten, unterscheidet sich aber von der erstgenannten in dem wesentlichen Punkt, daß es am Anfang heißt „Statue, welche gemacht hat Elibaal". Von Ägypten ist nicht die Rede. Auf Grund dieser Formulierung hat Gibson angenommen, die Statue sei auf Wunsch des byblitischen Herrschers ad hoc in Ägypten angefertigt worden. Ein aufschlußreicher Aspekt ist von der italienischen Forschung herausgestellt worden: demnach verriete allein schon die Tatsache, daß die ägyptischen Statuen nachträglich von den byblitischen Herrschern auf ihre Weise beschriftet wurden, einen gewissen Verlust an „politisch-sakralem" Prestige. Die Objekte seien nur mehr vordergründig wegen ihrer technischen Meisterschaft geschätzt worden.[39]

Aus der 22./23. Dynastie stammt ein in Arvad in Nordphönikien entdecktes Fragment eines Libationsbeckens, das einen „Großen der Ma und Kommandanten Penamun" nennt.[40] Der Name ist eigenartigerweise mit dem Fremdlanddeterminativ versehen. Man muß daraus nicht den Schluß ziehen, daß es sich hier um einen Phöniker mit ägyptischem Namen handelt – wie dies bei dem obengenannten Penamun aus dem „Wenamun" theoretisch der Fall sein kann –, das Determinativ könnte eventuell durch die libysche Herkunft des Namenträgers motiviert sein.

Aus derselben Zeit datiert eine durch den memphitischen Hohenpriester Harsiese wiederverwendete, in Byblos entdeckt Mittlere-Reichs-Statuette.[41] Wie und in welcher Funktion sie dorthin gekommen ist, wissen wir nicht.

In Samaria und Assur wurden einige ägyptische Alabastergefäße[42] entdeckt, darunter eines – aus Assur – mit den Kartuschen Takelothis' III. Aus einer darauf angebrachten Keilinschrift[43] geht hervor, daß es sich hier um Kriegsbeute handelt, die Asarhaddon nach der Vernichtung des Abdimilkutti von Sidon in die Hände gefallen war. Der Krug enthielt der akkadischen Inschrift zufolge feines Öl, das – so dürfen wir stillschweigend voraussetzen – die Phöniker darin aufbewahrt hatten. Die Ägypter aber hatten ursprünglich Wein eingefüllt; das läßt sich mit Sicherheit aus den originalen Inschriften auf diesen Objekten erschließen. Dazu gehört nämlich nicht nur besagtes Gefäß aus Assur, sondern noch zwei andere, auf Osorkon (II.?) und Takelothis II. datierte Alabastergefäße, die – in sekundärer Funktion als Aschenurnen – in der phönikischen Nekropole von Almuñécar / Sexi in Südspanien gefunden wurden und jetzt im Archäologischen Museum von Granada bewundert werden können.[44] Diese Inschriften – wie noch einige andere, die nicht zu unserem Thema gehören – nehmen in recht poetischer Form auf ihren Inhalt Bezug. Besonders schön ist die erste.[45] Hier spricht das Gefäß, wie dies bei den etruskischen, frühgriechischen und altlateinischen „oggetti parlanti"[46] häufig vorkommt, in Ägypten hingegen recht ungewöhnlich ist: „Ich bin aus meinem Fremdland gekommen, nachdem ich die Länder durchzogen habe und mir deine Riten vollzogen worden sind, Urzeitlicher der beiden Länder" etc. „Ich bin in der Achit, indem ich (über)voll bin mit den 'Freuden' von Bahriya und Dachla durch das, was ich herbeibringe. Ein Brunnen der Gesundheit und des Lebens ist in mir, auf dessen Rand sich die Mehen-Schlange niederläßt." Der Wein ist also aus den Oasen nach Ägypten gekommen, offenbar handelt es sich um ein Weingefäß für den Tempelkult. Die allzu phantasievolle Deutung von Padró i Parcerisa, daß wir es mit einem von Haus aus zum Weinexport bestimmten Gefäß zu tun hätten und der Sprecher der Inschrift der das Gefäß abholende Handelspartner sei, läßt sich nicht halten.[47] *Taf. 3a*

In dem vorher erwähnten Gefäß aus Assur (bzw. Sidon) wird umgekehrt das Gefäß angeredet:[48] „Sei mir willkommen, der (du) kommst <aus> Bahriya mit allen guten Trauben der Weingärten (?). Mögest du sie geben dem Bedürftigen, dem Bekümmerten, dem Trauernden, für den Ka des Propheten des Harsaphes etc., Truppenkommandanten und Befehlshabers Takelothis", d. i. der zukünftige Takelothis III.

Wäre dieses Gefäß in Assur gefunden worden, ohne zuvor von den Assyrern in Sidon erbeutet worden zu sein, müßte man ohne weiteres annehmen, daß das Stück von den Eroberern aus Ägypten verschleppt wurde. Da das Gefäß aber aus dem Palast des Abdimilkutti fortgebracht wurde, darf man wohl glauben, daß es zu einem bestimmten Zeitpunkt als „königliches Geschenk" – de facto dann sicher in Zusammenhang mit Handelsgeschäften bzw. diplomatischen Beziehungen – von Ägypten nach Phönikien kam. Ob damals, also in den Jahrzehnten zwischen Takelothis III. und der Beseitigung des Abdimilkutti, ebenfalls Wein transportiert wurde, können wir nicht wissen (die Phöniker produzierten selbst guten Wein). Es ist auch die Ansicht geäußert worden, daß Alabaster gut für Öl, zum Transport von Wein jedoch ungeeignet sei[49] – ich kann es nicht beurteilen.

Was die Gefäße aus Almuñécar betrifft, so ist nicht recht klar, auf welchen verschlungenen Pfaden sie in diese ferne Gegend gekommen sind. Leclant in seinem vielzitierten Aufsatz über die Beziehungen zwischen Phönikien und Ägypten von Wenamun bis Alexander den Großen ist der Meinung, daß auch diese Objekte die Kontakte der 22./23. Dynastie zu Syrien-Palästina reflektieren, d. h. daß sie den Weg an die spanische Südküste von Phönikien aus – und nicht schon von Ägypten – angetreten hätten. Dagegen hat Pernigotti vor einigen Jahren einen anderen Gedanken ausgearbeitet:[50] Er geht davon aus, daß die libyerzeitlichen Gefäße aus Almuñécar (es sind noch einige andere außer den beiden, die wir vorher genannt haben) eine geschlossene Gruppe bilden und eine zeitlich gesehen völlig isolierte Steinvase gleicher Herkunft mit den Kartuschen des Hyksoskönigs Apophis aller Wahrscheinlichkeit nach zusammen mit den tausend Jahre jüngeren Alabastergefäßen – und zwar im achten Jahrhundert oder am Anfang des siebten – gereist sei. Wie Leclant nimmt auch Pernigotti an, daß die Gefäße von Phönikien aus nach Spanien gelangten, allerdings mit dem entscheidenden Unterschied, daß sie nicht auf dem „normalen" Weg von Handels- bzw. diplomatischen Beziehungen nach Phönikien gekommen seien, sondern am ehesten von den Assyrern bei einer ihrer Invasionen in Ägypten erbeutet und an phönikische Händler vermittelt worden seien. In dem im selben Jahr wie Pernigottis Aufsatz (1988) erschienenen Begleitband zur großen Phönikerausstellung in Venedig liest man hingegen folgenden Interpretationsversuch: „Vielleicht plünderten die Phönizier ägyptische Königsgräber in Ägypten, vielleicht auch schenkten die Pharaonen diese Alabasterurnen den Bürgern von Tyros".[51] Die erste Alternative scheint ziemlich abwegig, die zweite ist zumindest diskutierbar. Pernigottis Deutung wiederum dürfte daran scheitern, daß die assyrische Invasion für den archäologischen Kontext des Fundorts zu spät scheint; eher kommt eine Plünderung unter Schabaka (um 720–706) in Frage.[52]

Man sieht aber am Beispiel Almuñécar – was freilich ohnehin selbstverständlich sein dürfte –, daß Aegyptiaca im Mittelmeerraum nicht immer direkt von Ägypten aus an ihren Fundort gelangten. Und daß nicht immer von direkten Kontakten Ägyptens zu den betreffenden Ländern und Regionen die Rede sein kann, ist natürlich genauso klar: so sind beispielsweise in etruskischen Gräbern viele Aegyptiaca gefunden worden[53] – und neben zahlreichen Amuletten finden wir auch einmal eine versprengte Alabasterkanope Psammetichs I.![54] –, es wird aber wohl niemand mehr ernsthaft behaupten wollen, es habe unmittelbare Handelsbeziehungen zwischen Ägyptern und Etruskern gegeben: auch hier waren die Phöniker wichtige Vermittler, wenngleich keineswegs die einzigen (vor allem euböische Griechen spielten dabei eine Rolle).

Ein indirektes, aber aussagekräftiges Zeugnis der Handelsbeziehungen Ägyptens mit den Phönikern stellt der Aufschwung der Bronzeindustrie[55] etwa seit Anfang des 1. Jahrtausends dar. Es sei nur an die bekannten Bronzestatuetten der Takuschit in Athen und der Königin Karomama im Louvre,[56] aber auch ganz allgemein an die massenhaft bezeugten Bronzestatuetten von Göttern als Weihgaben an diverse Heiligtümer erinnert. *Taf. 7a.b; 8* Zwar existieren Kupfer- und Zinnvorkommen in der ägyptischen Ostwüste, durch wurden diese in pharaonischer Zeit, soviel wir wissen, nicht ausgebeutet. Die Ägypter haben nun ihre Bronze in den ersten Jahrhunderten des Jahrtausends zweifellos von den Phönikern, und zwar insbesondere über das ja zu weiten Teilen phönikisch kolonisierte Zypern, bezogen. Es liegt nahe, die in dieser Zeit in Ägypten zu beobachtende Verarbeitung von Silber in größerem Stil mit den florierenden phönikisch-ägyptischen Handelsbeziehungen in Verbindung zu bringen.[57]

Der große Palästinafeldzug Schoschenks I. um 926, der offenbar hauptsächlich eine auf „die Kontrolle der Handelswege ausgerichtete Aktion" war,[58] verfehlte sicher nicht seine Wirkung auf die phönikischen Küstenstädte. *Taf. 3b; 4* Ägypten war ein begehrter Bündnis- und Handelspartner. Hier ist es nun an der Zeit, zu der schon im ersten Kapitel erwähnten Statuette des Gesandten Peteese[59] zurückzukehren: das *Abb. 21* Stück, das angeblich im Delta gefunden wurde und sich jetzt in Baltimore befindet, wurde im Mittleren Reich hergestellt und rund 1000 Jahre später mit bildlichen Darstellungen auf der Vorderseite und einer Inschrift auf dem Rückenpfeiler versehen – also ganz ähnlich wie die Statuette des memphitischen Hohenpriesters Harsiese aus Byblos. Wir lesen hier von dem „trefflichen, geraden und aufrechten und unparteiischen Gesandten (bzw. Boten) von Pa-kanaan und von Palästina" Peteese. Daß dieser Mann trotz seines Namens kein echter Ägypter gewesen sein wird, dafür spricht die Beobachtung, daß der Name des Vaters, 'Api, mit dem „Fremdland"-Determinativ geschrieben wird.[60] Abgesehen davon findet sich der Name Peteese gerade auch bei Phönikern: ein Siegel aus Samaria ist hier zu nennen,[61] ebenso das Kästchen von Ur.[62] Außerdem sollte man unvoreingenommenerweise davon ausgehen dürfen, daß ein „Gesandter vom Kanaan Philistäas" – d. h. „von Gaza im Philisterland"[63] – ein Gesandter der betreffenden Region ist, der in Ägypten aktiv ist, und nicht umgekehrt (tatsächlich wurde auch behauptet, es wäre eigentlich „Gesandter *nach* Kanaan und Palästina" gemeint). Die zweite Frage ist chronologischer Art: Man liest immer wieder von einer Datierung in die 26. Dynastie, als ja bekanntlich enge Beziehungen zwischen Ägypten und Syrien-Palästina bestanden. Man hat aber zunächst einmal von dem Quellenbefund auszugehen, und da zeigt sich, daß die Ansicht des Herausgebers Steindorff, der sich auf Grund epigraphischer Indizien für die 22. Dynastie entschieden hatte, immer noch den unbestreitbaren Vorzug verdient. Peteese, der in Ausübung seiner Tätigkeiten wohl hinreichend ägyptisiert war, hatte sich offenbar das Privileg erworben, in einem unterägyptischen Tempel eine Statue aufstellen zu dürfen. Genaueres wissen wir auch hier freilich nicht.

In der Folge hören wir häufig von Allianzen von Ägypten mit Syrien-Palästina gegen das erstarkende Assyrien. Es war davon schon im Zusammenhang mit den Beziehungen Ägyptens zu Assyrien und Babylonien die Rede; wir müssen das hier nicht alles wiederholen. Das gilt auch für die ägyptische Vorherrschaft in Syrien-Palästina in der 26. Dynastie. Die erste, durch Funde dokumentierte Phase der Beziehungen zwischen Ägypten und Syrien-Palästina in der ersten Hälfte des ersten Jahrtausends war die 22. Dynastie, die zweite Phase fällt in die 26. Dynastie.

Für diese Zeit ist an ägyptischen Funden aus Phönikien zunächst einmal eine Statuette des Priesters Nefersechethotep,[64] die von Athribis im Delta nach Byblos gereist war, zu nennen. Das ist kein Zufall: Von Athribis am tanitischen Nilarm aus führte der Weg über die Mittelmeerküste nach Phönikien. Man nimmt darum an, daß dort Ägypter lebten, die Beziehungen zu Byblos hatten. Das muß lange Tradition gehabt haben: Im sog. „Syrischen Tempel" von Byblos wurde ein Zylindersiegel eines Königs Amenemhet aus der 12. Dynastie gefunden, der als „geliebt / erwählt von Chentechtai" (dem Lokalgott von Athribis) bezeichnet wurde.[65] Bei dieser Gelegenheit sei auch auf das den Inschriften zufolge ebenfalls aus Athribis stammende Statuettenfragment mit dem Namen eines Osirispriesters Paschedhor, das 1975 im sog. „Tempel der geflügelten Löwen" in Petra freigelegt wurde, hingewiesen.[66] Zur Saitenzeit, aus der das Stück stammt, gab es Petra und die Nabatäer als geschichtliche Größen noch gar nicht. Man darf sich fragen, ob das Objekt nicht bereits damals zuerst wie die Statuette des Nefersechethotep nach Phönikien kam und erst in der Folge von dort nach Petra, wo es dann Jahrhunderte später als Votivobjekt für den Osiriskult im besagten Heiligtum benutzt wurde. Das ist freilich nur eine Möglichkeit, die sich nicht beweisen läßt.

Eine besondere Kostbarkeit stellen schließlich die wiederverwendeten ägyptischen anthropoiden Basaltsarkophage dar, die im neunzehnten Jahrhundert in der Königsnekropole von Sidon ausgegraben wurden. Wir haben da zunächst den Sarkophag des Generals Penptah, jetzt in Istanbul, in dem etwa ein Jahrhundert später
Abb. 22 – um 490 – der sidonische König Tabnit beigesetzt wurde.[67] Die gesamte ursprüngliche Dekoration und Beschriftung blieb dabei intakt; bei der Wiederverwendung wurde auf dem Fußende eine achtzeilige phönikische Inschrift angebracht. Eine gewisse, wenngleich kaum beabsichtigte, Ironie liegt darin, daß die Mumie des rechtmäßigen ägyptischen Eigentümers – von wem auch immer – ohne viel Aufhebens aus dem Sarkophag entfernt wurde, während die Inschrift[68] des neuen Nutznießers gerade den abschrecken möchte, der seine letzte Ruhe zu stören wagen sollte: „Wer auch immer du bist, jeder Mann, der du auf diesen Sarg stößt: Öffne (ihn) nur ja nicht über mir und störe mich nicht, denn man hat mich nicht mit Silber umschlossen(?),[69] und man sammelte für mich kein Gold und sonstige Reichtümer, nur ich (allein) ruhe in diesem Sarg. Öffne (ihn) nur ja nicht über mir und störe mich nicht, denn eine solche Tat ist der Astarte ein Greuel! Wenn du (ihn) aber tatsächlich öffnest über mir und mich tatsächlich störst, sollst du keine Nachkommen bei den Lebenden unter der Sonne haben und keine Ruhestätte bei den Totengeistern!"

Das nächste, noch bekanntere Monument ist der Sarkophag des Königs Eschmu-

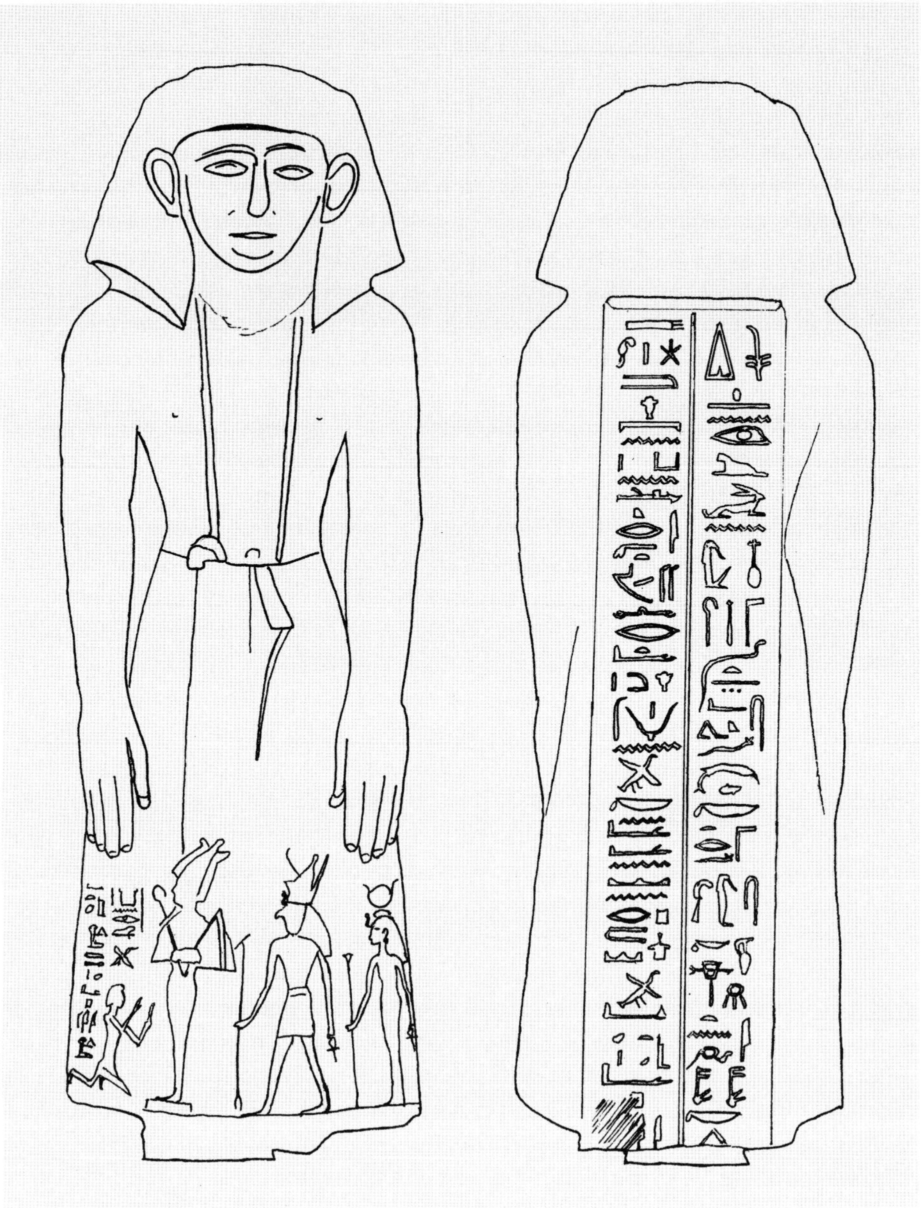

Abb. 21 Statue des „Boten von Pa-kanaan und von Palästina" Peteese, ca. 9. Jahrhundert. Dieser Peteese war, wie abgesehen von seinem Titel auch der Name seines Vaters andeutet, semitischer Herkunft.

nazar II.,[70] des Sohnes des Tabnit (jetzt im Louvre, ca. 475), wie der Sarkophag des Vaters zweifellos aus Unterägypten, von wo wir andere Exemplare dieses Typs kennen. Bemerkenswert ist, daß das Stück in Ägypten noch nicht dekoriert und beschriftet worden war. Man darf annehmen, daß der Sarkophag unbenutzt und *Taf. 5*

Abb. 22 Phönikische Inschrift des Königs Tabnit von Sidon auf der Basis des von ihm usurpierten Sarkophags eines ägyptischen Generals der Saitenzeit.

sozusagen fabrikneu nach Sidon kam. Dort wurde dann, nach dem ein erster Versuch auf dem Kopfende wegen diverser Fehler aufgegeben werden mußte, auf dem Deckel eine prächtige phönikische Inschrift angebracht[71] – übrigens eine der längsten phönikischen Inschriften überhaupt. Ähnlich wie die des Tabnit, nur ausführlicher, wendet sie sich an potentielle Grabfrevler, kündet aber darüber hinaus von den Bautätigkeiten des Königs und den vom persischen Oberherrn (dem „Herrn der Könige") gewährten Erweiterungen des Herrschaftsgebietes.

Ein dritter ägyptischer Sarkophag, dessen hieroglyphische Inschriften getilgt waren, wurde zusammen mit dem des Tabnit gefunden und befindet sich jetzt ebenfalls in Istanbul.[72] Da er keine Beschriftung aufweist, bleibt die Annahme, bei dem darin aufgefundenen Frauenleichnam handle es sich um die Gemahlin des Tabnit, eine unbeweisbare Vermutung.

Wie kamen diese schwer zu transportierenden Denkmäler nach Sidon? Hierzu sind zwei Deutungen vorgeschlagen worden: die eine besagt, daß der General Penptah ein hoher ägyptischer Militär war, der sich zur Zeit des Necho oder Apries in Sidon niedergelassen und in Vorbereitung auf das Leben im Jenseits einen Sarkophag aus Ägypten bestellt habe, dazu noch zwei andere für unbekannte Familienmitglieder.[73] Wenn man bedenkt, welche Angst der Ägypter davor hatte, in der Fremde zu sterben und nach „Barbarensitte" begraben zu werden (vgl. die Sinuhe-Erzählung!), erscheint dieser Vorschlag gar nicht so abwegig. Die andere Interpretation geht von der Möglichkeit aus, daß es im Zuge der persischen Eroberung Ägyptens zu Plünderungen durch phönikische Marineoffiziere im Gefolge des Kambyses kam und die Sarkophage auf diese Weise nach Sidon verschleppt und dann den dortigen Herrschern gestiftet wurden. Im ersten Falle hätten sich diese hingegen genommen, was ihnen ihrer Meinung nach zustand.[74]

Wenn man von diesen wenigen großformatigeren – im Falle der sidonischen Sarkophage monumentalen – ägyptischen Objekten des ersten Jahrtausends aus dem syrisch-palästinischen Raum sowie einigen anderen, die wir uns jetzt nicht alle vornehmen können, absieht, stellt man fest, daß die ganze sonstige, zahlenmäßig recht bedeutsame Dokumentation aus Kleingegenständen (Amuletten, Skarabäen) besteht – ein Befund, der im Grunde ja auch für die Aegyptiaca des ganzen Mittelmeerraumes zutrifft.[75] Das hängt natürlich damit zusammen, daß solche Kleingegenstände billig herzustellen bzw. zu beschaffen und leicht zu transportieren sind und zudem häufig einen besonderen apotropäischen Wert für den Benutzer hatten. Wir werden darauf bald noch zu sprechen kommen.

***

Nun zu den unmittelbaren Zeugnissen phönikischer Präsenz in Ägypten!

An verschiedenen Orten des Landes ist phönikische Keramik aus der ersten Hälfte des Jahrtausends entdeckt worden: in Tell er-Retabeh, Tell el-Maskhuta, Giza, Abusir, Sakkara, Illahun und Theben[76] sowie in Herakleopolis und Elephantine.[77] *Abb. 23; 24*

Die nachweislich ältesten diesbezüglichen Quellen in phönikischer Sprache stammen aus dem frühen 6. Jahrhundert. Es handelt sich dabei um ein paar Graffiti, die phönikische Söldner auf den Beinen der Kolossalstatue Ramses' II. in Abu Simbel[78] angebracht haben. Die Soldaten lagerten hier während des nubischen Feldzugs im dritten Jahr Psammetichs II. (593); weitere griechische und karische Graffiti legen dafür Zeugnis ab. Schon der bloßen Existenz dieser Texte an dieser Stelle läßt sich entnehmen, daß Phöniker im ägyptischen Heer der Saitenzeit als Söldner Seite an Seite mit Ioniern und Karern dienten. Die Graffiti sind wie üblich verhältnismäßig kurz und zudem leider nicht durchweg klar verständlich. Einer der Männer heißt ʿAbdptaḥ, „Diener des Ptah";[79] wahrscheinlich kam er aus Memphis, wo auch in späterer Zeit zahlreiche Phöniker lebten. Ein in unklarem, lückenhaftem Zusammenhang mit diesem ʿAbdptaḥ genannter ʾḤMS ist vermutlich mit dem Befehlshaber des ägyptischen Kontingents Amasis, der in dem großen griechischen Graffito von Abu Simbel erwähnt ist, zu identifizieren.[80] Abdptah hätte demnach also nicht in dem von Potasimto befehligten Kontingent der sog. „Anderssprachigen" (das sind speziell Ionier und Karer) gedient, sondern dem der Ägypter! Damit berühren wir die in den letzten Jahren wiederholt diskutierte Frage nach der Kommandostruktur beim Nubienfeldzug Psammetichs II., eine Frage, die zweckmäßiger im „Griechen-Kapitel" (VIII) behandelt wird. *Abb. 25* *Abb. 78; 100; 101* *Abb. 100*

Wie gesagt, sind die Ritzinschriften infolge von Lücken und Beschädigungen nicht durchwegs klar verständlich. Bresciani hat in ihrem Aufsatz gelegentlich allzu eigenwillige Deutungen gegeben: An zwei Stellen soll gesagt sein, daß bestimmte Leute ins „Gefilde der Kuschiten (KŠW), d. i. von ḤMH" gekommen seien, wobei dieses ḤMH als „glühendes, heißes (Land)“ eine Lehnübersetzung des griechischen Αἰθιοπία = Kusch sein soll. Gegen diese Interpretationen lassen sich jedoch gravierende Einwände vorbringen, und die betreffenden Passagen müssen leider, wie es scheint, weiterhin unklar bleiben (jedenfalls steht nicht KŠW da, sondern deutlich KŠD).

Wesentlich zahlreicher und auch sprachlich wie inhaltlich etwas ergiebiger sind – bei aller Stereotypie – die phönikischen Graffiti im Tempel Sethos' I. in Abydos, und zwar an den Seitenwänden im Treppenhaus.[81] Wer heute vor Ort nach diesen Graffiti sucht, dürfte Mühe haben, sie überhaupt wahrzunehmen: häufig sind sie so *Abb. 27* schwach eingeritzt, daß sie fast wie sinnlose Kritzeleien wirken. W. Kornfeld[82] hat hierzu vor einiger Zeit eine neue, mit guten Aufnahmen illustrierte Studie vorgelegt, die allerdings nur einen Teil der Graffiti betrifft. Die kleinen Inschriften, die ins 5.–3. Jahrhundert datiert werden, sind oft durch das Pronomen 'NK „ich (bin...)“ (auch in der Dialektvariante 'LK) eingeleitet, und hinter dem Namen folgt bisweilen eine Herkunfts- oder Berufsbezeichnung. Das ist äußerst lehrreich, weil wir daraus ein etwas differenzierteres Bild von der Tätigkeit der Fremden in Ägypten gewinnen können.

Abb. 23 Zyprisch-palästinisches Gefäß aus Theben-West.

Abb. 24 Phönikische Keramik aus Herakleopolis.

Abb. 25 Phönikische Graffiti in Abu Simbel (nach CIS I 112). In CIS I 111 (nicht im Bild) ist vermutlich Amasis, der Befehlshaber des ägyptischen Kontingents, genannt. Rechts unten hat sich übrigens in demotischer Schrift ein „Schepmin Sohn des Peteese" verewigt.

Daß wir hier Schiffer finden, wird niemanden überraschen. Ein PSR (= Pausire „Der des Osiris"?[83]) war bemerkenswerterweise Paukenspieler. Spielte er in der Militärkapelle der Fremdenlegion? Der Ägyptologe wird sich hier unwillkürlich an jenen Emhab erinnern, der in der 17. Dynastie seinen königlichen Herrn mit der Trommel in den Kampf begleitete.[84] Aus den sog. „Late Ramesside Letters" kennen wir einen „Musiker des Generals",[85] also vielleicht etwas Vergleichbares.

Graffito Nr. 16 stammt von einem Mann, der ebenso wie sein Vater einen eindeutig semitischen Namen trägt und als „der KRS" bezeichnet wird. Ray hat neuerdings vorgeschlagen, darin den „Karer" zu sehen,[86] was sich ägyptologisch abstützen läßt. Trifft diese Deutung zu, hätten wir hier ein kurioses Beispiel für das Aufeinandertreffen unterschiedlicher Ethnien und Kulturen: ein phönizisierter Karer,[87] der in Ägypten lebt und dort eine „Pilgerfahrt" zu einem berühmten Heiligtum unternimmt! Andere Karer haben sich am selben Ort in ihrer eigenen Schrift verewigt. *Abb. 77a. b*

Ein Dolmetscher namens ʿAbdreschep erscheint in Nr. 17. Mark Lidzbarski[88] meinte dazu seinerzeit: „Die מלצם in Ägypten waren wohl wie die heutigen Dragomane und die ἑρμηνεῖς zur Zeit des Herodot (2, 125) Fremdenführer. Wahrscheinlich haben die Phönizier unter diesen ein größeres Kontingent gestellt, denn die Einheimischen reichten jedenfalls in Sprachkenntnissen und im Flunkern an sie nicht heran."

Ein anderer Graffitoschreiber ist Drogist, wieder ein anderer Dattelzüchter bzw. Dattelhändler. Interessant sind Ritzinschriften, die Herkunft und ägyptischen Wohnort der Besucher angeben. Ein gewisser Paʿal'ubaste ("Bastet hat gemacht"), dessen Name im Unterschied zu denen von Vater und Großvater schon auf das ägyptische Milieu hinweist, bezeichnet sich als „der Tyrier, welcher wohnt … im

Abb. 26 Drei phönikische Graffiti im „Treppenhaus" des Tempels Sethos' I. in Abydos (KAI 49:11–13). Die Aufnahme gibt eine Vorstellung davon, wie schwer diese nur flach eingeritzten Inschriften oft auszunehmen sind.

ägyptischen Heliopolis (On) in der Freigelassenschaft (?) des ʿAbdmelqart, des Heliopolitaners" (Nr. 34). Da alle diese Leute kaum je völlig isoliert von anderen Landsleuten lebten, kann man annehmen, daß es auch in Heliopolis ein syro-phönikisches Viertel gegeben hat. Wenn hingegen ein Magon, „der des (d. h. Diener des?) Ḥepeṣbaʿal (von) Memphis" (Nr. 36) seine Signatur hinterläßt, dann darf man ihn ohne weiteres im wohlbekannten „Lager der Tyrer" ansiedeln; vgl. hierzu unten. *Abb. 27*

In geringerer Anzahl finden sich in Abydos übrigens auch aramäische Graffiti, die zusammen mit einem leider offenbar unechten aramäischen Papyrus aus Madrid, der ebenfalls von einer Pilgerfahrt von Semiten in das Osirisheiligtum kündet, in Kapitel IV besprochen werden.

Aus Elephantine stammt eine große Zahl – 60 Stück – von Kruginschriften aus dem 5. Jahrhundert, der überwiegende Teil ist phönikisch, der Rest aramäisch.[89] Die großformatigen Krüge, die wohl zum Transport bzw. zur Aufbewahrung von Wein dienten, standen natürlich in der Verwendung von Angehörigen der örtlichen Garnison, die die ägyptische Südgrenze zu bewachen hatten. Obwohl es sich um ein zahlenmäßig beachtliches Corpus handelt, sind die Inschriften allesamt von einer sonst fast nur bei Siegeln anzutreffenden Kürze: Name des Inhabers, oft noch der des Vaters, das ist alles. Die Graffiti von Abydos, ja selbst die von Abu Simbel, sind im Vergleich dazu äußerst gesprächig. Dabei ist nicht einmal wirklich klar, auf wen sich die Namen auf den Gefäßen beziehen: ist es der Empfänger in Elephantine, oder der phönikische Händler? Es wurde schon darauf hingewiesen, daß die Phöniker guten Wein anbauten. Ein aramäischer Papyrus nennt mehrfach nebeneinander „Wein von Sidon" und „Wein von Ägypten".[90] Was man bevorzugte, war vermutlich individuelle Geschmacksfrage; geschätzt und gehandelt wurde beides.

Aus Theben stammt eine kleine Reihe von Gefäßen mit kurzen phönikischen Inschriften, die ca. ins 5. Jahrhundert datiert werden.[91] Der einmal vorkommende Ausdruck „Götterfeld" [92] wird meist als Lehnübersetzung nach ägyptischem *h≤rt-nṯr* „Nekropole" erklärt, doch ist dies unsicher. Auf einem Krug aus einem thebanischen Grab des Neuen Reiches steht der Name KLBY („der Hündische" = „ergebener Diener").[93]

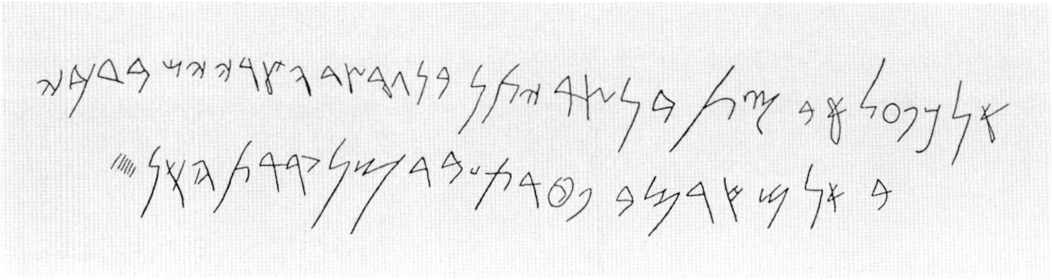

Abb. 27 Das längste der phönikischen Graffiti im Tempel Sethos' I. in Abydos (KAI 49:34) lautet in Übersetzung: „(1) Ich bin Paalubaste, Sohn des Sidjatan, des Sohnes des Gersid, der Tyrier, der wohnt ... (2) in On von Ägypten (d. h. im ägyptischen Heliopolis) in der Freigelassenschaft des Abdmelqart, des Heliopolitaners."

Der großen Anzahl aramäischer Papyri aus Ägypten stehen lediglich zwei phönikische Papyrusbriefe[94] gegenüber: Der besser erhaltene ist ein kurzer Privatbrief von einer Frau an eine andere aus Sakkara (etwa 6. Jahrhundert). Darin findet sich die Segensformel „Ich segne dich bei Baal-Sapon und allen Göttern von Taḥpanḥēs." Der Ortsname findet sich in identischer Form im Alten Testament und entspricht dem griechischen Daphnai im Ostdelta (Tell Defenne, Herodot II 30; 107). In der dortigen Grenzgarnison war seit der Zeit Psammetichs I. nicht nur ein ionisches Hoplitenkontingent stationiert, es gab dort dem Zeugnis des Alten Testaments zufolge auch Juden, sowie – wie man unserem Brief entnehmen kann – Phöniker. Die Koexistenz von Juden und Phönikern ist ohnehin nicht immer ohne weiteres auseinanderzuhalten, wie wir im Falle des Chahap sehen werden. Eine Stele aus Taḥpanḥēs kann durch ihre Darstellung des Baal als Illustration zu der zitierten
Abb. 28 Segensformel dienen.[95]

In gewisser Weise ein Kuriosum ist eine Sphinx aus dem Serapeum in Sakkara,
Abb. 29 die rechts – zwischen Vorder- und Hinterbein – eine phönikische und eine neupunische Inschrift trägt: ein einzigartiger Fall, wo selbst demotische Inschriften auf

Abb. 28 Stele aus Tell Defenne in ägyptisch-vorderorientalischem Mischstil mit Darstellung eines auf einem Löwen stehenden Gottes.

Sphingen und Löwenskulpturen eine Seltenheit sind.[96] Das Stück ist also offenbar zweimal an ein Heiligtum gewidmet worden: einmal von einem in Ägypten lebenden Phöniker, ein anderes Mal später von einem aus Karthago kommenden Mann – kein Wunder, wenn man die direkten Beziehungen bedenkt, die zwischen Karthago und Ägypten bestanden. In den Nekropolen von Karthago fanden sich eine Fülle ägyptischer und ägyptisierender Objekte, und eine über zahlreiche Generationen zurückzuverfolgende karthagische Suffetenfamilie ist, wie verschiedene Namen sowie die Bezeichnung MṢRY „Ägypter" enthüllen, ägyptischen Ursprungs.[97]

Abb. 29 Ägyptische Sphinx aus dem Serapeum von Sakkara mit phönikischer und neupunischer Inschrift.

Zu nennen wäre hier auch ein Opferbecken ägyptischen Stils aus einem Schacht in der Nähe der Unaspyramide in Sakkara, das ins 5.–4. Jahrhundert datiert wird. Das Objekt enthält außer einer phönikischen noch eine – aber das ist ganz unsicher und wurde schon von Möller begreiflicherweise bezweifelt – hieratische (gleich-
Abb. 30 lautende?) Inschrift.[98]

Die ersten Wissenschaftler, die in Ägypten entdeckte altsemitische Inschriften in Augenschein nehmen, sind im allgemeinen Ägyptologen, und da kann es schon einmal vorkommen, daß so eine Inschrift nicht richtig bestimmt wird. So wurde im Grab des berühmt-berüchtigten ägyptisch-persischen „Kollaborateurs" Udjahor-

Abb. 30 Inschriften auf einem Opferbecken ägyptischen Stils aus Sakkara.

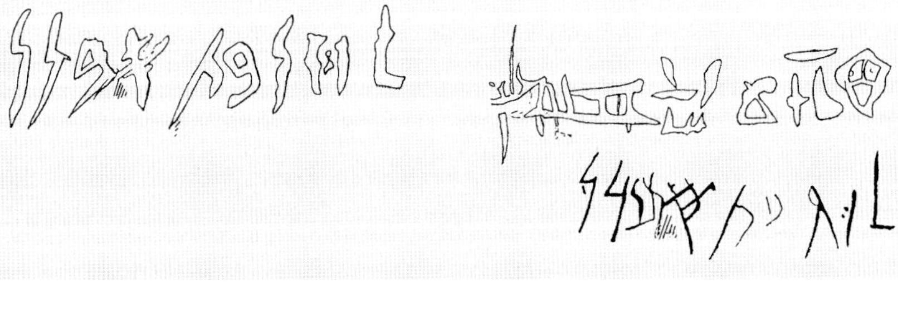

resnet, das erst vor wenigen Jahren von einer tschechischen Mission in Abusir entdeckt wurde, auch ein Ostrakon gefunden. In dem schönen Bildband über die Ausgrabungen in dieser Region ist das Stück mit der Unterschrift „Scherbe mit demotischem Text“ wiedergegeben.[99] Wir haben es hier allerdings eindeutig mit einem phönikischen Ostrakon[100] zu tun, und es sieht auch nicht dadurch eher demotisch aus, daß es in besagter Publikation kopfstehend reproduziert ist. *Abb. 31*

Phönikische Inschriften sind sonst aus Abusir bisher nicht bekannt, doch kann die Identifizierung des genannten Ostrakons nicht überraschen: wir kennen aus der Gegend einige aramäische Inschriften, und auch – bis jetzt nicht exakt lokalisierbare – Friedhöfe griechischer und karischer Kolonisten befanden sich in der Gegend; vgl. Kapitel VI und VIII. Abusir gehört zum Großraum Memphis, und in diesem Zusammenhang ist die einschlägige Mitteilung von Herodot (II 112,2) zu zitieren: „Um diesen heiligen Bezirk (nämlich den von Memphis) herum wohnen tyrische Phöniker, und dieser ganze Platz heißt ‘Tyrierviertel’ (Τυρίων στρατόπεδον). Im heiligen Bezirk des Proteus (gemeint wohl Baal) befindet sich ein Tempel, welcher ‘(der Tempel) der fremden Aphrodite’ (d.h. der Astarte) genannt wird.“ Eine syrisch-palästinische Ansiedlung ist in Perunefer / Memphis übrigens bereits für die Zeit Amenophis’ II. bezeugt.[101]

Ein recht merkwürdiges Objekt befindet sich in Würzburg, und zwar die, wie es im Titel der Publikation heißt, „ägyptische Schreiberpalette in phönizischer Umgestaltung“ aus der Sammlung Kiseleff.[102] Die hieratischen Notizen darauf stammen aus dem Neuen Reich; es handelt sich um eine Getreideabrechnung für zwölf aufeinanderfolgende Tage. Auf der Vorderseite ist nachträglich eine sehr seltsam anmutende „rohe Schnitzerei mit der Figur eines Kindes“ angebracht worden. Darüber findet sich noch ein kleines Köpfchen. Parallelen für diese „unkanonischen“ Darstellungen sind bisher völlig unbekannt. Über die Darstellung hinweg sowie im *Abb. 32a. b*

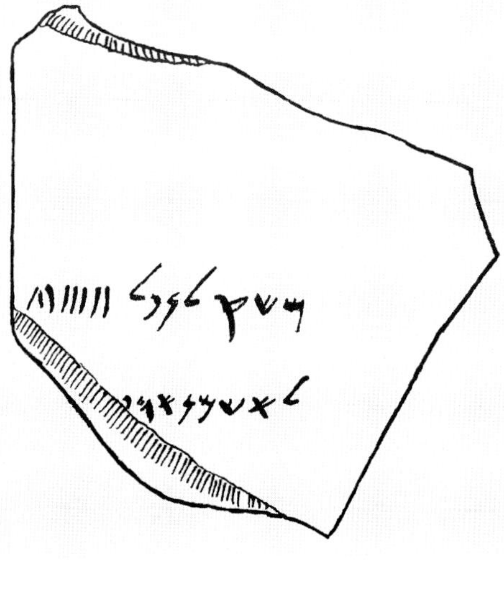

Abb. 31 Phönikisches Ostrakon aus den tschechischen Ausgrabungen von Abusir.

Hintergrund findet sich eine Reihe altertümlicher phönikisch-aramäischer Schriftzeichen, die W. Röllig auf Grund des Schriftduktus ins 8. Jahrhundert datiert hat. Für diese Zeit sind Aramäisch und Phönikisch graphisch noch nicht zu unterscheiden. Ist die Umarbeitung samt Beschriftung wirklich echt – und die Zeichenformen sprechen eigentlich nicht für eine Fälschung, die gewissermaßen nach dem Lehrbuch vorgenommen wurde –, stünden wir hier vor der frühesten Inschrift in einem nordwestsemitischen Alphabet aus Ägypten, die protosinaitischen Inschriften natürlich ausgenommen. Die fünf Buchstaben umfassende Horizontalzeile über dem Kopf des menschlichen Wesens ist klar verständlich: ḤY WṬB „Leben und Wohlergehen". Problematisch ist die Buchstabenfolge links von der Figur. Röllig liest von oben nach unten, freilich mit dem Hinweis darauf, daß das „in den westsemitischen Inschriften ganz ungewöhnlich" ist. Wie sollte man sonst auch lesen? Mißlich ist nur, daß sich dabei äußerst schwer ein vernünftiger Sinn herausbringen läßt. Da die Palette – immer unter Voraussetzung der Echtheit – im Hinblick auf die menschliche Darstellung offenbar zu magischen Zwecken benutzt wurde und auch die Anreihung von acht ʿAjins rechts von der Figur nach mantrisch-magisch machtgeladener Buchstabenwiederholung und nicht nach zusammenhängendem Text aussieht, darf man damit rechnen, daß auch der Text links – zumindest teilweise – nicht nach üblichen Konventionen sinnvoll zu lesen ist. Ich glaube Indizien dafür ausmachen zu können, daß die Inschrift nach bestimmten Gesetzmäßigkeiten sukzessive Teile des semitischen Alphabets reproduziert.[103]

***

Zeugnisse für die Anwesenheit von Leuten phönikischer oder vorsichtiger gesagt syrisch-palästinischer Herkunft sind nicht nur mit rein philologischen Quellen zu erschließen, auch die Ikonographie kann hier von Nutzen sein.

Jeder Ägyptologe kennt die berühmte Stele des Chahap in Berlin aus Brunners *Abb. 33* Hieroglyphischer Chrestomathie:[104] Ein Fremder semitischer Herkunft hat es ähnlich wie der Minäer Zayd'il, von dem in Kapitel VII die Rede sein wird, zu priesterlichen Würden gebracht, trägt aber einen ägyptischen Namen. Der Steleninhaber Chahap (*Ḫʿj-ḥp* „Möge der Apis erscheinen!"), der dem demotischen Subskript nach von 273 bis 203 lebte, wird als Phöniker in hellenomemphitischer Gewandung dargestellt. Sein wichtigster Titel war der eines „Heeresvorstehers der Meder[105] = Soldaten" und dieses Amt bekleidete schon der Vater Paneith. Darüber hinaus hatte Chahap eine ganze Reihe von Priesterämtern inne, die sich auf Heiligtümer im Bereich von Memphis beziehen. In diesem Zusammenhang erscheint auch einmal der interessante Ortsname *Pꜣ-tꜣ-jht* (Z. 5), der entweder „Das Land des Jahu" oder aber „Das Land (d.h. hier 'Lager') der Juden" bedeutet. Anscheinend handelt es sich um eine Bezeichnung für das memphitische Judenviertel, das Ἰουδαίων στρατόπεδον / *castra Iudaeorum* der antiken Quellen.

In der Nähe der Stele soll der weibliche Kopf eines Sarkophags im phönikischen *Abb. 34* Stil aus dem 5. Jahrhundert gefunden worden sein.[106] Man hat daraus den nicht strikt zu beweisenden, aber gewiß naheliegenden Schluß gezogen, daß sich Chahap

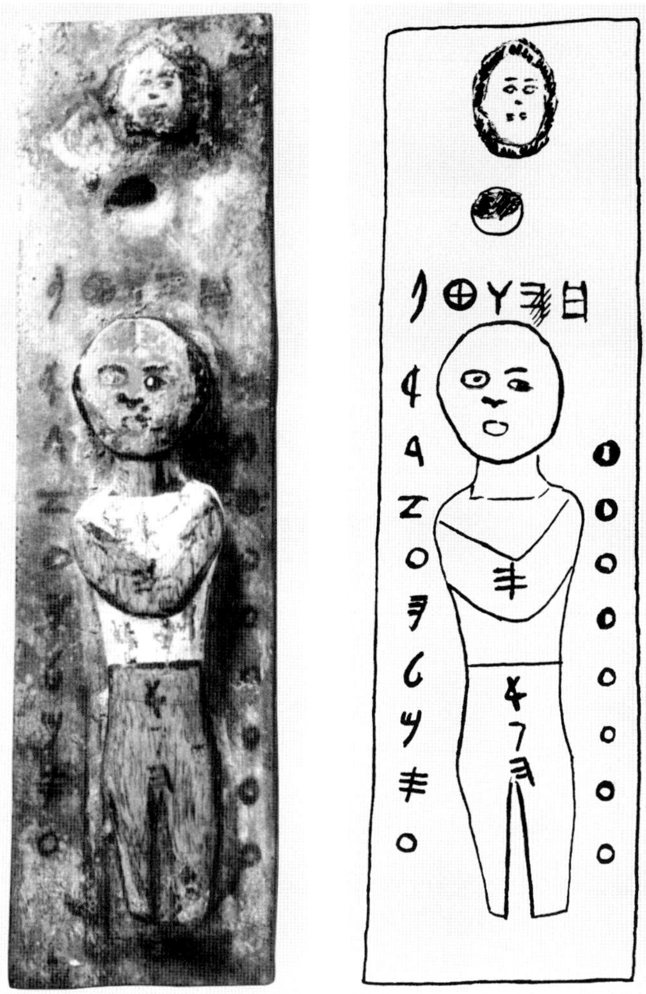

Abb. 32a. b Ägyptische Schreiberpalette in phönikischer Umgestaltung mit unklaren Inschriften.

in einem viel älteren, ursprünglich für eine Frau angefertigten Sarkophag heimatlicher Tradition beisetzen ließ. K. Lembke nimmt an, daß das Stück von griechischen Künstlern in Sidon hergestellt und von dort nach Ägypten importiert wurde.[107]

Merkwürdig ist ein jetzt in Ismailia aufbewahrter Sarkophag, der 1983 in Tell el Maskhuta, dem alten Patoumos, entdeckt wurde.[108] Auch er war ursprünglich für *Taf. 6* eine Frau angefertigt worden, dem Stil des Kopfes nach jedoch um einiges später als das Berliner Stück: Die vorgeschlagenen Datierungen schwanken zwischen dem Ende des 5. und der ersten Hälfte des 4. Jahrhunderts. Zwei Umstände weisen nun auf eine spätere Wiederverwendung: 1. Die aus dem Sarkophag geborgenen Gebeine waren die eines Mannes, und zwar sicherlich desjenigen, den die hieroglyphische Inschrift nennt (Djedher, Sohn der Renpetnefret). 2. Die besagte Inschrift ist epigraphisch in die Ptolemäerzeit zu datieren. Der Vater trägt übrigens einen

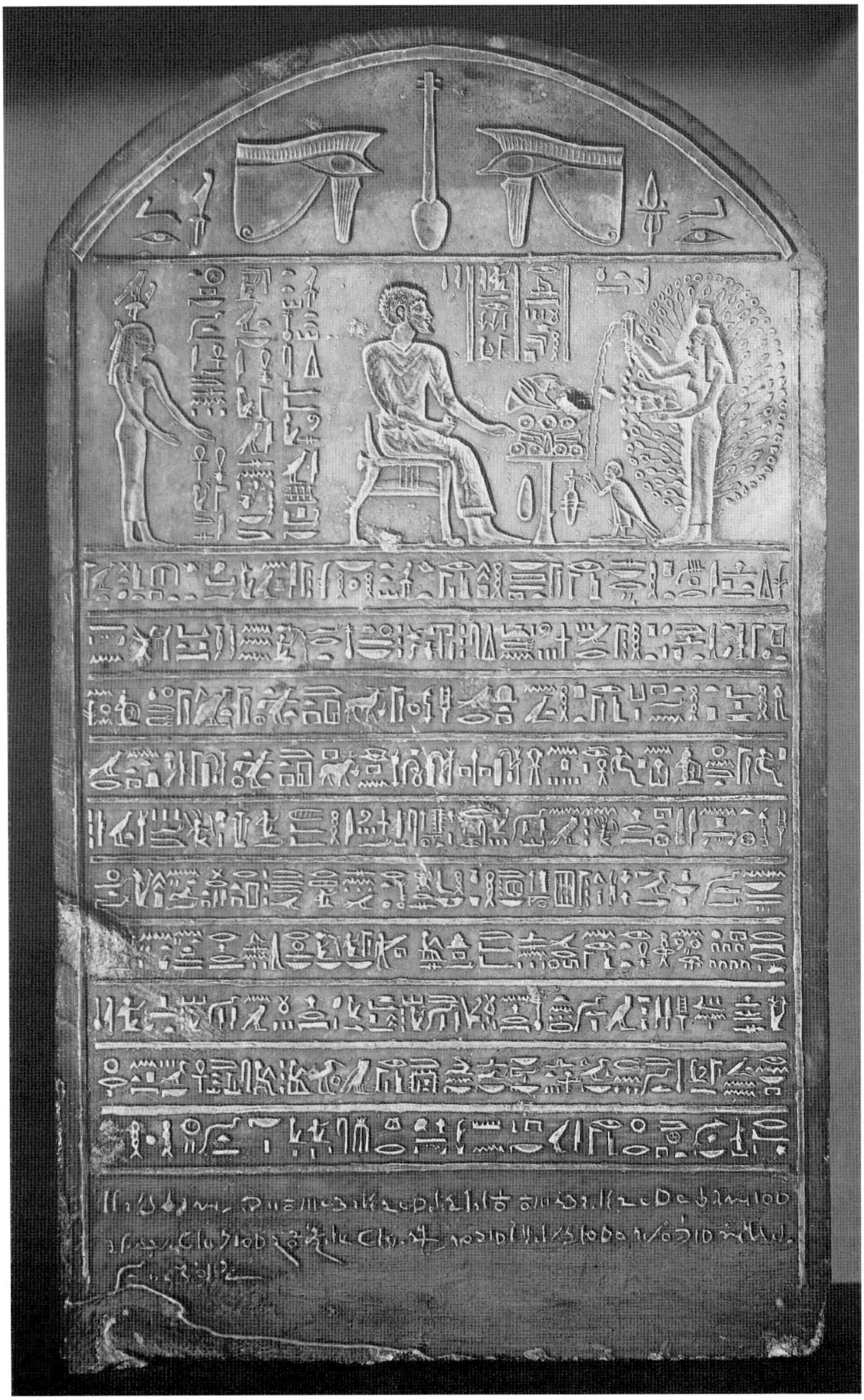

Abb. 34 Frauenkopf eines Sarkophags im phönikischen Stil, 5. Jahrhundert, angeblich zusammen mit der Stele des Chahap gefunden.

nichtägyptischen – und das kann in diesem Zusammenhang nur heißen, phönikischen – Namen, was entsprechende Schlüsse auf die Ethnizität des Verstorbenen nahelegt.[109]

Ein wenigstens in unserem Zusammenhang sehr viel weniger bekanntes Beispiel für die Präsenz einer „phönikischen“ Familie findet sich nach Bresciani[110] in der Oase Bahriya. Der Inhaber eines Grabes aus saitischer Zeit sowie – nach dem be-

Abb. 33 Grabstele des Syrophönikers Chahap (273–203) aus Sakkara.

liebten Brauch der Papponymie – sein Enkel heißen Padiastart, was an und für sich noch nicht verdächtig sein muß, wurde doch die vorderasiatische Göttin Astarte seit dem Neuen Reich auch in Ägypten verehrt. Zwei 5-Deben-Gewichte (ca. 450 g) in Wien nennen einen Propheten der Astarte namens Psammetich; in ptolemäischer Zeit sehen wir sogar den König opfernd vor dieser Göttin, und aus etwa derselben Zeit kennen wir von einer Stele in Amsterdam einen Tempelschreiber der Anath Padiimhotep.[111] Es gibt keine zwingende Veranlassung zu der Annahme, daß Psammetich und Padiimhotep keine echten Ägypter gewesen seien. Was aber in Bahriya auffällt, ist die unägyptische Kleidung, die die Schwägerin des jüngeren Padiastart
Abb. 35 sowie deren Kinder tragen. Das erinnert stark an die Gestalten auf dem Sarkophag
Abb. 18 des Ahiram aus Byblos. Auch Darstellungen von Flaschen mit Strohhalmen und Weinamphoren verraten syrisch-palästinische Herkunft. Ansonsten ist das Dekorationsprogramm der Gräber dieser Honoratiorenfamilie durch und durch ägyptisch, und alle Angehörigen über alle sieben bezeugten Generationen hin tragen rein ägyptische Namen. Möglicherweise hat sich hier sozusagen unterschwellig, unter dem ägyptisierten Äußeren, ein semitisches Erbe erhalten und ist dann durch die Heirat mit einer Phönikerin – Bresciani denkt wohl wegen des Bastet-Namens an eine Dame aus Memphis – verstärkt worden. Solche Fälle, wo Personen bzw. eventuell ganze Familien in völlig ägyptisiertem Kontext erscheinen, ikonographische Einzelheiten (wie z.B. Haartracht, Gewandung u.ä.) aber auf fremde Herkunft weisen, müßten einmal gesammelt und eingehender untersucht werden.

Daß assimilierte Semiten wie Chahap Priester ägyptischer Götter werden konnten, wird alles in allem eher die Ausnahme gewesen sein. In der Regel wird es dabei geblieben sein, daß Semiten – wie ja andere Fremde auch – (unter anderem) ägyptische Gottheiten verehrten, ohne deswegen gleich Priesterämter zu bekleiden.[112] Hingegen bezeugt eine ganze Reihe von Denkmälern das Eindringen ägyptischer Glaubensvorstellungen in die phönikisch-punische Welt. Wir haben schon von den phönikischen Pilgern gehört, die sich im Tempel von Abydos verewigt haben. Einige weiteren Quellen sollen nun besprochen werden:

– Ein Phöniker hat in Memphis in ptolemäischer Zeit einen sog. Horuscippus[113]
Abb. 36. 37 mit authentischen hieroglyphischen und phönikischen Texten aufgestellt. Dem Stifter mit dem echt phönikischen Namen Pa'al'aštart – der Name („Astarte hat gemacht") erscheint wohlgemerkt sowohl im ägyptischen als auch im phönikischen Text! – werden keinerlei Titel beigelegt. Im phönikischen Teil – und nur in diesem – werden die Vorfahren des Stifters in mehreren Generationen angeführt: Die Inschrift lautet: „[Diese] Weihgabe brachte ich dar, Pa'al'aštart, Sohn des 'Abdmilkat (etc.) meiner Herrin, der herrlichen Gottheit Isis, der Gottheit Astarte und den Göttern, welche [… Sie mögen] segnen mich [und] meine [Söhne] 'Abd'osir („Diener des Osiris") und Benba'al etc., [und sie] mögen ihnen Gunst und Leben geben vor Göttern und Menschenkindern." Der unidentifizierbare Name der Mutter (*Šmrbj*) erscheint dafür ausschließlich – wie bei magischen Texten üblich – im ägyptischen Teil.

– Zwei Harpokratesbronzen aus dem 4. oder 3. Jahrhundert in Madrid und Lon-
Taf. 7a. b don[114] beginnen mit der Formel „Harpokrates[115] gebe Leben dem XY", einer Über-

Abb. 35 Malerei im Grab des Padiastart in der Oase Bahriya mit vorderasiatischen Elementen (Kleidung; Gefäß).

tragung der ägyptischen Formulierung mit *dj ʿnḫ* in Weihinschriften.[116] Der Stifter der Madrider Bronze ist „sein – also des Harpokrates – Diener ʿAbdeschmun", dessen Vorfahren über fünf Generationen angegeben werden. Während Vater und Großvater phönikische Namen haben, sind die Namen der weiter zurückliegenden drei Generationen – beginnend mit dem Urgoßvater ḤNTS (Ḥantūs, „Eidechse") – ägyptisch.[117] Man möchte daraus den Schluß ziehen, daß es sich von Haus aus um eine ägyptische Familie handelt und das phönikische Element erst durch die Heirat der „Eidechse" mit einer Phönikerin hereinkam. *Taf. 7b*

– Eine Bronzesitula in Princeton[118] stellt eine phönikische Arbeit in ägyptisierendem Stil dar. Der Herausgeber hat das Stück ins 6. Jahrhundert datiert. Wir *Abb. 38*

Abb. 36 Horus-Stele des Phönikers Paalaschtart aus Memphis. Der Stifter ist an den Außenseiten des unteren Bildfelds zweimal in Anbetung vor je einer Göttin zu sehen. In der Reproduktion nicht mitenthalten ist der große Sockel, in dem die Stele eingelassen ist und auf dessen Vorderseite der Stifter eine ausführliche Inschrift hat anbringen lassen.

sehen Isis, Nephthys, Neith und Selket. Die phönikische Inschrift lautet „Isis gebe Gunst und Leben dem ʿAbdptah, Sohn des ʿAbdo.“ Die Herkunft ist unbekannt, doch wird hierfür mit gewisser Wahrscheinlichkeit Memphis, wo sich eine phönikische Gemeinde befand, angenommen.

Taf. 8 – Originell ist die Beschriftung einer Imhotepbronze,[119] die teils ägyptisch (“Imhotep Sohn des Ptah gebe Leben“ auf der Papyrusrolle, die Imhotep in der Hand hält), teils phönikisch (“für Wahibre, Sohn des Eschmunjaton“) ist. Ähnliches kennen wir auch von den Karern; vgl. S. 161. Man beachte, daß der Stifter einen gut ägyptischen Namen trägt.

– Ein in Malta gefundenes, ursprünglich in einem bronzenen Amulettbehälter mit
Abb. 39 Falkenkopf aufbewahrtes Papyrusfragment[120] kombiniert die Darstellung der Isis

mit einem phönikischen religiösen Text, angeblich einem Feindvernichtungsspruch (der Text ist schlecht erhalten, eine zuverlässige Neubearbeitung fehlt immer noch). Man denkt an die ägyptische Rolle der Isis als großer Magierin („Zauberreiche") und Beschützerin.

– Ein goldener Ring in römischem Privatbesitz unbekannter Herkunft (Tharros auf Sardinien?) zeigt das Bild einer Barke in phönikischem Stil mit der Sonnenscheibe des Re und darüber eine phönikische Inschrift, die der Herausgeber Garbini[121] aus paläographischen Gründen zwischen 650 und 550 datiert. Er übersetzt „Tu illuminerai a Ra la sua venuta". Die Übersetzung scheint in manchem unsicher, kaum aber das, was für uns hier wesentlich ist, nämlich die ausdrückliche Nennung des Sonnengottes Re. Das paßt natürlich vorzüglich zu der Barke. Auch daß das erste Wort ein Verbum in der 2. Person Singular Imperfekt ist, trifft wohl zu, und so wird Garbini mit seiner Interpretation, daß es sich um einen Segenswunsch für einen Verstorbenen handelt, grundsätzlich recht haben. Man muß nicht unbedingt annehmen, daß der Tote hier mit Re gleichgesetzt wird, es genügt zu sagen, daß er wohl im Einklang mit ägyptischen Vorstellungen Re auf seiner Fahrt durch die *Abb. 40*

Abb. 37 Ausschnitt aus der Rückseite von Abb. 36. In der Mitte kniet Paalaschtart vor einer ägyptischen Fruchtbarkeits- und Regenerationsgottheit vom Typ Min-Amun-Kamutef (mit erigiertem Phallus). Das Denkmal legt beredtes Zeugnis für die Verehrung ägyptischer Götter durch Fremde ab.

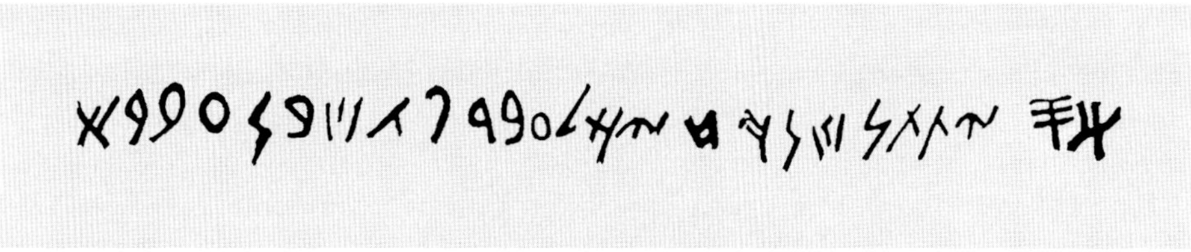

Abb. 38 Inschrift 'SY TTN ḤN WḤYM L'BDPTḤ BN 'BD' *„Isis gebe Gunst und Leben dem Abdptah, Sohn des Abdo" auf einer ägyptisierenden Bronzesitula in Princeton.*

Unterwelt begleiten soll. Damit in Zusammenhang stehen zweifellos auch die kleinen Barkenmodelle, die in karthagischen Gräbern gefunden wurden.

– Aber auch die Idee vom Totengericht drang in die phönikisch-punische Welt ein. Zeuge dafür ist, wie es scheint, die punische Inschrift auf dem Silberband eines Amulettbehälters aus der Nekropole von Tharros:[122] „Schütze Abdo, den Sohn des Šamšay, *vor den Besitzern* (bzw. singularisch: *vor dem Besitzer*) *der Waage.*" Das Amulettband soll also, wie Hölbl gezeigt hat, „ganz konkret den Toten beim Jenseitsgericht schützen". „Nach ägyptischem Muster spielten darin die Waage und die Totenrichter die zentrale Rolle. Angesichts der bewußten Übernahme des gesamten Motivschatzes unserer Metallfolien und der Behälter aus Ägypten kann

Abb. 39 Papyrusfragment magischen Charakters aus Malta mit Darstellung der Isis und einem – sehr problematischen – phönikischen Text.

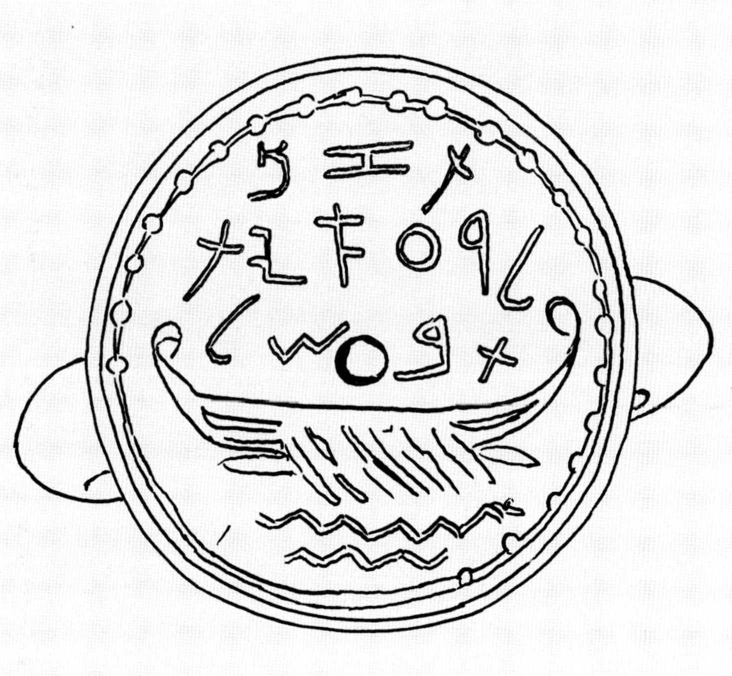

Abb. 40 Ring aus Tharros auf Sardinien(?) mit Barke in phönikischem Stil und Sonnenscheibe des Re und schwieriger phönikischer Inschrift.

kein Zweifel darüber bestehen, daß wir in der punischen Inschrift ein sicheres Indiz dafür haben, daß die Vorstellung vom Totengericht in die punische Welt übernommen wurde. Ob sie dort nur bei ganz wenigen Menschen präsent war oder tiefer in gewisse Bevölkerungsschichten eingedrungen ist, kann jedoch nicht ausgesagt werden."

Hölbl[123] ist auch an anderer Stelle der Frage nach der Rezeption ägyptischer religiöser Vorstellungen im Bereich der Ikonographie nachgegangen. Es geht dabei um die Frage, wieweit die äußere Übernahme ägyptischer Vorbilder Hand in Hand geht mit einem wirklichen Verständnis der dahinterstehenden Ideen. Wie zu erwarten, finden sich die Entsprechungen mehr im allgemeinen Bereich (Fruchtbarkeitsmagie; „Gott auf der Blume" als Beförderer des Wachstums). Es ist festgestellt worden, daß die meisten Aegyptiaca – kleine Amulette wie Skarabäen, Udjat-Augen u.a.m. – in der phönikisch-punischen Welt in Zusammenhang mit Fruchtbarkeitsmagie[124] stehen, sei es, daß diese Objekte – was häufig der Fall ist – in Gräbern von Frauen und Kindern gefunden wurden, sei es, daß es sich um Votivgaben z.T. einfacher Frauen in Tempeln handelte (Sarepta). Es ist auch behauptet worden, daß die ägyptischen und ägyptisierenden Skarabäen des Mittelmeerraumes oft als Siegel verwendet worden seien dürften.[125]

Ein besonders schönes Exemplar hat Pernigotti[126] vor einigen Jahren auf die *Abb. 41* religiöse Ikonographie hin untersucht. Es handelt sich um einen Skarabäus aus Sardinien mit Szenen, die er im Umfeld der hermopolitanischen Theologie ansiedelt: wir sehen die durch hieroglyphische Namensbeischriften ausgewiesenen Gottheiten Isis

Abb. 41 Skarabäus aus Sardinien mit Elementen hermopolitanischer Theologie und der phönikischen Besitzerinschrift BD'ŠMN BN ḤMLK *„Bodeschmun Sohn des Himilko".*

und Chons, das so beliebte Götterkind auf der Blume und darunter die zweizeilige phönikische Inschrift „Bodeschmun, Sohn des Himilko". Das war bestimmt kein Mann aus der Unterschicht, aber um ein Siegel kann es sich natürlich deswegen nicht handeln, weil dann die Inschrift spiegelbildlich hätte angebracht werden müssen. Während hieroglyphische Texte je nach Blickrichtung der Schriftzeichen rechts- oder linksläufig gelesen werden können, ist dergleichen bei den nordwestsemitischen Alphabeten nicht möglich. Die ägyptische Szene samt Beischriften sowie die phönikische Inschrift bildeten offensichtlich von Haus aus geplante Teile des Dekorationsprogramms.

Wenn es richtig ist, daß die Darstellungen dieses Skarabäus mit der hermopolitanischen Theologie zu tun haben, dann ist in diesem Zusammenhang unbedingt die berühmte phönikische Geschichte des Sanchuniathon zu nennen, die uns in der Überlieferung durch Philo von Byblos, den wiederum Euseb exzerpiert hat, vorliegt.[127] In der Kosmogonie dieses Werkes sind Einflüsse der hermopolitanischen Lehre spürbar. Es scheint demnach eine – bisher nicht recht gewürdigte – Beziehung zwischen den archäologischen und den literarischen Zeugnissen zu bestehen. Hier ist noch viel weitere Forschung vonnöten.

Daß die phönikische Sakralarchitektur (Tempel und Gräber) mit Rundstab und Hohlkehle, Flügelsonne und Uräenfries sehr stark von Ägypten beeinflußt ist,[128] ist an sich natürlich keine Garantie für eine intime Kenntnis und Übernahme authentischer Glaubensvorstellungen sowie der entsprechenden Funktionen. Den für unser Empfinden manchmal etwas nonchalanten Umgang mit ägyptischen Vorbildern kann man beispielsweise aus dem Gebrauch der Atefkrone ersehen. Während sie in Ägypten ein göttliches Attribut, speziell des Osiris, ist, finden wir sie in Phönikien und Syrien auch bei Menschen.[129] Zu dieser Unbekümmertheit paßt auch die Beobachtung, daß die Hieroglyphen auf ägyptisierenden phönikischen Schalen wie der von Praeneste[130] zwar für sich betrachtet durchaus getreu den ägyptischen Vorbildern folgen – man kann sogar die Gruppe „Sohn des Re" vor der Kartusche erkennen –, aber eben rein dekorative Funktion haben und alles in allem keinen sinnvollen Text ergeben (mit welchen Einschränkungen diese Feststellung gilt, müßte übrigens noch eingehender untersucht werden).

Für die Frage nach der Intensität der Rezeption ägyptischer Religionsvorstellungen durch die Phöniker ist eine unlängst veröffentlichte ägyptische Situla aus dem Heiligtum vom Ǧebel el-Arbaʿīn / Miṣpē Yammīm[131] in Galiläa mit der sekundär angebrachten phönikischen Weihinschrift „(Weihgabe) von ʿAkbo(r), Sohn des Bodeschmun, die er für Astarte gemacht hat, weil sie seine Stimme erhört hat" von Interesse. Im Vergleich mit der oben besprochenen Situla in Princeton ist die Inschrift auf dieser „in einem fortgeschrittenen Maße phönizisiert".[132] Im gleichen archäologischen Kontext gefundene Bronzestatuetten von Apis und Osiris sowie eine Triade Isis-Osiris-Horus erlauben, wie es scheint, die Annahme, daß sich der Stifter des Sinngehalts dieser Votivfiguren mehr oder weniger in derselben Weise wie ein Ägypter bewußt war. Astarte und Isis wurden dabei einander angenähert bzw. angeglichen.[133]

Ohnedies läßt sich in der Forschung der letzten Jahre eine verstärkte Tendenz zu der Ansicht ausmachen, daß zusammen mit ägyptischen Amuletten (Bes, Isis, Hathor ...) auch die „zugehörigen" Inhalte – wenigstens in gröberen Zügen – importiert wurden.[134]

Es gab also in der phönikischen Welt Kulte ägyptischer Götter; davon legt abgesehen vom archäologischen Befund auch die Onomastik Zeugnis ab. Daß Phöniker in Ägypten oft Namen tragen, die mit ägyptischen Götternamen zusammengesetzt sind (wir kennen schon ʿAbdptaḥ „Diener des Ptah"),[135] ist nicht weiter verwunderlich. Außerordentlich hoch ist der Prozentanteil solcher Namen in den phönikischen Krugaufschriften aus Elephantine; wir finden dergleichen aber auch außerhalb. In diesem Zusammenhang ist auf ein amüsantes wissenschaftsgeschichtliches Curiosum aufmerksam zu machen. Im Jahr 1892 wurde eine phönikische Inschrift aus Nabi Yunis (zwischen Jaffa und Asdod) publiziert,[136] die gemischt phönikisch-ägyptische Personennamen wie ʿAbd'ubaste „Diener der Bastet" und ʿAbd'amon „Diener des Amun" sowie mancherlei andere für diese Region ungewohnte Namenbildungen enthält, so daß man sie lange für eine Fälschung hielt. Das Standardwerk für phönikische Personennamen von Benz[137] hat dieses ergiebige Dokument folglich nicht berücksichtigt. Erst als man diese und andere mit ägyptischen Göttern gebildeten Namen nach und nach auch in anderen Quellen entdeckte, hat man vor etwa zwanzig Jahren die Echtheit erkannt. Die Inschrift stammt bereits aus dem 3. oder sogar schon dem 2. Jahrhundert.

In einer Inschrift aus Larnax Lapethou auf Zypern (ca. 345–315) berichtet ein Phöniker unter anderem folgendes:[138] „Und im Monat Karar in diesem (vorher genannten) Jahr in seinem Tempel gab ich, PRM, meinem Herrn Osiris in Lapethos eine goldene ⌜Lampe⌝ im Gewicht von 10 ṬB'M 8 Pfund." Osiris muß dort demnach also ein eigenes Heiligtum besessen haben.

Was bisher fehlt, sind ägyptische Totenstelen für Phöniker nach Art der Exemplare, die wir für die Aramäer kennen. Man hat aber beobachtet, daß insgesamt Elemente der ägyptischen Religion mehr im Bereich des Volksglaubens (Amulette, Skarabäen) und in der Frömmigkeit des Individuums als in der mehr konservativ bestimmten offiziellen Religion anzutreffen sind.

***

Über die spezielle Reputation der Phöniker in den Augen der Ägypter läßt sich wenig sagen. In der Alten Welt genossen die Phöniker keinen guten Ruf:[139] „Kanaan hat in der Hand die Waagschale des Betrugs", heißt es im Alten Testament (Hosea 12, 8), und für Homer ist der phönikische Seefahrer ein mit allen Wassern gewaschener Gauner.[140] Hinter solchen Urteilen steht natürlich vor allem der Neid wegen des kaufmännischen Talentes und Erfolges dieses Volkes. Dieses negative Bild war aber Gemeinplatz in der antiken Literatur, z.B. bei Cicero: „Fallacissimum genus esse Phoenicum omnia monumenta vetustatis atque omnes historiae nobis prodiderunt. Ab his orti Poeni multis Carthaginiensium rebellionibus, multis violatis fractisque foederibus nihil se degenerasse docuerunt" (Pro Scauro 42). Daß gleichermaßen im Alten Testament wie bei Homer die Kunstfertigkeit der Phöniker gerühmt wird, steht dazu nicht im Widerspruch. Derlei Verunglimpfungen wurden zweifellos gefördert durch das Entsetzen angesichts des grausigen Brauches der Kinderopfer, den Kanaanäer, Phöniker und Karthager praktizierten. Wenngleich diese Sitte nicht wegzudiskutieren ist,[141] sind ägyptische Darstellungen in Luxor und Karnak, die manche in diesem Sinne interpretieren wollten, eher als Darbietung von Kindern an den Pharao als Gestus von Versöhnung bzw. Unterwerfung zu verstehen.[142]

Was den notorisch schlechten Ruf der Phöniker (bzw. Kanaanäer) angeht, so gibt es ägyptischerseits aus etwa der Zeit, um die es uns hier geht, allenfalls ein Zeugnis, das auch noch ausgerechnet einem Angehörigen dieser Kultur in den Mund gelegt wird. Als Tjekerbaal von Byblos merkt, daß Wenamun mit einem „syrischen" Kapitän fährt, fragt er ihn sarkastisch: „Wo ist das Zedern- (bzw. Pinien)holzschiff, das dir Smendes gegeben hat? Wo ist dessen syrische Besatzung? Hat er dich nicht diesem ausländischen Kapitän anvertraut, daß er dich töten läßt und man dich ins Meer wirft?" (1, 54–55). Tjekerbaal hat also keine hohe Meinung von der Moral seiner Landsleute: Er traut dem Kapitän genau die Treulosigkeit und Niedertracht zu, die man in der Antike mit den Phönikern und Puniern assoziierte. Möglicherweise handelt es sich hier aber auch nur um eine Projektion des eigenen Überlegenheitsgefühls durch den Verfasser der Erzählung. Die überhebliche Geringschätzung des Fremden ist natürlich ein alter Topos.

Herauszufinden, was es mit der Wahrheit solcher Anschuldigungen auf sich hat, ist nicht unsere Aufgabe, und es wäre ohnehin nicht möglich. Statt dessen sollte man lieber die besondere Leistung der Phöniker würdigen. Wir meinen in diesem Zusammenhang nicht die Vermittlung des Alphabets an die Griechen,[143] sondern dies: Durch kein anderes Volk ist im ersten Jahrtausend soviel ägyptisches und ägyptisierendes Material im gesamten Mittelmeerraum verbreitet worden. Das wurde dadurch begünstigt, daß, wie schon erwähnt, die künstlerische Formensprache der Phöniker sehr stark ägyptisch geprägt war – ebenfalls weit mehr, als dies bei irgendeinem anderen Volk der Fall war.

IV. Die aramäischen Dokumente

Wenn man von den griechischen Schriftzeugnissen absieht, die aber naheliegenderweise erst mit der Ptolemäerzeit häufig werden, so sind die aramäischen Dokumente mit Abstand gegenüber allen anderen fremdsprachlichen Hinterlassenschaften aus dem Ägypten des ersten Jahrtausends in der überwältigenden Mehrheit. Und selbst wenn man die ganze altägyptische Geschichte ins Auge faßt, können damit an Fülle lediglich die Keilschrifttafeln aus Amarna mit der königlichen internationalen Korrespondenz des 14. Jahrhunderts konkurrieren. Während diese auch in der ägyptologischen Forschung immer wieder berücksichtigt werden, stehen die reichen aramäischen Quellen ziemlich im Abseits. Das dürfte im wesentlichen zwei Gründe haben: zum einen scheint die Bedeutsamkeit dieser Texte für die Erforschung ägyptischer Kultur und Geschichte auf den ersten und vielleicht auch noch den zweiten Blick gering, da ja primär die Lebensverhältnisse von Fremden unter sich betroffen sind, und zum anderen stammen die Texte – auch wo sie zugegebenermaßen Licht auf ägyptologische Fragen werfen könnten – aus einer Zeit, die in traditioneller, immer noch nicht völlig überwundener Sicht eher als Periode von Niedergang und Verfall gilt.

Wenngleich die aramäischen Papyri und Inschriften zu den großen und beliebten aktuellen ägyptologischen Themen, als da sind Königsideologie und Tempelreligion, wenig beitragen, empfiehlt es sich trotzdem nicht, sie einfach pauschal zu ignorieren. Wir erfahren, wie gesagt, viel über das Leben der Fremden im Ägypten der Perserzeit, und auch Etliches über ihre Beziehungen zu den Ägyptern – wir bewegen uns also alles in allem mehr in den Niederungen des Alltags, wie ihn uns aus dieser Zeit die demotischen Papyri und aus früheren Jahrhunderten vergleichsweise die Dokumente aus Deir el-Medineh enthüllen. Dabei kommt durchaus der zeitgebundene, historische Aspekt nicht zu kurz.

Hinzu tritt, daß die aramäischen Papyri nicht nur von Semiten und Ägyptern, sondern auch von mancherlei anderen Fremden sprechen. Die ganze ethnische Vielfalt im Ägypten des ersten Jahrtausends offenbart sich hier: auch in den folgenden Kapiteln dieses Buches werden wir aramäische Quellen heranziehen müssen. In auffallendem Gegensatz zum älteren Demotisch hat übrigens das Aramäische eine bemerkenswerte Anzahl von Fremdwörtern – speziell ägyptischen und persischen – übernommen. Man darf ohne Übertreibung behaupten, daß die aramäischen Schriftzeugnisse aus Ägypten die wichtigste und umfangreichste, noch längst nicht voll ausgeschöpfte Quelle zur Nebenüberlieferung von ägyptischen Wörtern, Personennamen und Ortsnamen des vorhellenistischen ersten Jahrtausends darstellen.[1]

Einige Beispiele werden im folgenden zur Sprache kommen; ich nenne hier nur eines, auf das ich erst vor kurzer Zeit gestoßen bin: Ein aramäisches Fragment aus Sakkara nennt einen Ortsnamen MY'.[2] Das ist aber zweifellos nichts anderes als die bisher nur in griechischer Wiedergabe Meia belegte memphitische Ortschaft aus den Zenon-Papyri, nur ca. 200 Jahre älter!

Bevor wir uns aber einen Überblick über das Material als Ganzes zu verschaffen, wäre zunächst das Augenmerk auf die Frage nach den Urhebern der aramäischen Schriftzeugnisse und dem Zeitraum, innerhalb dessen solche Dokumente aufscheinen, zu richten. Der erste Teil der Frage mag Verwunderung erregen: Wer sollen denn die Urheber schon sein, wenn nicht Aramäer? Die phönikischen Texte, von denen in diesem Buch die Rede ist, stammen von Phönikern, die karischen von Karern, sollte es bei den aramäischen anders sein? In der Tat hat es mit dem Aramäischen eine besondere Bewandtnis. Zunächst einmal muß man sich bewußt machen, daß in der Perserzeit, aus der der weitaus größte Teil des in Ägypten gefundenen Materials stammt, das Aramäische wegen seiner leichten Erlern- und vor allem Schreibbarkeit den Rang einer allgemeinen Verkehrssprache (*lingua franca*) behauptete. Man spricht hier vom „Reichsaramäischen", das dem Biblischen Aramäisch, wie es hauptsächlich in den Büchern Daniel und Esra bezeugt ist, sehr nahesteht. Geschrieben wurde es in einer alphabetischen Schrift, die mit der phönikischen nahe verwandt ist. Dieser Umstand schloß allerdings in Ägypten aus verständlichen Gründen den Gebrauch des Demotischen nicht aus, im Gegenteil: Demotisch war zwar weit weniger leicht zu erlernen, es war aber den Schreibern eben doch sozusagen in Fleisch und Blut übergegangen. Im nächsten Kapitel werden wir uns einem demotischen Dokument der Regierungsbehörden zuwenden, das offenbar vom Aramäischen ins Demotische übersetzt wurde. Nebenbei bemerkt: Das „Aramäische" (in seinen verschiedenen Sprachformen und -stufen) gehört wie das Hebräische und das diesem sehr nahestehende Phönikisch zu den nordwestsemitischen Sprachen. In den Texteditionen wird für das Aramäische wie das Hebräische (und oft auch das Phönikische) die hebräische Quadratschrift verwendet. Hingegen rechnet das Akkadische zum Nordostsemitischen und das Arabische zum Südsemitischen.

Zu beachten ist, daß wir im Prinzip zwischen Aramäern, Juden und anderen Semiten zu unterscheiden haben. Auf Grundlage der Namengebung ist die Unterscheidung freilich oft nicht möglich. Versuchen wir nun, die aramäischen Texte aus Ägypten mit den Überlieferungen über die Präsenz von Aramäern und Juden im 1. Jahrtausend zu koordinieren!

Der weitaus größte Teil des Materials kommt aus dem Süden des Landes, aus der Insel Elephantine, und umspannt nicht mehr als das Jahrhundert zwischen 500 und 400. Elephantine (Yēb) war die Hauptstadt der in den aramäischen Texten Teschṭerēs[3] genannten Provinz und Sitz des persischen Provinzgouverneurs, des *frataraka*. In Elephantine war ebenso wie auf dem östlich des Nil gegenüberliegenden Syene (Seʷēn) eine mit dem Grenzschutz beauftragte befestigte Garnison stationiert, wo Soldaten aus verschiedenen Teilen des Reiches dienten. Die Juden waren hauptsächlich in Elephantine, während „heidnische" Aramäer und die Angehörigen an- *Abb. 42*

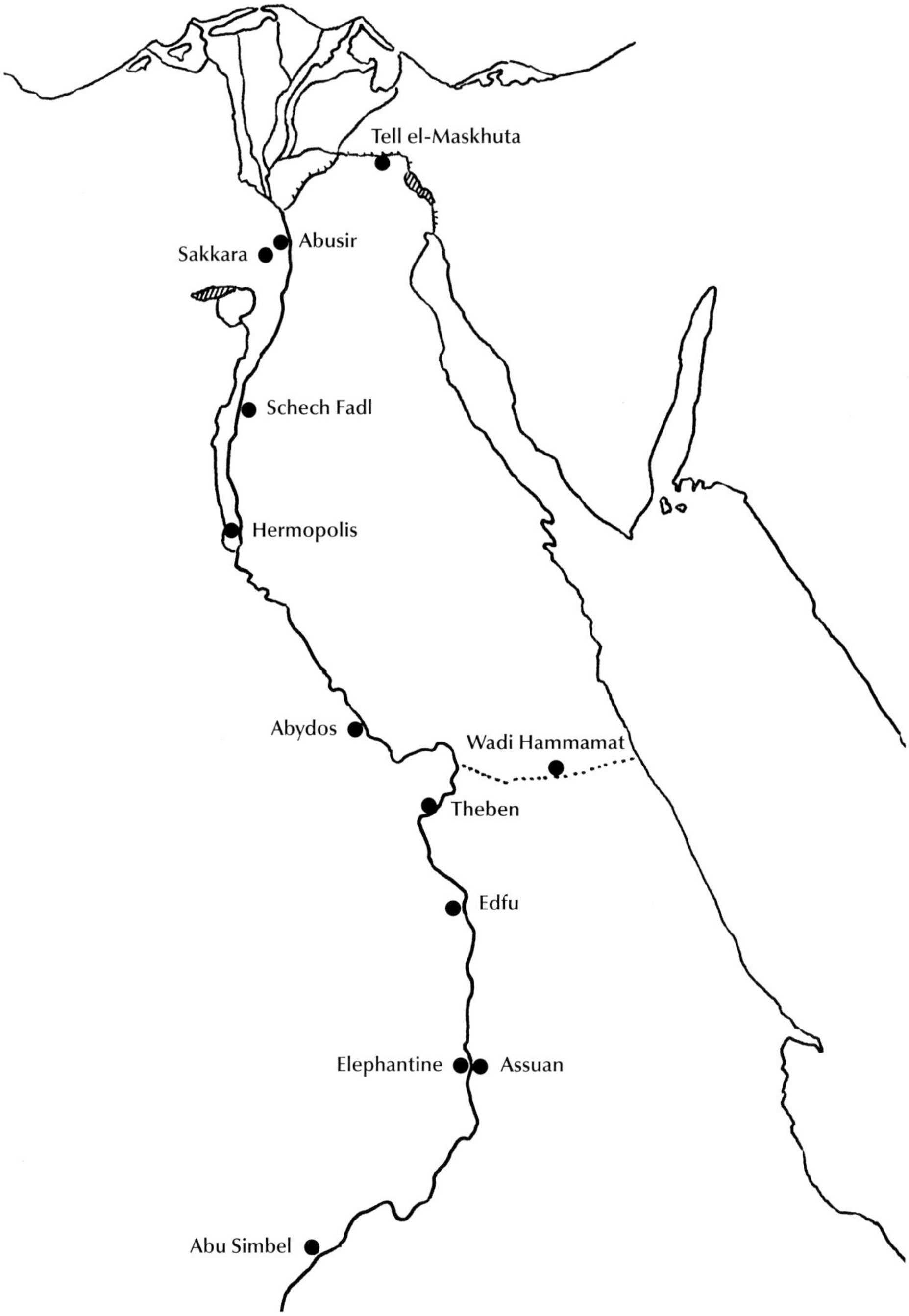

Abb. 42 Fundplätze phönikischer und aramäischer Texte in Ägypten.

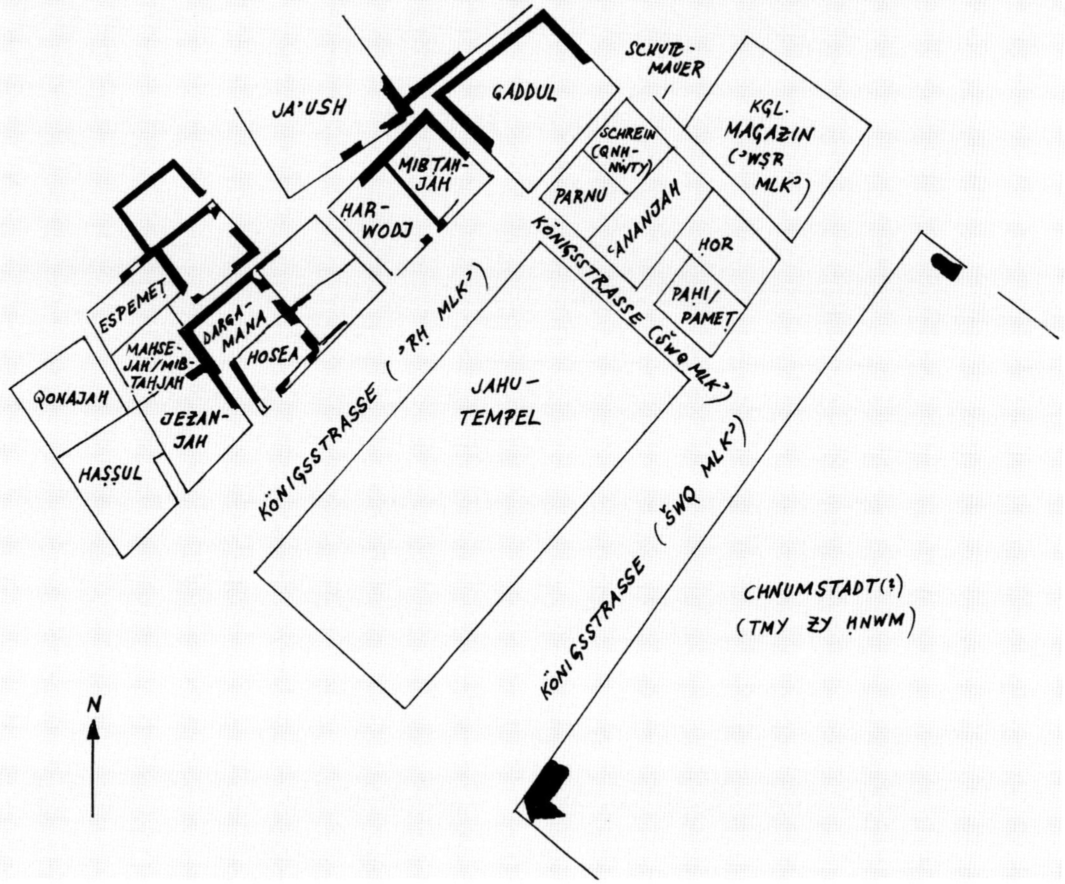

Abb. 43 Das jüdisch-aramäische Viertel von Elephantine.

derer Teile des Perserreichs vorzugsweise in Syene anzutreffen waren. Diese Soldaten lebten aber nicht allein, sondern zusammen mit ihren Familien und zivilen und geistlichen Personen gleichsam in einer Kolonie. In der Perserzeit erhielten manche dieser Soldaten zum Lohn für ihre Dienste Land zugewiesen. Der heutige Besucher von Elephantine kann die von archäologischer Forschung freigelegten Grundmauern ihrer in den Urkunden erwähnten Häuser erkennen; zum Teil sind sogar ähnlich wie in Deir el-Medineh konkrete Zuordnungen möglich.[4] *Taf. 9a* *Abb. 43*

Garnisonskommandant war der *rab ḥaylā* ("Großer des Heeres"), der in Syene residierte. Am Ende des 5. Jahrhunderts war das der berüchtigte Vidranga, von dem später die Rede sein wird. Die Garnison war in Kompanien gegliedert,[5] die unter dem Oberbefehl eines Kommandanten standen, nach dem sie benannt waren. Bei diesen Kommandanten handelte es sich um Iraner und Mesopotamier; Juden, Syrer und Ägypter waren von diesen hohen Posten, die anscheinend vererbt werden konnten, in der Regel ausgeschlossen.

Der älteste, aus inneren Kriterien auf das Ende des 7. Jahrhunderts datierbare aramäische Text aus Ägypten ist jener in Sakkara gefundene Brief des Königs Adon von Ekron an den Pharao, nach wie vor das früheste Denkmal des Reichsaramäischen (A1.1).[6] Das entscheidende Merkmal dieses Dokuments ist, daß es wie die sog. „Driver Letters" (s. u.) aus dem Ausland nach Ägypten überbracht wurde: die anderen sind ja nahezu sämtlich in Ägypten selbst geschrieben.

Der nächstjüngere Text ist der sog. Papyrus Bauer-Meissner, ein Pachtvertrag aus Korobis im Oxyrhynchites aus dem Jahr 7 Dareios' I. (515; B1.1). Die Kontrahenten sind weder Juden noch Aramäer, sondern – wie es scheint – ein Siedler aus Philistäa (Padi Sohn des Daga[n]melech) und ein Ägypter.

Man hat sich seit Entdeckung und Publikation der ersten Textfunde aus Elephantine Ende des 19. und Anfang des 20. Jahrhunderts immer wieder gefragt, wann die jüdisch-aramäische Militärkolonie von Elephantine gegründet wurde. Ein Indiz dafür, daß sie nicht erst von den Persern eingerichtet wurde, findet sich in der berühmten Petition der Juden von Elephantine an Bagoas, den persischen Gouverneur von Juda (A4.7 / *B19*):[7] darin wird Beschwerde darüber geführt, daß drei Jahre zuvor, im Jahr 410, die örtlichen persischen Behörden mit ägyptischer Unterstützung den Tempel des Jahu (Jahwe) niedergerissen hätten, obwohl dergleichen nie zuvor geschehen wäre. Kambyses habe den Tempel bereits fertiggebaut vorgefunden, und im Unterschied zu den Tempeln der Götter Ägyptens sei dem jüdischen Heiligtum damals kein Schaden zugefügt worden.

Abb. 44

Trifft diese Angabe hinsichtlich des Alters des Jahu-Tempels zu, muß die Kolonie bereits vorher existiert haben. In der Tat wird schon von Jesaja die Präsenz von Juden in Ägypten, Patrōs und Kusch erwähnt, und Jeremias spricht um 580 genauer von Migdol, Taḥpanḥēs (Daphnai), Noph (Memphis) und Patrōs.[8] Die Angabe kann nicht von ungefähr kommen, denn in allen Fällen handelt es sich um Garnisonsstädte. Gelegenheiten für die Zuwanderung von Juden und Aramäern gab es genug; so kann man beispielsweise voraussetzen, daß jüdische Anhänger des um Hilfe angegangenen Apries vor Nebukadnezar nach Ägypten flohen (um 589). Bereits vorher, in den Jahren nach der Niederlage des Josia von Juda, können Juden nach Ägypten gekommen sein. König Jojakim verdankte ja seinen Thron dem Necho, und der Prophet Urijahu ging damals nach Memphis ins Exil.[9]

Von Interesse ist die schon im Libyer-Kapitel zitierte Nachricht Herodots (II 30), daß die zu seiner Zeit – also um die Mitte des 5. Jahrhunderts – von den Persern unterhaltenen Grenzfestungen in Elephantine, Daphnai und Marea bereits von „König Psammetichos" eingerichtet worden waren.

Des weiteren verfügen wir über die Nachricht des in der zweiten Hälfte des zweiten Jahrhunderts verfaßten Aristeas-Briefes, daß eine große Zahl von Juden den Psammetich gegen die Äthiopen unterstützte. Tatsächlich führte Psammetich II. 593 einen Feldzug nach Kusch, allerdings sind unter den zahlreichen Graffiti von Abu Simbel, die durchziehende Truppen hinterließen (griechische, karische, phönikische), keine hebräischen bzw. aramäischen. Man hat deshalb gemeint, daß dieser negative Befund gegen eine Präsenz von Juden/Aramäern in Elephantine spricht. Modrzejewski[10] hat kürzlich den ingeniösen Vorschlag gemacht, den Psammetich des Aristeas-Briefes nicht mit einem König zu identifizieren – er wird dort auch gar nicht als solcher bezeichnet –, sondern mit Psammetichos, Sohn des Theokles, einem in dem berühmten griechischen Graffito von Abu Simbel genannten griechischen General *Abb. 100* bzw. Flottenkommandanten.[11] Juden könnten also bereits damals an militärischen Vorhaben der Ägypter beteiligt gewesen sein, indem sie von Elephantine aus, das in besagtem Graffito als Standquartier des Königs Psammetich erscheint, nach Süden fuhren. Das Fehlen eindeutig jüdisch-aramäischer Graffiti ist allerdings bedenklich, obwohl einzukalkulieren ist, daß ja nur ein Bruchteil von Personen – und am wenigsten gewiß der einfache Soldat – schriftkundig war.

Wie dem im einzelnen auch sei; daß die aramäischen Textfunde erst gegen Ende des 6. Jahrhunderts einsetzen, macht ein zu hohes Alter der jüdischen Siedlung in Elephantine wie anderswo unwahrscheinlich.

Bemerkenswert ist, daß die jüdischen Kolonisten in Elephantine wie in den anderen Teilen des Lande durchgehend aramäisch und nie hebräisch schrieben: in privater Korrespondenz hätte ja durchaus das Hebräische verwendet werden können, wenn die Schreiber dies gewollt hätten. Offenbar hatten sie aber trotz des Bemühens, die kulturelle und kultische Eigenständigkeit zu wahren, das Hebräische (infolge des Kontakts mit früher eingewanderten Aramäern?) bereits längst aufgegeben.

Einen Überblick über die aramäischen Texte aus Ägypten zu gewinnen, ist auch für den Ägyptologen dank einiger wichtiger neuerer Publikationen ohne allzu großen Aufwand möglich. Eine kommentierte Sammlung der meisten Texte in französischer Übersetzung hatte Grelot[12] herausgegeben. Bezalel Porten, der beste Kenner der Materie, arbeitet seit Jahren an einem Corpus sämtlicher Dokumente: Die vier großen Bände des *Textbook of Aramaic Documents from Ancient Egypt* sind zwischen 1986 und 1999 erschienen; sie enthalten I. Briefe, II. Verträge, III. Literarische Texte, Abrechnungen, Listen, IV. Ostraka und Inschriften. Alle Texte sind in genauen, soweit wie möglich kollationierten Facsimiles, Transkription in hebräischer Quadratschrift und englischer (sowie neuhebräischer) Übersetzung gegeben. Die Kommentare sind allerdings sehr knapp gehalten; wer sich speziell über das reiche Material aus Elephantine informieren will und mit den Transkriptionen ohnedies nicht viel anfangen kann, wird darum lieber zu Portens neuester Übersetzung in dem von ihm herausgegebenen Sammelband *The Elephantine Papyri in English* (Leiden 1996) greifen, wo die Kommentare wesentlich ausführlicher gehalten sind.

Sehen wir uns also zunächst das reiche Material an aramäischen Papyri an! Dabei werden gelegentliche Wiederholungen und Überschneidungen mit dem, was in anderen Kapiteln gesagt wird, nicht zu umgehen sein.

Zunächst die Briefe.[13] Ein Unikum in jeder Hinsicht ist das auf S. 39 besprochene Bittgesuch des Königs Adon von Ekron an den Pharao aus dem Ende des 7. Jahrhunderts (A1.1). – Eine zusammengehörige Gruppe von acht Briefen wurde 1945 in einer Ibis-Galerie in Tuna el-Gebel / Hermopolis – und zwar wie die demotischen Philadelphia- und Deir el-Medineh-Papyri, in einem Krug – entdeckt (A2.1–7 / *B1–7*; *D1.1*) und nach rund zwanzig Jahren erstmals von Edda Bresciani publiziert.[14] Merkwürdig ist folgendes: Die Briefe wurden in Memphis geschrieben und waren für Adressaten in Luxor und Assuan bestimmt. Aus unbekannten Gründen haben sie ihre Empfänger aber nicht erreicht. Die Papyrusrollen waren vor ihrer Entdeckung nie geöffnet worden; die Siegel waren unversehrt. Ob den Überbringer ein Unglück ereilt hat? Wir werden es nie erfahren. Zu bedenken ist in diesem Zusammenhang, daß es noch kein organisiertes Postwesen gab. Man gab Briefe und Wertartikel einer vertrauenswürdigen Person mit, die in die betreffenden Gebiete unterwegs war. Daß es trotz der auffallend hohen Mobilität von Juden und Aramäern in allen Landesteilen nicht immer einfach war, solche zuverlässigen Leute zu finden, sagen die Schreiber mehr oder weniger deutlich manchmal selbst.[15]

Absender der meisten Briefe sind ein gewisser Makkibanit[16] und sein Halbbruder (?) Nabuschezib / Nabuscha, in Memphis stationierte aramäische Soldaten mit babylonischen Namen. Die Angehörigen der Familie, der die Briefe zugedacht waren, lebten, wie gesagt, in Luxor und vor allem in Syene. Eine große Rolle spielt die Besorgung verschiedener nützlicher Dinge wie Baumwollgewänder oder Rhizinus- und Olivenöl. Rizinusöl[17] erscheint regelmäßig in den Mitgiftlisten der aramäischen Eheverträge, während das Olivenöl wahrscheinlich importiert war: Olivenbäume waren im alten Ägypten selten. Bisweilen geht es um Verzögerungen in der Auszahlung des monatlichen Soldes. Auch allgemein menschliche, wenig kulturspezifische Anliegen kommen natürlich zur Sprache. Da beklagt sich einmal Nabuscha bei seinen Schwestern darüber, daß sich niemand nach seinem Wohlergehen erkundigt habe, als er nach einem Schlangenbiß mehr tot als lebendig gewesen sei (A2.5 / *B5*).

Bei der Anziehungskraft, die ägyptische Bräuche auf Fremde ausübten, überrascht es nicht, daß in der Grußformel regelmäßig der Gott Ptah von Memphis erscheint: „Ich habe dich bei Ptah gesegnet, daß er mich dein Gesicht in Gesundheit sehen lasse". Die Adressaten in Syene sind mit den Tempeln verschiedener vorderorientalischer Gottheiten verbunden; im einzelnen werden genannt die Tempel des Nabu, der Banit, des Betel und schließlich der Tempel der „Königin des Himmels" (Anath oder Astarte). Diese Heiligtümer müssen sich in Syene befunden haben, es hat sich aber keine Spur davon erhalten.

Ähnliche Themen wie in den Hermopolis-Briefen durchziehen natürlich auch andere Schriftstücke dieser Art. In P. Padua 1 (A3.3 /*B8*) schreibt ein jüdischer Vater seinem Sohn: „Grüße an den Tempel des Jahu in Elephantine. An meinen Sohn Shelomam von deinem 'Bruder' Oshea (daß der Vater sich dem Sohn gegenüber als Bruder bezeichnet, ist durch die Konventionen des Briefstils bedingt; merkwürdig ist es trotzdem und darum wohl auch ein Einzelfall). Seit dem Tage, da du auf jenem Wege gingest, ist mein Herz nicht gut (d.h. geht es mir nicht gut), deine Mutter ebenfalls (...). Nun, seit dem Tage, da ihr aus (Unter)ägypten fortgingt, wurde der Sold [dir/uns] nicht ausbezahlt. [Und als] wir wegen eures Soldes vor den Regierungsbeamten hier in Migdol klagten, wurde uns gesagt: 'Darüber [klagt vor] den Schreibern (Buchhaltern), und es wird euch gegeben werden.'" Der Schreiber fährt fort: „Wenn ihr nach (Unter)ägypten zurückkehrt, werdet ihr euren zurückbehaltenen Sold wieder vollständig bekommen." Eigentümlich scheint der Gebrauch von „Ägypten" speziell für Unterägypten, doch steht dies in Einklang mit dem biblischen und assyrischen Usus.[18] Die Garnisonsstadt Migdol lag ebenso wie Memphis, wo sich der Adressat des Briefes ebenfalls dienstlich (?) aufgehalten hatte, in „Ägypten", während das ferne Elephantine zum „Südland" Patrōs gehörte. Der restriktive Gebrauch von *Miṣrajim* für nur einen Teil des Landes kann gut mit *Maṣr* in der Bedeutung „Kairo" im Ägyptisch-Arabischen verglichen werden.

Daß in all diesen Privatbriefen die Sorge um Freunde und Verwandte breiten Raum einnimmt, bedarf wohl keiner Erläuterungen.

Das jüngste datierte Schriftdokument aus Elephantine, ein ins Jahr 399 datierbarer, leider wiederum recht fragmentarisch erhaltener Brief in Brooklyn (A3.9), nimmt auf den Wechsel von der 28. zur 29. Dynastie Bezug, indem es die Könige Amyrtaios und Nepherites nennt und uns anscheinend auch den Monat der Thronbesteigung des letzteren enthüllt (Epiph). „Sie bringen (nach) Memphis den König Amyrtai[os]" heißt es dort – unklar, ob zur Hinrichtung oder zur Beisetzung.[19]

Die Briefe machen mit ihrer bunten Vielfalt an Namen in verschiedenen Sprachen nicht selten einen recht internationalen Eindruck. Das gilt natürlich erst recht für die Verträge, die wir uns noch genauer ansehen werden. Dabei muß man allerdings im Auge behalten, daß nicht jede Person mit ägyptischem Namen wirklich ein Ägypter ist: die ansässigen Aramäer – nicht die Juden – wählten nicht selten ägyptische Namen für ihre Kinder, und man hat natürlich auch mit Mischehen zu rechnen – letzteres auch bei Juden. Wenn aber um 400 ein gewisser Spentadata, ein Bootsbesitzer, seinen „Brüdern" Hori und PṬMḤW[20] schreibt „Ich habe ein Boot in eurer Hand", so wird man in der Annahme, daß hier ein Perser zu Ägyptern spricht, nicht fehlgehen (A3.10 / *B12*). Ägypter kann man sich aus naheliegenden Gründen besser als Nilschiffer (und Bootspächter?) vorstellen als die Aramäer.[21]

Eine herausragende Gruppe für sich repräsentiert das *Gemeindearchiv des Jedanjah*, eines der Leiter der jüdischen Gemeinde von Elephantine in den letzten beiden Jahrzehnten des 5. Jahrhunderts. Es besteht aus neun Briefen und einem Memorandum (A4.1–10 / *B13–22*). Das früheste, ins Jahr 410 zu datierende Dokument, der sog. „passover letter" (A4.1 / *B13*), betrifft das Passah-Fest und das Fest der ungesäuerten Brote. Offenbar waren Störungen dieser jüdischen Bräuche von seiten der Ägypter vorausgegangen, so daß eine Bestätigung der traditionellen Vorschriften durch den Perserkönig erforderlich war. Die Bestimmungen des entweder im Auftrag der persischen Regierung oder der jüdischen Behörden in Jerusalem von einem gewissen Hananjah an Jedanjah und seine Leute adressierten Schreibens sind infolge des schlechten Erhaltungszustandes nicht durchgehend klar; bisweilen sind Ergänzungen auf Grund des Alten Testaments nötig. Es geht hier um bestimmte strikte Reinheitsgebote.

Auch Handschriften, die leidlich gut erhalten sind, können mancherlei Rätsel aufgeben. In A4.3 /*B15* berichtet Maʿuzijah, ein weiterer unter den Führern der jüdischen Gemeinde von Elephantine, seinen Kollegen, wie er vom Garnisonskommandanten Vidranga in Abydos wegen eines Edelsteines, den man als Diebesbeute in der Hand von Kaufleuten gefunden hatte, festgenommen worden war. Durch die Intervention zweier Diener eines gewissen ʿAnani sei er aber wieder freigelassen worden. Die beiden Männer mit den ägyptischen Namen Djedher und Hor[22] seien nun unterwegs zu den Adressaten (also Jedanjah und Kollegen), und diese sollten sich ihnen entgegenkommend erweisen.

Worin liegt nun aber der Zusammenhang mit dem wenig später folgenden Satz „Es ist euch bekannt, daß Chnum gegen uns ist, seit Hananjah in Ägypten ist, bis jetzt"? Dieser Hananjah wird in der Forschung mit dem Schreiber des „passover letter" identifiziert, der demnach also wirklich nach Ägypten gekommen wäre und den Brief sozusagen persönlich abgegeben hätte. Offensichtlich sorgte sein Erscheinen bei der ägyptischen Chnumpriesterschaft, die sich schwer damit tat, die kultischen Praktiken Andersgläubiger zu akzeptieren, für Aufregung. Die Animositäten führten in gerader Linie zur Zerstörung des Jahu-Tempels, wie wir bald sehen werden.

Vor diesem Hintergrund fragt man sich nach der Identität der beiden genannten Helfer Djedher und Hor. Waren es – wie man es den Namen nach glauben möchte – Ägypter? Anscheinend sollten die beiden hofiert werden, um die angespannten Beziehungen nicht noch mehr zu belasten, und schließlich hatten sie sich (wahrscheinlich gegen ein saftiges Bakschisch) als Wohltäter erwiesen. Jener 'Anani, in dessen Dienst die beiden tätig waren, ist nämlich höchstwahrscheinlich mit niemand anderem als einem hohen Beamten der Zentralverwaltung in Memphis zu identifizieren: dem „Kanzler" 'Anani aus dem aramäischen Bootsreparaturpapyrus (A6.2 / *B11*), gewissermaßen der rechten Hand des Satrapen. Das Amt dieses Kanzlers[23] wurde, soviel wir wissen, auch in der Perserzeit normalerweise nicht von einem Perser, sondern einem Ägypter ausgeübt. Es verdient Beachtung, daß es in diesem Falle offenbar ein Aramäer bzw. Jude ist. Daß dessen Handlanger dann Ägypter waren, ist nicht weiter bemerkenswert. Es gibt übrigens gute Gründe für die Annahme, daß auch jener Hananjah, der mit seinem „passover letter" in Elephantine für Aufruhr in der örtlichen Chnumpriesterschaft sorgte, zum engeren Mitarbeiterstab des Kanzlers 'Anani gehörte!

A4.4 / *B16* vom Ende des 5. Jahrhunderts nennt die Namen von fünf jüdischen Männern und sechs Frauen, die „am Tor in Theben gefunden und gefangengenommen wurden." Bei den Männern handelt es sich um führende Persönlichkeiten der jüdischen Gemeinde von Elephantine – dazu gehörte auch unser Jedanjah –, denen verschiedene Delikte angelastet wurden. Das Verständnis des Textes ist hier nicht recht klar; wenn diese Vorwürfe zutreffen, handelt es sich wohl um Ausschreitungen gegen Ägypter bzw. überhaupt Nichtjuden. Was es mit dem „Tor in Theben" auf sich hat, ist ebenfalls undeutlich. Eine unmittelbar dem Tempel angeschlossene Gerichtsstätte kommt für Fremde wie die Juden kaum in Betracht.[24]

Bei einem anderen Brief des Archivs (A4.2 / *B14*) wird das Verständnis dadurch beeinträchtigt, daß die linke Hälfte fehlt. Soviel ist aber klar: Jedanjah wird von einem unbekannten Getreuen benachrichtigt, daß die Ägypter den Satrapen Arsames in Memphis – auf Kosten der Juden, versteht sich – bestochen hätten und „diebisch handeln". Da bleibt nichts übrig als eine Gegenbestechung mit Honig, Rizinusöl, Stricken und Lederhäuten. Ägyptisches Leder war in der alten Welt sehr begehrt, und Honig wie Rizinusöl erscheinen neben anderen Dingen auch in einem demotischen Papyrus als Bestandteile priesterlicher Einkünfte.[25]

Abb. 44 Der „Bagoas-Brief" vom Jahr 407, eine Petition der Leiter der jüdischen Gemeinde von Elephantine an den persischen Statthalter von Judah – sicher das berühmteste und bekannteste aramäische Schriftzeugnis aus Elephantine.

Wir erwähnten schon die wachsenden Spannungen zwischen Juden und Ägyptern in Elephantine am Ende des 5. Jahrhunderts. Ebenfalls zum Jedanjah-Gemeindearchiv gehören nun die bekanntesten und berühmtesten ägyptisch-aramäischen Dokumente überhaupt, nämlich die verschiedenen Fassungen und Entwürfe zu der Petition an den Statthalter von Jerusalem *Bagoas* (Bagavahya) bezüglich des Wiederaufbaus des Jahu-Tempels,[26] sowie die Reaktion darauf. In der ins Jahr 407 datierten Petition (A4.7–8 / *B19–20*)[27] wird ausführlich geschildert, wie die Priester des *Abb. 44* Gottes Chnum (ḤNWB) mit dem Garnisonskommandanten Vidranga drei Jahre zuvor die Zerstörung des Tempels des Jahu vereinbart hätten, was auch geschah. Der Sohn des Vidranga, „Nafaina, führte die Ägypter mitsamt den anderen Truppen. Sie kamen zu der Festung Yeb mit ihren Waffen, stiegen in jenen Tempel hinauf, machten ihn dem Erdboden gleich und zerbrachen die steinernen Säulen, die dort waren." Was aus Stein war, wurde demoliert, was aus Holz war, wurde verbrannt, „aber die goldenen und silbernen Gefäße und was alles in jenem Tempel war, das alles haben sie genommen und sich angeeignet." Es folgt die schon erwähnte Passage, daß das Heiligtum des Jahu selbst zur Zeit des Kambyses im Unterschied zu den Tempeln der ägyptischen Götter unangetastet geblieben sei. Zwar blieb die göttliche Rache nicht aus, indem es mit dem verruchten Vidranga und allen, die dem Tempel des Jahu übelwollten, ein schlimmes Ende nahm, aber der Tempel selbst konnte nicht wieder aufgebaut werden, da ein entsprechendes Schreiben an die Behörden in Jerusalem nicht beantwortet worden war. Mit dem Hinweis darauf, daß seit jenem Unheilstag getrauert und gefastet wird und im Tempel keine Opfer mehr dargebracht werden, wird Bagoas gebeten, sich bei seinen „Freunden" in Ägypten dafür einzusetzen, daß die Wiederherstellung des Tempels genehmigt wird. Ein Brief gleichen Inhalts geht auch nach Samaria; anscheinend war den Schreibern die Existenz von Differenzen zwischen Jerusalem und Samaria nicht bewußt, oder sie setzten sich darüber nonchalant hinweg.

Wir müssen uns hier darüber im klaren sein, daß die Adressaten natürlich kein Bestimmungsrecht über den persischen Satrapen Arsames hatten. Es konnte lediglich darum gehen, daß sie ihren Einfluß geltend machten und darüber hinaus die Juden in Elephantine sozusagen moralisch stärkten. Insofern ist der Ausdruck „Petition" nicht ganz zutreffend, genauer ist etwa „Ersuchen um Empfehlungsschreiben." Es ist also unzutreffend, wenn es in der sehr lesenswerten Darstellung von H. Donner, *Geschichte des Volkes Israel und seiner Nachbarn in Grundzügen*, Göttingen 1995, II 434 heißt, daß man „die Erlaubnis zur Ausübung des Jahwekultes außerhalb Jerusalem erteilte, wozu der Satrap von Ägypten offenbar nicht ausreichte und wohl auch nicht in der Lage war." In der Lage dazu war er durchaus, aber er wünschte offenbar ein „Gutachten". Daß sich die Fronten zwischen Juden und Ägyptern so verhärtet hatten und die Lage dermaßen eskalieren konnte, wurde zweifellos durch den Umstand begünstigt, daß der Satrap Arsames gerade um diese Zeit – nämlich in den Jahren zwischen 410 und 407 – außer Landes weilte.

Noch etwas anderes ist beachtenswert: Der Umstand, daß überhaupt ein Tempel des Jahu – was natürlich mit dem biblischen Jahwe zu verbinden ist – gebaut werden sollte, ist unorthodox, denn nach offizieller jüdischer Theologie gab es nur *einen* Tempel des Jahwe, nämlich in Jerusalem. Dieser war 586 von Nebukadnezar II. in Schutt und Asche gelegt worden. Kyros, Babylons Bezwinger, genehmigte später den Neubau; die Arbeiten an diesem sog. Zweiten Tempel wurden aber erst unter Dareios I. zwischen 520 und 515 durchgeführt. Daß für Juden in der Diaspora Sonderregelungen gegolten haben mögen, ist verständlich, genauso verständlich aber auch, daß der ursprünglich in dieser Angelegenheit angegangene Hohepriester von Jerusalem Jehohanan[28] nicht reagierte. Freilich kümmerten sich die Juden von Elephantine ohnehin wenig um die auf Zentralisierung und Abschaffung des ganzen heidnischen „Beiwerks" zielende Kultreform des Josia. Zu der Zeit, aus der die aramäischen Dokumente von Elephantine stammen, wäre eine Rückwanderung längst möglich gewesen, aber nach mehreren Generationen Aufenthalt in der Fremde unter spezifischen Lebens- und Glaubensverhältnissen war das Verlangen hiernach bei manchem zurückgegangen.

Wie man schon daraus ersieht, daß die aramäische „Petition" in Elephantine gefunden wurde, handelt es sich um einen Entwurf. Es ist sogar noch ein zweiter entdeckt worden, der gewisse Fehler des ersten verbessert, damit aber keinesfalls völlig textgleich ist. Die nach Jerusalem und Samaria gesandten Originalschreiben sind nie ans Licht gekommen, in Elephantine entdeckte man aber ein sog. „Memorandum" (*dokrān*, A4.9 / *B21*) mit dem von Bagoas und Delajah gemeinsam diktierten Beschluß: „Es ist an dir (Jedanjah?), in Ägypten vor Arsames über das Altarhaus des Gottes des Himmels, welches früher vor Kambyses gebaut worden war und welches der böse Vidranga im Jahr 14 des Königs Dareios (508) zerstört hatte, zu reden, um ihn (wiederaufzu)bauen an seinem Platz, wie er früher war, und das Speiseopfer und das Räucheropfer sollen sie darbringen auf jenem Altar, wie es früher getan worden war." Daraus geht hervor, daß die besagten Originalschreiben ihren Adressaten tatsächlich erreicht hatten.

Ein Detail am Rande: Von den Brandopfern, die die Juden in ihrem Schreiben – zumindest den beiden vorliegenden Entwürfen – erwähnt hatten, ist nicht die Rede: offenbar sollte wenigstens die Durchführung von Tieropfern dem Zentraltempel in Jerusalem vorbehalten bleiben.

Daß auch ein hoher Herr wie der Satrap Arsames Bestechungen nicht unzugänglich war, wissen wir schon. Wohl im Anschluß an die Empfehlung von seiten der Behörden in Jerusalem und Samaria schrieben die Gemeindeführer an „unseren Herrn" – gemeint ist zweifellos Arsames – und sagten ihm unter anderem eine Sonderzahlung von 1000 Artaben Gerste zu (A4.10 / *B22*). Das entspricht der Monatsration für ca. 540 Mann.

Wurde denn nun der zerstörte Tempel des Jahu wirklich neu aufgebaut? Daß dem so ist, möchte man einer Ortsangabe in einer Hausverkaufsurkunde aus dem Jahr 402 – also acht Jahre nach der Zerstörung – entnehmen (B3.12 / *B45*, Z. 18–19). Als westlicher Grenznachbar des Hauses wird hier der Tempel des Jahu und – unmittelbar zwischen dem Haus und dem Tempel – die „Straße des Königs" (die Hauptstraße) angegeben. Archäologisch war der Standort des Tempels bisher nicht nachzuweisen, erst in jüngster Zeit ist es gelungen, seine genauere Lage zu bestimmen und ihm Reste eines Ziegelpflasters zuzuweisen.[29] Es steht nunmehr fest, *Taf. 9b*
daß der zerstörte Tempel tatsächlich neugebaut wurde.

Wer die Kosten des Unternehmens trug, verraten die Quellen nicht; die persische Regierung – anders als beim Neubau des großen Tempels von Jerusalems – wohl kaum. Wahrscheinlich mußte der Neubau aus Mitteln der jüdischen Gemeinde finanziert werden.

Soviel zum „Gemeindearchiv des Jedanjah" und den wichtigsten Fragen, die die betreffenden Dokumente aufwerfen. Es gibt selbstverständlich eine ganze Reihe von Briefen geschäftlichen und administrativen Inhalts.

Ein ins Jahr 427 zu datierender Brief eines Beamtenkollegiums bezüglich eines nicht näher definierten „Anteils" ist an den Satrapen Arsames gerichtet (A6.1 / *B10*). Der Fundort Elephantine überrascht. Wurde das Schreiben zurückbehalten, dem Satrapen anläßlich eines Besuchs in Elephantine überreicht, oder handelt es sich wieder einmal um einen Entwurf oder eine Kopie? Trotz seines beklagenswerten Erhaltungszustandes illustriert der Papyrus schön den gleichermaßen in aramäischen wie in zeitgenössischen demotischen Briefen bezeugten Brauch, auf vorangehende Anweisungen und dergleichen durch wörtliche in-extenso-Zitate Bezug zu nehmen. Und selbst ein so schlecht erhaltenes Dokument wie dieses kann für das Studium der Verwaltung sowie die Nebenüberlieferung ägyptischer Namen und Begriffe von Interesse sein. Der Text erwähnt nämlich die Schreiber der Provinz von PMWNPR', also offensichtlich *Pmounpre (**Pꜣ-mw-n-pꜣ-rꜥ*) „Das Wasser des Re", der tanitische Nilarm, der die Garnisonsstadt Taḥpanḥēs / Daphnai einschließt, als Verwaltungseinheit.

Ein ungewöhnliches Schriftstück ist der ins Jahr 411 – also kurz vor die Zerstörung des Jahu-Tempels – datierte Brief des Satrapen Arsames bezüglich der Reparatur eines großen Zeremonialbootes auf Staatskosten (A6.2 / *B11*). Der Inhalt wird passenderweise im Kapitel über die Karer referiert; hier genügt es darauf hinzuweisen, daß der Papyrus eine sehr beachtliche Anzahl nautischer termini technici enthält, die zu einem guten Teil Transliterationen originaler ägyptischer Ausdrücke sind. Das Dokument ist eine wertvolle, infolge der oft unklaren Terminologie aber nicht ganz einfach auszuschöpfende Quelle für die Kenntnis des Schiffsbaus.

Eine relativ umfangreiche Gruppe – 13 Handschriften sind vollständig erhalten, dazu kommen mehrere unbedeutende Fragmente – stellen schließlich die Briefe des *Arsames* und seiner Vertrauter an seine Gutsverwalter in Ägypten dar (A6.1–16).[30] Abgefaßt wurden die meisten (A6.3–16) in der Zeit zwischen 410 und 407, als sich Arsames fern von seiner Satrapie am Hofe des Perserkönigs aufhielt. Der Fundort dieser nach dem Erstherausgeber[31] gern so bezeichneten „Driver letters", die übrigens nicht auf Papyrus, sondern auf Leder geschrieben sind und gesammelt in einer Ledertasche aufbewahrt worden waren, ist nicht bekannt, wahrscheinlich lag er im Gebiet von Memphis. Bei der Ledertasche handelte es sich höchstwahrscheinlich um den Diplomatenkoffer des Nechthor, von dem wir bald hören werden. Die Dokumente betreffen keine offiziellen Angelegenheiten, sondern die Verwaltung des Landbesitzes des Satrapen in Unterägypten und damit in irgendeiner Form zusammenhängende Fragen. Arsames, der sein Amt rund ein halbes Jahrhundert lang ausübte, war ein vermögender Mann, der Ländereien nicht nur in Ägypten, sondern auch in Assyrien, Babylonien und Syrien besaß. Die religiöse Welt der Juden von Elephantine spielt hier, wie sich denken läßt, keine Rolle. Es fehlt indessen nicht an kulturgeschichtlich aufschlußreichen Einzelheiten sowie historisch bedeutsamen Anspielungen.

Die Briefe sind allesamt nicht datiert; eine relative Chronologie ist aber oft auf Grund innerer Kriterien möglich. Der früheste ist Nr. 2 (A6.4): Psammetich, Sohn des Anchhapi, soll absofort als neuer Vermögensverwalter der ägyptischen Besitzungen des Arsames die bisher seinem Vater zustehende Gratifikation ausbezahlt erhalten. Arsames bestätigt hiermit eine diesbezügliche Reklamation des Psammetich – offenbar war diesem die Zahlung von den örtlichen persischen Behören verweigert worden. Ägyptische Texte hätten den Titel dieses Vermögensverwalters wohl als „(Großer) Haus- (= Domänen-, Vermögens-)vorsteher" (*jmj-rꜣ pr* (*wr*)) angegeben; im Aramäischen steht hierfür einfach allgemein *pᵉqīd* „Beamter".

In der Folge machten sich acht ägyptische Sklaven von Psammetichs Vater

Anchhapi samt unspezifizierter Habe des Psammetich davon. Anscheinend gelang es ihm aber, sie einzufangen; jedenfalls verfügt der Satrap in Nr. 3 (A6.3), dem Antrag des Psammetich auf Bestrafung der Sklaven stattzugeben. – Dem Vermögensverwalter war eine lokale militärische Einheit weisungsgebunden. Dies entnehmen wir Nr. 4 (A6.8), worin der Satrap auf eine vorgängige Beschwerde des Psammetich über mangelnden Gehorsam des Kommandanten reagiert. Dieser wird nunmehr von Arsames in schroffen Worten abgemahnt. Bemerkenswert ist die aus dem Namen Armapiya „Vom Mond Gegebener" zu erschließende anatolische Herkunft des Kommandanten. In der Tat werden in den Texten auch ausdrücklich Kilikier erwähnt: In Nr. 5 (A6.7) ordnet Arsames an, daß 13 namentlich aufgeführte Kilikier, die auf seinen Gütern beschäftigt waren und sich einem ägyptischen Aufstand angeschlossen hatten, nun – sicher nicht nur aus reiner Nächstenliebe – freigelassen werden und ihre Arbeit wieder aufnehmen sollen.

Überhaupt ist in diesen Briefen wiederholt von Aufständen die Rede. Wir haben darüber keine Nachrichten aus anderen, nichtaramäischen Quellen, aber es ist äußerst naheliegend, daß ein Zusammenhang mit den Wirren besteht, in deren Verlauf der Jahu-Tempel von Elephantine zerstört wurde. In dem eben besprochenen Brief Nr. 5 wird in Z. 7 ein Personenname genannt, der wegen des Zusatzes „der Verfluchte" – mit dem auch der uns schon bestens bekannte Vidranga belegt wurde – wahrscheinlich einen bzw. den Führer der Aufständischen bezeichnet. Natürlich ist, wie das so üblich ist, der Papyrus gerade an dieser Stelle stark beschädigt, so daß die Wiederherstellung des Namens schwierig ist. Es ist von verschiedener Seite vorgeschlagen worden, „Inaros" zu ergänzen,[32] was paläographisch durchaus möglich ist. Eine Identifizierung mit jenem libyschen Dynasten Inaros, der ca. 464 einen Aufstand angezettelt hatte und 454 gekreuzigt wurde, ist allerdings aus chronologischen Gründen ziemlich ausgeschlossen. Unsere Texte müssen ein halbes Jahrhundert jünger sein; eine Rückdatierung ist nicht vertretbar. Aus diesem Grund wird meist im Anschluß an Driver eine Lesung Anu-daru befürwortet.[33] Freilich ergibt sich daraus auch kein besserer Anhaltspunkt für eine Identifizierung jenes Mannes, und so ein Name ist zudem überhaupt nicht belegt. „Inaros" ist hingegen ein außerordentlich beliebter Personenname, den auch ein späterer Rebell getragen haben kann![34]

Lange kann Psammetich, Sohn des Anchhapi, seines Amtes nicht gewaltet haben. Die Hintergründe für sein Verschwinden sind nicht bekannt; in Ungnade gefallen ist er offenbar nicht, weil er dem Nachfolger Nechthor von Arsames persönlich als eifriges Vorbild hingestellt wird. Aus Nr. 6 (A6.9) geht indirekt hervor, daß Nechthor den Satrapen nach Babylon begleitet hat; von dort soll er nun nach nach Ägypten reisen, um dort seinen neuen Posten anzutreten. Wir erinnern uns, daß sich Wenamun seinerzeit in Dor und Byblos nicht ausweisen konnte und darum mancherlei Ungemach zu erdulden hatte.[35] Nechthor war da viel besser dran: der Satrap stattete ihn mit einem Empfehlungsschreiben aus, das ihn bei den zuständigen Beamten der verschiedenen Provinzen, die er auf seinem weiten Weg zu durchqueren hatte, einführen und zum Empfang von – genau angegebener – Verpflegung für sich, seine zehn Gefolgsleute und die Pferde ermächtigen sollte. Ähnlich wie hundert Jahre früher Udjahorresnet von „Fremdland zu Fremdland"[36] zog, bis er endlich in Ägypten ankam, so heißt es nun: „Gebt ihnen diese Rationen, jeder Beamter der Reihe nach, entlang der Route von Provinz zu Provinz, bis er Ägypten erreicht." Um ein ungebührliches Ausnutzen dieser Privilegien zu verhindern und einem Ausdehnen der Reisedauer schon im vorhinein entgegenzusteuern, heißt es im Anschluß daran: „Wenn er an irgendeinem Ort mehr als einen Tag bleibt, gebt ihnen für diese (zusätzlichen) Tage keine Extraration!"

Offenbar gab es mit dem neuen Vermögensverwalter einigen Ärger: In Nr. 7 (A6.10) erinnert Arsames den Nechthor daran, daß dessen Vorgänger Psammetich zur Zeit, „als die Ägypter rebellierten" – also abermals ein Hinweis auf die Unruhen –, die Ländereien des Satrapen in Ägypten samt zugehörigem Personalstab vor Verlusten bewahrt und sogar noch vergrößert habe. Auch von den anderen Vermögensverwaltern von Unterägyptern habe er Entsprechendes vernommen (woraus wir schließen müssen, daß dem Nechthor nur eine von mehreren Domänen anvertraut war), „aber ihr handelt nicht so". Unter Hinweis auf eine schon früher erfolgte Mahnung wird dem Nechthor eingeschärft, sich absofort peinlichst genau um diese Angelegenheiten zu kümmern und den Besitz des Arsames zu mehren, widrigenfalls er mit unangenehmen Konsequenzen zu rechnen habe. In den Zeilen dieses Schreibens wird auf eine Praxis, die wir auch aus der traditionellen ägyptischen Gesellschaft kennen,[37] angespielt: Neu einzustellendes Dienstpersonal ("Handwerker aller Arten bzw. auch aller Rassen") muß am Hofe des Satrapen mit einem Brandstempel markiert werden.

Nicht nur der Satrap, auch andere persische Aristokraten zumal aus dem Königshaus besaßen Ländereien in Ägypten. In zwei Briefen des Archivs (Nr. 10/11 = A6.13–14) wird Nechthor aufgefordert, dafür zu sorgen, daß die einem persischen Prinzen (wörtl. „Sohn des Hauses") namens Varuvahya aus seiner Domäne zustehenden Einkünfte endlich nach Babylon – wo sich zur Zeit besagter Prinz und Arsames befinden – zusammen mit den Einkünften des Arsames zugestellt werden (man müßte deutlicher sagen, „transportiert", denn man hat sich hier ja eine schwer beladene, militärisch gesicherte Karawane vorzustellen). Der persönliche Vermögensverwalter des Varuvahya, ein Mann mit dem Namen Aḥatubaste („Schwester ist Bastet") hatte sich anscheinend in der Zeit der Wirren einer übermäßigen Säumigkeit schuldig gemacht, und Nechthor soll nun auf ihn den nötigen Druck ausüben.

Ob da gerade Nechthor der richtige Mann war? Er war ja den Beschwerden des Satrapen und seiner Getreuen nach zu schließen selbst ein recht unbequemer und wenig zuverlässiger Zeitgenosse. In Nr. 12 (A6.15) muß er sich drei Vorwürfe auf einmal anhören: er hat einem persischen Beamten die Herausgabe einer Anzahl kilikischer Männer – offensichtlich Sklaven – verweigert; er hat sich widerrechtlich Wein aus Papremis und Getreide angeeignet, und schließlich hat er nicht einmal davorgeschreckt, das Personal einer hohen persischen Dame zu verprügeln und zu berauben. Man muß sich darüber wundern, daß der Absender des Briefes – diesmal nicht Arsames persönlich, sondern ein Vertrauensmann und anscheinend sogar der Gemahl der erwähnten Dame – nicht schärfer reagiert. Was aber Staunen erregt, ist der Umstand, daß selbstherrliche Handlungen wie die unseres Nechthor trotz der beachtlichen Entfernungen der Obrigkeit keineswegs verborgen blieben.

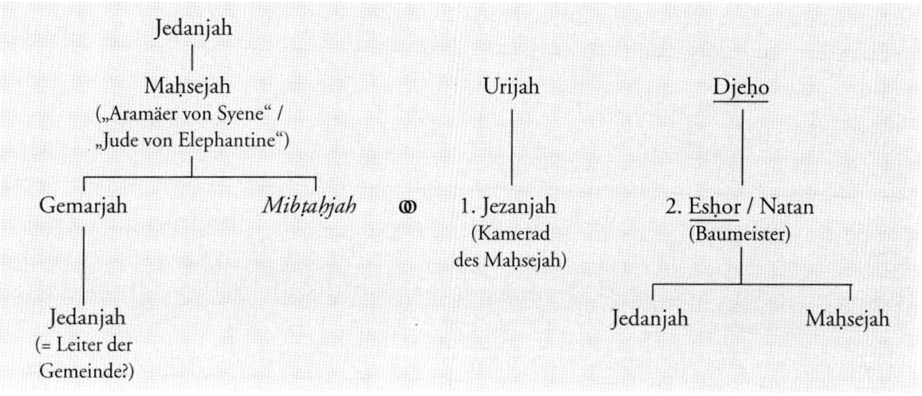

Abb. 45 Stammbaum der Mibtahjah (Frauennamen kursiv; ägyptische Namen unterstrichen).

Eine weniger spannende und abwechslungreiche Lektüre als die Briefe sind infolge ihrer Formelhaftigkeit die Verträge. Für unser Verständnis der jüdischen und aramäischen Gesellschaft im perserzeitlichen Ägypten stellen diese aber selbstverständlich ebenfalls eine nicht minder wichtige Quelle dar. Bei den Elephantine-Papyri, die den Hauptteil des Materials ausmachen, ragen zwei große Gruppen heraus, das Archiv der Mibtahjah und das Archiv des 'Ananjah.

Mibtahjah, nach der das erste Archiv (B2.1–11 / *B23–33*) benannt ist, wurde etwa um 480 – zur Zeit des Xerxes – als jüngstes der Kinder des Mahsejah geboren. *Abb. 45*
Ihr Vater war Jude, wurde aber (für uns) irreführenderweise in der Regel als „Aramäer von Syene" und nur einmal als „Jude, der in der Festung von Elephantine ist" bezeichnet. Er diente sukzessive in der Abteilung zweier persischer Kommandanten: Es sei nochmals in Erinnerung gerufen, daß diese Kommandanten damals nie Ägypter oder Juden waren. Von seinen beiden Söhnen wurde der eine, Gemarjah, vermutlich der Vater eben jenes Jedanjah, der später eine große Rolle als Führer der jüdischen Gemeinde von Elephantine spielen sollte. – Mahsejah besaß ein kleines, heruntergekommenes Haus, welches er noch zu seinen Lebzeiten seiner Tochter Ende 459 anläßlich ihrer Ehe vermachte (B2.3 /*B25*). Nächste Nachbarn waren drei Juden, ein Choresmier und ein Ägypter; letzterer war ein „Schiffer der rauhen Gewässer" (das ist der Erste Katarakt),[38] der sein Haus vom Vater geerbt hatte. Daß wir das alles so genau wissen, liegt daran, daß in Haus- und Gründstücksverkaufsurkunden u. ä. die jeweiligen Grenznachbarn angegeben werden, und zwar sowohl in demotischen wie in aramäischen Dokumenten. Einer der drei Juden, Jezanjah (nicht zu verwechseln mit Jedanjah) wurde nun der Ehemann der Mibtahjah. Ihr Vater ermächtigte seinen Schwiegersohn – einen Waffenkameraden, der unter demselben Banner diente – urkundlich zur Nutzung des Hauses gemeinsam mit seiner Frau (B2.4 / *B26*). Er sollte auch bestimmte Renovierungsarbeiten durchführen. Auf diese Weise war für den neuen Haushalt doch viel mehr Wohnraum gewonnen, als ursprünglich zur Verfügung stand. Spätere Erben des

Hauses der Mibtahjah durften laut Vertrag nur die gemeinsamen Kinder des Ehepaares werden.

Irgendwann innerhalb der nächsten zehn Jahre starb der Gatte und ließ eine kinderlose Witwe zurück. Im Jahr 449 hielt ein Baumeister[39] mit dem ägyptischen Namen Eshor Sohn des Djedher, bei Vater Mahsejah um die Hand seiner Tochter an. Der Ehevertrag mit der detaillierten Mitgiftliste ist uns erhalten (B2.6 / *B28*). Wenn der Mann wirklich Ägypter war, wird durch diese Mischehe erwiesen, daß man weit entfernt war von den rigorosen Bestimmungen Esras, der kompromißlos deren Auflösung verlangte und angeblich die fremden Frauen verjagte (9–10).

Eigenartig mutet es an, daß Eshor als gebürtiger Ägypter – wenn er denn wirklich einer war! – gelegentlich mit dem semitischen Namen Natan eingeführt wird; er hätte also einen Zweitnamen angenommen. Ähnliche Fälle, wo ein in der Heimat lebender Ägypter in vorptolemäischer Zeit einen Fremdnamen annimmt, sind äußerst selten: für die ephemere Zeit der Assyrerherrschaft ist dergleichen nachweisbar (vgl. Nabuschezibanni, den späteren Psammetich I.), aber diese Doppelnamigkeit war natürlich von den Eroberern aufoktroyiert worden. Von einem politischen Druck kann bei Eshor alias Natan nicht die Rede sein, es ist einfach ein Zugeständnis an die neuen gesellschaftlichen und kulturellen Veränderungen. Schon aus diesem Grunde verwundert es auch nicht, daß die beiden Kinder aus dieser Ehe die in der Familie verbreiteten jüdischen Namen Jedanjah und Mahsejah tragen.

Es ist früher angenommen worden, daß Mibtahjah in der Zeit zwischen dem Tod des ersten Mannes und ihrer Heirat mit Eshor einen anderen Mann geehelicht habe, und zwar einen „Baumeister der Festung Syene" Pajeu (?), der nach üblicher Ansicht ebenfalls ein Ägypter war.[40] Nach neuen Forschungen ist diese Ehe aber aus chronologischen Gründen nicht möglich: Mibtahjah war damals mit Eshor verheiratet; die betreffende Urkunde aus dem Jahr 440 (B2.8 / *B30*) läßt nur den Schluß zu, daß Pajeu (?) mit Mibtahjah wegen bestimmter Güter sowie einem als Garantie deponierten Ehevertrag prozessiert hat. Nicht nur die Aramäer der Hermopolis-Briefe, selbst die Juden von Elephantine verschmähten es nicht, bei fremden Göttern zu schwören: Mibtahjah leistete dieser Urkunde zufolge dem Ägypter (?) einen Eid bei der lokalen Göttin Satis. Eine Selbstverständlichkeit war dieses Entgegenkommen nicht, hatten doch Vater, Mutter und Bruder früher einem Choresmier bei dem jüdischen Gott Jahu geschworen![41]

Schreiber der Urkunde war ein Peteese Sohn des Nabunathan ("Nabu hat gegeben"), ein Aramäer mit wahrhaft internationaler Onomastik. Wir erwähnen dieses an sich vertraute Phänomen deshalb, weil gerade der Name Peteese aus welchen Gründen auch immer relativ häufig auch von Nichtägyptern gebraucht wurde (ein Sachverhalt, auf den bereits bei der Besprechung des gleichnamigen „Boten von Kanaan und Palästina" hingewiesen wurde[42]).

Als Gegenleistung für nicht spezifizierte materielle Leistungen übereignete Mibtahjahs Vater der Tochter ein weiteres Haus, das er von einem gewissen Meschullam erworben hatte (B2.7 / *B29*, datiert 446). Sie besaß nun immerhin drei Häuser: außer dem eben genannten noch jenes, das sie von ihrem verstorbenen ersten Mann geerbt hatte, und schließlich dasjenige, welches ihr seinerzeit ihr Vater übereignet hatte. Mibtahjah war inzwischen also nicht ganz unvermögend. Das neuerworbene Haus war von den beiden anderen und auch vom Jahu-Tempel nicht weit entfernt. Ein kleines Problem, das noch der Lösung harrt, stellt der westliche Grenznachbar Ḥarwoč (ägyptisch), Sohn des Palṭu (semitisch), dar. Er ist Priester einer Gottheit, deren Name leider bis auf Anfang und Ende zerstört ist.[43] Früher ergänzte man hier zu „Chnum und Satis", wozu die erhaltenen Zeichenreste tatsächlich gut passen würden; allerdings ist die Lücke dafür viel zu schmal. Außerdem wird jetzt im *TAD* hinter dem Gottesnamen der Singular „der Gott" gelesen.[44] Da ḤRWṢ trotz des ägyptischen[45] Namens Semite war, wäre es in diesem Zusammenhang schon recht unwahrscheinlich, daß er Priester eines ägyptischen Kultes gewesen sein sollte, er müßte denn gleichsam ein ägyptisch-semitisches Doppelleben geführt haben.

Bis 420 war auch Mibtahjahs zweiter Ehemann verstorben. Die beiden schon erwähnten Söhne des Eshor / Natan mußten sich damals wegen der angeblichen Unterschlagung bestimmter Utensilien durch den Vater, der diese Sachen von anderen in Verwahrung genommen hatte, verantworten; es gelang ihnen aber, die Kläger zufriedenzustellen: wie, wird nicht gesagt, aber doch wohl durch Rückgabe oder Ersatzleistung (B2.9 / *B31*). – Bald darauf starb auch Mibtahjah; eine vier Jahre jüngere Urkunde (B2.10 / *B32*) bestätigt die Vererbung des Hauses des ersten Mannes (Jezanjah) an die Kinder aus zweiter Ehe. Wir erinnern uns daran, daß die erste Ehe kinderlos geblieben war; ein Neffe des Jezanjah verzichtete formell auf jegliche Ansprüche.

Das jüngste Dokument des Archivs datiert aus dem Jahr 410, der Zeit der Zerstörung des Jahu-Tempels. Es geht darin um die Aufteilung zweier Sklaven aus dem Besitz der Mibtahjah unter ihren beiden Söhnen Jedanjah und Mahsejah (B2.11 / *B33*). Der eine Bruder erhält den Petosiri, der andere den Belle. Die Mutter der beiden namens Tabi sowie ihr dritter Sohn Lilu sollen vorderhand noch nicht aufgeteilt werden. Man sieht hier wieder einmal, wie niedriges Dienstpersonal, oder sagen wir ruhig Sklaven – bei aller guten Behandlung, die ihnen im Einzelfall zuteil geworden sein mag – als vererb-, teil- und veräußerbarer Sachbesitz betrachtet wurden. Wir finden hier die erwähnte Kennzeichnung durch Brandstempel mit dem Wortlaut „(gehörig) der Mibtahjah". Die Namen sind ausnahmslos ägyptisch;[46] man geht auch hier mit vielleicht allzu großer Selbstverständlichkeit von einer entsprechenden Herkunft dieser Leute aus.

Das andere große Archiv ist nach einem Mann namens *'Ananjah* benannt (B3.1–13 / *B34–46*). Obwohl bereits im 19. Jahrhundert in Elephantine entdeckt, *Abb. 46* wurden die Papyri erst in den fünfziger Jahren in einem schönen, stattlichen Band publiziert. Man spricht nach dem Erstherausgeber gerne von den Kraeling-Papyri.[47] Die Hauptperson 'Ananjah /'Anani, Sohn des 'Azarjah, war eine Art Wirtschafter[48] des Jahu-Tempels. Um dieselbe Zeit, als Mibtahjah ihre zweite Ehe mit Eshor einging (449), heiratete 'Anani die etwas jüngere Tamet bzw. Tapmet, Tochter eines Patou[49] und Sklavin des bereits erwähnten Meschullam, der gewissermaßen das Bindeglied zwischen 'Anani- und Mibtahjah-Archiv darstellt (B3.3 / *B36*). Durch die Ehe erlangte sie halbfreien Status, was implizierte, daß für sie vom Bräutigam

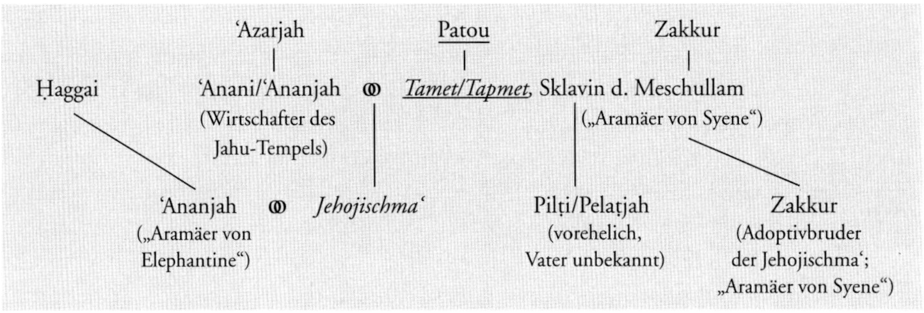

Abb. 46 Stammbaum des 'Ananjah (Frauennamen kursiv; ägyptische Namen unterstrichen).

kein Brautgeld (*mohar*) gezahlt wurde. Ihre Mitgift war – ihrer Herkunft entsprechend – überaus bescheiden; sie umfaßte kaum mehr als das, was sie am Körper trug. Kein Wunder also, daß hier die übliche Satisfaktionsklausel weggelassen wurde. Aus einem Zusatz geht aber hervor, daß 'Ananjah einen Aufbesserung der Mitgift herausschlagen konnte.

Etwas verwirrend ist, daß Tapmet bereits ein Kind hat, nämlich einen Sohn namens Pilṭi. Für diesen Umstand sind verschiedene Deutungen vorgeschlagen worden, auf die wir jetzt nicht eingehen können. Zwölf Jahre später (437) kaufte 'Anani das verwahrloste Haus eines Kaspiers (B3.4 / *B37*), wovon er ein Zimmer seiner Frau überschrieb (B3.5 / *B38*). Von Interesse sind wiederum – ähnlich wie bei Mibtahjah – die topographischen Angaben über die Hausnachbarn: im Westen der Tempel des Jahu und dazwischen die große öffentliche Straße, im Osten das „Schatzhaus des Königs". Die Himmelsrichtungen „Norden" und „Süden" werden in den aramäischen Texten als „oben" und „unten" bezeichnet, und hier stellt sich die Frage nach der Interpretation dieser vagen Termini: Haben die Schreiber der aramäischen Urkunden den ägyptischen Usus übernommen, wonach der Norden bekanntlich unten liegt und der Süden oben, oder nicht? Je nachdem ergeben sich zwei grundverschiedene Alternativen für den Plan des jüdischen Distrikts von Elephantine. Neueste archäologische Forschungen haben hier endlich die erwünschte Klarheit geschaffen und eine frühere Rekonstruktion Portens bestätigt.[50]

Eine weitere Frage ist die nach der Bedeutung von TMY ZY ḤNWM, was die „untere" Grenze des betreffenden Hauses ist. Man faßt das gern als „Stadt (*dmj*) des Chnum" auf. Aus sprachlichen Gründen sollte der aramäische Ausdruck eigentlich eher als „Der Weg (*tꜣ mj.t*) des Chnum" zu verstehen sein; derartige Angaben kommen oft in den demotischen Urkunden vor.[51] Von berufener archäologischer Seite wird allerdings versichert, daß von einem „Weg des Chnum" – der dann unmittelbar parallel zur „Königsstraße" verlaufen würde – keine Rede sein kann; gemeint sind demnach vielmehr die Wirtschaftsbezirke des Chnumtempels.[52]

Im Jahr 427 – also lange nach Tapmets Heirat mit 'Anani – wurde sie von ihrem Herrn Meschullam angesichts seines nahenden Todes testamentarisch freigelassen

(B3.6 / *B39*). Die Freilassung wurde ausdrücklich auch auf Jehojischma', die Tochter des Paares, übertragen; bis dahin galt diese juristisch ja als Tochter des Meschullam („deine Tochter, die du mir geboren hast", sagt dieser). Im Gegenzug verpflichteten sich Tapmet und Jehojischma' unter schwerer Strafe, den alten Meschullam zu unterstützen, „wie ein Sohn oder eine Tochter den eigenen Vater unterstützt", und diese Unterstützung auf Meschullams Sohn Zakkur auszudehnen. Zakkur wurde der Adoptivbruder der Jehojischma'. Dieser Adoptivbruder vertrat sieben Jahre später – also 420 – die Rolle des kurz zuvor verstorbenen Vaters 'Ananjah, denn ein anderer 'Ananjah (Sohn des Haggai) heiratete damals die Jehojischma' (Ehevertrag B3.8 / *B41*).

Bei den Urkundenzeugen – in der Regel 8 oder 12, selten 4 – fällt ähnlich wie bei den Hausnachbarn die ethnische Vielfalt ins Auge. Während man in demotischen Kontrakten selten Fremde findet, erscheinen hier neben Juden und Aramäern auch Babylonier und Perser, gelegentlich sogar einmal ein Kaspier.[53] Das liegt natürlich einfach daran, daß in Elephantine (und anderswo) Leute verschiedenster Herkunft dienten und Haus an Haus nebeneinander wohnten.

Was Aufbau und Stilisierung der aramäischen Urkunden betrifft, hat man festgestellt, daß mancherlei auffallende Übereinstimmungen mit dem Demotischen bestehen. Bezalel Porten hat vor einigen Jahren einen ersten Überblick gegeben und schon im Titel die Frage gestellt: „Who is the Borrower and Who the Lender?"[54] Diese Frage ist nicht generell in der einen oder anderen Richtung zu beantworten; offensichtlich sind zwei in mancher Hinsicht ähnliche juristisch-phraseologische Traditionen – die neuassyrisch-babylonische und die demotische – im Aramäischen miteinander verschmolzen.[55] In manchen Fällen scheint es jedoch evident, daß aramäische Urkundenformeln aus dem Ägyptischen übersetzt sind. In einem frühen Pachtvertrag ist gleich ein spezifischer, komplexer Begriff lautlich übernommen worden.[56] Kennzeichnend für viele Urkunden ist die Doppeldatierung nach semitischen und ägyptischen Monatsnamen, also z.B. „am 18. Elul, das ist Tag 28 des Pachons, Jahr 15 des Königs Xerxes" (das ist vergleichbar mit der Datierung nach makedonischem und ägyptischem Kalender in den mehrsprachigen Dekreten). Für das Umgekehrte – nämlich eine Einwirkung aramäischer Formeln auf die demotischen – sind freilich kaum Anhaltspunkte zu finden.

Erwähnt werden sollte auch, daß eine große Anzahl aramäischer Papyri im Verlauf der englischen Grabungen in Sakkara gefunden worden ist; leider sind sie nur mehr oder weniger fragmentarisch erhalten.[57] Letzteres gilt auch für die Fragmente, die 1988 in Elephantine, dem Hauptfundort von Aramaica in Ägypten, bei den Grabungen des Deutschen Archäologischen Instituts ans Licht kamen.[58]

Noch wenig bekannt sein dürfte ein ursprünglich sehr umfangreicher Text aus der ersten Hälfte des 5. Jahrhunderts, der erst in den letzten Jahren entziffert wurde. Er umfaßte ursprünglich rund 70 Kolumnen, von denen noch 40 mehr oder weniger fragmentarisch erhalten sind. Es handelt sich um ein Zollregister ("Customs Account", C3.7)[59] aus dem 11. Jahr eines ungenannten Herrschers, der entweder Xerxes oder Artaxerxes I. sein muß. Hier wurden die Zölle registriert, die von insgesamt 42 fremden Handelsschiffen eingezogen und an das königliche Schatzhaus geliefert wurden. Von den Schiffen waren 36 ionischer Herkunft, und zwar aus Phaselis an der kleinasiatischen Westküste, die übrigen phönikisch. Der im Text nicht genannte Ort der Erhebungen war vermutlich das von der Naukratis-Stele bekannte Thonis[60] an der Mündung des Kanopischen Nilarms; nach Zahlung der Zölle konnten die Schiffe nach Naukratis weiterfahren. Art und Höhe der Zölle hing von Größe und Herkunft der Schiffe ab. Es ist aufschlußreich, daß für griechische Schiffe – die ja, sagte man sich, aus Ländern voller Gold und Silber kamen! – eine Grundabgabe in Gold und Silber verlangt wurde, während phönikische Schiffe ein Zehntel der Fracht abzuliefern hatten. Als Importgüter werden hauptsächlich Wein und Öl genannt (aber auch „samische Erde" fehlt nicht), exportiert „aufs Meer" wurde regelmäßig Natron.

Während die allermeisten aramäischen Texte aus dem 5. Jahrhundert stammen – das Ende der Militärkolonie wird kurz nach 400 angesetzt –, sind einige Texte aus anderen Fundorten als Elephantine jüngeren Datums. So gibt es eine lange Abrechnung unbekannter Herkunft (nach Angabe eines Händlers in Luxor aus Qus), die zahlreiche jüdische und griechische Personennamen enthält und aus paläographischen Gründen bereits ins dritte Jahrhundert datiert wird (C3.28). In den Elephantine-Papyri finden sich übrigens noch keinerlei griechische Namen.

***

Neben den zahlreichen dokumentarischen Quellen – wobei wir die Ostraka ganz unberücksichtigt lassen mußten[61] – gibt es auch eine Reihe literarischer Texte in aramäischer Niederschrift: Da sind zunächst die schlecht erhaltenen und entsprechend schwer lesbaren Dipinti aus einem Grab in Schech el-Fadl in Mittelägypten (ca. 185 km südl. von Kairo, gegenüber von Beni Mazar) zu nennen (D23.1). Paläographisch werden die Inschriften in die erste Hälfte des 5. Jahrhunderts datiert; inhaltlich weisen sie dadurch, daß sie „Taharka, König der Kuschiten", den „Pharao Necho" und den Assyrerkönig As<ar>haddon nennen, auf eine ältere Zeit, nämlich die Anfänge der saitischen Dynastie in den ersten Jahrzehnten des 7. Jahrhunderts. Bemerkenswert ist auch die direkt nach dem Ägyptischen transliterierte Gottesbezeichnung „Atum, Herr von On (Heliopolis)" sowie das Auftreten eines „Eunuchen Psammetich". Zu dem heliopolitanischen Ambiente paßt übrigens recht gut der Name Hori, während „Inaros"[62] im ganzen Land verbreitet war, z. B. in den demotischen Erzählungen des Inaros-Petubastis-Zyklus, in denen der Assyrerkönig Asarhaddon und „Atum, Herr von Heliopolis" übrigens ebenfalls vorkommen.[63]

An anderer Stelle ist von 40 (in der Lücke vermutlich zu ergänzen: Mann) die Rede, was nicht nur an Ali Baba und die vierzig Räuber erinnert, sondern auch an die 40 Mannen des Helden Inaros bzw. seines Sohnes Pami in den erwähnten demotischen Erzählungen.[64]

Anscheinend handelt es sich um eine Art historischen Roman, der in ägyptischem Milieu spielt.[65] Interessant ist vor allem die Verarbeitung eines ägyptischen Sujets, andererseits aber auch der für einen Text dieses Inhalts recht ungewöhnliche Anbringungsort. Es ist sehr zu bedauern, daß infolge des schlechten Erhaltungszustandes äußerst wenig Zusammenhängendes, ganz zu schweigen von einem „roten Faden", zu erkennen ist. Möglicherweise ist dies das früheste Beispiel für die Verschriftung einer echten Inaros-Erzählung, vergleichbar den späteren demotischen Dichtungen dieses Genres!

Auf Papyrus überliefert ist die – leider ebenfalls äußerst fragmentarisch erhaltene – Geschichte von Hor, Sohn des Punesch (C1.2). Aus den bescheidenen Resten ergibt sich, daß dieser Horus ein großer Magier war: Er „rezitierte (einen Spruch) über den Schiffen des Königs", heißt es da in offensichtlicher Anlehnung an ähnliche ägyptische Formulierungen; auch die „Götter von Ägypten" finden Erwähnung. Weiters gibt es Prophezeiungen, deren Tenor uns aus der ägyptischen Literatur vertraut anmutet, wie „Und die Gerechtigkeit / das Recht wird vergehen, und ein Mann wird seinem Va[ter nicht] Recht [tun]" und „Ein Mann wird seinen H[errn] wegen seines Silbers töten". Für „Schiff" wird einmal ein – nach verbreiteter Praxis mit dem bestimmten Artikel zusammengezogenes – ägyptisches Wort gebraucht.[66]

Der Verdacht, daß es sich um die aramäische Version bzw. Bearbeitung eines ägyptischen Gegenstandes handelt, wird dadurch erhärtet, daß dieselbe Person auch in demotischen literarischen Fragmenten in Berlin vorkommt.[67] Nach Zauzichs Vorbericht werden darin „das Zauberbuch des Thot, der König (*kwr*) von Meroe, die Herstellung einer Sänfte aus reinem Wachs, das Lesen eines Zauberspruches und ähnliches" erwähnt. Das erinnert an die Welt des sog. Zweiten Setna-Romans, aber in gewisser Weise auch an den der aramäischen Überlieferung zeitlich noch näher stehenden Papyrus Vandier.[68]

Wesentlich besser erhalten sind zum Ausgleich Geschichte und Sprüche des weisen Achikar (C1.1).[69] Diese waren in der alten Welt weithin bekannt; es gibt unter anderem auch Fassungen in syrischer, arabischer, armenischer, türkischer, altslawischer und äthiopischer Sprache (zum Vergleich wäre beispielsweise auf die starke Rezeption des erbaulichen altindischen Fabelbuches des Bidpai, arab. *Kalīla wa-Dimna,* im Mittelalter aufmerksam zu machen). Auf dem sog. Monnus-Mosaik aus dem dritten nachchristlichen Jahrhundert in Trier ist Achikar ([AC]ICAR) neben der Muse Polyhymnia zu sehen.[70] *Taf. 10*

Die aramäische Version aus dem späten fünften Jahrhundert ist die älteste: Zu unterscheiden sind ähnlich wie bei der demotischen Lehre des Anchscheschonki ein Rahmen- bzw. Erzählteil, der den historischen Hintergrund vermittelt, und die Weisheitssprüche. Man geht im Falle des Achikar davon aus, daß Rahmenerzählung und Sprüche erst im nachhinein miteinander verbunden wurden: die Sprüche werden dem späten achten bis frühen siebenten Jahrhundert zugewiesen, die Erzählung etwa dem sechsten.

Der weise Achikar, den auch das Alte Testament kennt (Tobit 1, 21. 22; 2, 10; 14, 10), Ratgeber der Assyrerkönige Sanherib und Asarhaddon, ist keine literarische Fiktion, sondern anscheinend eine historische Persönlichkeit.[71] Der Erzählung zufolge adoptierte er seinen Neffen Nadin und setzt beim König durch, daß Nadin Nachfolger des altersschwachen Onkels wird. Die Schilderung der Situation erinnert übrigens verblüffend an eine ganz ähnliche Szene im Papyrus Rylands 9,[72] was aber einfach durch die Ähnlichkeit der äußeren Umstände bedingt sein wird. In der Folge intrigiert der undankbare Neffe beim König gegen seinen Gönner, so daß Achikar schon hingerichtet werden soll. Der Henker, der bei Achikar in einer Dankesschuld steht, versteckt diesen aber, bis der Zorn des Königs verraucht ist – und hier bricht die Geschichte ab.[73]

Die Weisheitssprüche, auf die wir hier nicht näher eingehen können, stehen in altorientalischer Tradition und erinnern oft an alttestamentliche Weisheit. Ägyptische Einflüsse sind nicht auszumachen, wie ja auch die Person des Achikar in keiner Weise mit Ägypten in Verbindung steht. Trotzdem wurde die Achikar-Erzählung offenbar ins Demotische übertragen, wie sich zwei Fragmenten aus der römischen Kaiserzeit entnehmen läßt.[74] Das ist schon deswegen bedeutsam, weil mit besonderer Vorliebe Einflüsse der ägyptischen (demotischen) Literatur auf die der Nachbarn – zumal der Griechen – aufgespürt werden, während das Umgekehrte im allgemeinen nur sehr ungern zugestanden wird.

Wir wollen uns nunmehr den nichtliterarischen aramäischen Inschriften zuwenden, die die Rezeption ägyptischer Religionsvorstellungen durch (nichtjüdische) Aramäer und damit deren mehr oder weniger tiefgreifende Akkulturation schon optisch durch die Verbindung von ägyptischem Stil und aramäischer Beschriftung sinnfällig machen – ein Phänomen, das uns freilich auch bei anderen Fremden in Ägypten immer wieder begegnet.

Taf. 11 Eine kleine Stele unbekannter Herkunft in Brüssel[75] zeigt im unteren Bildfeld – das obere ist bis auf die geflügelte Sonnenscheibe gänzlich zerstört – die Verstorbene nackt auf einem Mumienbrett oder dergleichen liegend. Daß diese Stele kein Ägypter geschaffen haben kann, merkt man sofort auch ohne Seitenblick auf die aramäische Inschrift (D 20.2). Diese lautet: „Gesegnet (ist/sei) TM', Tochter des Bekrenef (BKRNP), durch Osiris." Beide Namen sind ägyptisch, aber nur der Vatersname ist eindeutig identifizierbar.[76] Lipiński hat das Stück aus paläographischen Gründen an das Ende des 6. Jahrhunderts gesetzt. Trifft dies zu, handelt es sich hier um die älteste derzeit bekannte aramäische Stele aus Ägypten.

Eine früher in Berlin aufbewahrte, im Krieg zerstörte Stele aus Sakkara ist durch *Abb. 47* die aramäische Inschrift ins Jahr 4 des Xerxes (482) datiert (D20.3). Die Darstellungen sind in drei Registern angeordnet: das Erscheinen vor Osiris, die Einbalsamierung und die Totenklage. Man beachte besonders die Männer mit syrischer Haartracht. Ähnliche levantinische Amphoren wie die unter den beiden Bahren fin- *Abb. 66* den wir auf einer kürzlich entdeckten persisch-ägyptischen Stele aus Sakkara.[77] Der semitische Frauenname Achatabu erscheint auf dem Berliner Stück im hieroglyphischen Text wie auch in der aramäischen Inschrift unten, wo noch ihr mitbestatteter Mann Abbā und als Stifter der Stele ihr Sohn 'BSLY (Ibaššī-īlī)[78] genannt werden. Letzteres ist ein akkadischer Name, was für Aramäer in dieser Zeit nichts

Abb. 47 Reich dekorierte ägyptisch-aramäische Stele aus dem 4. Jahr des Xerxes (482) für eine Familie „aus der Stadt Chastemeh", die wahrscheinlich mit Marea zu identifizieren ist.

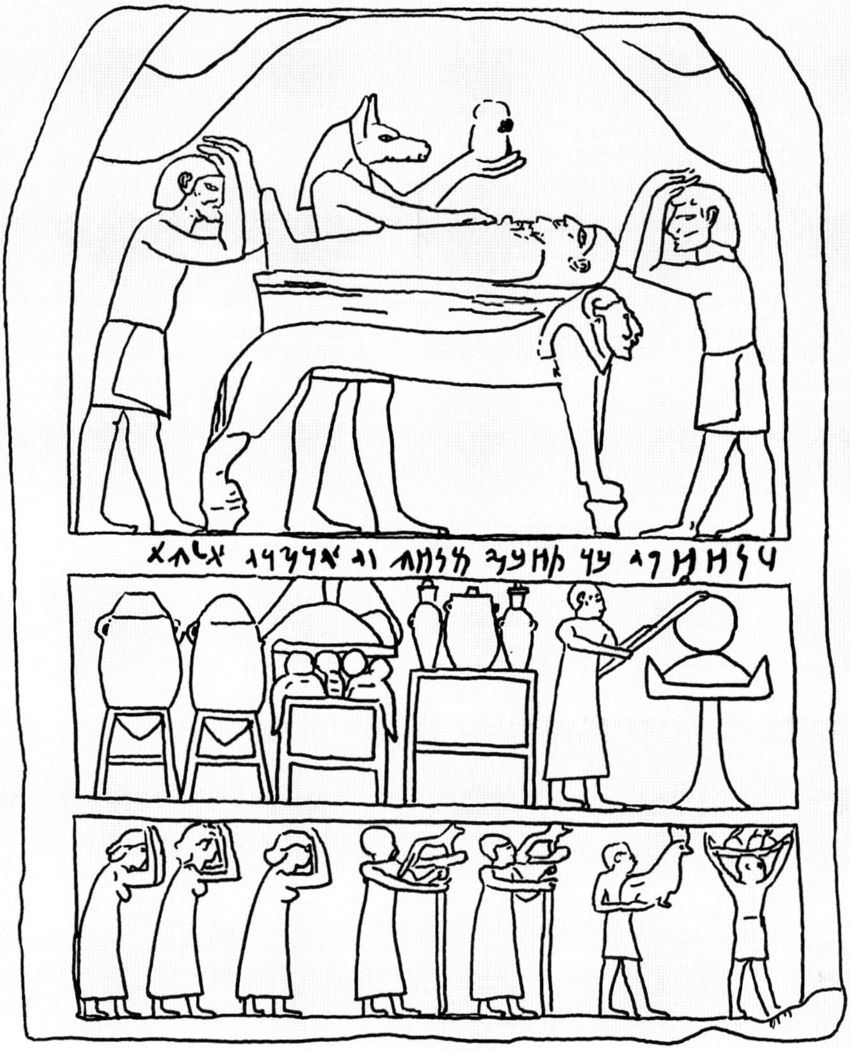

Abb. 49 Ägyptisch-aramäische Stele des Anchhapi im Vatikan. Die Einbalsamierungs- und Klageszenen oben und links unten entsprechen der auf diesen Stelen üblichen Thematik; besonders hervorzuheben sind aber die Standartenträger im unteren Bildfeld (siehe auch Taf. 12).

Abb. 48 Die nach ihrem Aufbewahrungsort „Stele von Carpentras" genannte ägyptisch-aramäische Grabstele ist wegen ihrer Inschrift ein wichtiges Zeugnis für die Assimilation ägyptischer Jenseitsvorstellungen durch die Fremden.

Abb. 50 Zum Vergleich mit Abb. 49 und Taf. 12 unten Mitte diene diese Szene priesterlicher Standartenträger im Grab des Pabasa in Theben (ca. 625–610).

Ungewöhnliches darstellt. Im Libyer-Kapitel wurde bereits darauf hingewiesen, daß die Herkunftsangabe „aus der Stadt Chastemeh (*Ḫꜣst-Ṯmḥw*)“ sehr wahrscheinlich auf die Garnison in Marea an der libysch-ägyptischen Grenze zu beziehen ist.[79]

Beide Eltern sind der Inschrift zufolge „gesegnet“ „vor Osiris“. Die rohe Art der Ausführung und der ägyptischen Inschriften läßt an die ägyptisierende Arbeit eines Fremden denken.

Jünger – etwa aus dem 4. Jahrhundert – ist die sog. Stele von Carpentras in *Abb. 48* Südfrankreich (D20.5). Die Herkunft ist unbekannt. Das Stück hat dadurch besondere Berühmtheit erlangt, daß es zu den ersten aramäischen Texten gehört, die in Europa (nämlich am Anfang des 18. Jahrhunderts) bekanntgeworden sind. Auch hier finden wir die geläufige Einbalsamierungs- und Trauerszene mit Isis und Nephthys. Sehr aufschlußreich für die weitgehende Annahme ägyptischer Totenbräuche und Jenseitsvorstellungen ist die Inschrift: „Gesegnet (ist/sei) Taba, Tochter der Tahapi, die Treffliche des Gottes Osiris“.[80] In Anspielung an das „negative Bekenntnis“ im Totengericht heißt es: „Etwas Böses hat sie nicht getan, und Verleumdungen gegen irgendjemanden hat sie nicht gesprochen. Vor Osiris sei gesegnet; von Osiris empfange Wasser!“ Auch letzteres ist eine Vorstellung, wie sie in ägyptischen religiösen Texten wie auch griechischen Inschriften aus Ägypten bestens bezeugt ist.[81]

Die Durchsetzung des Wortschatzes mit Spezialausdrücken aus dem Ägyptischen findet sich nochmals in der Wendung „Folge den Gerechtfertigten und [sei] unter den Gelobten [des Osiris]!“[82] Solche Begriffe begegnen in den spätägyptischen religiösen Texten immer wieder.

Eine Stele unbekannter Herkunft im Vatikan (D20.6) zeigt im oberen Register das wohlvertraute Motiv der Einbalsamierung in Kombination mit der Totenklage. Bemerkenswerter sind die Darstellungen im mittleren und vor allem im unteren Bildfeld: Darbringung von Speiseopfern und Libationen auf einem Altar, unten Prozession mit Götterstandarten und Emblemen – zum Vergleich diene eine ähnliche Szene im thebanischen Grab des Pabasa aus der 26. Dynastie[83] –, links wiederum Trauernde. Die Inschrift lautet „Anchhapi, Sohn der Tachebes, der Treffliche des Gottes Osiris." Die Namen sind rein ägyptisch ebenso wie das schon erwähnte Beiwort *mnḫ*.

Abb. 49 und Taf. 12

Abb. 50

Abb. 51 Ägyptisch-aramäische Stele mit Inschrift „Hapimen, Sohn des Achamanisch" (siehe auch Taf. 13a).

In diesem Zusammenhang sei auf ein bisher in der Literatur nicht erwähntes Denkmal hingewiesen, nämlich eine im Gustav-Lübcke-Museum in Hamm ausgestellte Kalksteinstele.[84] Oberhalb der geläufigen Szene mit der aufgebahrten Mumie und Isis und Nephthys als Klagefrauen ist eine unscheinbare Inschrift aufgemalt, die den Namen des Steleninhabers verrät:

Taf. 13a

ḤPYMN BR 'ḤMNŠ „Hapimen Sohn des Achamanisch". *Abb. 51*

Der erste Name ist ägyptisch (*Ḥp-mn* „Apis ist dauernd"), der zweite iranisch (*Haḫāmaniš* „Freundes-Sinn habend", gräzisiert 'Αχαιμένης), ein weiteres schönes Beispiel für die onomastische „Multikulturalität" der Fremden in Ägypten!

Ein Libations- bzw. Opferbecken aus dem Serapeum im Louvre (D20.1) mit aramäischer Inschrift ist von einer gewissen Banīt für Osiris-Apis gewidmet und von ihrem Sohn Abitab „gemacht". Das erste Wort ḤTPY, das eindeutig vom Ägyptischen *ḥtpt* entlehnt ist, wird man natürlich nicht neutral „Opfergabe" übersetzen, wie man das immer wieder liest, sondern ganz konkret „Opfertisch".[85]

Eine Stele, deren Herkunft (Memphis/Sakkara?) und Aufbewahrungsort unbekannt sind, zeigt im oberen Bildfeld den König opfernd mit *udjat*-Auge vor dem thronenden Osiris, im unteren die Totenbahre mit Mumie und den vier Kanopenkrügen (D22.54). Diese Kombination ist äußerst ungewöhnlich: ein opfernder König hätte auf einer echt ägyptischen privaten Totenstele nichts zu suchen gehabt. Schon dieser thematisch hybride Charakter weckt den Verdacht, daß das Stück von fremder Hand hergestellt wurde – und daß der Nutznießer nichtägyptischer Herkunft war, ist ohnehin evident: Die aramäische Inschrift ŠMYTY links von der Krone des Königs (!) gibt den Namen des Inhabers an: vermutlich war es eine Dame mit einem in der Spätzeit geläufigen ägyptischen Frauennamen.[86]

Abb. 52

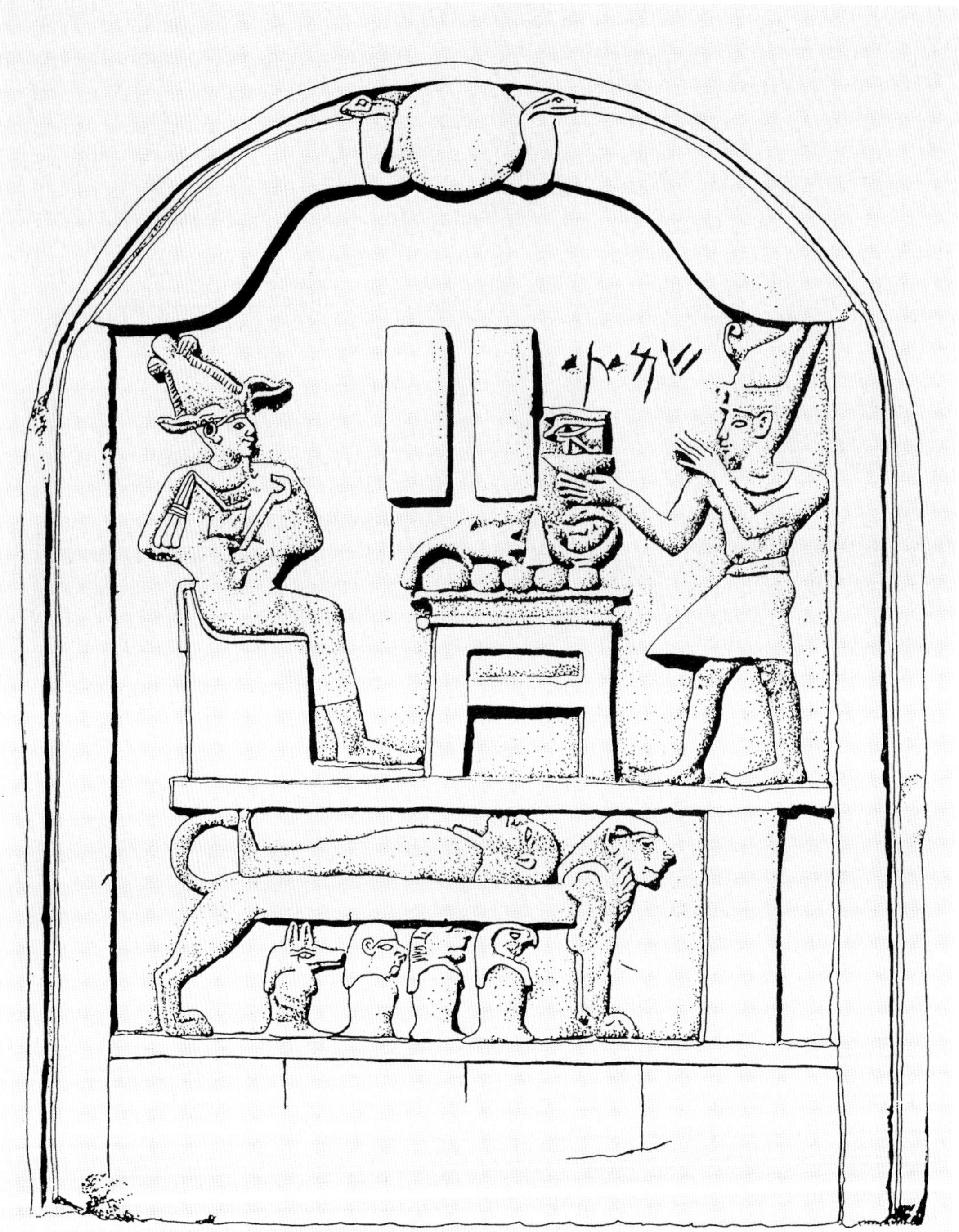

Abb. 52 Verschollene ägyptisierende Stele unbekannter Herkunft mit ungewöhnlichen Motivkombinationen, wie sie bei Produkten Fremder nicht überraschen. Die ausgerechnet dem Bild des Königs vorangesetzte aramäische Inschrift ŠMYTY *bezieht sich zweifellos auf den Namen des Steleninhabers, offenbar einer Ausländerin mit ägyptischem Namen („Smithis").*

Abb. 53a. b Ägyptisierender Steinsarkophag aus der Umgebung des Isistempels in Assuan. Der Name des Inhabers Schabbatai steht in aramäischer Schrift auf der im Bild nicht sichtbaren linken Seitenfläche der Fußplatte.

1963 wurden im Umkreis des Isis-Tempels von Assuan drei Sandsteinsarkophage ausgegraben (D18.16-18).[87] Daß auf dem Fußteil des einen Exemplars ein Apis dargestellt ist, ist auf spätzeitlichen ägyptischen Holzsärgen durchaus üblich; man sieht aber sofort, wie weit der Stil vom ägyptischen Kanon entfernt ist. Ein anderes Stück weist gar Arbeiterszenen auf, was für echt ägyptische Denkmäler dieser Gattung ganz ungewöhnlich wäre. Über den unägyptischen Stil der Einbalsamierungsszenen und der Götterfiguren auf dem dritten Sarkophag dürfte kein Wort zu verlieren sein. Wäre nicht der Fundzusammenhang gesichert, würde man wohl an plumpe Fälschungen denken oder zumindest an eine sehr späte Arbeit, als der traditionelle Kanon schon in Auflösung begriffen war. Die Sarkophage wurden aber von Nichtägyptern nach ägyptischen Vorbildern hergestellt und dekoriert, und aramäische Namenaufschriften lassen den Schluß zu, daß diese Sarkophage von Angehörigen der aramäisch-jüdischen Militärkolonie von Elephantine benutzt wurden. *Abb. 53a. b* *Abb. 54a* *Abb. 54b*

Etwas wesentliches ist bei den besprochenen Denkmälern festzustellen: die Ägyptisierung ging trotz Rezeption von Jenseitsglauben, bestimmten termini technici und ägyptischen Personennamen nie soweit, daß die eigene Sprache aufgegeben worden wäre. Nur im Falle der ältesten datierten Stele (aus dem Jahr 482; s. o. mit

Abb. 54a. b Ungewöhnliche Dekoration (Arbeiterszenen!) vom ägyptisierenden Steinsarkophag des Hor (Herkunft wie Abb. 53a. b).

Abb. 47) ist eine individuelle hieroglyphische Beschriftung zusätzlich zur aramäischen vorhanden, ansonsten begnügt man sich mit letzterer. Die ägyptische Sprache spielte also trotz der mehr oder weniger starken kulturellen Anpassung im Verhältnis zu den Denkmälern der Karer, wie wir noch sehen werden, eine sehr viel geringere Rolle. Selbst die Perser, die sich der ägyptischen Kultur alles in allem gegenüber relativ distanziert verhielten, haben mehr hieroglyphische Inschriften hinterlassen als die Aramäer.

Die durch die vorgestellten Denkmäler widerspiegelte Rezeption ägyptischer Kultur durch Aramäer kann natürlich nicht generell aus jeder aramäischen Inschrift aus Ägypten herausgelesen werden. Wahrscheinlich aus Sakkara, vielleicht aus dem 5. Jahrhundert,[88] stammt eine kleine Stele ohne jegliche Dekoration, lediglich mit aramäischer Beschriftung (wie es ja vergleichsweise auch karische Stelen nur mit karischem Text gibt): „Für Anan, Sohn des Elish (bzw. Eljash), den Priester des Baal, des Gemahls (?) der Anath (?)" lesen wir da (D21.17). Die Existenz der alten semitischen Kulte ist auch im späten Memphis – selbst in ägyptischem Milieu – gut bezeugt. Wir kennen z.B. einen Tempelschreiber der Anath namens Padiimhotep.[89] Ein Astartekult ist noch in ptolemäischer Zeit im Serapeum, und zwar gleichermaßen archäologisch wie durch griechische Papyri, nachweisbar.[90]

Es mag nicht sinnlos sein, kurz zwei ägyptisch-aramäische Denkmäler besprechen, deren Echtheit umstritten ist. Die betreffenden Stücke sind wohlgemerkt als authentisch publiziert worden, konnten aber kritischer Betrachtung nicht standhalten.[91] Ein 1964 vom Archäologischen Nationalmuseum in Madrid erworbener Papyrus würde die Pilgerfahrt zweier Brüder zum Osiristempel von Abydos beurkunden, wenn er nur echt wäre (D24.1). Schon vom Sujet her ist so ein Text auf Papyrus suspekt: Besuche in Heiligtümern werden normalerweise durch entsprechende Inschriften (Graffiti) in situ dokumentiert – für Abydos haben wir das bereits gesehen[92] – und nicht durch Papyri. Auf diesem Schriftträger kann man sich allenfalls eine beiläufige Erwähnung derartiger Besuche in anderem Zusammenhang vorstellen.

Für den Ägyptologen interessanter ist eine Stele in der ehemaligen Sammlung Michaelides (D24.2)[93] mit Darstellung eines ägyptischen Priesters Peteese vor dem Gott Ptah, den die hieroglyphische Beischrift namentlich nennt. Kurios ist, daß der in der kleinen aramäischen Inschrift erwähnte PṬ'S, der „nach Memphis vor Ptah gekommen" sein soll, auch separat in Hieratisch genannt wird. Ob das alles stimmt? Am Ende ist nur die Stele als solche mit Darstellungen und hieroglyphischer Inschrift echt …

Erwähnung verdient auch die an spätägyptische Bronzefiguren sog. „pantheistischer Gottheiten" gemahnende Bronzestatuette des Pazuzu, eines assyrischen Dämons, im Ashmolean Museum Oxford. Das angeblich aus Tanis im Ostdelta *Taf. 14a*
stammende Stück weist auf den Beinen eine stark korrodierte, kurze Stiftungsinschrift in nordwestsemitischen Lettern „für SSM Sohn des PḤH (?) …" auf. Wegen des für „Sohn" gebrauchten Wortes sollte die Inschrift eher aramäisch als phönikisch sein.[94]

Zum Abschluß soll von drei merkwürdigen Schriftzeugnissen gesprochen werden. Das erste ist ein großer Papyrus, der jetzt in der Pierpont Morgan Library auf- *Abb. 55*

Abb. 55 Zwei Kolumnen („sheet 4, columns 9–10") des großen Papyrus Amherst 63 in demotischer Schrift – wie immer linksläufig, aber hier überwiegend mit „alphabetischen" Zeichen – und aramäischer Sprache. Auf Schritt und Tritt begegnet hier der für diesen Text typische zweiteilige Worttrenner (leicht erkennbar z. B. jeweils am Ende der ersten fünf Zeilen in der linken und sehr oft am Zeilenende in der rechten Kolumne).

bewahrt wird.[95] Die Schrift ist demotisch, wobei der Gebrauch eines Worttrenners ins Auge springt. Was beispielsweise in der altpersischen Keilschrift der schräge Keil, ist hier das Determinativ des „Mannes mit der Hand am Mund". Diese Besonderheit wäre überflüssig, wenn auch die Sprache demotisch oder eine andere Sprachform des Ägyptischen wäre. Dies ist aber nicht der Fall, der Text, oder besser gesagt, die Texte – denn es handelt sich um eine Vielzahl verschiedener literarischer Kompositionen – sind aramäisch. Im Prinzip ist die Schreibweise alphabetisch; eine Anzahl von Sonderzeichen sowie bestimmte graphische Eigentümlichkeiten sorgen dafür, daß die Texte auch für den Semitisten nicht ohne mühevolle Vorarbeiten verständlich sind. Daran liegt es, daß die Erschließung erst in den achtziger Jahren in Gang gekommen und längst nicht abgeschlossen ist, obwohl der Papyrus schon seit Jahrzehnten bekannt ist. Inhaltlich stehen die Texte nicht in ägyptischer, sondern altorientalischer und biblischer Tradition.

Daß eine Schrift für eine fremde Sprache gebraucht wird, die sonst in einer eigenen Schrift fixiert wird, ist grundsätzlich nichts Neues. So gibt es z.B. koptische Texte in arabischer Schrift und umgekehrt,[96] und die sog. „Geheime Geschichte der Mongolen" ist zwar in mongolischer Sprache, aber in chinesischer Schrift aufge-

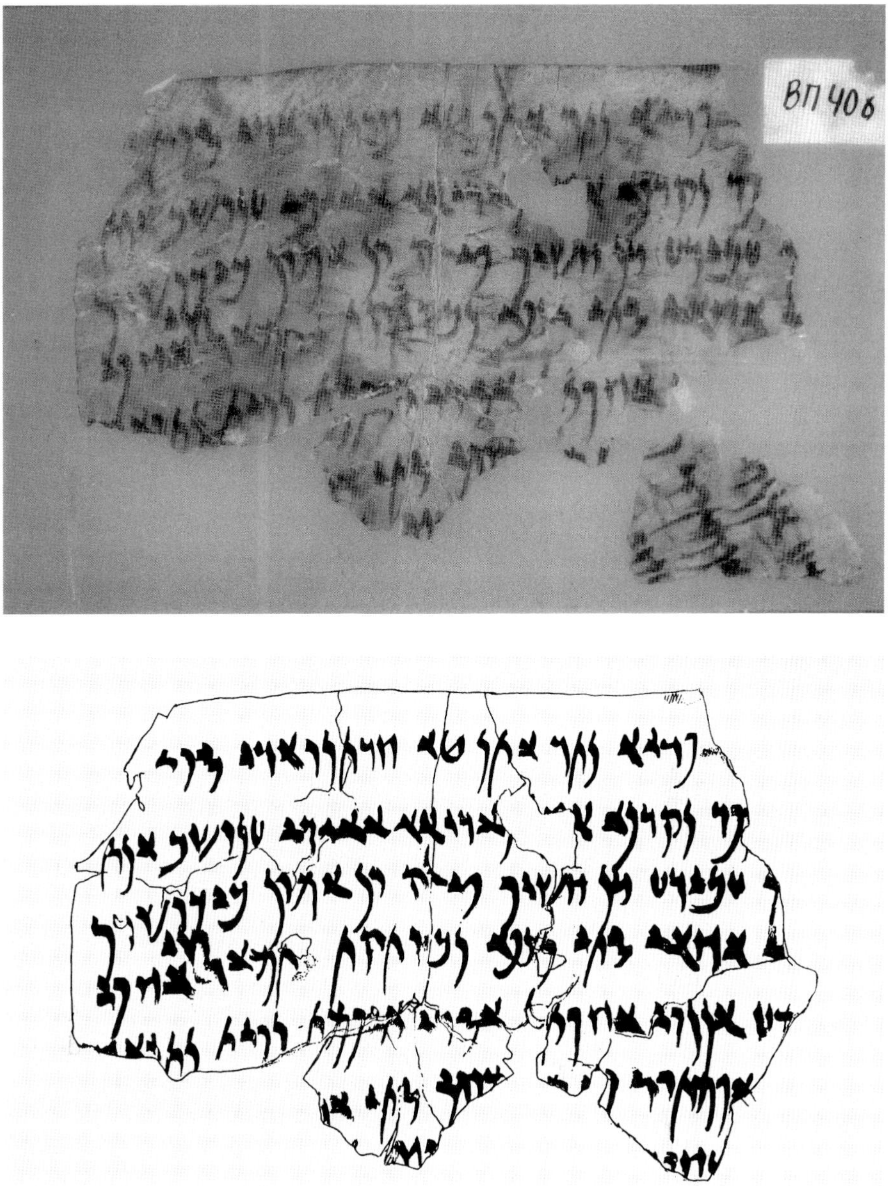

Abb. 56a. b Fragment einer Lederhandschrift aus Elephantine mit einem Text in aramäischer Schrift, aber in nichtsemitischer Sprache.

zeichnet. In dem kulturellen Schmelztiegel „Seidenstraße“ manifestiert sich dieses Phänomen in markantem Umfang (es gibt von dort z.B. tibetische Texte in chinesischer Schrift und umgekehrt). Dabei ist hervorzuheben, daß es keinesfalls immer darum geht, daß eine im Aussterben begriffene Schrift allmählich ersetzt würde wie die einheimischen ägyptischen Schriftarten durch die griechisch-koptische. Die aramäische Schrift selbst hat sich ja als sehr produktiv und entwicklungsfähig erwiesen; es gibt noch in späterer Zeit und in einem weiten geographischen Rahmen eine be-

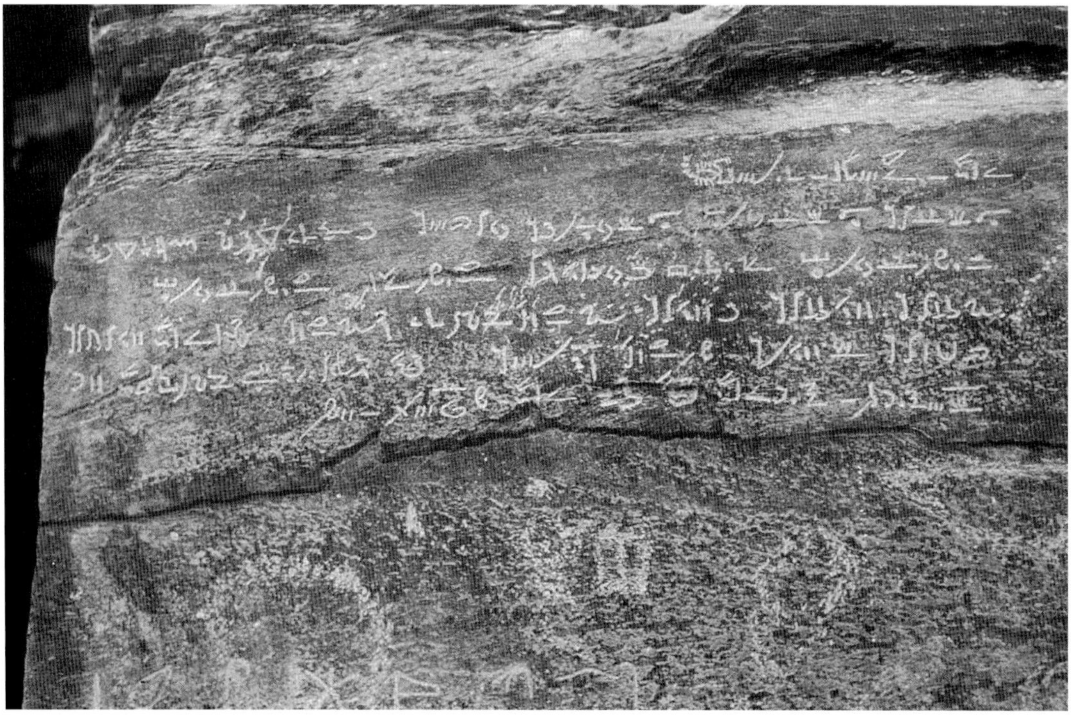

Abb. 57 Demotisches Graffito im Wadi Hammamat mit einem Heilungszauber für Skorpionstiche. Auf die Überschrift „Spruch, einen Skorpion zu beschwören" (man beachte das passende Determinativ am Schluß von Zeile 1) folgt als eigentlicher Zauberspruch eine Reihe an sich unverständlicher „Zauberwörter", die eventuell aramäische Elemente enthalten. Am Schluß heißt es dann praktischerweise: „Und du sollst es rezitieren zu (d. h. über) deinem Daumen, indem er mit Speichel benetzt ist, und die Öffnung der Wunde damit verschließen."

achtliche Zahl von Ablegern (aus Syrien-Palästina und Nordarabien etwa die palmyrenische und die nabatäische Schrift).

Abb. 56 Erst kürzlich wurde das Fragment einer Lederhandschrift in Berlin publiziert (D6.2). Die Schrift ist aramäisch, nicht jedoch die Sprache. Der gelegentlich anzutreffende Gebrauch des ʿAjin scheint auf eine Sprache hinzuweisen, in der dieser typische Laut existiert – und da es nicht Aramäisch bzw. ein anderes semitisches Idiom ist, kommt eigentlich nur Ägyptisch in Frage. Um dem Nichtsemitisten – zumal dem Ägyptologen – die Arbeit an diesem Text zu erleichtern, sei hierher eine Umschrift gesetzt:

1] PRY' NTR 'TN Ṭ' ḤRTNW 'RY SPY
2]⸢N?⸣PR (oder ˈP?ˈPR) NQRN' '⸢Ḥ?T?⸣'RY" "YRY ʿNWŠB 'NT
3]⸢W?/K?⸣ ʿBYRʿ RN ḤŠYP PYLQ RN 'MWN BYKWŠRN
4]⸢L?/ʿ?⸣ 'Ḥ'Y STY MNP' NBWTQT TM' … `ḤY(?)´ 'ḤPY[
5]Mʿ 'NNWY 'ḤPT⸢L⸣ 'SRY 'SPMT NPYT NTY' ⸢Ḥ?⸣
6]'PMTW?R? P⸢..M⸣ MḤS STY '⸢Ḥ⸣[
7 nur wenige Zeichenreste

Ägyptische Eigennamen wie Pilaq „Philae" und Espmet in Z. 3 sowie Sati „(Göttin) Satet" in Z. 4 und 5 passen ausgezeichnet zu Elephantine und Umgebung, sie lassen indessen wenig Rückschlüsse auf die Sprache des Textes zu. Allerdings erinnert ʿNWŠB in Z. 2 zu stark an äg. *ʿn-wšb* „vergelten", als daß eine zufällige Übereinstimmung plausibel wäre. Dazu kommt, daß die Gruppe ḤRTNW ʾRY in Z. 1 gut als ägyptische Phrase *ḥr tnw r.r=j* (gesprochen etwa *ḥor tenu eroi) „hütet euch vor mir" erklärbar ist. Das vorangehende ʾʾYRY sieht aus wie die Aufzeichnung von gesprochenem *e īre „um zu tun". Sollte das Schriftstück also tatsächlich in ägyptischer Sprache abgefaßt sein? Schade, daß nur so wenig erhalten ist! Die Transkription ist oft unklar, so daß die Identifizierung weiterer ägyptischer Wörter und Formen problematisch ist.

Das dritte Schriftzeugnis ist schließlich ein frühdemotisches Graffito, das der Verfasser dieses Buches 1982 in den Steinbrüchen des Wadi Hammamat in der Ostwüste wiederentdeckt hat.[97] Es handelt sich praktischerweise um einen Zauberspruch gegen Skorpione, wobei Überschrift, „Gebrauchsanweisung" sowie geringe Teile des eigentlichen Zauberspruchs in ägyptischer, genauer demotischer, Sprache gehalten sind, während der Großteil des Spruchs eindeutig unägyptisch[98] ist. Bereits der Anfang *k-p-b-w k-p-b-ʿ-r k-p-ʿ-t-r-m* legte mit seinen Alliterationen nahe, daß es sich wie in ähnlichen Texten aus griechisch-römischer Zeit um „Zauberwörter" handelte, die durch die magische Kraft der fremdartigen Klänge wirken sollten, ohne daß sie immer exakt etymologisierbar sein oder gar einen zusammenhängenden sinnvollen Text ergeben müßten. *Abb. 57*

Kürzlich hat jedoch Richard Steiner[99] einen Versuch in genau dieser Richtung unternommen, indem er den Spruch aus dem Aramäischen heraus interpretiert. Die zitierten drei *voces magicae* würden demnach „Hand meines Vaters, Hand des Baʿal, Hand meiner Mutter ʿAttar" bedeuten. Diese Deutung setzt zwar eine Reihe ungewohnter Wiedergaben bestimmter lautlicher und grammatischer Gegebenheiten voraus[100] – natürlich, denn sonst hätte sich eine aramäische Interpretation ja schon früher angeboten! –, und Details mögen zu modifizieren sein, aber man wird jetzt folgendes eingestehen: 1. Die drei zitierten „Zauberwörter" sind vielleicht tatsächlich semitische Anrufungen an Götter ("Epiklesen") und im Prinzip mit Steiner zu verstehen; 2. Auch der Rest des Spruchs dürfte doch mehr Semitisches enthalten, als wir bisher gedacht haben (wenngleich die Interpretationen Steiners m.E. ein allzu optimistisches Gefühl von Sicherheit vermitteln).

Steiner konnte für seine Deutung – und das ist schon ein bedenkenswertes Argument – geltend machen, daß sich im Wadi Hammamat einige aramäische Graffiti aus etwa derselben Zeit wie der Skorpionzauber finden, d. h. es kamen Leute hierher, die des Aramäischen kundig waren. So hat ein Anonymus das ganze Alphabet eingraviert, und ein Mann mit dem ägyptischen Namen Eshor hat sich im Jahr 29 Dareios' I. (493) unter den Segen des für die Ostwüste zuständigen Gottes Min gestellt.[101]

V. Ägypten und die Perser

Im Jahre 525 eroberte Kambyses Ägypten und begründete dadurch die – nach Manethos Zählung – 27. Dynastie, anders gesagt, die Zeit der ersten Perserherrschaft, die bis 404 dauerte. Nach Libyern, „Äthiopiern" und Assyrern war es nun das vierte Mal im ersten Jahrtausend, daß das Land von Fremden beherrscht wurde. Für Herodot stellte sich die Sache am Anfang des Dritten Buches so dar: „Gegen diesen Amasis also zog Kambyses, der Sohn des Kyros, zu Felde, wobei er von denen, über die er herrschte, sowohl andere als auch von den Griechen Ionier und Aioler mitnahm, und zwar aus folgendem Grund: Kambyses hatte einen Herold nach Ägypten geschickt und um die Tochter des Amasis gebeten. Er hatte aber auf den Rat eines ägyptischen Mannes gebeten, der dies im Zorn auf Amasis betrieb, weil dieser gerade ihn unter allen Ärzten in Ägypten von Frau und Kind weggerissen und an die Perser ausgeliefert hatte. Kyros hatte nämlich an Amasis gesandt und um den Augenarzt gebeten, der der beste in Ägypten sei. Aus Groll darüber gab also der Ägypter dem Kambyses den Rat, Amasis' Tochter zu erbitten, damit dieser entweder dadurch gekränkt würde, daß er sie gäbe, oder sich, wenn er sie nicht gäbe, dem Kambyses verhaßt machte. Amasis aber, ob der Macht der Perser unwillig und schaudernd, wußte nicht, ob er (sie) geben oder ablehnen sollte: Er wußte sehr wohl, daß Kambyses sie nicht als Gemahlin, sondern als Nebenfrau halten würde. Dies bedenkend, tat er folgendes: Der frühere König Apries hatte eine sehr stattliche und wohlgestaltete Tochter, die allein von seinem Hause übriggeblieben war; ihr Name war Nitetis. Dieses Mädchen schmückte Amasis mit Gewändern und Gold und sandte sie an die Perser als seine eigene Tochter. Einige Zeit danach, als Kambyses sie begrüßte und sie nach dem Namen ihres Vaters anredete, sprach das Mädchen zu ihm: 'O König, du weißt nicht, daß du von Amasis getäuscht worden bist. Er hat mich schön ausstaffiert und mich zu dir geschickt, indem er (mich dir) als seine eigene Tochter gegeben hat, die ich in Wahrheit die Tochter des Apries bin, gegen den sich jener (d.h. Amasis), obwohl er sein eigener Herr war, mit den Ägyptern erhoben und ihn ermordet hat.' – Dieses Wort und dieser aufgetretene Anlaß führten Kambyses, den Sohn des Kyros, schwer erzürnt nach Ägypten. So sagen nun also die Perser" (III 1).

Was es mit dieser Geschichte auf sich hat, ist nicht leicht zu ergründen; man vermutet „sicher zu Recht hinter dieser Anekdote weniger den Historien- als vielmehr den Histörchen-Schreiber Herodot."[1] Daß um einer Frau willen Krieg geführt wird, erinnert an gewisse literarische Motive in Sagen und Märchen, z.B. den Raub der Helena und den Trojanischen Krieg. Man kann natürlich auch der Meinung sein, daß dem Kambyses jeder uns trivial anmutende äußere Anlaß für einen Einfall in Ägypten recht war. Der Aufstieg des jungen Perserreiches in diesen Jahrzehnten war unaufhaltsam: 547 fiel Lydien, 539 Babylon; es war nur eine Frage der Zeit, wann zur Abrundung des Territoriums die Reihe an Ägypten samt den syrisch-palästinischen Besitzungen kommen würde. Ohnehin behauptet Herodot an einer anderen Stelle, daß bereits Kyros, der Vater des Kambyses, die Eroberung Ägyptens geplant habe (I 153,4).

Dabei kann es die Prinzessin Nitetis ohne weiteres gegeben haben; die authentische und anderweitig bezeugte Namensbildung spricht sehr dafür.[2] Der Umstand, daß wir aus ägyptischen Texten nichts von einer Prinzessin bzw. Königin dieses Namens wissen, ist kein Gegenargument. Dazu kommt, daß politische Heiraten zwischen befreundeten altorientalischen Herrscherhäusern nichts Ungewöhnliches waren,[3] und wir wissen auch, wie schwer sich Ägypten in der 18. Dynastie mit entsprechenden Wünschen von außerhalb tat. Der Hof pflegte Ansuchen, ägyptische Prinzessinnen an benachbarte Herrscher zu verheiraten, stolz abzulehnen: „Von altersher ist eine ägyptische Königstochter an niemand gegeben worden", mußte sich der König von Babylon damals belehren lassen.[4] Umgekehrt war natürlich der Pharao an ausländischen Prinzessinnen sehr interessiert. Und es erweckte beim Adressaten Mißtrauen, als die Witwe Tutanchamuns sich an den Hethiterkönig wandte mit dem unglaublichen Ansinnen, ihr einen seiner Söhne zu schicken, den sie heiraten wolle. Der Prinz wurde tatsächlich entsandt, unterwegs aber ermordet, was einen Krieg nach sich zog.

In späterer Zeit verfuhr man bei der Verheiratung von Prinzessinnen nicht mehr so rigoros. Die Libyer gaben ihre Königstöchter nicht selten Privatleuten zur Ehe, und König Salomo soll eine ägyptische Prinzessin – eine Tochter des Siamun? – heimgeführt haben.[5]

Vor diesem Hintergrund ist also der Gedanke keineswegs abwegig, daß Kambyses vor seinem Feldzug oder auch schon sein Vater Kyros um eine ägyptische Königstochter gefreit haben sollten. Zur Hauptgemahlin war sie ebensowenig bestimmt wie die kyrenäische Prinzessin Ladike, die Amasis aus diplomatischen Gründen freite (Herodot II 181). Der entscheidende Unterschied im Falle des Kambyses war allerdings, daß Ägypten und Persien gewiß keine befreundeten Mächte waren.

Eine abweichende, von ihm jedoch bezweifelte Version erzählt Herodot im 3. Kapitel: Danach sei Nitetis vielmehr eine Nebenfrau des Kyros gewesen, was die Eifersucht seiner Hauptgemahlin Kassandane hervorgerufen habe. Der zehnjährige Kambyses, ihr ältester Sohn, habe daraufhin gesagt: „Nun denn also, Mutter, wenn ich ein Mann geworden bin, will ich von Ägypten das Oberste zuunterst und das Unterste zuoberst kehren" (III 3,3). Hier werden also die Taten des Erwachsenen (wie mutatis mutandis im Falle der angeblichen Versicherung des siebenjährigen Heinrich Schliemann gegenüber seinem Vater, dereinst Troja auszugraben) nachträglich als Erfüllung eines Jugendtraumes ausgegeben.

Spiegeln diese beiden Fassungen den persischen Standpunkt, so reflektiert eine dritte die ägyptische Sicht: „Die Ägypter dagegen", erzählt Herodot, der sich dazu ebenfalls ablehnend äußert, „beanspruchen Kambyses für sich, in dem sie sagen, daß er von dieser Tochter des Apries (d.h. der Nitetis) abstamme. Kyros sei es nämlich, der zu Amasis wegen der Tochter gesandt hatte, aber nicht Kambyses" (III 2,1). Hinter dieser von Herodots Gewährsleuten kolportierten Behauptung steht natürlich nichts anderes als das Bemühen, das Regime des fremden Usurpators zu legitimieren, indem man ihn zum Enkel des Apries machte. Ähnliches wurde später auch von Alexander dem Großen berichtet, dessen Vater einer bestimmten Überlieferung zufolge nicht Philipp, sondern Nektanebos II. (360–343) war, der sich in Gestalt des Amun der Olympias genähert und Alexander gezeugt haben soll. Beide Erzählungen wurden im gleichen Bemühen von ägyptischen kompromißbereiten Kreisen propagiert, wörtlich nehmen darf man sie selbstverständlich nicht.

Die Eroberung gelang offenbar ohne allzu große Schwierigkeiten: Die syrischen und phönikischen Städte, die unter babylonischer Oberhoheit gestanden hatten, unterwarfen sich den nach Westen marschierenden Persern; auch Zypern stellte sich auf die Seite der Invasoren. Arabische Stämme erleichterten dem Perserheer das Vorrücken, wofür sie später mit Steuerfreiheit belohnt wurden. Ein griechischer Söldner aus Halikarnassos namens Phanes soll aus Ärger von Amasis abgefallen sein und den Persern den Weg durch die Wüste gewiesen haben (Herodot III 11). Nach dem Fall Pelusiums zog sich das ägyptische Heer nach Memphis zurück, doch konnte es dem Vordringen der Perser nicht standhalten. Psammetich III. wurde nach einer Regierung von wenigen Monaten gefangengenommen und hätte Herodot zufolge am Leben bleiben können, hätte er sich nicht gegen den neuen Herrn erhoben (III 15).

Man würde erwarten, daß die altpersischen Inschriften Einzelheiten der Eroberung durch Kambyses enthüllen, die uns aus ägyptischen Quellen verborgen bleiben. Wir erinnern uns, daß im Falle der Assyrer überhaupt nur, wie es ja nahelag, assyrische Quellen zur Verfügung stehen. Dazu ist zunächst einmal zu sagen, daß von Kambyses noch keine monumentalen Königsinschriften bekannt sind; überhaupt wurde die altpersische Keilschrift, die dafür zusammen mit dem Elamischen und dem Babylonischen üblich war, erst von (bzw. zumindest unter) Dareios I. erfunden, wie dieser in dem großen Rechenschaftsbericht der Bisitun-Inschrift[6] selbst verkündet. Über Kambyses erwähnt dieses Monument in Z. 30–35 lediglich, daß er nach der Beseitigung seines rivalisierenden Bruders Smerdis nach Ägypten zog und daraufhin die „Lüge" (*drauga*) „in Persien, in Medien und in den anderen Ländern" überhandnahm.

Ein glücklicher Zufall hat uns hingegen ein ägyptisches Dokument allerersten Ranges beschert, nämlich die berühmte naophore Statuette des „Kollaborateurs"
Taf. 15 Udjahorresnet in den Vatikanischen Museen.[7] Das Stück gelangte sehr früh nach Europa; es fand vermutlich seinen Weg in die ägyptische Sammlungen des Kaisers Hadrian in seiner Villa in Tivoli. Das beste ist es, die wichtigsten Passagen der Inschrift vorzuführen und so weit als nötig zu erläutern.

Udjahorresnet, der die Statue im Tempel der Neith zu Sais aufstellen ließ, trägt neben diversen Rang- und Ehrentiteln die hohe Würde eines „Vorstehers der königlichen Byblos-Schiffe" unter König Amasis und – der Titel wird wiederholt – unter Psammetich III. Nach dieser Selbstvorstellung geht es los: „Der große Fürst aller

Fremdländer, Kambyses, kam nach Ägypten, indem die Fremden aller Fremdländer mit ihm waren" (11).[8] Diese „Fremden aller Fremdländer" sind natürlich die aus verschiedenen Teilen des Reiches rekrutierten Soldaten. Nicht nur in Ägypten war die Armee ein bunter zusammengewürfelter Haufen aus aller Herren Ländern. „Nachdem er von diesem ganzen Lande Besitz ergriffen hatte, ließen sie sich darin nieder, und er wurde der große Herrscher von Ägypten, großer Fürst aller Fremdländer" (11–12). Nach dieser allgemeinen Einleitung kommt Udjahorresnet schnell zur Sache, denn natürlich geht es ihm nicht um eine historische Schilderung der Perserherrschaft, sondern er möchte die besondere Rolle herausstreichen, die er damals spielte. Schließlich war es nicht jedem vergönnt, eine Statue im Tempelbezirk aufstellen zu dürfen, deren Inschriften die Priester lesen und dabei seiner gedenken sollten. Darum fährt Udjahorresnet fort: „Seine Majestät wies mir das Amt eines Oberarztes zu, er (Kambyses) veranlaßte, daß ich neben ihm als 'Freund' (ein Hofrangtitel) und 'Leiter des Palastes' an seiner Seite war und (ihm) seine Königstitulatur in seinem Namen *Mswtj-Rʿ* (= Abbild / Abkömmling des Re) machte" (12–13).[9]

Interessant ist die Nachricht, daß Udjahorresnet für Kambyses eine ägyptische Königstitulatur ausarbeitete. Jeder Fremdherrscher, der darauf Wert legte, als ägyptischer Pharao anerkannt zu werden – und das taten außer den Assyrern alle –, brauchte eine traditionelle Königstitulatur bzw. Namenreihe (*nḫb*). Dazu gehörten vor allem der sog. Horusname und der von einer Kartusche eingeschlossene Thronname, der seit alter Zeit traditionell mit dem Namen des Sonnengottes Re zusammengesetzt war. Für die Perserkönige gebrauchen die Monumente meist – die demotischen ausschließlich – nur die Geburtsnamen. Konkret ist abgesehen von Kambyses nur noch für Dareios I. ein Thronname bezeugt (*Stwt-Rʿ* „Lichtstrahl des Re"), für die späteren Achämeniden, die aber in hieroglyphischen Inschriften äußerst selten erscheinen, nicht mehr.

Udjahorresnet berichtet weiter: „Ich ließ Seine Majestät die Größe von Sais erkennen" (13), wobei er auf die hervorragende Rolle der großen Heiligtümer – zumal die der Neith und des Osiris – hinweist. An einer anderen Stelle der Inschriften heißt es ausdrücklich, daß sich der König nach Sais ins Heiligtum der Neith begab und sich vor der Göttin niederwarf, „wie es jeder König tat" (25). Offenbar wurde Kambyses regelrecht in diese Heiligtümer eingeführt, wie dies einem Pharao zustand. Auch das große Opfer für Neith und die großen Götter von Sais wird nicht vergessen, wieder mit dem bezeichnenden Zusatz „wie es jeder treffliche König tat" (25–26). Solche Vergleiche, die auf eine etablierte Norm Bezug nehmen, sind in der Spätzeit nichts Neues, und Udjahorresnet sagt von sich selbst, daß er „Denkmäler gemacht habe für Neith, die Herrin von Sais, bestehend aus allen guten Dingen, wie ein trefflicher Diener für seinen Herrn tut / getan hat" (32). Man kann sich aber des Eindrucks nicht erwehren, daß diese Vergleiche auch als Mittel verstanden werden konnten, dezent darauf hinzuweisen, daß sich Kambyses den für einen echten Pharao geltenden Spielregeln zu fügen hatte.

Im weiteren Verlauf der Inschrift heißt es: „Ich klagte bei der Majestät des Königs von Ober- und Unterägypten Kambyses über all die Ausländer, die sich im Tempel der Neith niedergelassen hatten, um sie von dort zu vertreiben" etc. (17–19) Offenbar war es im Verlauf der Invasion zu einer Besetzung des Bezirkes der Neith durch fremde Soldaten gekommen – in einer derartigen Situation gewiß nichts Ungewöhnliches. Die ägyptischen Nachrichten über die Besetzung von Tempelanlagen und die Beseitigung dieser für jeden frommen Ägypter untragbaren Zustände wurden unlängst von C. Thiers[10] bequem zusammengestellt und kommentiert. Der König handelte entsprechend dem Wunsche des Udjahorresnet und ließ die Häuser der Fremden, die sich im Tempelbezirk breitgemacht hatten, niederreißen (19ff.). Anscheinend waren das keine regulären Einheiten der Armee, weil nichts – wie in anderen Fällen – von Umsiedlung bzw. Entschädigung gesagt wird. Außerdem verfügte der neue Machthaber die fällige Reinigung des entweihten Areals sowie die Neuorganisation von Tempelpersonal und -besitz.

Daß die Fremden den Ägyptern und speziell den Priestern als unrein galten, zumal wenn sie heiligen Boden besetzten, versteht sich von selbst. Die geschilderten Zustände, wie sie natürlich gerade in den Zeiten der Fremdherrschaft in der Spätzeit immer wieder auftraten, trugen ohne Zweifel maßgeblich zu dem bei, was Assmann[11] die „Verschärfung der kulturellen Grenzen" genannt hat. Nicht ethnische Zugehörigkeit als solche war das Entscheidende, sondern das Gefühl der Profanation, die von seiten der Fremden als „Inbegriff von Unreinheit und Uneingeweihtheit" in ihrer kulturellen Andersartigkeit drohte, solange sie nicht mehr oder weniger vollständig assimiliert waren. Erinnern wir uns nur an die wachsenden Spannungen zwischen Juden und Ägyptern in Elephantine gegen Ende des fünften Jahrhunderts. Die Zeiten Ramses' II. und III., wo man der „asiatischen Gefahr" noch Herr war, waren aber längst vorbei, seitdem die Asiaten selbst an die Macht gekommen waren. Nur durch massiv verstärkte rituelle Aktivitäten konnte man noch hoffen, die Weltordnung einigermaßen in Gang zu halten.

Offenbar ist Udjahorresnet dem Herrscher – sei es noch Kambyses oder schon Dareios – nach Persien gefolgt: „Es befahl mir die Majestät des Königs von Ober- und Unterägypten Dareios, er lebe ewig, nach Ägypten zurückzukehren, während sich Seine Majestät in Elam befand (...), um die Halle des Lebenshauses[12] [...] nach dem Verfall (wieder) einzurichten. Die Fremden brachten mich von Land zu Land (eine Reminiszenz an die klassische Sinuhe-Erzählung)[13] und ließen mich nach Ägypten gelangen" etc. (43ff.). Dort versorgte Udjahorresnet das Lebenshaus mit Studenten vornehmer Abkunft[14] – „kein Sohn eines Geringen war darunter" – und Gelehrten (44). Wegen der bedeutenden Rolle, die er nach seiner Rückkehr bei der Neuorganisation der Tempel spielte, hat man Udjahorresnet immer wieder gerne mit dem biblischen, nach neuer Datierung etwa ein Jahrhundert später lebenden Esra verglichen.[15]

Daß das hohe Amt eines königlichen Flottenkommandanten, das Udjahorresnet noch unter den Saitenherrschern innehatte, von Kambyses offenbar nicht bestätigt wurde, ist natürlich kein Wunder: solche gehobenen militärischen Positionen blieben den Persern vorbehalten.

In der längeren Herodot-Passage, die wir eingangs zitiert haben, war die Rede von dem großen ägyptischen Augenarzt, der gegen seinen Willen in die Fremde ziehen mußte, um Kyros mit seiner Kunst zu dienen. Ägyptische und griechische Ärzte waren in Persien sehr gefragt. In den letzten Jahren haben Godron und Burkard[16] die alte Idee Revillouts aufgegriffen, Udjahorresnet mit der von Herodot erwähnten (nicht namentlich genannten) Person gleichzusetzen. Da Udjahorresnet tatsächlich ein sehr wichtiger Mann war, ist dieser Gedanke gewiß verlockend. Noch lange Zeit später wurde sein Andenken – zumindest in bestimmten Kreisen – hochgehalten: von einer bemerkenswerten Inschrift aus Memphis erfahren wir, daß der Priester Minirdis eine verfallene Statue des Udjahorresnet „177 Jahre nach seiner Zeit", also nach seinem Ableben, restaurierte.[17] Damit kommt man vielleicht tatsächlich an den Anfang der zweiten Perserherrschaft herab, also in die Jahre um 340, doch ist eine exakte Datierung nicht möglich. Das Grab des Udjahorresnet ist vor wenigen Jahren von einer tschechischen Mission in Abusir entdeckt worden.[18] Übrigens ist in Abusir neuen Berichten zufolge eine weitere Grabanlage eines Priesters aus dieser Zeit gefunden worden. Unter dem Titel „Friedhof der Verräter" meldete die Frankfurter Allgemeine Zeitung vom 7. 3. 1998,[19] daß der tschechische Grabungsleiter Miroslav „Verner vermutet, auf ein Bestattungsfeld hochrangiger ägyptischer Kollaborateure gestoßen zu sein, die nach der persischen Besetzung auch unter Kambyses und Darius dienten und deshalb separat bestattet wurden".

Es ist vorgeschlagen worden, in Bothor, dem weisen Ratgeber der Ägypter im koptischen Kambysesroman, eine Verkürzung aus Udjahor(resnet) zu erkennen.[20] Dem ist in jüngster Zeit der lautlich und sachlich überzeugendere Versuch entgegengestellt worden, Bothor mit dem König Bokchoris zu identifizieren, der in der Literatur der hellenistischen Zeit, auf die der Kambysesroman letztlich zurückgeht, eine bedeutende Rolle spielt.[21]

Die Inschrift des Udjahorresnet läßt an zwei Stellen das „Asiatentrauma" anklingen: einmal dort, wo von der Entfernung der Fremden aus dem Tempelbereich die Rede ist (s.o.), und einmal an der Stelle, wo es eingebettet in eine Reihe stereotyper Phrasen heißt: „Ich errettete ihre Bewohner (die von Sais) aus der sehr großen Unruhe, als sie im ganzen Land entstanden war" (33–34). Von den Greueltaten, die die spätere antipersische Tradition dem Kambyses zuschreibt, weiß die Inschrift nichts, und selbst wenn entgegen der in der Forschung üblichen Tendenz, diese Anschuldigungen herunterzuspielen, manches wahr sein sollte, dürfte man davon in den offiziellen Selbstzeugnissen eines „Parteigängers" keinen allzu deutlichen Widerhall erwarten.

Die hauptsächlichste Anschuldigung, wie sie vor allem von Herodot propagiert wurde, war, daß Kambyses den heiligen Apisstier getötet habe (dieser soll einer Verletzung, die ihm Kambyses mit dem Dolch am Schenkel zugefügt hatte, erlegen sein), und das paßt gut zu all den anderen Verbrechen, die ihm als angeblichem Ausbund an Wahnsinn angekreidet wurden. Da wir nur die Sicht der Gegenseite kennen, ist es schwierig, zu einem ausgewogenen Urteil zu gelangen. Bei dem Bemühen, Kambyses zu rehabilitieren, sollte freilich nicht vergessen werden, daß es im allgemeinen bei Eroberungen nicht ohne mehr oder weniger massive Ausschreitungen abgeht.[22] Es wird in Ägypten kaum so ganz anders zugegangen sein.

Um auf den antiken Vorwurf der Tötung des Apisstieres zurückzukommen: In der Forschung wird meist argumentiert, daß eine konkrete Basis für diese Anschuldigung nicht gegeben sei, da im November 524, d. i. über ein Jahr nach der Eroberung, ein Apis nach ca. zwanzigjähriger Lebenszeit offiziell im Serapeum von Memphis beigesetzt wurde – das Todesdatum ist nicht überliefert – und der nächste Apis, von dem wir Kunde haben, am 29.5.525 geboren wurde (und 518, also bereits unter Dareios, starb).[23] Da nicht zwei Apisstiere gleichzeitig existieren konnten, muß der ältere der beiden vor dem 29.5.525 gestorben sein, was bedeutet, daß zwischen diesem Terminus ante quem und der Beisetzung im November 524 anstelle der traditionellen 70 Tage der Einbalsamierung gut und gern anderthalb Jahre vergangen sein müssen! Hierfür werden – wie meist angenommen – die Wirren der Invasion verantwortlich sein. Möglicherweise hat es aber nach dem Tode des älteren Apis (nach Mariettes Zählung Nr. XLII) und vor der Inthronisation des jüngeren (Nr. XLIV) tatsächlich einen weiteren gegeben, der jedoch noch vor seiner Inthronisation getötet wurde und darum nicht offiziell aufscheint. Der Umstand, daß der Sarkophag des 524 beigesetzten Apis seinen Inschriften zufolge von Kambyses gestiftet wurde, ist kein stichhaltiges Gegenargument. Auf diese Weise wäre also Herodot in einer Angelegenheit, die doch wesentlich gravierender ist als so manche anderen „Histörchen", rehabilitiert. Während Ray[24] noch 1988 schrieb „'Not proven', or even 'not guilty', is the necessary verdict", kam Depuydt[25] in einer neuen Untersuchung zu dem Ergebnis „I would personally rather believe that Cambyses is to be presumed guilty until proven innocent." – ein Urteil, dem wir uns wohl anschließen dürfen. Es ist aber ausdrücklich darauf hinzuweisen, daß diese Sichtweise nicht der derzeitigen communis opinio entspricht.

Was die Motivation der Handlung des Kambyses angeht, die der Tradition zufolge von Artaxerxes III. Ochos wiederholt wurde, hat Merkelbach[26] einen interessanten, in der ägyptologischen Literatur stets außer Acht gelassenen Aspekt in die Diskussion eingebracht. Er meint, daß das Geschehen „einen mythischen Grund gehabt haben" dürfte, denn „(d)er Perserkönig war der inkarnierte Mithra. Wenn der heilige Stier erschien, mußte Mithra seine große Tat wiederholen und den Stier opfern, zum Heil der Welt." „Ein solches Stieropfer glaubte Kambyses als neuer Mithra vollziehen zu müssen." Vielleicht verstand also Kambyses seine Konfrontation mit dem Apisstier genauso als Ritual wie Tiridates seine Belehnung mit dem Königreich Armenien unter Nero. Auf die Aufforderung hin, bei Gladiatorenkämpfen von der Tribüne herab ein Tier zu erlegen, soll Tiridates „mit einem einzigen Pfeil zwei Stiere erschossen haben. Es ist auffällig, daß er sich keinen Löwen oder Bären zum Ziel wählte, sondern das Tier des Mithras." In dieser Perspektive also mag man den dem Kambyses zugeschriebenen und vielleicht tatsächlich stattgefundenen Apismord sehen. Herodots Geschichte hätte demnach also wie so häufig einen wahren Kern, aber die zugrundeliegenden Ursachen wären eben nicht bloß Hybris, Gottlosigkeit und Wahnsinn. So besehen wäre es möglich, daß Kambyses den Apisstier opferte – de facto also beseitigte – und trotzdem dessen Vorgänger beisetzen ließ.

Daß die Ägypter ihrerseits für Merkelbachs „mythologische" Sicht der Dinge[27] kein Verständnis gehabt haben können, läßt sich denken. Der Keim für die spätere Verteufelung der Perser war gesät, „Meder" und der verfemte Wüstengott Seth

Tafel 9a Blick auf die Aramäerhäuser in Elephantine.

Tafel 9b Ziegelpflaster vom Jahu-Tempel in Elephantine (im Vordergrund).

Tafel 10 *Das Trierer Monnus-Mosaik mit Darstellung des weisen Achikar (links).*

Tafel 11 *Ägyptisch-aramäische Stele der Tumma, Tochter des Bekrenef.*

E.4716.

Tafel 12 Ägyptisch-aramäische Stele des Anchhapi im Vatikan. Die Einbalsamierungs- und Klageszenen oben und links unten entsprechen der auf diesen Stelen üblichen Thematik; besonders hervorzuheben sind aber die Standartenträger im unteren Bildfeld (s. a. Abb. 49).

Taf. 13a Ägyptisch-aramäische Stele mit Inschrift „Hapimen, Sohn des Achamanisch".

Tafel 13b Kürzlich unter Wasser entdecktes Duplikat der sog. Naukratis-Stele aus Herakleion/Thonis.

HILTI

Tafel 14a Bronzestatue vom „Pazuzu-Typ" (assyrischer Dämon) aus Tanis mit korrodierter nordwestsemitischer Stiftungsinschrift.

Tafel 14b Statue des „Kollaborateurs" Ptahhotep.

Tafel 14c Detail aus Taf. 14b mit dem typisch persischen, aus zwei Steinbockfiguren gebildeten Halsband – ein Geschenk des Großkönigs für verdiente Beamte.

Tafel 15
Naophore Statue
des „Kollaborateurs“
Udjahorresnet.

Tafel 16a Goldener persischer Armreif, ikonographisch mit Taf. 14c vergleichbar.

Tafel 16b Salbfläschchen aus blauer Fritte mit Kartusche Dareios' I. und Löwenattaschen (s. a. Abb. 67).

waren einerlei. Dabei spielte es wohl keine große Rolle, was auf das Konto des Kambyses persönlich oder eher das der persischen Soldateska ging.

In diesem Zusammenhang erhebt sich auch die Frage, was es mit den Anschuldigungen bezüglich Tempelschändungen und sonstiger Freveltaten auf sich hat: So berichtet Herodot (III 37), daß Kambyses im Heiligtum des Hephaistos (d. i. Ptah) von Memphis die Pataikosfiguren verhöhnte und die Götterbilder verbrennen ließ. In der Tat scheint es zu Übergriffen gekommen sein: in Karnak-Nord fanden sich Brandspuren im Boden, die auf die Existenz von Anlagen der 25. Dynastie aus ungebrannten Ziegeln weisen, Anlagen, die offenbar den Wirren der Invasion zum Opfer fielen.[28] Hingegen ist ein demotisches Graffito vom Satet-Tempel auf Elephantine,[29] das meist als gewichtiger Zeuge für eine Zerstörung dieses Tempels unter den Persern interpretiert wurde, ganz anders zu verstehen. Zwar ist dort tatsächlich davon die Rede, daß der „Meder" nach Ägypten kam und der Tempel „zerstört" wurde, aber erstens hat sich herausgestellt, daß dieser „Meder" in Wahrheit der seleukidische König Antiochos IV. ist,[30] der während des Sechsten Syrischen Krieges im Jahr 168 in Ägypten eingefallen war und dort sogar kurzfristig regierte, und zweitens bezieht sich das Wort „zerstören" *(ḫrḫ(r))* in dem Elephantine-Graffito im Zusammenhang nicht auf eine kriegsbedingte, feindliche Zerstörung, sondern auf den planmäßigen Abriß des Tempels zu jener späten Zeit im Hinblick auf den später ja auch wirklich durchgeführten Neubau. Das Graffito hat also für unsere Frage keinerlei Relevanz.

Es verbleibt schließlich die Aussage des berühmten aramäischen Bagoasbriefes, *Abb. 44* also jener Petition, die die jüdische Gemeinde von Elephantine im Jahre 408 an Bagavahya, den persischen Gouverneur in Jerusalem, gerichtet hat.[31] Als Hintergrund für das Gesuch, den Wiederaufbau des vom Ortsgouverneur Vidranga auf Betreiben der Ägypter bis auf die Grundmauern zerstörten und aller wertvollen Dinge beraubten jüdischen Tempels zu genehmigen, wird daran erinnert, daß dieser schon unter Kambyses existiert habe, ihm aber kein Schaden zugefügt worden sei. „Die Tempel der Götter Ägyptens" seien indessen „allesamt gedemütigt / geschädigt worden." W. Kaiser[32] hat zuletzt argumentiert, daß das hier gebrauchte, seltene aramäische Verbum MGR nicht unbedingt eine „Zerstörung" implizieren muß, sondern eher allgemein auf eine „Profanierung der Heiligtümer durch das Eindringen fremder Soldaten und Plünderung von Ausstattung und Magazinen" weist. „Noch die frühen Ptolemäer-Könige lassen sich kaum ganz ohne Grund dafür preisen, daß sie von den Persern geraubte Götterbilder nach Ägypten zurückgebracht haben" (Winnicki hat gezeigt, daß letzteres kein hohler Topos ist, sondern auf wirklichem Geschehen beruht[33]). In Elephantine ist jedenfalls archäologisch keine Spur von derart massiven Zerstörungen ägyptischer Heiligtümer nachzuweisen. Davon unberührt bleibt selbstverständlich aber, daß unter Kambyses zweifellos Plünderungen und Beschädigungen hier wie auch anderswo stattgefunden haben. Auf derselben Linie liegt eine Stelle im Raphia-Dekret Ptolemaios' IV. (217), derzufolge die „Meder" die Tempel Ägyptens schädigten.[34] Zudem wird im Bericht der Juden von Elephantine an eine offizielle persische Instanz die Anspielung darauf nicht einfach aus der Luft gegriffen sein.

Ein dritter Vorwurf, den sich Kambyses von der griechischen Geschichtsschreibung gefallen lassen mußte, betraf die Schändung der Mumie des Amasis, die den Flammen preisgegeben worden sein soll (Herodot III 16). Man hat vermutet, daß er damit ägyptischer Vorstellung entsprechend gehandelt habe, indem er das Andenken des Usurpators gründlich tilgen und sich als legitimer Nachfolger des Apries aufspielen wollte. Dieser Legitimierungsgedanke ist es ja auch, der hinter der oben zitierten Variante der Nitetislegende steht, die Kambyses zum Enkel des Apries macht.

Eine der entscheidenden Maßnahmen, die mit den Grund für die Unbeliebtheit des Kambyses in der späteren Überlieferung gelegt haben, ist bekanntlich die massive Beschneidung der Einkünfte der Tempel. Die betreffende Quelle auf der Rückseite der sog. „Demotischen Chronik" – die Handschrift datiert in die frühere Ptolemäerzeit – beginnt mit den Worten „Die Angelegenheiten, die bezüglich des Rechtes (bzw. Gesetzes) der Tempel, welches im Haus des Richtens ist, beraten werden sollen." Das erinnert an das nach derselben Quelle von Dareios I. kodifizierte „Gesetz des Pharao, der Tempel und des Volkes" (vgl. unten). Es geht weiter „Die Bauhölzer, die Brennhölzer, der Flachs, die Bäume / Sträucher, die früher, zur Zeit des Königs Amasis, an die Heiligtümer der Götter gegeben wurden, außer dem Tempel von Memphis, dem Tempel von Wenchem und dem Tempel von Per-Hapi – (in Bezug auf) die(se) Heiligtümer befahl Kambyses: 'Laßt sie ihnen nicht geben … (*mwskj*, unklares Wort). Man soll ihnen (den Priestern) einen Platz in den Waldgebieten und im Südland zuweisen, daß sie sich Bauholz und Brennholz verschaffen und es ihren Göttern bringen.' (In Bezug auf) [die] Einkunft der drei obengenannten Tempel befahl Kambyses: 'Gebt sie ihnen wieder in ihrer früheren Weise!' (In Bezug auf) die Rinder, die den Heiligtümern der Götter früher zur Zeit des Königs Amasis gegeben wurden, außer dem Tempel von Memphis, dem Tempel von Wenchem und dem Tempel von Per-Hapi, befahl Kambyses: 'Ihre (der Rinder) Hälfte soll man ihnen geben!' Das, was den drei obengenannten Tempeln gegeben worden war, befahl man ihnen wiederzugeben. (In Bezug auf) [das] Geflügel, das den Heiligtümern früher zur Zeit des Königs Amasis gegeben wurde, außer den drei Tempeln, befahl Kambyses: 'Gebt es ihnen nicht! Die Priester sollen sich (ihre) Gänse (selber) aufziehen und sie ihren Göttern geben!'" Der abgeschätzte Wert der Zuwendungen an die Tempel zur Zeit des Amasis wird dann im Detail spezifiert und vom strikten Befehl des Kambyses begleitet: „Gebt sie den Göttern nicht!"[35]

Tempeleigene Gänsezucht ist auch für die erste Perserzeit nachweisbar. Aus Diospolis Parva im 7. oberägyptischen Gau ist ein ganzes Dossier aus dem frühen 5. Jahrhundert bekannt, das sich auf diverse Transaktionen lokaler Gänsehirten bezieht.[36] Diese Hirten gehörten institutionell zum „Haus des Amun", d. h. der Domäne des Amun von Karnak, die auch Ländereien in weiter nördlich gelegenen Landesteilen einschloß. Eine der Urkunden (Nr. 2) ist eine Quittung mit dem Wortlaut: „Eingegangen und empfangen (o.ä.) [vom Gänsehirten des Hauses des Amun A] Sohn des B, übergeben an das Gottesopfer des Amun [in die Hand des C, Sohn des] D, dem die Gänse [des Gottesopfers des Amun] im Dorf *Nꜣ-sm-srḫj*, das zu den [Örtlichkeiten des Gottesopfers] des Amun im Distrikt von Hu gehört, anvertraut sind: Gänse [x]". Nach einem anderen, besser erhaltenen Dokument (Nr. 3B) übergibt ein Gänsehirt der Amunsdomäne an das Gottesopfer des Amun drei Gänse als Pachtsteuer für ein Landstück, das ihm für den Monatsdienst zugewiesen worden war.[37] Diese Gänsehirten erhielten natürlich einen Teil der Brut der ihnen anvertrauten Vögel als Entlohnung und konnten damit wiederum weitere Ausgaben abdecken.

Vielleicht hätte es sich gar nicht gelohnt, aus dem Verso der „Demotischen Chronik" so eingehend zu zitieren, wenn die darin geschilderten Anordnungen von den Nachfolgern des Kambyses rückgängig gemacht worden wären. Der Text entstand aber nicht vor dem 4. Jahrhundert und stellt die Ereignisse nicht um ihrer selbst willen dar, sondern mit aktuellem Bezug. Wir erinnern an die Überschrift: „Die Angelegenheiten, die in Bezug auf das Recht der Tempel im Gerichtshaus beraten werden sollen". Offensichtlich ging es um einen späten Antrag, die früheren Einkünfte der Tempel wiederherzustellen. Allerdings hat Edda Bresciani[38] die Ansicht vertreten, daß die drei genannten Tempel nicht die einzigen privilegierten Heiligtümer von ganz Ägypten gewesen seien, der geographische Bezugsrahmen sei lediglich die Region von Memphis – was ebenso schwer zu beweisen wie zu widerlegen ist.

Jedenfalls wirkten sich die Kürzungen vermutlich noch empfindlicher aus, wenn man die zusätzlichen Leistungen bedenkt, die von den Tempeln gewiß erwartet wurden, auch wenn wir dafür keine direkten Quellen haben. Wir wissen aber, daß der Tempel Eanna in Uruk unter Kyros und Kambyses mit verschiedenen Requisitionen belastet wurde:[39] Soldaten mußten an die königliche Verwaltung geliefert werden, desgleichen Schafen und Ziegen, Dattelbier für die Verpflegung des Hofes, Gewürze etc., so daß der Tempel einen großen Kredit aufnehmen mußte. Warum sollte es in Ägypten, wo sich Kambyses ständig aufgehalten zu haben scheint, besser gewesen sein? Und wenn man bei Herodot (III 91,3) liest, daß das zur sechsten Satrapie vereinigte Ägypten und Libyen seit Dareios außer dem jährlichen Tribut von 700 Talenten (sowie dem Ertrag des Fischfangs im Moiris-See) 120 000 Scheffel Getreide für die persische Garnison in Memphis samt deren Hilfstruppen zu liefern hatte, dann vermag man schwer zu glauben, daß hier die Tempel *nicht* zur Kasse gebeten worden sein sollten. Dazu kommt noch, daß das Erscheinen des Königs und seines Anhangs im Lande für die örtliche Bevölkerung eine kostspielige Angelegenheit gewesen sein muß.[40]

In Zusammenhang mit den gravierenden Beschneidungen der Tempeleinkünfte wäre auch zu erwähnen, daß die in der ersten Hälfte des ersten Jahrtausends sehr häufige Denkmälergattung der sog. Schenkungsstelen,[41] welche Landschenkungen teils von Königen, teils von vermögenden Privatpersonen für die Tempel dokumentieren, mit dem Ende der 26. Dynastie ein abruptes Ende findet. Erst ab der 30. Dynastie finden wir wieder Beispiele für diese Sitte. Allerdings wissen wir aus der großen Schenkungsinschrift von Edfu,[42] daß Dareios I. und II. dem Tempel von Edfu Landschenkungen zukommen ließen. Das scheint aber alles in allem die Ausnahme gewesen sein, und das Verschwinden der Schenkungsstelen wird kein Zufall sein, sondern eine veränderte Situation widerspiegeln.

Abb. 1 und 112

Noch ein kleines Indiz für eine eventuelle reservierte Haltung gegenüber Kamby-

ses sei deshalb erwähnt, weil es bisher in der wissenschaftlichen Diskussion übergangen wurde. In dem zur Zeit Dareios' I. abgefaßten demotischen Papyrus Rylands 9 wird der zweimal vorkommende Name des Kambyses zwar mit Kartuschenrand, aber mit dem gewöhnlichen Personendeterminativ geschrieben.[43] Im Namen des Dareios, der natürlich genauso „fremdländisch" ist wie der des Kambyses, wird dies hingegen nicht getan. Grundsätzlich soll man solche Finessen der Schreibung nicht überbewerten, aber innerhalb desselben Dokuments sieht es doch so aus, als ob da eine gewisse Absicht dahintersteckt. Vergleichsweise wird der Name des Xerxes in
Abb. 61 der sog. Satrapenstele überhaupt ohne Kartusche geschrieben.[44] Und in dem vorhin besprochenen Text auf dem Verso der „Demotischen Chronik" wird „Kambyses" mit Fremdlanddeterminativ und ohne Kartuschenrand und ohne „Gottesdeterminativ" geschrieben.

Kambyses verbrachte die nächsten Jahre im Lande, anscheinend in der Absicht, das Zentrum des Perserreiches nach Ägypten zu verschieben. Er begnügte sich nicht mit einer „asiatischen" Eroberungspolitik, sondern folgte einer „afrikanischen",[45] indem er Feldzüge gegen die libyschen Oasen (die Ammonier), Karthago und Äthiopien / Kusch führte. Die beiden ersteren blieben infolge unzureichender Vorbereitungen erfolglos. Was Kusch betrifft, so ist die persische Präsenz dort gut bezeugt,[46] und sie geht vielleicht wirklich auf die Zeit des Kambyses zurück. Allerdings wird *Kūšiya* – so der persische Name – erst in den späteren Jahren Dareios' I. in den Listen der Satrapien und Tributbringer genannt, und zwar üblicherweise an letzter Stelle. Meroe blieb dagegen unabhängig.

Eine von dem „Magier Gaumāta" angezettelte Erhebung rief Kambyses nach Persien zurück. Gaumāta (der sog. „falsche Smerdis") gab vor, der legitime Nachfolger des Kyros zu sein, und fand bei den Massen wie bei den Priestern beachtlichen Rückhalt. Herodot zufolge starb der Perserkönig in Buto an den Folgen einer Verletzung, die er sich beim Besteigen seines Pferdes mit dem Schwert zugefügt hatte – nicht von ungefähr an der Stelle also, wo er seinerzeit den Apisstier tödlich verletzt hatte (III 64,3). Ein Text auf der Rückseite der „Demotischen Chronik" macht eine unklare Aussage über das Ende des Kambyses: „er starb auf der Matte (?), noch ehe er sein Land (seine Heimat) erreichte".[47] Die große Inschrift Dareios' I. in Bisitun gebraucht dagegen einen Ausdruck, der wörtlich „seinen eigenen Tod habend" = „eines natürlichen Todes sterbend" bedeutet.[48]

Dareios, einem aus einer Nebenlinie der Achämeniden stammenden Sohn des Hystaspes, gelang es innerhalb kürzester Zeit, die „Lügenkönige" Gaumata und andere Rebellen zu vernichten und sich 522 auf den Thron des Perserreiches zu setzen. Etwa in diese Zeit gehört ein obskurer ägyptischer Dynast Petubastis, der von einigen Quellen und einem Dokument aus seinem ersten Regierungsjahr (welches auch sein letztes gewesen sein dürfte) bekannt ist.[49]

Etwa um 518 stattete Dareios Ägypten einen Besuch ab, um den von Kambyses eingesetzten Satrapen Aryandes für gravierende Überschreitungen seiner Kompetenzen zur Verantwortung zu ziehen. Dareios wurde hier mit ähnlichen Unabhängigkeitsbestrebungen seines Satrapen konfrontiert wie später Alexander bei Kleomenes.

Auch Dareios konnte natürlich ohne treue Gefolgsleute auf Seiten der Ägypter nicht auskommen: wir haben schon gehört, daß Udjahorresnet die dem Kambyses geleisteten guten Dienste auch dem Dareios zukommen ließ. Ein anderer bewährter Mitarbeiter war ein gewisser Ptahhotep, dessen sicherlich aus Memphis stammende Tempelstatue in Brooklyn aufbewahrt wird.[50] Daß hier wie im Falle des Udjahorresnet *Taf. 14b* der Kopf fehlt, gibt zu denken – hat etwa die Nachwelt mit den „Kollaborateuren" abgerechnet? Zu beachten ist die typische Gewandung, der sog. „persische Mantel", der im – allerdings keineswegs obligatorischen – Verein mit dem „persischen Gestus" in dieser Zeit sehr beliebt wird, jedoch vereinzelt bereits in der Saitenzeit vorkommt, was gegen persische Herkunft spricht.[51] Es gibt sogar Vorläufer in der Königsplastik Amenophis' III.![52] Wirklich persisch ist bei Ptahhotep indessen das Halsband mit den beiden Steinböcken, ein in der altpersischen Kunst ver- *Taf. 14c* breitetes Motiv: Man vergleiche damit den goldenen, beim Bau des Kanals von Korinth gefundenen Armreif in Karlsruhe, der in Löwen endet, die Steinböcke verschlingen.[53] *Taf. 16a* Offensichtlich handelt es sich um ein königliches Geschenk, mit dem der Großkönig seinen treuen Untertan auszeichnete. Leider ist die Inschrift auf dem Rückenpfeiler völlig stereotyp; kein Vergleich also mit der des Udjahorresnet! Wir gewinnen aus ihr aber die aufschlußreiche Information, daß Ptahhotep „Leiter aller königlichen Arbeiten (d.h. Bauvorhaben)" und „Schatzhausvorsteher" war. Das ist schon insofern bemerkenswert, als solche hohen Positionen normalerweise eigentlich Persern vorbehalten waren; wir werden darauf noch zurückzukommen haben. Aus diesem Grunde bezweifelt Briant, daß Ptahhotep wirklich Finanzminister der Satrapie war – dies war vielmehr der sog. *senti*, der aber doch auch ein Ägypter war! –, hält ihn aber gleichwohl für einen hohen Funktionär der Finanzverwaltung.[54]

Von Interesse ist nun, daß auf einem anderen Monument desselben Mannes, einer Serapeumsstele aus der Zeit des Dareios, ein nichtägyptischer Name bzw. Begriff *Qppš* aufscheint.[55] Wir wissen, daß Ptahhotep rein ägyptischer Herkunft war, also kann es nicht um den Namen eines Vorfahren handeln. Da unmittelbar daran die Abstammungsangabe „Sohn des ..." anschließt, kann es sich auch nicht gut um einen Titel handeln, wie man früher geglaubt hat, es sei denn, einen gleichsam als Eigennamen oder Appellativ gebrauchten. Posener hat wahrscheinlich gemacht, daß wir es mit einem Beinamen des Ptahhotep zu tun haben, der ihm vom Großkönig verliehen wurde.[56] Derselbe Gelehrte hat auch gezeigt, daß dieses *Qppš* mit der gräzisierten Form Κομβαβος, Κομβαφις zu verbinden ist, womit spätere Überlieferung (Ktesias, Lukian) den Typ des treuen und aufopfernden Eunuchen schlechthin belegt.[57]

Eine der bedeutendsten Leistungen des Dareios für Ägypten war die Kodifikation des unter Amasis geltenden Rechtes. Dies entnehmen wir einem Text auf dem Verso der „Demotischen Chronik".[58] Noch Diodor (I 95, 4) überliefert, daß Dareios der sechste (und letzte) ägyptische Gesetzgeber gewesen sei. Die Arbeit der von Dareios eingesetzten Kommission, die nach dem erwähnten demotischen Text aus den „Weisen unter den Kriegern, Priestern und allen Schreibern von Ägypten" bestand, nahm 16 Jahre in Anspruch. Das Resultat wurde nach Susa gesandt, wo es ins Aramäische, der offiziellen Verkehrssprache des Perserreiches, sowie ins Demotische übertragen werden sollte. Das Werk umfaßte das „Gesetz des Pharaos, der Tempel und des Volkes", anders gesagt, öffentliches Recht, „Tempelrecht"[59] und Privatrecht. Noch das Musterbuch des demotischen „Hermopolis Legal Code" und der römerzeitliche Gnomon des Idios Logos scheinen davon angeregt worden zu sein. Ein altpersischer juristischer terminus technicus, der in den aramäischen Papyri aus Ägypten bestens belegt ist und sogar in den genannten „Legal Code" Eingang gefunden hat, legt Zeugnis für die Bedeutung der Perserherrschaft in diesem Bereich ab.[60]

Schon aus diesen kodifikatorischen Leistungen kann man erahnen, wie das Bild des Dareios als „idealer Pharao" Gestalt annahm. Galt Kambyses als Inbegriff der Gottlosigkeit, so war Dareios nach antiker Überlieferung das Gegenteil hiervon. Dareios verhält sich in dieser Einschätzung zu Kambyses ungefähr so wie Kyros zu Xerxes. Zu diesem Bild paßt es, daß Dareios als Förderer ägyptischer Kulte und Gönner der Priesterschaft auftrat. In den Worten von Assmann, der die unterschiedliche Politik von Assyrern, Saiten und Persern einander gegenüberstellt: „Die assyrische Politik bestand darin, sich die lokalen Machthaber als Vasallen zu verpflichten (...). Die 26. Dynastie hat es verstanden, die von den Assyrern bestätigten feudalen Strukturen wieder in bürokratische umzuformen, dabei aber weder die libyschen Fürstentümer noch die Erinnerung an sie völlig auslöschen können. (...) Es hätte daher für die Perser auch die Möglichkeit gegeben, sich mit dieser militärischen Elite zu verbinden. Sie haben jedoch auf eine andere Ebene gesetzt: das Priestertum. Das bedeutete, daß sie die kultisch-ideologische Rolle des pharaonischen Königtums mit allen Titeln angenommen haben. Damit traten sie gegenüber den Göttern in die Sohnschaftsbeziehung ein, die sie in ägyptischen Augen legitimierte, aber auch zu unablässiger Aktivität für die Götter verpflichtete."[61]

Diese kultischen Aktivitäten sind am eindruckvollsten an dem von den Saiten begonnenen und im wesentlichen unter Dareios I. dekorierten großen Tempel von Hibis in der Oase Charga abzulesen.[62] Immer wieder erblickt man hier den Perserkönig in der traditionellen Rolle des opfernden Pharaos wie später die Ptolemäer und Römer. Zeugnisse der Bautätigkeit des Dareios sind vereinzelt auch andernorts anzutreffen, wie z.B. in Elkab, wo wir seinen Namen in einer ungewöhnlichen Schreibweise finden.

Taf. 17b und 18

Taf. 19a

Bei einer Würdigung der Religionspolitik der Achämeniden ist es aber auch wichtig, darauf zu achten, was es – im Kontrast zur vorangegangenen Saitenzeit – nicht mehr gibt. Ein definitives Ende bereitet wurde der vormals wichtigen thebanischen Institution der Gottesgemahlinnen des Amun und ihres ausgebauten Verwaltungsapparates. Psammetich I. hatte seinerzeit diese Einrichtung dazu benutzt, um seine Herrschaft in Oberägypten auf diplomatischer Ebene zu festigen, indem er seine Tochter Nitokris von der damals (656) amtierenden Gottesgemahlin adoptieren ließ.[63] Die Perser sahen keinerlei Veranlassung, sich dieses Instruments zur Sicherung ihrer Macht zu bedienen, und schafften die Institution samt dem riesigen zugehörigen Verwaltungsapparat kurzerhand ab.[63a] Von diesen Maßnahmen war auch Kultpersonal betroffen wie die sog. „Sängerinnen vom Inneren des Amun", die häufig Namen der Gottesgemahlinnen tragen und sich, wie allgemein angenommen wird, ebenso wie die letzteren durch Adoption ergänzten.[64] In der Perserzeit ist es jedenfalls auch damit vorbei, und zwar für immer. Erst recht verschwinden übrigens auch die thebanischen Hohenpriester des Amun, um erst wieder in der 30. Dynastie aufzutauchen.

Man rühmt die religiöse Toleranz der Achämeniden – mit Ausnahme gewisser schwarzer Schafe wie Kambyses – eine Toleranz, die trotz des persönlichen Interesses, das Diodor dem Dareios nachsagte (I 95, 5), alles in allem selten soweit ging, die Grenzen zwischen der eigenen und der ägyptischen Religion zu überschreiten. Ein solches Beispiel ist die von einer aramäischen Stele aus Assuan dokumentierte Gründung eines Heiligtums für eine ägyptische Gottheit durch einen persischen Garnisonskommandanten von Syene.[65]

Solche individuellen Fälle ausgenommen, entsprang die im ganzen Reich feststellbare Toleranz alles in allem kaum besonderer Hochachtung vor den Religionen der beherrschten Territorien, sondern war eher eine Mischung aus Indifferenz und politischem Kalkül.[66] Von genereller religiöser Indifferenz kann aber natürlich keine Rede sein, dazu war schon die nicht zu überschätzende Ausstrahlungskraft der persischen Religion(en) langfristig und über einen riesigen geographischen Raum gesehen viel zu stark. So hat Kákosy[67] die Vermutung geäußert, daß die in der Spätzeit z. B. auch im Hibis-Tempel in Text und Bild bezeugte Vorstellung vom „feurigen Äther" zwar nicht aus Persien übernommen wurde – es gibt einheimische Vorläufer –, aber durch analoge Glaubensvorstellungen der erobernden Macht entscheidend genährt und in ihrer Entwicklung begünstigt wurde.

Die besagte Toleranz schloß selbstverständlich das königliche Vorrecht, Priesterernennungen zu bestätigen, nicht aus. In diesem Punkt stand Dareios durchaus fest auf dem Boden ägyptischer Tradition. Einiges Material hierzu haben wir aus den demotischen Papyri von Elephantine, besonders der sog. Pherendates-Korrespondenz.[68]

Der frühere der beiden Hauptzeugen (Berlin P 13539) datiert nach revidierter Chronologie vom Dezember 493. Die „Priester des großen Chnum, des Herrn von Elephantine" teilen dem Satrapen Pherendates eine ca. vier Monate zurückliegende Amtshandlung mit: „Im Jahr 29, 4. Monat der *peret*-Jahreszeit, zur Zeit der Nachfolge des Lesonis[69] ließen wir den Petechnum, Sohn des Haaibre, als Lesonis abtreten und ließen ihm den Neschnumpameter, Sohn des Horcheb, als Lesonis folgen. Wir sind übereingekommen, ihn zum Lesonis zu machen. Er wird liefern lassen und Brandopfer vor Chnum darbringen lassen."

Der Lesonis war übrigens kein „Priester", d. h. er übte keinen Kult aus; vielmehr war er der Leiter der örtlichen Tempelverwaltung und mithin auch für die Durchsetzung von Leistungen und Abgaben an den Fiskus verantwortlich. Aufgrund der Formulierung „zur Zeit der Nachfolge des Lesonis" und späterer Quellen nimmt man an, daß diese Funktionäre alljährlich neugewählt wurden. Die Möglichkeit einer Wiederwahl scheint grundsätzlich aber bestanden zu haben, wie im Falle des berühmten Petosiris, der sieben Jahre lang Lesonis des Thot von Hermopolis war.

Knapp vier weitere Monate nach Abfassung des ersten Schreibens, im April 492, ergeht die Antwort des Satrapen an die Chnumpriester von Elephantine (Berlin P 13540). Es lohnt sich, aus diesem Dokument, das wohl aus dem Aramäischen ins Demotische übersetzt wurde (vgl. Anm. 68), wörtlich zu zitieren: „Es gibt da

Priester, die mir der *heri-ideb* früher vorgeführt hat mit den Worten: 'Sie sollen zu Lesoneis gemacht werden,' indem / obwohl es unter den genannten Priestern einen gibt, der geflohen ist. Man befahl, ihn zu suchen. Es gibt unter ihnen auch einen, der der Diener eines anderen ist. Derartige (Leute) kann man nicht zum Lesonis machen. Nun, der Priester, den man zum Lesonis machen kann, ein Vornehmer / Reicher (ist der?), den ich bestätigen werde (o.ä.), indem es nichts gibt, was er verderben ließ, derjenige, der ausgewählt werden wird entsprechend dem, was König Dareios befohlen hat". Wesentlich sind die Schlußworte des Satrapen: „Den Priester, der eine Sache verdorben haben wird, oder der im Dienste eines anderen Mannes ist, Leute von dieser Art sollen mir nicht vorgeführt werden, um sie zum Lesonis zu machen!" Ein Lesonis soll also unabhängig sein, d.h. er darf nicht in einem Schuld- oder Abhängigkeitsverhältnis stehen – und er muß kompetent sein.

Zwei weitere Punkte verdienen Beachtung: einmal der erwähnte anonyme Beamte mit dem Titel *heri-ideb*, sodann der Hinweis auf die Auswahl des Kandidaten „entsprechend dem, was König Dareios befohlen hat". Letzteres ist wohl als Hinweis darauf zu verstehen, daß die Entscheidung über die Auswahl der Kandidaten den persischen Behörden – konkret also dem Satrapen – obliegt (während die örtliche Priesterschaft in der Aufstellung der Kandidaten frei ist). Eigenartig ist nur, daß der Satrap auf den neuen Lesonis gar nicht Bezug nimmt – ist ein früheres diesbezügliches Schreiben verlorengegangen? Oder schien es dem Satrapen in diesem besonderen Falle nicht nötig, die Bestätigung expressis verbis zu erteilen, und es sollten den Priestern nur bestimmte allgemeine Grundsätze klargemacht werden?

Was den – im Demotischen ziemlich mißverständlich geschriebenen – Titel *heri-ideb* (*ḥrj-jdb*)[70] betrifft, so handelt es sich um ein hohes Amt, das bereits in saitischer Zeit auftaucht und etwas mit der zentralen Kontrolle der Tempelverwaltung zu tun hat. Man findet den Titel gern in Personalunion verknüpft mit dem *senti* (dem „Finanzminister") und dem „Feldervorsteher".

In diesem Zusammenhang ist ein weiterer in Elephantine gefundener, erst vor einigen Jahren publizierter Brief aus dem 24. Regierungsjahr eines ungenannten Königs (sicher Dareios I., also 498) interessant:[71] „Chnemibre grüßt die Priester des Chnum von Elephantine, den Lesonis und die Tempelschreiber. O möge Neith ihre (der Adressaten) Lebenszeit lang machen!" Diese Grußformel impliziert eine enge Bindung des Absenders an die Göttin von Sais, obwohl der Sitz der Verwaltung in persischer Zeit wie auch schon vorher in der 26. Dynastie in Memphis war. Chnemibre (*Ḫnm-jb-rʿ*) war aller Wahrscheinlichkeit nach unter der Regierung seines Namenspatrons, des Königs Amasis, geboren; daß er mit dem berühmten „Vorsteher der Arbeiten" Chnemibre identisch ist, wäre chronologisch gesehen gut möglich. *Taf. 19b* Allerdings sind die Ressorts doch recht unterschiedlich, und auf bloßen Namensgleichheiten lassen sich schlecht Identifikationen aufbauen. Jedenfalls muß Chnemibre ein bedeutender, bekannter Mann der Zentralverwaltung gewesen sein. Nach der kurzen Grußformel fährt er etwas barsch fort: „Ich habe euch früher geschrieben, daß man mir durch den *heri-ideb* (also den uns schon aus der Pherendates-Korrespondenz bekannten Beamten) geschrieben hat: 'Möge man die Priester des Chnum, den Lesonis und die Tempelschreiber zu dem Haus bringen, in dem ich bin, an einem Tage innerhalb von 10 Tagen vom 16. Mechir des Jahres 24 an!'" Dieser Aufforderung haben aber die Adressaten, so Chnemibre, bisher nicht Folge geleistet. Nun sollen die Säumigen direkt zu ihm kommen, und wir erfahren auch konkret, warum: „Wenn dieser Brief euch erreicht, kommt zu dem Haus, in dem ich bin, indem die Inspektion des Tempels schriftlich in eurer Hand ist, 3 Bücher (bzw. Papyrusrollen) und die Abrechnung der Opferstiftung des Chnum für das Jahr 22, das Jahr 23 und das Jahr 24! Laßt den Termin nicht verstreichen, in Bezug auf den mir durch den *heri-ideb* geschrieben wurde."

Bemerkenswert ist, daß nach einer neuen, bestechenden Lesekorrektur durch M. Chauveau[72] der verpaßte Termin beim *heri-ideb* in Edfu hätte stattfinden sollen, offenbar anläßlich einer Inspektionstour durch Oberägypten. Die Priester und Schreiber hätten also ursprünglich gar nicht die lange Fahrt in die Residenz antreten müssen. Tempelinspektionsreisen in Ägypten sind natürlich nichts, was gerade für die Perserzeit charakteristisch wäre, wir kennen dergleichen auch schon aus früheren Epochen.

Es war also Sache der staatlichen Behörden, die Ernennung eines neuen Lesonis des Chnumtempels von Elephantine – und das wird selbstverständlich auch für die anderen großen Heiligtümer des Landes gelten – zu genehmigen und zu bestätigen. Trotzdem werden die Priester wenig Lust gehabt haben, sich von der fremden Staatsmacht in ihre Belange dreinreden zu lassen. Das ergibt sich auch aus dem Papyrus Rylands 9 aus der Zeit des Dareios: Demnach wurde im mittelägyptischen Teudjoi ein mißliebiger Lesonis im Einvernehmen mit der örtlichen Priesterschaft kurzerhand inhaftiert und durch einen genehmen Mann ersetzt.[73] Welchen Vorwand – falls überhaupt – sich die Verantwortlichen gegenüber den persischen Behörden der Residenz einfallen ließen, wissen wir nicht.

Überhaupt fällt auf, wie wenig im Papyrus Rylands 9 von persischen Funktionären die Rede ist. Das wird hauptsächlich daran liegen, daß dieses Dokument – was die in die 27. Dynastie fallenden Ereignisse angeht – eben in erster Linie die traditionellen ägyptischen Bereiche von Priestertum und Pfründenwesen tangiert.

Eine spektakuläre, wenngleich nicht dauerhafte Leistung Dareios' I. war die Anlage eines Kanals zwischen Bubastis und dem Roten Meer.[74] Bereits Necho hatte um 600 mit den Arbeiten begonnen, sie dann aber angeblich auf Grund eines Orakelspruchs, der ihm verkündet hatte, er würde dadurch nur den Barbaren dienen, wieder abgebrochen. Dareios vollendete das Werk, wovon sowohl Herodot (II 158) als auch drei mehrsprachige Stelen in Ägyptisch, Akkadisch und Altpersisch Zeugnis ablegen. Diese Mehrsprachigkeit gilt es zu betonen, da die Publikationen das meist leider nicht auf den ersten Blick erkennen lassen, sondern nur die zum jeweiligen Fachgebiet des Bearbeiters gehörende(n) Sprache(n) berücksichtigen. Die Versionen sind übrigens nicht einfach inhaltlich mehr oder weniger genau identisch wie etwa die ptolemäischen Dekrete von Kanopus und Rosette, sondern weichen ganz erheblich voneinander ab (man könnte eher die trilingue Inschrift des Cornelius Gallus in Kairo vergleichen). Die ägyptischen Partien[75] sind recht fragmentarisch und entsprechend schwer zu verstehen. Herodot teilt mit: „Seine (des Kanals) Länge beträgt vier Tage Fahrt; seine Breite aber wurde so gegraben, daß zwei nebeneinander rudernde Dreiruderer ihn befahren können." Die altpersische Version[76] kündet lapidar: „Es spricht König Dareios: Ich bin ein Perser; von Persien aus ergriff ich Ägypten. Ich befahl, diesen Kanal von dem Fluß namens Pirāva,[77] der in Ägypten fließt, bis zu dem Meer, welches von Persien ausgeht, zu graben. Danach wurde dieser Kanal gegraben, wie ich befohlen hatte, und Schiffe gingen von Ägypten (*Mudrāya*) durch diesen Kanal nach Persien, wie es mein Begehr war."

Zweck des Unternehmens war, Ägypten besser an das Verkehrsnetz des Reiches anzubinden. Allerdings versandete der Kanal in der Folge und mußte später, unter Ptolemaios II., neu gegraben werden.

Etwa um die Zeit des persischen Kanalbaus, um 497/96, besuchte Dareios zum dritten und letzten Mal Ägypten. Ein Nebenergebnis dieser Aktivitäten ist die *Abb. 58* große, Ende 1972 in Susa entdeckte, leider kopflose Statue, die einzige rundplastische Darstellung eines Achämeniden.[78] Die Statue wurde am „Tor des Dareios", d.h. an dem monumentalen Torgebäude, das den Palästen von Susa (der „Basileia") vorgelagert war, aufgestellt; ursprünglicher Standort dürfte allerdings Heliopolis gewesen sein, von wo Dareios' Sohn und Nachfolger Xerxes die Statue sowie vermutlich ein anderes, heute verschwundenes Gegenstück herbeischaffen ließ. Zu beachten ist die fein ausgearbeitete Darstellung des reich verzierten Kurzschwerts, des sog. Akinakes, im Gürtel. Auf den Falten des persischen Zeremonialgewandes sowie auf dem Sockel sind Inschriften in Hieroglyphen sowie (nur auf den Falten) Altpersisch, Elamisch und Akkadisch angebracht. Die Keilinschriften – die miteinander übereinstimmen, nicht aber mit dem ägyptischen Text – unterrichten uns darüber, *Abb. 59* daß „dies die Statue aus Stein (ist), die König Dareios in Ägypten zu machen befahl, damit derjenige, der sie später sehen wird, weiß, daß der persische Mann Ägypten in Besitz hält".

Abb. 8 Auf der Statuenbasis sind die Namen unterworfener Völkerschaften nach alter Tradition in Ovale als Verkörperung von Festungen eingeschrieben; darüber ein Angehöriger des betreffenden Volkes in charakteristischer Kleidung, die Hände stützend emporgehoben. Das ist bemerkenswert: üblicherweise werden in Ägypten die Vertreter der Fremdländer mit hinten zusammengebundenen Händen dargestellt, während in den analogen Abbildungen auf den schon genannten Kanalstelen Dareios' I. die Fremden die Hände nicht stützend, sondern anbetend emporheben. Auf die traditionelle Fesselung wird also verzichtet, als sollte die Freiwilligkeit der Unterwerfung betont werden. Daß hier der in Ägypten sonst nur in anderem Zusammenhang bezeugte Stützgestus ("den Himmel stützen") erscheint, ist eine signifikante Neuerung, wobei persische Anschauungen in ägyptisches Gewand gekleidet wurden.[79] Man muß nämlich die Darstellungen im Lichte einer Passage in der Grabinschrift Dareios' I. verstehen: „Und wenn du dabei denkst: 'Wie zahlreich waren die Länder, die König Dareios in Besitz nahm?', dann betrachte die Bilder derer, die (meinen) Thron tragen, dann wirst du erkennen, dann wirst du wissen, daß des persischen Mannes Lanze gar fernhin vorgestoßen ist, dann wirst du wissen, daß der persische Mann fern von Persien gekämpft hat!"[80]

Abb. 58 Die große 1972 entdeckte Statue Dareios' I. aus Susa.

Abb. 59 Aus der altpersischen Inschrift auf der Susa-Statue Dareios' I. (Zeile 1–2). In zusammenhängender, interpretierender Umschrift:
iyam patikara aθa^{n}gaina
tayam Dārayavauš ḫšāyaθiya
niyaštāya čartanaiy
Mudrāyaiy
„Dies ist die Statue aus Stein, die König Dareios in Ägypten zu machen befahl."

Es ist interessant zu beobachten, wieweit in den ägyptischen Inschriften persische Bezeichnungen übernommen bzw. übersetzt werden und inwieweit eine Anpassung an ägyptische Vorstellungen erfolgt. Die bei ägyptischen Herrschern so nicht gebräuchliche Titelfolge „der Große, der Fürst der Fürsten (bzw. Großer der Großen)"[81] ist einfach eine etwas vereinfachte Übersetzung von altpersischem *ḫšāyaθiya vazṛka ḫšāyaθiya ḫšāyaθiyānām* „der große König, Könige der Könige". Daß hingegen Hystaspes, der Vater des Dareios, auf der Susa-Statue mit dem Titel „Gottesvater" versehen wird, ist nur als Rückgriff auf den alten – in der Spätzeit kaum noch üblichen – Gebrauch dieser Bezeichnung als Titel des nichtköniglichen Vaters eines Herrschers erklärbar.

Abb. 60 Kleine Votivstele, die einen Mann namens Padiosirpare kniend in Verehrung vor dem durch einen Falken symbolisierten vergöttlichten König Dareios zeigt.

Einen besonderen Aspekt der Beziehung zwischen König und Untertan illustriert *Abb. 60* eine kleine, recht schlicht gearbeitete Votivstele in Berlin, die einen Ägypter anbetend vor einem mit der Beischrift „guter Gott, Herr der beiden Länder, Dareios" versehenen Falken zeigt.[82] Es handelt sich jedenfalls um ein Denkmal privater Frömmigkeit, nicht des offiziellen Königskults. Daß uns gerade für Dareios – und zwar vielleicht schon aus der Zeit nach seinem Tode – ein derartiges Denkmal überliefert ist, wird kein Zufall sein.

Licht auf die regen Beziehungen zwischen Ägypten und den persischen Stammlanden in der Zeit des Dareios werfen zwei Denkmäler ganz unterschiedlicher Art:

Eine königliche Monumentalinschrift aus Susa[83] informiert uns über Details des Palastbaues zu Susa. Wir erfahren, woher die einzelnen Baumaterialien kamen: Zedernholz vom Libanon, Gold aus Sardes und Baktrien, Silber und Ebenholz aus Ägypten, Elfenbein aus Kusch (*Kūša-*), Indien und Arachosien. „Die Steinmetzen, die den Stein bearbeiteten, waren Ionier und Lyder. Die Goldschmiede, die das Gold verarbeiteten, waren Meder und Ägypter. Die Männer, die das Holz verarbeiteten, waren Lyder und Ägypter. Die Männer, die die gebrannten Ziegel herstellten, waren Babylonier. Die Männer, die die Mauer dekorierten, waren Meder und Ägypter."

Die in dieser Inschrift bezeugte Präsenz ägyptischer Arbeiter in Persien wird durch die elamischen „Persepolis Fortification Tablets" aus der Zeit um 500 bestätigt: Einmal ist hier von der Ausgabe von Wein an nicht weniger als 547 ägyptische Arbeiter die Rede![84]

Nicht nur Ärzte, sondern auch Handwerker und Facharbeiter waren also im Perserreich gefragt. Die Mischung unterschiedlicher Stilelemente assyrischer, ägyptischer und griechischer Herkunft, die wir in der altpersischen Kunst und Architektur antreffen,[85] wird nicht zuletzt auf die Beteiligung so vieler Spezialisten aus allen Teilen des Reiches zurückgehen. Als mögliche Folge dieses massierten Abzugs von Fachkräften ist in Ägypten speziell außerhalb der Residenz ein auffallender Mangel an bestimmten Denkmälergattungen (Statuen, Stelen) bzw. zumindest ein merklicher Qualitätsverlust zu konstatieren.[86]

486, kurz vor dem Tode Dareios' I., kam es zum ersten Aufstand gegen die Perser, der allerdings – wie die meisten Erhebungen der zweiten Hälfte des Jahrtausends – nicht vorrangig national, sondern eher sozial motiviert war. Xerxes, der Sohn und Nachfolger des Dareios, schlug den Aufstand nieder und setzte seinen Bruder Achaimenes als neuen Satrapen ein. Xerxes gilt ähnlich wie Kambyses als Inbegriff des bösen Königs und obendrein der Dekadenz; man hat aber dagegen argumentiert, daß beides sachlich unzutreffend sei.[87] Bei der negativen Wertung spielte natürlich eine Rolle, daß Xerxes gegen Griechenland zu Felde gezogen war. Freilich wurde auch in ägyptischen Quellen ein entsprechendes Bild gezeichnet; jedenfalls wird auf der schon zitierten Satrapenstele aus der Zeit Ptolemaios' I. Xerxes als derjenige hingestellt, der den Priestern von Buto den Landstrich Phthenotis weggenommen haben soll. Zur Strafe dafür wurde „der Feind" Xerxes, dessen Name, wie erwähnt, ohne Kartusche und ohne irgendwelche Titel geschrieben wird, von den *Abb. 61* Göttern zusammen mit seinem ältesten Sohn aus seinem Palast vertrieben.[88]

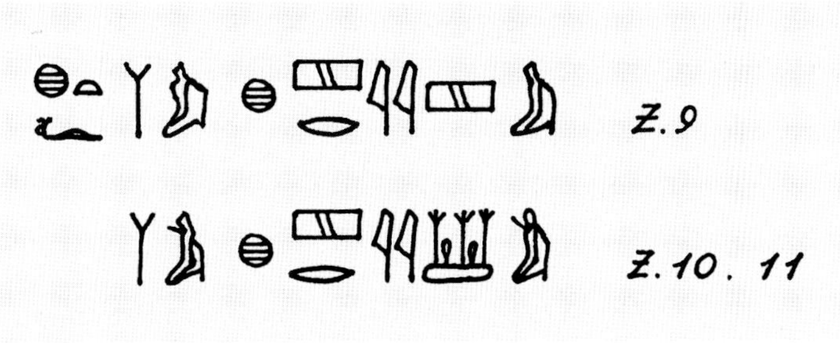

Abb. 61 „Der Feind Xerxes“ in der frühptolemäischen Satrapen-Stele: Die Zeichengruppen für „Feind“ (bzw. „Rebell“) und für „Xerxes“ sind mit dem „geköpften Feind“ determiniert.

Ansonsten erscheinen Xerxes ebenso wie dessen Nachfolger Artaxerxes I. zwar in aramäischen, auffallenderweise aber nicht in demotischen Urkunden; mit anderen Worten, aus der Zeit dieser Herrscher sind keine einheimischen Papyrusdokumente sicher nachweisbar – was natürlich nicht bedeutet, daß es solche nicht gegeben hat. Die 40 Jahre währende Regierung Artaxerxes' I. (465–424) wurde von weiteren Unruhen in Ägypten eingeleitet: ein Deltadynast wohl libyscher Herkunft namens Inaros[89] brachte das Delta unter seine Kontrolle; Memphis und Oberägypten blieben indessen weiterhin in persischer Hand. Die von Inaros erbetene Unterstützung durch die athenische Flotte war allerdings letztlich ohne Erfolg. Zwar wurde der Satrap Achaimenes bei Papremis getötet, aber die Perser leisteten in Memphis erbitterten Widerstand und zwangen die überlebenden Griechen zum Rückzug nach Kyrene. Inaros wurde nach Persien gebracht und dort 454 gekreuzigt. Die nächsten Jahrzehnte herrschte Ruhe, aber in den letzten Jahren Dareios' II. (424–404), des Nachfolgers des Artaxerxes, kam es abermals zu Wirren. Kurz nach der Thronbesteigung Artaxerxes' II. 404 fiel zunächst Unterägypten, später der Rest des Landes ab (aus der Oase Charga stammt ein neugefundenes demotisches Ostrakon, das noch nach dem 3. Jahr des Artaxerxes, also 402, datiert[90]). Wir sehen nebenbei, wie häufig Thronwechsel von massiven Unruhen auch in den Provinzen begleitet sein konnten; ähnliches ließ sich freilich auch schon im Assyrerreich beobachten.

Amyrtaios („Amun ist es, der ihn gegeben hat“), aus dem allein die 28. Dynastie besteht (404-398), ist neueren Forschungen zufolge mit einem in bestimmten demotischen Quellen Psammetich genannten Herrscher zu identifizieren.[91] Dieser Psammetich (V.) war nach Diodor ein „Abkömmling des berühmten Psammetichos“, also offenbar wie die ersten Herrscher der 26. Dynastie libyscher Herkunft.[92] Die folgenden Herrscher der 29. und 30. Dynastie waren die letzten einheimischen Pharaonen in der Geschichte Ägyptens, gewisse spätere ephemere Lokalkönige ausgenommen. Persien unternahm 374/73 einen ersten Versuch, die Herrschaft über seine abtrünnige Satrapie zurückzugewinnen; griechische Unterstützung sicherte Ägypten allerdings für eine Zeitlang weiterhin die Unabhängigkeit. Im Jahr 343 war es dann allerdings soweit: Beim Einmarsch Artaxerxes' III. wurde Nektanebos II., wie Diodor berichtet, nach Nubien vertrieben, und Ägypten wurde zum zweiten Mal Bestandteil des Perserreiches – allerdings nur für rund ein Jahrzehnt, bis zur Ankunft Alexanders des Großen (332), der der Herrschaft der Achämeniden nicht nur in Ägypten ein für allemal ein Ende bereitete.

In der sog. Demotischen Chronik werden die einheimischen Herrscher der 28.–30. Dynastie, die zwischen der Ersten und Zweiten Perserzeit regierten (also zwischen 404 und 343) durchgezählt: „Der erste Herrscher, der nach den Fremdländern (bzw. Fremden) kam, welches die Meder sind, Pharao Amyrtaios"; später kommt „der zweite Herrscher, der nach den Medern war, nämlich Pharao Nepherites".[93] Man ersieht daraus klar, daß *Mtj / Mdj* nach aramäischem Sprachgebrauch wirklich nur die Perser bezeichnen kann; es gibt noch andere Belege sowie Indizien, die diese Auffassung stützen. In seltenen Fällen wird auch „Mann von Persien" gebraucht.[94]

Dem Artaxerxes III. Ochos werden in der späteren griechischen Überlieferung ähnliche Greueltaten zugeschrieben wie dem Kambyses.[95] Was im einzelnen wahr ist, ist auch hier schwer zu sagen. Sicher liegt der Gedanke nahe, daß manches toposhaft nach dem Modell „Kambyses, der gottlose Eroberer" konstruiert wurde. Andererseits wäre es unrealistisch und naiv zu glauben, daß bei der Rückgewinnung einer verlorenen Provinz weniger zimperlich verfahren worden sein sollte als bei der ersten Eroberung: das Gegenteil wird vielmehr der Fall sein.

In die wenigen Jahre der Zweiten Perserzeit fällt die Gegenregierung eines gewissen Chababasch, dem es anscheinend gelungen war, für eine kurze Zeit das ganze Land unter seine Herrschaft zu bringen. Einige Monumente aus verschiedenen Landesteilen – von Memphis bis Theben – datieren nach seinen beiden ersten Regierungsjahren; auf viel mehr kann er es nicht gebracht haben. Es ist viel darüber gerätselt worden, welcher Herkunft dieser Chababasch war. Man hielt ihn bald für einen Libyer, bald für einen Nubier, indem man ihn mit jenem Chambasweden identifizierte, den der kuschitische Herrscher Nastasen besiegt hatte.[96] Man hat sogar angenommen, daß der Name etwas mit dem oben besprochenen Kombabos / Kombaphis zu tun hat. Auf alle Fälle galt er, wie dem Zeugnis der Satrapenstele zu entnehmen ist, im Unterschied zu dem dort geächteten Xerxes als „guter" Herrscher, und ganz gewiß nicht als „Perser".

Nicht zu den Anhängern des mysteriösen Chababasch gehört haben wird jener Sematauitefnacht, der uns die sog. „Neapelstele"[97] hinterlassen hat. Auch die kurzlebige Zeit der Zweiten Perserherrschaft hatte ihre „Kollaborateure". In der ungewöhnlichen Inschrift der Neapelstele spricht Sematauitefnacht zu Harsaphes von Herakleopolis, seinem Heimat- und Schutzgott: „Du hast mich vor der Menge ausgezeichnet, als du dich von Ägypten abwandtest: du hast meine Beliebtheit in das Herz des Herrschers von Asien gegeben. Seine Höflinge priesen Gott um meinetwillen. Er gab mir das Amt eines Prophetenvorstehers der Sachmet an der Stelle des Bruders meiner Mutter, des Prophetenvorstehers der Sachmet von Ober- und Unterägypten, Nechtheneb. Du beschütztest mich im Kampf der Haunebut (Griechen), seitdem du Asien abgewehrt hast." Sematauitefnacht war also offenbar Parteigänger der Perser, die sich 333 bei Issos und 332 bei Gaugamela mit den Griechen eine Schlacht lieferten, wobei der Gott Harsaphes auf Seite der Griechen stand und trotzdem den im feindlichen Lager stehenden Sematauitefnacht beschützte.

Seine guten Beziehungen zum Großkönig verdankte Sematauitefnacht wohl dem Umstand, daß er wie seinerzeit Udjahorresnet Arzt war.[98] Noch ein anderer um diese Zeit wirkender Vertreter desselben Spezialgebietes, ein gewisser Wennefer, ist als Vertrauter der Perser bezeugt: von seinen Aktivitäten künden hochinteressante, wenngleich leider nur fragmentarisch überlieferte Inschriften in seinem verschollenen Grab in Sakkara. Es fehlt immer noch eine Gesamtpublikation der nur durch alte Abklatsche bekannten Texte, aber wenigstens gibt es einen informativen Vorbericht von Frédérique von Kaenel.[99] Dem Text läßt sich entnehmen, daß dieser Wennefer den Tachos, den zweiten Herrscher der 30. Dynastie, auf seinem bisher nur von Diodor bekannten, gegen die Perser gerichteten Syrien-Feldzug (um 360/59) begleitet hatte. Wohlgemerkt wird der Name des Tachos nicht expressis verbis genannt, ebensowenig wie der des Perserkönigs, wahrscheinlich Artaxerxes III., der ca. 15 Jahre später Ägypten wiedereroberte; aber die Formulierung „Großer, der Ta-meri (= Ägypten) leitet" verrät, daß ein Fremdherrscher gemeint ist. Vergleichbare Umschreibungen, wie man sie normalerweise nicht für einheimische Pharaonen gebrauchte, kennen wir auch aus manchen anderen Quellen dieser Zeit. In der Folge wurde Wennefer gefesselt zum Verhör durch den Großkönig gebracht. Dieser erwies sich indessen als gnädig, und nach längerem Aufenthalt in der Fremde – wo er vermutlich seine medizinischen Fähigkeiten unter Beweis zu stellen hatte – wurde er in die Heimat entlassen: „Beeile dich, in das Land zurückzukehren, in dem du geboren bist!" Unmittelbar bei der Ankunft in Ägypten fand er einen Boten des Perserkönigs vor, der ihn überaus herzlich empfing und ihn über Verschiedenes befragte.

Eine Anspielung auf die Wirren der Zweiten Perserzeit findet sich in den Inschriften des Petosiris in seinem Grabe in Hermopolis:[100] „Es war aber ein Herrscher der Fremdländer (Artaxerxes III.?) als Protektor in Ägypten, und nichts mehr war an seinem früheren Platz, seit die Kämpfe in Ägypten begonnen hatten. Der Süden war in Aufruhr, der Norden im Umsturz. Die Menschen liefen verwirrt herum. Kein Tempel besaß mehr sein Personal, und die Wab-Priester hatten sich entfernt, da sie nicht wußten, was geschehen war." Im weiteren Verlauf der Inschrift berichtet Petosiris, wie er seinen Einfluß beim „Herrscher Ägyptens" – inzwischen wohl bereits Alexander der Große – dazu nutzte, die Einkünfte des Thot-Tempels von Hermopolis wieder zu etablieren.

Dagegen hat eine vierte Inschrift aus dieser Zeit, etwa vom Ende des vierten Jahrhunderts, wahrscheinlich nichts – zumindest nicht direkt – mit der Zweiten Perserzeit zu tun. Auf der Rückseite der Wiener Statue eines Mannes, dessen Name nicht erhalten ist, heißt es: „Zur Zeit der Haunebut wurde nach mir gerufen durch den Herrscher von Ta-meri (Ägypten), weil er mich liebte und mein Wesen kannte."[101] Mit den Haunebut[102] sind in „historischen" Texten der Spätzeit, soweit verifizierbar, in der Regel die Griechen gemeint, und wenn man die „Zeit der Griechen" auf die vorptolemäische Makedonenherrschaft bezieht, dann war der „Herrscher von Tameri" wohl der spätere Ptolemaios I. als Satrap und natürlich nicht der Perserkönig, obwohl dies für sich alleine betrachtet terminologisch sehr gut möglich wäre.

Alle vier besprochenen Inschriften nennen den Herrscher nicht mit Namen, sondern gebrauchen Bezeichnungen wie „Herrscher der Fremdländer", „Herrscher von Ägypten", „Großer" u. ä., durch die der betreffende Machthaber als Fremdherrscher deklariert wird. Man kann aber die Identifikationsprobleme erahnen, die sich aus einer derart unbestimmten Ausdrucksweise ergeben. Während bei Udjahorresnet die Sache auf Grund der expliziten Nennungen von Kambyses und Dareios von Anfang an klar war, mußte in den anderen erörterten Fällen erst der zeitliche Rahmen auf Grund epigraphischer, historischer und stilistischer Überlegungen abgesteckt werden – und dann kann man bei den ersten drei Inschrifen (bei der vierten liegt der Fall, wie gesagt, ohnehin anders) immer noch nicht hundertprozentig sicher sein, daß wirklich immer Artaxerxes III. gemeint ist.

Natürlich kann aber auch auf Zustände dieser Zeit angespielt werden, ohne daß überhaupt von irgendeinem Herrscher die Rede ist. Ein „Oberpastophor des Horus-Chentechtai und Oberwächter des Heiligen Falken" mit dem Allerweltsnamen Djedher ließ ca. 325 und 323 zwei Statuen im Tempel seiner Heimatstadt Athribis aufstellen.[103] Von Interesse ist die Nachricht, daß er sich um die Beisetzung der heiligen Falken seiner Region kümmerte: „Ich setzte sie in der Nekropole im Norden von Kem-wer (Athribis) bei, indem sie dort vor den Fremden (*chastiu* / *ḫ3stjw*) verborgen waren." Die *ḫ3stjw* sind in dieser Zeit vorzugsweise die Perser, deren profanierendem Zugriff – jedenfalls aus ägyptischer Sicht – die mumifizierten heiligen Falken entzogen werden mußten. Vor dem Hintergrund der Wirren bei der Rückeroberung Ägyptens durch die Perser ist wahrscheinlich auch die Notiz zu verstehen, daß „viele Falken in der 'Kammer der 70' gefunden wurden, die nicht beigesetzt worden waren." Erst Djedher bereitete diesem mißlichen Zustand ein Ende.

***

Aus der Zeit der Ersten Perserherrschaft ist manches Material auf uns gekommen, das Licht auf die Verwaltung des Landes und die Rolle von Persern und Ägyptern wirft. Bereits Kambyses hatte Ägypten als Satrapie dem Perserreich angegliedert; von dem später beseitigten Satrapen Aryandes haben wir schon gehört. Das Wort Satrap(es) ist aus dem Persischen gräzisiert;[104] es kommt übrigens auch in ägyptischen Texten als Fremdwort vor,[105] wo es im Falle des späteren Ptolemaios I. weder einen Perser noch die persische Institution bezeichnet – nur der Titel als solcher war übriggeblieben, und zwar nicht in der gräzisierten Form, wie man dies eigentlich erwarten würde, sondern in der original altpersischen!

In der Regel wird der Satrapentitel allerdings umschrieben worden sein, und zwar als „der, dem Ägypten unterstellt ist".[106] Auf den Satrapen bezieht sich auch höchstwahrscheinlich der Ausdruck „der Herr von Ägypten" im Papyrus Rylands 9 (auch aramäische Urkunden meinen mit „unserem Herren" gern den Satrapen).[107] Nach Aryandes amtierte der nur von demotischen Quellen aus den letzten Jahren Dareios' I. bekannte Pherendates, gefolgt von Achaimenes.

Daß der Satrap – in Ägypten genausogut wie in den übrigen Provinzen des Reiches – im Prinzip immer ein Perser war, versteht sich wohl von selbst, ebenso die daraus resultierende Implikation, daß für das altehrwürdige Amt des Wesirs in dieser Zeit kein Platz war (wir haben dafür Zeugnisse bis zur 26. und dann wieder aus der 29./30. Dynastie).[108] Analoges gilt auch für den „Vorsteher von Oberägypten".[109]

Nicht nur der Satrap war Perser; generell waren alle Posten mit politischer und militärischer Entscheidungsgewalt den Persern vorbehalten. Für die das Finanzwesen betreffenden Positionen galt das nicht: jener als „Kollaborateur“ Dareios’ I. verschriene Ptahhotep war „Vorsteher des Schatzhauses“. Das war aber nicht der „Finanzminister“, letztere Funktion hatte vielmehr ein Beamter inne, der noch in persischer Zeit das unter den Saiten geschaffene Amt eines *senti* bekleidete.[110] Unter Dareios I. war das ein gewisser Horudja, und es ist recht wahrscheinlich, daß er mit einem in römischer Zeit literarisch bezeugten Horudja, dem *senti* von Ägypten, zu identifizieren ist.[111]

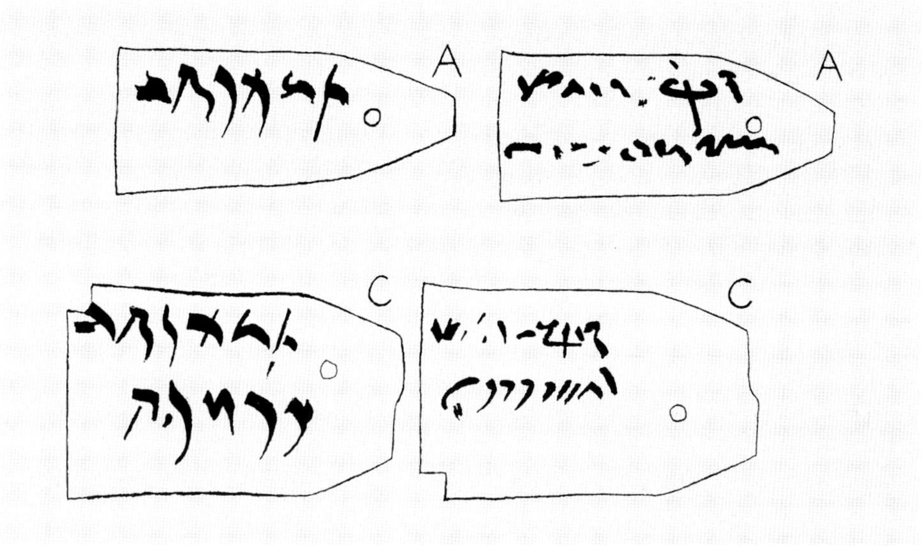

*Abb. 62 Zwei aramäisch-demotische Dockets aus Memphis (*W. M. F. Petrie, *Meydum and Memphis III, London 1910, pl. XXXIV). Die beiden hier abgebildeten Exemplare nennen in nicht spezifiziertem Zusammenhang den ägyptischen Frauennamen Tꜣ-rmṯt-n-ꜣst („Die Frau der Isis“) in demotischer Schrift sowie in der aramäischen Wiedergabe* TRMNSY.

Dieser *senti* erscheint – leider ohne Namensnennung – wiederholt im Papyrus Rylands 9 als höchste Rechtsinstanz nach dem Satrapen, während dieses Dokument für die vorangegangene Saitenzeit in vergleichbarer Funktion noch den Wesir und den „Vorsteher des (königlichen) Vorzimmers“ nennt. Der *senti* residierte in Memphis in dem durch aramäische Dockets und Siegel nachgewiesenen persischen – und in der Folge wohl auch ptolemäischen – Verwaltungszentrum.[112] *Abb. 62*

Zur administrativen Einteilung der Satrapie Ägypten ist zu bemerken, daß die traditionelle Gliederung in Gaue als Verwaltungseinheiten anscheinend im wesentlichen beibehalten wurde, allerdings mit gelegentlichen Modifikationen. Die aramäischen Elephantinepapyri gebrauchen den Terminus *m*^{e}*dīnāh* „Provinz“, und zwar ist die Region von Elephantine bis etwa Hermonthis (südlich von Theben) zusammengefaßt. In einer aramäischen Petition an den Satrapen Arsames aus dem Jahr 410 ist von „Richtern, Polizisten und Informanten, die in der Provinz von Teschṭerēs eingesetzt sind" die Rede.[113] Die ägyptisch-demotische Etymologie zu Teschṭerēs ist authentisch bezeugt, das dadurch bezeichnete Gebiet deckt sich aber nicht mit dem „Südland" Patrōs, das ja Theben miteinschloß. Theben bildete vielmehr einen eigenen Distrikt.

An der Spitze dieser Distrikte bzw. Provinzen stand jeweils ein *frataraka*,[114] den ehemaligen Gaufürsten vergleichbar, nunmehr aber ein Perser. Berühmt-berüchtigt ist der Gouverneur von Elephantine aus der Zeit Dareios' II., ein gewisser Vidranga (o.ä.), der mit ägyptischer Unterstützung den jüdischen Tempel abgerissen hatte. Die aramäischen Texte transliterieren den persischen Titel einfach; er ist übrigens aus Ägypten bisher nur äußerst selten belegt. Ägyptisch wird der Titel offenbar sinngemäß umschrieben; bekannt ist bisher nur ein „Fürst von Koptos" aus dem Wadi Hammamat, dem wir uns bald zuwenden werden.

Auf militärischer Ebene gibt es, dem *frataraka* nachgeordnet, den „Garnisonskommandanten"; auch hier ist an den schon erwähnten Vidranga von Elephantine zu erinnern. Was die Kompetenzenverteilung angeht, wie sie uns speziell für Oberägypten faßbar ist, ist festzustellen: „der *rab ḥaylā* hatte als Garnisonskommandant militärische Funktionen, war als **haftaxva-pātā* Verwalter und/oder militärischer Befehlshaber eines 'Kreises' o.ä. und als *segan* Rechtsinstanz."[115] Auf Kommandoebene waren die Militärs in der Regel Perser wie jener „Heeresoberst" Mitracha, der uns von einem demotischen Schreiben aus Sakkara bekannt ist.[116] Ausnahmsweise konnte aber auch einmal ein Ägypter in entsprechende Positionen aufsteigen, wie das Beispiel des Generals bzw. „Generalissimus" Ahmose aus der Zeit Dareios' I. zeigt.[117]

Die Zahl persischer ziviler oder militärischer Funktionäre, die durch Namen oder iranische Amtsbezeichnungen in authentischen ägyptischen Dokumenten ethnisch eindeutig identifizierbar sind, ist bis jetzt – das unpublizierte, noch nicht allgemein verfügbare Material aus Sakkara ausgenommen – relativ klein. Einer der Gründe hierfür ist vermutlich, daß sich der Rahmen, innerhalb dessen sie überhaupt in ägyptischen Quellen in Erscheinung treten könnten, verengt hat: manch hohem oder mittlerem ägyptischen Priester und Beamten beispielsweise war es vergönnt, im Amunstempel von Karnak – und gegebenenfalls natürlich auch an anderen Heiligtümern des Landes – seine Statue aufstellen zu lassen, um dermaßen von den Opferungen und Rezitationen der Priester einen Teil abzubekommen. In der sog. Cachette des Karnak-Tempels, wo die Priester seinerzeit periodisch alte Tempelstatuen deponierten, um Platz für neue zu schaffen, fanden sich Hunderte solcher Statuen, die kostbares, mangels ausreichender Publikation leider längst nicht ausgeschöpftes Material für Priester- und Beamtentum des ersten Jahrtausends liefern.[118] Es ist aber auch so zu erkennen, daß es keine wirklich sicher in die Perserzeit zu datierende Stücke gibt:[119] Die ägyptischen Priester, die es selbstredend auch in Theben weiterhin gegeben hat, besaßen offenbar nicht mehr ausreichende Mittel, sich solche aufwendigen Statuen herstellen zu lassen, und die begüterte staatstragende

Abb. 63 Graffito im Wadi Hammamat (Couyat-Montet 148) aus dem Jahr 12 des Xerxes (474), „gemacht vom sarîs von Persien Atiyavahya, Sohn des Artamisa".

Abb. 64 Graffito im Wadi Hammamat (Couyat-Montet 164) mit drei Jahresdaten, die sich auf Expeditionen des Atiyavahya in diese Gegend beziehen: Jahr 6 des Kambyses (524), Jahr 33 des Dareios (489), Jahr 12 des Xerxes (474).

Abb. 65 Unbeschriftete Grabstele eines persischen Würdenträgers aus Memphis. Besonders bemerkenswert ist das an den Trauerfeierlichkeiten teilnehmende Pferd mit abgeschnittener Mähne links oben.

Oberschicht aus Verwaltung und Militär (Briants „ethno-classe dominante") hatte wiederum kein Interesse daran.

Daß ein großer Teil unserer konkreten Informationen über die persische Administration in Ägypten aus aramäischen Quellen stammt, dürfte aus dem bisher Gesagten deutlich geworden sein. Wir entnehmen ihnen aber auch, daß sich die Perser nicht nur in Büros und Militärlagern verschanzten, sondern durchaus auch in geschäftlichen Transaktionen des täglichen Leben in Erscheinung traten. Briant hat in diesem Zusammenhang den Finger auf einen Brief gelegt, der uns zwei Perser der Region von Elephantine als Mitpächter eines Bootes präsentiert, wohingegen zwei ägyptische Bootsleute für die beiden Perser Geschäfte in deren Namen tätigen. Der semitische Name einer dritten Partei – eines Käufers – legt die Annahme nahe, daß es um die private Aufbesserung der Vorräte von Angehörigen der örtlichen Garnison geht![120] Nebenbei ist von Interesse – wenngleich aus den Konventionen des aramäischen Briefstils erklärlich – , daß der eine der beiden Perser zu den ägyptischen Adressaten als „Bruder" zu „Brüdern", d.h. von gleich zu gleich, spricht.

Selbstverständlich fehlt es aber auch nicht an hieroglyphischen und demotischen Zeugnissen; es sei hier abermals an die Pherendates-Korrespondenz erinnert. Wichtig ist eine Reihe von Inschriften in den Steinbrüchen des Wadi Hammamat, die verschiedene Expeditionen zur Zeit von Dareios I., Xerxes und Artaxerxes I. dokumentieren.[121] Etliche nennen – offenbar als Expeditionsleiter – Atiyavahya, Sohn des Artamisa,[122] der nicht nur Gouverneur (*jrj-pʿt*) von Koptos, sondern auch „*sarīs* von

Abb. 63 und 64

Abb. 66 Grabstele des Persers Djedherbes aus Sakkara mit einer Mischung ägyptischer, persischer und vorderasiatischer Dekorationselemente und einer hieroglyphischen und demotischen Inschrift.

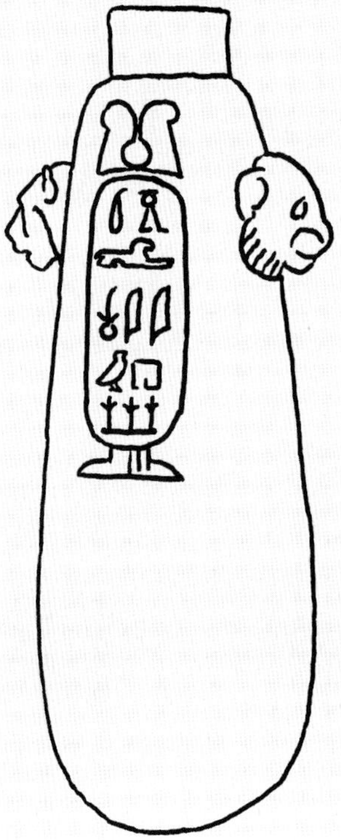

Abb. 67 Salbfläschchen aus blauer Fritte mit Kartusche Dareios' I. und Löwenattaschen (siehe auch Taf. 16b).

Abb 68a. b Siegelzylinder eines Peteese mit der altpersischen Figur des „Flügelmannes".

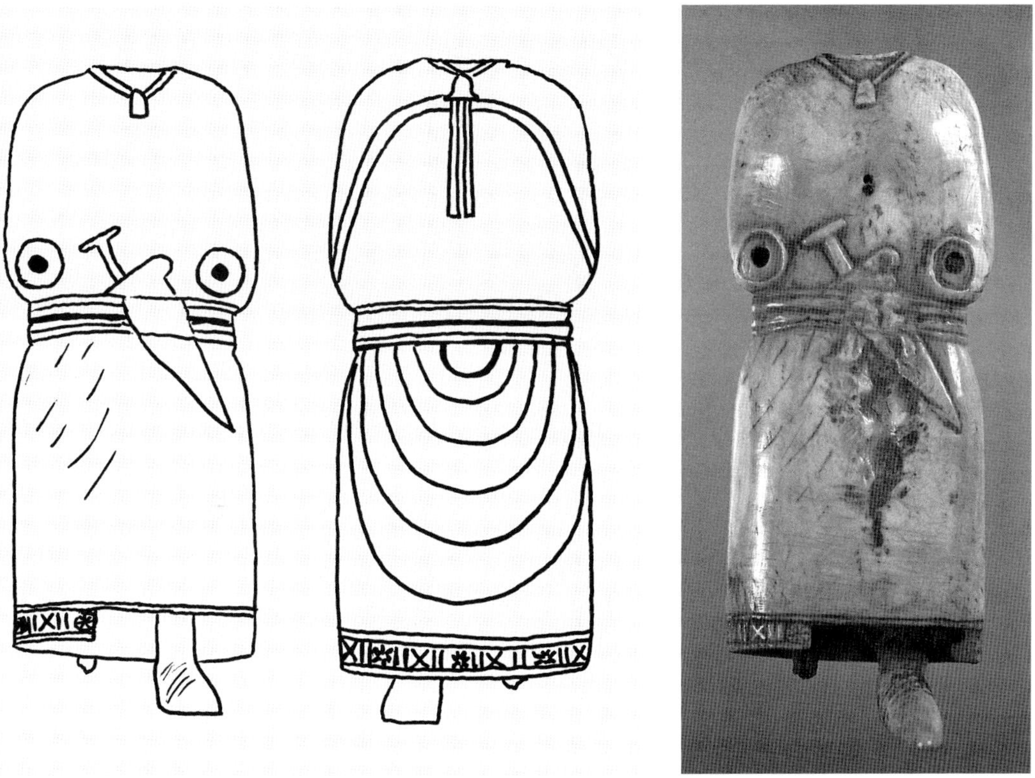

Abb. 69 Elfenbeinfigürchen eines vornehmen Persers mit dem typischen Kurzschwert (Akinakes).

Persien“ war. Der Titel *sarīs* findet sich im Alten Testament und kommt von assyrisch *ša rēši*, vollständig mit dem Zusatz *šarri* („der zu Häupten des Königs"). Es handelt sich dabei um ein hohes Hofamt, aber nicht unbedingt stets um einen Kastraten.[123] Ein Bruder dieses Atiyavahya namens Aryavarta nahm interessanterweise den ägyptischen Zweitnamen Djedher an,[124] was ein gewisses Minimum an sukzessiver Anpassung an die Kultur des unterworfenen Landes bekundet, ohne daß man deshalb freilich schon von „Ägyptisierung“ sprechen dürfte.

Aus Memphis kommt die unbeschriftete Grabstele eines „rein persisch gebliebenen Großen“.[125] Originell an den recht derb ausgeführten Darstellungen, die *Abb. 65*
„persische, griechische und äußerlich wenigstens, auch ägyptische Elemente“ in sich vereinen, sind die beiden Sirenen sowie das mit seiner abgeschnittenen Mähne an den Trauerfeierlichkeiten teilnehmende Pferd (Herodot IX 24 ist das früheste literarische Zeugnis dieses Brauchs für die Perser).

Das bei den Persern in Ägypten, soviel wir wissen, eher selten zu konstatierende Phänomen der partiellen Akkulturation bezeugt dagegen eine Grabstele, die erst vor wenigen Jahren bei den englischen Grabungen in Sakkara entdeckt wurde und jetzt im Ägyptischen Museum in Kairo ausgestellt ist.[126] Auch ikonographisch ist das Stück *Abb. 66*

Abb. 70 Kalkstein-statue einer persisch gekleideten Frau (die Göttin Anahita?).

sehr bemerkenswert. Im Giebelfeld sehen wir die geflügelte Sonnenscheibe, aber nicht mit Uräen, wie in ägyptischen Darstellungen üblich, sondern mit einem gefiederten Schwanz und zwei Voluten: ein echt persisches Motiv, das als Symbol des Gottes Ahuramazda interpretiert wird. Völlig unägyptisch ist die Dekoration des unteren Registers; man beachte Kleidung, Haartracht, Gestik sowie das Mobiliar. Die Gefäße unter dem Tisch rechts wurden als ausländische Amphoren (links Palästina, rechts Zypern / Levante) zum Transport von Öl und vielleicht anderen Luxusgütern bestimmt.

Hieroglyphische und demotische Inschriften enthüllen die Identität des Dargestellen: er hat den rein ägyptischen Namen Djedherbes. Daß das kein vollblütiger Ägypter ist, ergibt sich nicht nur aus der Ikonographie, sondern auch aus der Abstammungsangabe Artama. Die Mutter Tanefrether war gewiß eine Ägypterin; wir haben es also offenbar mit dem Sproß einer Mischehe zu tun. Das ist selten; die persische Aristokratie heiratete wohl in der Regel unter sich. Bedauerlicherweise verraten die Inschriften – wie so oft bei Fremden im vorhellenistischen ersten Jahrtausend! – nicht Rang bzw. Titel.

Was die englischen Grabungen in Sakkara betrifft, ist zu bemerken, daß dort in den letzten Jahrzehnten eine große Anzahl demotischer dokumentarischer Papyri entdeckt wurde, in denen sich, wie schon angedeutet, manche persische Fremdnamen finden.[127] Leider läßt die Publikation des betreffenden Materials auf sich warten; es ist damit zu rechnen, daß die Texte unsere Kenntnis von den Kontakten zwischen Ägypten und Persern nicht unerheblich erweitern werden.

In Zusammenhang mit der vorhin besprochenen Stele, die naturgemäß persische Stileinflüsse verrät, sind ein paar Worte zur Frage persischer Elemente in der ägyptischen Kunst angebracht. Wir haben schon das Steinbockhalsband des Schatzmeisters Ptahhotep sowie die Statue Dareios' I. aus Susa betrachtet, wir haben aber auch festgestellt, daß „persischer Mantel" und „persischer Gestus" bereits in früherer Zeit nachzuweisen sind. Freilich ist damit zu rechnen, daß das verstärkte Auftreten dieser Eigentümlichkeiten in der ägyptischen Skulptur seit der 27. Dynastie durch äußere Anregungen befruchtet und begünstigt wurde. *Taf. 14c* *Abb. 58*

Alles in allem sind persische Einflüsse ziemlich peripher. Zu nennen wäre hier ein schönes Salbfläschchen mit dem Namen des Dareios, an dessen Seiten anstelle von Henkeln ungewöhnlicherweise Löwenattaschen angebracht sind.[128] Einzigartig ist ein Rollsiegel in Brüssel,[129] das einem wohl ägyptischen Funktionär namens Peteese gehörte und durch die typische Darstellung des „Flügelmannes" – bei dem ungeklärt ist, ob es sich um Ahuramazda handelt oder nicht – eindeutig als perserzeitlich ausgewiesen ist. Der Siegelschneider war wohl eher in iranisch-vorderasiatischer Ikonographie als in der ägyptischen Bildwelt zuhause. *Taf. 16b,* *Abb. 67* *Abb. 68a. b*

Daß die seltenen ägyptischen Darstellungen persischer Monarchen und Beamte mehr oder weniger authentisches Gepräge haben, nimmt bei der bekannten ägyptischen Freude am Detail nicht wunder; von „Einfluß" kann man da schlecht sprechen. Ein kopfloses Elfenbeinfigürchen im Louvre stellt einen Perser mit dem typischen Kurzschwert (Akinakes) im Gürtel dar.[130] Unter den memphitischen Terrakotten der Sammlung Fouquet – jetzt im Louvre – erblicken wir Darstellungen von Persern;[131] *Abb. 69*

Taf. 17a eindrucksvoller sind aber die in Brüssel und Paris aufbewahrten, einander sehr ähnlichen beiden Köpfe von Achämenidenherrschern.[132]

Abb. 70 Besonders bemerkenswert ist die Kalksteinstatue einer persisch gekleideten Frau in Brooklyn, in der man die Göttin Anahita erkennen wollte.[133]

Zum Schluß stellt sich noch die Frage, welche Spuren die Perserherrschaft in der ägyptischen Sprache hinterlassen hat. Daß damals hier und da aramäische Termini eingedrungen sind, ist im Hinblick auf den besonderen Status dieser Sprache im Achämenidenreich von vornherein zu erwarten, es ist aber oft unmöglich zu sagen, ob diese Fremdwörter nicht schon viel früher – also vor allem im Neuen Reich – in Ägypten rezipiert wurden und nur zufällig erst später belegt sind.[134] Bei den vereinzelten iranischen Entlehnungen ist die chronologische Situation natürlich klarer. *qppš* und *ḫšdrpn* „Satrap" wurde schon erwähnt; einmal kommt auch der Prinzentitel *vispuθra* „Königssohn" vor.[135] Die meisten der wenig zahlreichen Übernahmen schwinden zum Erde der Perserzeit wieder. Von Interesse ist der schon erwähnte Umstand, daß ein iranischer juristischer Terminus, der mehrfach in den aramäischen Elephantine-Papyri belegt ist, auch in einem Fremdwort im sog. Legal Code von Hermopolis auftaucht.[136] Die neue Deutung weist auf die Wurzeln jenes Rechtsbuches in der Achämenidenzeit und die Kodifikation des ägyptischen Rechts durch Dareios I. Zu dem wenigen, was überlebte, gehörten der „Meder" und der „Satrap". Dagegen ist bei einem anderen Begriff, der die Zeiten überdauert hat und in Ägypten bis auf den heutigen Tag existiert, nämlich dem Kornmaß der Artabe, arabisch *ardabb,* nicht sicher, ob er wirklich iranisch ist.[137]

VI. Die Karer in Ägypten

Die Assyrer waren als politische Macht aufgetreten, haben aber in Ägypten praktisch keine Spuren hinterlassen. Wir hatten uns darauf zu konzentrieren, die politischen Hintergründe und Ereignisse auf Grund außerägyptischer Quellen zu rekonstruieren. An Anschauungsmaterial aus Ägypten selbst gab es so gut wie nichts. Mit den Karern verhält es sich – ähnlich wie mit den Phönikern – anders. Sie haben nie eine beherrschende Funktion ausgeübt: Es ist kaum etwas an historischen Daten und Fakten zu berichten, aber wir kennen eine recht große Zahl von Denkmälern aus Ägypten, die von ihrem Aufenthalt daselbst und (bis zu einem gewissen Grade) ihrer kulturellen Integration Zeugnis ablegen. Dazu kommt noch ein Sachverhalt, der das Interesse steigern sollte: die Karer haben eine Schrift besessen, die bis in die jüngste Gegenwart hinein hartnäckig einer überzeugenden Entzifferung getrotzt hat, die aber inzwischen angefangen hat – wenngleich außerhalb des engen Kreises einer Handvoll Spezialisten ziemlich unbemerkt –, ihre Geheimnisse nach und nach preiszugeben. Da die Karer in der Lebenswirklichkeit des spätzeitlichen Ägypten nicht zu übersehen waren, dürfte eine gewisse Informierung über den *status quaestionis* nicht überflüssig sein. Dazu kommt noch, daß die meisten karischen Inschriften aus Ägypten stammen und die aus Karien selbst jünger sind.

Die Hintergründe der karischen Präsenz in Ägypten sind schnell erzählt: Sowohl assyrische als auch griechische Quellen berichten über die Entsendung karischer Söldner nach Ägypten unter Psammetich I. kurz vor der Mitte des 7. Jahrhunderts. Die Assurbanipal-Annalen vermelden, Gyges von Lydien habe dem Psammetich Truppen gesandt. Damals standen aber Karien sowie der größte Teil der ionischen Küstenstädte unter lydischer Herrschaft. Herodot schließlich gibt an, ionische und karische Piraten seien an der ägyptischen Küste gelandet und König Psammetichos habe sie in seinen Sold genommen, um mit ihrer Unterstützung – und in Erfüllung eines Orakels – die Herrschaft über das ganze Land zu gewinnen (II 152). Wir wissen heute, daß die endgültige Konsolidierung seiner Herrschaft erst mit der Adoption seiner Tochter Nitokris durch die amtierende Gottesgemahlin Schepenupet II., die Schwester des Taharka, im Jahre 656 erfolgte. Eine auf zuverlässiger älterer Quelle basierende Fassung der Orakelgeschichte teilt Polyän im zweiten nachchristlichen Jahrhundert in seiner Sammlung von Kriegslisten (Strategika VII,3) mit.[1] Danach hatte Psammetich einen karischen Berater namens Pigres: Es handelt sich hierbei in der Tat um einen in Karien und Lykien gebräuchlichen Namen, der sich auch in karischen Inschriften aus Ägypten findet (wir kommen darauf noch zurück). So heißt übrigens auch der Übersetzer Kyros' des Jüngeren (Xenophon, Anabasis I, 2,17; 5,7; 8,12).

Herodots Bericht zufolge wurden Karer und Ionier in Lagern am Pelusischen Nilarm bei Bubastis (nahe Daphnai) angesiedelt. Petrie hat in dieser Gegend, und zwar in Nebesheh, eine Nekropole der 26./27. Dynastie entdeckt, die er zunächst für zyprisch, 40 Jahre später aber für karisch hielt. Unter Amasis (570–526) wurden sie – ebenfalls nach Herodot – nach Memphis abgezogen. Amasis machte sie zusammen mit den Ioniern „zu seiner Leibwache, um sich gegen seine Ägypter zu schützen. Mit diesen ionischen und karischen Kolonisten standen natürlich die Hellenen im Verkehr, und daher sind wir über alles, was seit der Zeit des Psammetichos in Ägypten geschehen ist, so gut unterrichtet. Sie waren die ersten Ausländer, die sich in Ägypten ansiedelten. In den Gegenden, aus denen Amasis sie dann nach Memphis verpflanzte, sah man noch zu meiner Zeit [also um 450] die Schiffswerften und die Reste ihrer Häuser" (II 154). Die von Amasis ins sog. Karikon versetzten Karer wurden von den Griechen als Καρομεμφῖται bezeichnet. Man darf daraus allerdings nicht den Schluß ziehen, es habe dort nicht schon vorher welche gegeben; gegen eine solche Annahme spricht das archäologische Material. Nach Herodot hatte Apries ein Heer von 30000 ionischen und karischen Söldnern (II 163, 1). Die Situation in Kleinasien nach der Annexion Lydiens durch die Perser im Jahre 546 – es kam damals zu Massenauswanderungen – scheint für einen neuen Zustrom an Karern in Unterägypten gesorgt zu haben.

Die engen historisch-geographischen Verflechtungen zwischen Karern und Ioniern brachten es mit sich, daß bereits im späten 7. Jahrhundert „Karer" von den griechischen Lyrikern als Synonym für „Söldner" verwendet wurde.[2]

Sehen wir uns, bevor wir die Denkmäler der Karer selbst in Augenschein nehmen, noch ein wenig die anderen sie betreffenden Zeugnisse aus Ägypten an! Zwei aramäische Dokumente erwähnen Karer, und zwar in nautischem Zusammenhang:

– Einem Schreiben des Satrapen Arsames aus dem Jahr 411[3] ist zu entnehmen, daß Karer in Elephantine einem Ägypter und dessen Partner ein Boot vermietet haben, für das nunmehr größere Reparaturen anstehen. Die Behörden werden angewiesen, für die Kosten aufzukommen, und Handwerker sollen die nötigen Ausbesserungsarbeiten unverzüglich in Angriff nehmen. Experten haben aus den Materialangaben erschlossen, daß es sich um ein Zeremonialboot von 22 Metern Länge gehandelt haben muß. Man nimmt an, daß diese karischen Schiffseigentümer im Dienste der Regierung standen. Der Text sagt nichts über ihre Funktion, ebensowenig über die Verwendung des betreffenden Schiffes. Eine kurze demotische Notiz ist jedoch *bjrj* „Lastschiff" gelesen worden.[4]

– Ein fragmentarischer Brief aus Memphis[5] nennt mehrfach Ionier und Karer, die von dem für uns anonymen Adressaten aufgehalten und gefangengenommen werden sollen. Auch hier ist wieder von Schiffen die Rede, der Zusammenhang ist aber wegen des schlechten Erhaltungszustandes nicht recht klar.

Karer treffen wir noch Jahrhunderte später in Memphis an. Zu dieser Zeit haben sie offenbar die heimatlichen Bräuche zum guten Teil aufgegeben und sich (wieder?) mumifizieren lassen. Dies scheint aus der einzigen demotischen Erwähnung von Karern hervorzugehen: Ein Papyrus aus dem Jahr 132 nennt in Z. 9 einen Orts-

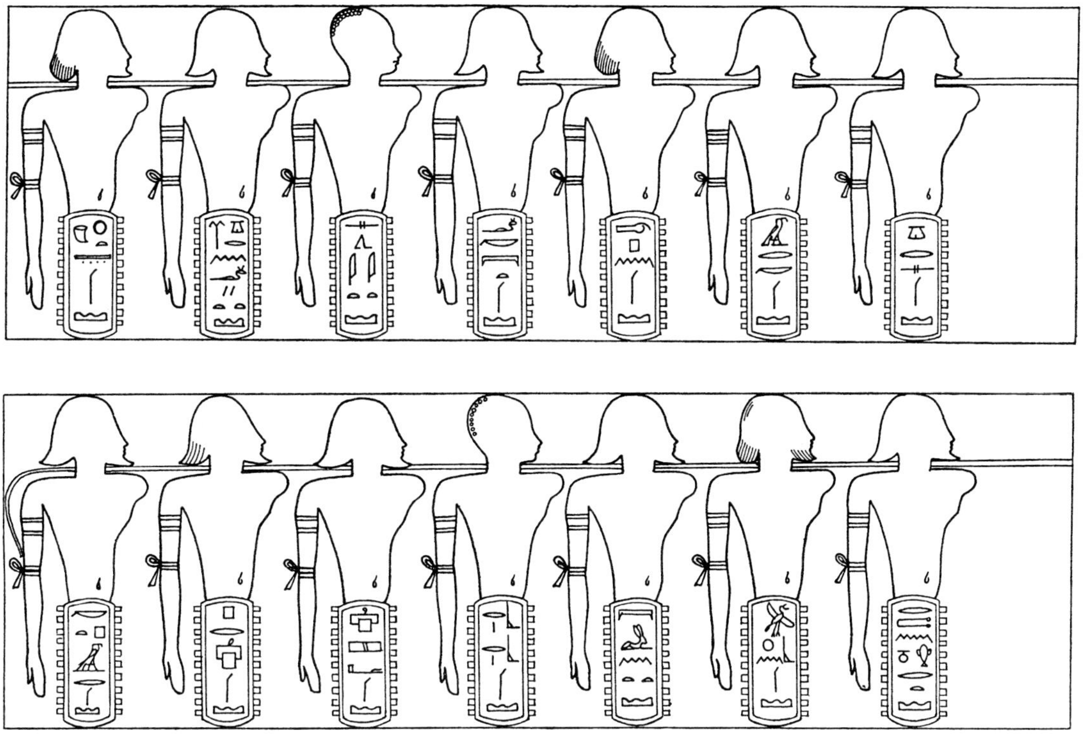

Abb. 71 Fremdvölkerliste im Tempel von Kom Ombo (1. Jh. n. Chr.): In der oberen Reihe ganz rechts ist Grs „Karer"; die zweite Figur von links (Grmnfj) könnte nach Yoyotte die Karomemphiten bezeichnen. Die letzte Figur unten links (Kptr) ist Kreta („Kaphtor"), daneben Prs „Persien". Man beachte nebenbei, daß auch Namen längst untergegangener Völkerschaften und Regionen immer noch überliefert wurden: Oben ganz links ist Ḫtꜣ „Hatti, Hethiter(land)".

namen *Nꜣ-krs.w*, womit vermutlich das sog. Καρικόν (eher als die Nekropole) gemeint ist.[6] Was die Dokumentation in ägyptischer Sprache betrifft, werden sie sonst nur noch in einer Ortsnamenliste in Kom Ombo sowie einer anderen in Esna erwähnt (*Krs, Grs*). Bemerkenswert ist das Toponym *Grmnfj* – ebenfalls in Kom Ombo in der zitierten Liste –, worin Yoyotte sehr ingeniös einen Zusammenhang *Abb. 71*
mit Καρομεμφίτης vermutet.[7]

Im übrigen waren die Karer damals, d.h. in griechisch-römischer Zeit, weitgehend hellenisiert. Eine der bestdokumentierten Gestalten der frühen Ptolemäerzeit, der berühmte Zenon,[8] nach dem ein umfangreiches Archiv benannt ist, stammte aus Kaunos im karischen Mutterland. Allerdings implizieren Hellenisierung und allmähliche Aufgabe der eigenen Sprache nicht, daß die Karer nicht die heimischen Götter weiterverehrt hätten, wenngleich nunmehr in gräko-ägyptischem Gewande. Ein griechischer Papyrus aus dem Zenon-Archiv[9] „handelt von der Verpachtung von Landbesitz des Dioiketes Apollonios an verschiedene Pächter," darunter auch das Tempelgut des Zeus Labraundaios, das 120 Aruren erhält. Zwei weitere Tempel, nämlich der des Serapis sowie der des Asklepios – d.h. also des Im-

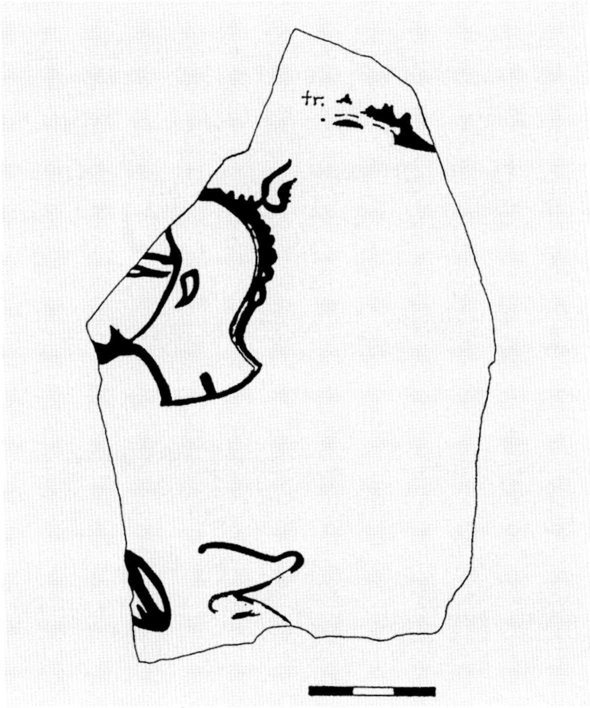

Abb. 72 Ostrakon aus Sakkara mit Darstellung eines Kopfes mit dem für die Karer typischen Hahnenkammhelm.

hotep – erhalten bezeichnenderweise genausoviel Land. Alle diese Anlagen befanden sich zweifellos in Memphis, das in der Ptolemäerzeit ein Sammelbecken der verschiedensten einheimischen und fremden Kulte war. Der genannte Zeus von Labraunda wurde von den karischen Söldnern verehrt. Nach Plutarch (Quaestiones graecae 45) geht das Heiligtum von Labraunda auf Arselis von Mylasa zurück, der Gyges von Lydien bei seiner Machtergreifung unterstützte. Wahrscheinlich war Zeus Labraundaios die Gestalt, in denen den Karern der ägyptische Amun-mit-starkem-Arm erschien.

Ein unleserliches demotisches Ostrakon aus dem sog. Archiv des Hor[10] aus dem zweiten Jahrhundert enthält eine Darstellung des charakteristischen karischen Hahnenkammhelms und legt Zeugnis ab für die fortwährende Präsenz der Karomemphiten. *Abb. 72*

Man muß auch damit rechnen, daß dort Karer auftreten, wo man sie nicht unbedingt erwartet. Drei Stelen in Florenz und eine im Louvre ähneln den karischen Stelen aus Sakkara und enthalten Personennamen, die nach J. Ray karisch sein könnten.[11] Eines dieser Stücke datiert aus dem Jahr 4 des Apries (586) und gehörte einem Choachyten mit einem fremdartigen, jedenfalls nicht semitischen Namen.[12] Vielleicht war das ein früher Angehöriger der karomemphitischen Gemeinde von Memphis. Und selbst wenn es kein Karer war, ist in jedem Falle bemerkenswert, daß jemand mit einem offensichtlich unägyptischen Namen in einer so spezifisch ägyptischen Funktion wie der des Choachyten fungieren konnte. Ob dieser Choachyt

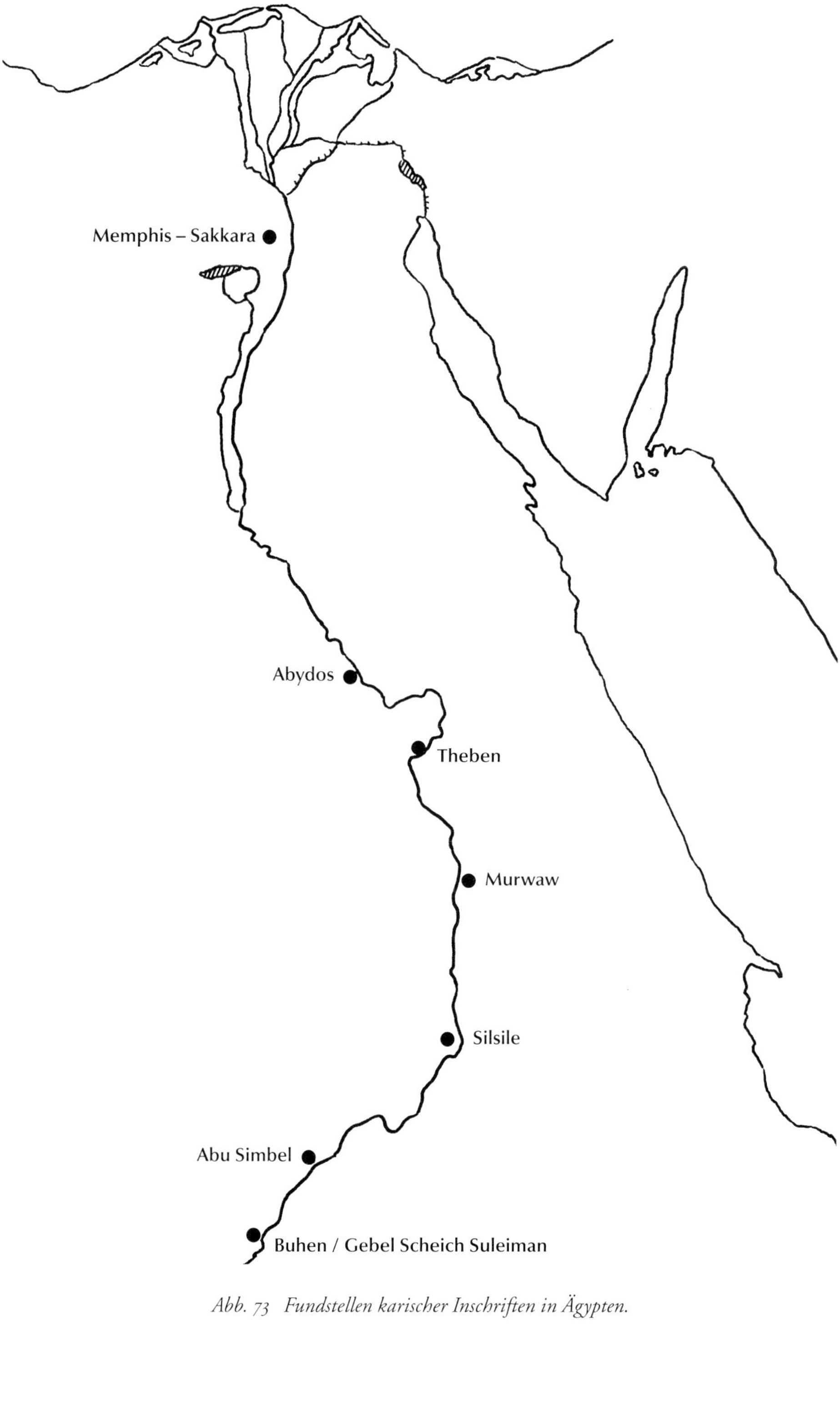

Abb. 73 Fundstellen karischer Inschriften in Ägypten.

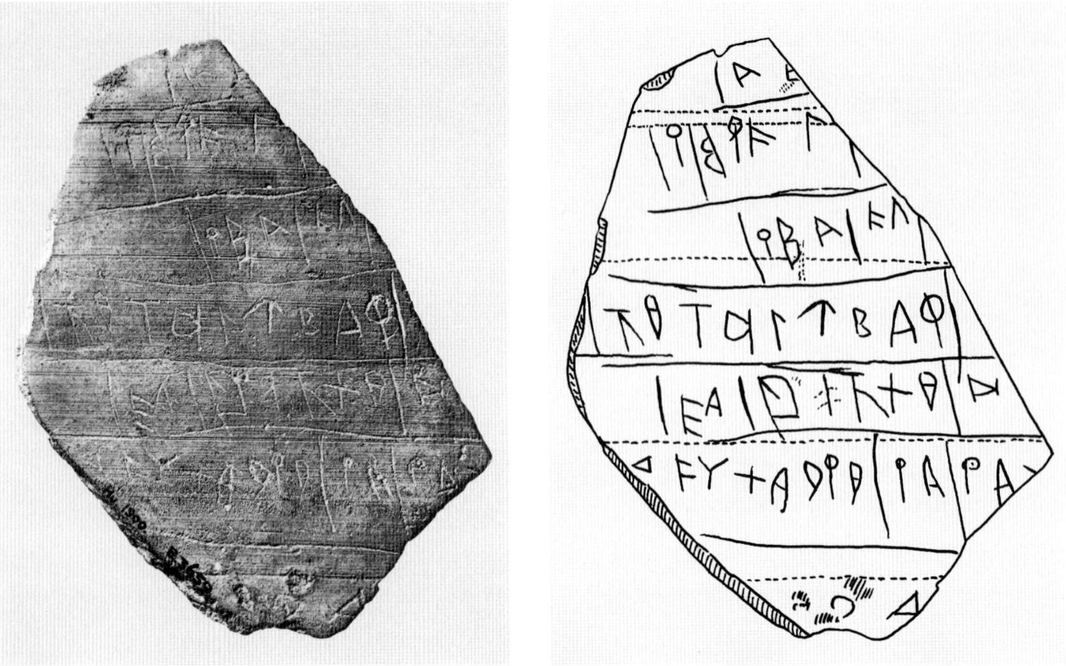

Abb. 74a. b Das sog. „parakarische“ Ostrakon von Hu/Diospolis.

Abb. 75 Apisbronze mit zweisprachiger Inschrift. Name und Titel des Stifters („der Dolmetscher Paraeùm“) stehen in beiden Fassungen.

nur für seine Landsleute zuständig war oder auch für Ägypter, bleibe dahingestellt. Man kann sich letzteres zugegeben schwer vorstellen, aber es handelt sich um keinen hohen Posten, und schon die Tatsache, daß der Mann eine ägyptische Totenstele hat, weist trotz des Fremdnamens auf ein gewisses Maß an Akkulturation.

Wir wollen uns nun den gesicherten – und noch nicht gräzisierten – Hinterlassenschaften der Karer zuwenden. Die Denkmäler sind zwischen 660 und 500 zu *s. Karte*
datieren. Wenn wir von dem obskuren „parakarischen" Ostrakon aus Diospolis *Abb. 73*
parva absehen,[13] können wir drei Hauptklassen unterscheiden: 1. kleinere Objekte, *Abb. 74a. b*
2. Graffiti und 3. Stelen. Diese Hauptklassen sind auch geographisch geschieden, indem 1 und 3 wenigstens bis jetzt nur in Unterägypten, 2 nur in Oberägypten und Unternubien bezeugt sind.

– 1. Unter den Kleinobjekten ist zunächst eine Münchner Spitzmausbronze unbekannter Herkunft (Memphis/Sakkara?) mit Behälter zur Aufnahme der Tiermumie zu nennen.[14] Interessant ist der Aufbau der Inschrift: Da steht in Hiero- *Taf. 19c*
glyphen „Horus gebe Leben", auf der Vorderseite aber auf karisch *Úliat*,[15] der Name des Stifters. Bemerkenswert ist die komplementäre Mischung ägyptischer und fremdsprachlicher Elemente. Das ist kein Einzelfall; wir stellten dasselbe Phänomen in ähnlichem Zusammenhang bei einer phönikischen Harpokratesstatuette fest.[16] Offenbar war das Stück selbst samt dem stereotypen Anfangsteil der Inschrift von ägyptischer Hand vorgefertigt und wurde dann vom Stifter individuell auf seine Weise ergänzt. Eine ähnliche komplementäre Distribution von ägyptischem und fremdsprachlichem Text finden wir aber auch auf karischen Totenstelen, vgl. unten.

Auf einer aus dem Serapeum stammenden Apisbronze in Kairo[17] steht im hiero- *Abb. 75*
glyphischen Teil „Apis gebe Leben dem *Prjm*, dem Dolmetscher".[18] Der Name wird in den karischen Inschriften auf beiden Seiten der Basis wiederholt; er lautet *Paraeùm*, was mit einem auch sonst in karischen Personennamen belegten Element *para-* gebildet ist. Dem ägyptischen Titel „der Dolmetscher" entspricht in der karischen Version *armon-χi*. Karische Dolmetscher sind uns auch aus der antiken Literatur (Xenophon, Thukydides) bekannt, und daß wir einen Angehörigen dieser

Abb. 76 Beispiel für die Schreibung eines karischen Personennamens in karischer und ägyptischer Schrift: Das Element -iom ist im Ägyptischen durch die Gruppe für „Meer" (jm, gesprochen jom) wiedergegeben worden, um die richtige Aussprache anzudeuten.

Zunft gerade in Memphis finden, ist bei dem dort herrschenden Völkergemisch kein Wunder!

Auf einem Schlangensärgchen aus Sais in Kairo[19] lesen wir „Atum, der große Gott, gebe Leben und Gesundheit dem *Šrkbjm*". Der Name, der zur Andeutung der Aussprache mit der Gruppe *jm* (kopt. *jom*) „Meer" geschrieben ist, findet sich am Abb. 76 Anfang der karischen Inschrift in der Form *Šarkbiom* wieder. Solche Übereinstimmungen scheinen jetzt nicht sonderlich aufregend, doch sind diese dem Außenstehenden trivial scheinenden Erkenntnisse erst eine Errungenschaft der letzten Jahrzehnte!

Interessant ist eine ebenfalls in Sais gefundene Bronzestatuette der Neith mit einem in Karisch und Ägyptisch beschrifteten Sockel,[20] weil das Stück durch die Kartuschen Psammetichs I. in die Frühphase der ägyptisch-karischen Beziehungen datiert werden kann. Der Stifter der Weihgabe hat den ägyptischen Namen Padineith (im karischen Teil *Pdneít*); von den Eltern tragen in eindeutiger Weise die Mutter, höchstwahrscheinlich aber auch der Vater, Fremdnamen. Das besagt für sich allein nicht viel über eine umfassendere Akkulturation. Wir müssen aber die Anziehungskraft der ägyptischen Religion auf Fremde mitberücksichtigen: Alle bisher vorgestellten Kleingegenstände sind ja Weihgaben von Karern an Heiligtümer ägyptischer Gottheiten. Es ist noch darauf aufmerksam zu machen, daß das zuletzt besprochene Objekt mit gewissen Interpretationsschwierigkeiten behaftet ist: Wer ist die „Herrin des Hauses" Neithemhat, Tochter[21] des Wahibre, die am Schluß der Inschrift genannt wird? Wie es scheint, ist sie diejenige, die die Statuette im Namen des Padineith, dem jedenfalls die göttliche Gnade als Lohn für die Weihgabe zuteil werden soll, hat anfertigen lassen. Handelt es sich um die ägyptische Ehefrau des Karoägypters Padineith? Irgendeine engere Beziehung zwischen den beiden muß ja bestanden haben, aber die Frage ist nicht eindeutig zu beantworten.

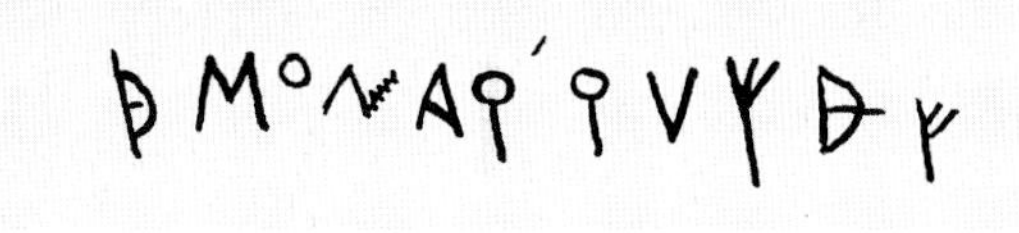

Abb. 77a. b Karisches Graffito im Tempel Sethos' I. in Abydos (Sigel Ab. 14F). Zu lesen ist n(?)inut tamosi, wobei das zweite, ägyptisch aussehende Wort eine Wiedergabe des Namens Ptahmose („Ptah ist geboren) sein könnte. Die Vereinfachung von pt zu t ist gut dokumentiert, und der h-Laut bleibt im Karischen generell unberücksichtigt.

Wir können in diesem Rahmen nicht alle verstreuten Einzelfunde besprechen; erwähnt seien nur noch die Petersburger Isis[22] und eine Perle im Britischen Museum.[23]

Abb. 78 Karisches Graffito in Abu Simbel (Sigel AS 3): pismašk | šarnúś wnsmsos. (Reproduktion nach Lepsius, *Denkmäler aus Ägypten und Nubien, VI, Taf. 99, wo allerdings das k ungenau wiedergegeben ist!). Am Anfang steht der Name Psammetich, der auch von Karern getragen wurde.*

– 2. Die zweite Hauptklasse stellen, wie gesagt, die Graffiti dar. Die überwiegende Mehrheit davon findet sich in Abydos, Theben, Silsile, Abu Simbel und Buhen; sie sind zum Teil noch nicht definitiv publiziert. Allesamt sind sie einsprachig, und oft bestehen sie nur aus einem einzigen Wort. *Abb. 77a. b*

Am klarsten liegen die Dinge in Abu Simbel. Die paar Graffiti[24] wurden ebenso wie die griechischen und phönikischen während des Nubienfeldzugs Psamme- *Abb. 78*

*Abb. 79 Karisches Graffito im Grab des Montemhet in Theben (Sigel Th. 60 Š): dbiks | kbíomś | údún | sb aśbśt | eúm. Die ersten beiden Wörter (| ist Worttrenner) bezeichnen Personennamen (gräzisiert *Idbigasis Sohn des Kebiomos); sb ist eine Konjunktion („und"), údún wurde zu pisidisch ουδουν gestellt und mit Vorbehalt als Acc. Sg. „Weihung, Inschrift, Gebäude" o. ä. interpretiert (*M. Janda, *in: La decifrazione del cario 182 f.). Die letzten beiden Wörter sind völlig unklar.*

tichs II. in seinem dritten Regierungsjahr (593) von den durchziehenden Soldaten an den Beinen der Kolosse des großen Tempels Ramses' II. eingeritzt. Zwei Graffiti (Nr. 3 und 7) erwähnen einen Psammetich, ein Name, der bei Karern wie Ägyptern recht beliebt war. Wir finden ihn auch mehrfach in den karischen Graffiti von Buhen, Silsile und Theben sowie in einem lydischen Graffito bei Silsile.

Abb. 79 Die thebanischen Graffiti finden sich nahezu allesamt im Grab des Montemhet;[25] manche von ihnen sind über frühere – ebenfalls karische – geschrieben. Der Prozeß der Beschriftungen erstreckte sich also anscheinend über einen längeren Zeitraum; insgesamt soll es sich um ca. 100 Texte handeln. Eine Publikation durch V. Ševoroškin und D. Schürr ist in Aussicht gestellt. Interessant ist die kürzlich von Ray[26] geäußerte Vermutung, diese Inschriften seien durch eine Haltung von Pietät und Loyalität gegenüber Montemhet als oberägyptischem Repräsentanten Psammetichs I., dem die Karer ihre Existenz in Ägypten verdankten, motiviert. Sicher ist diese Deutung freilich nicht.

– 3. Am besten bekannt und schon äußerlich am repräsentativsten sind schließlich die karischen Totenstelen, die sich wiederum in zwei Untergruppen unterteilen: a) eine kleinere Reihe von sieben Stelen, die seit der Mitte des 19. Jahrhunderts im Raum von Memphis entdeckt wurden, b) eine größere Anzahl von insgesamt 49 Stücken, die erst seit 1968 während der englischen Grabungen in Sakkara-Nord ans Licht kamen.[27] Alle diese Stücke einschließlich der Inschriften der Kleingegenstände liegen in zuverlässigen Publikationen vor.

Naheliegenderweise ist es die Gruppe der Totenstelen, die sich am besten für eine Analyse eignet. Kammerzell[28] hat eine Typologie ausgearbeitet und sich um eine chronologische Auswertung bemüht. Im folgenden wollen wir uns mit einer demgegenüber etwas vereinfachten Klassifizierung begnügen: A) ägyptische Stelen mit ägyptischem und karischem Text; B) Stelen mit Darstellungen in fremdem – auch ägyptisierendem – Stil und nur mit karischem Text; C) scheintürförmige Stelen mit karischem Text, und D) Stelen mit karischem Text ohne Darstellungen.

A) Zunächst zur ersten Hauptgruppe.

(a) Wir haben schon die auf Psammetich I. datierte Berliner Statuette erwähnt. Bei den Stelen ist es nur ein Objekt, das durch Kartuschen sicher einzuordnen ist: *Abb. 80* eine Kairoer Votivstele aus dem Serapeum zeigt König Apries opfernd vor Ptah.[29] Oben und rechts befindet sich eine karische Inschrift, die den Namen des Steleninhabers nennt, im übrigen aber keine ersichtliche Beziehung zur Darstellung hat.

Abb. 81 (b) Eigenartig ist eine memphitische Stele in Lausanne.[30] In dem freigelassenen zweiten Register erblicken wir die ziemlich grobe Darstellung eines griechischen Schiffes. Am rechten Rand sowie an der Schmalseite wurden für den Inhaber zwei Vertikalzeilen jeweils mit hieroglyphischem und karischem Text hinzugefügt. Der Mann hat den gut ägyptischen Namen Psamtik'auneit und ist Sohn des Wahibreneb[qen]. Ohne den karischen Text und die fremdartige Schiffsdarstellung würde man natürlich nicht gar nicht erst auf die Idee kommen, daß das keine Ägypter gewesen sein sollten. Aber im karischen Teil wird der Name des Inhabers lautlich umgesetzt

Abb. 80 Karisch-ägyptische Stele aus dem Serapeum von Memphis mit König Apries (589–570) opfernd vor Ptah.

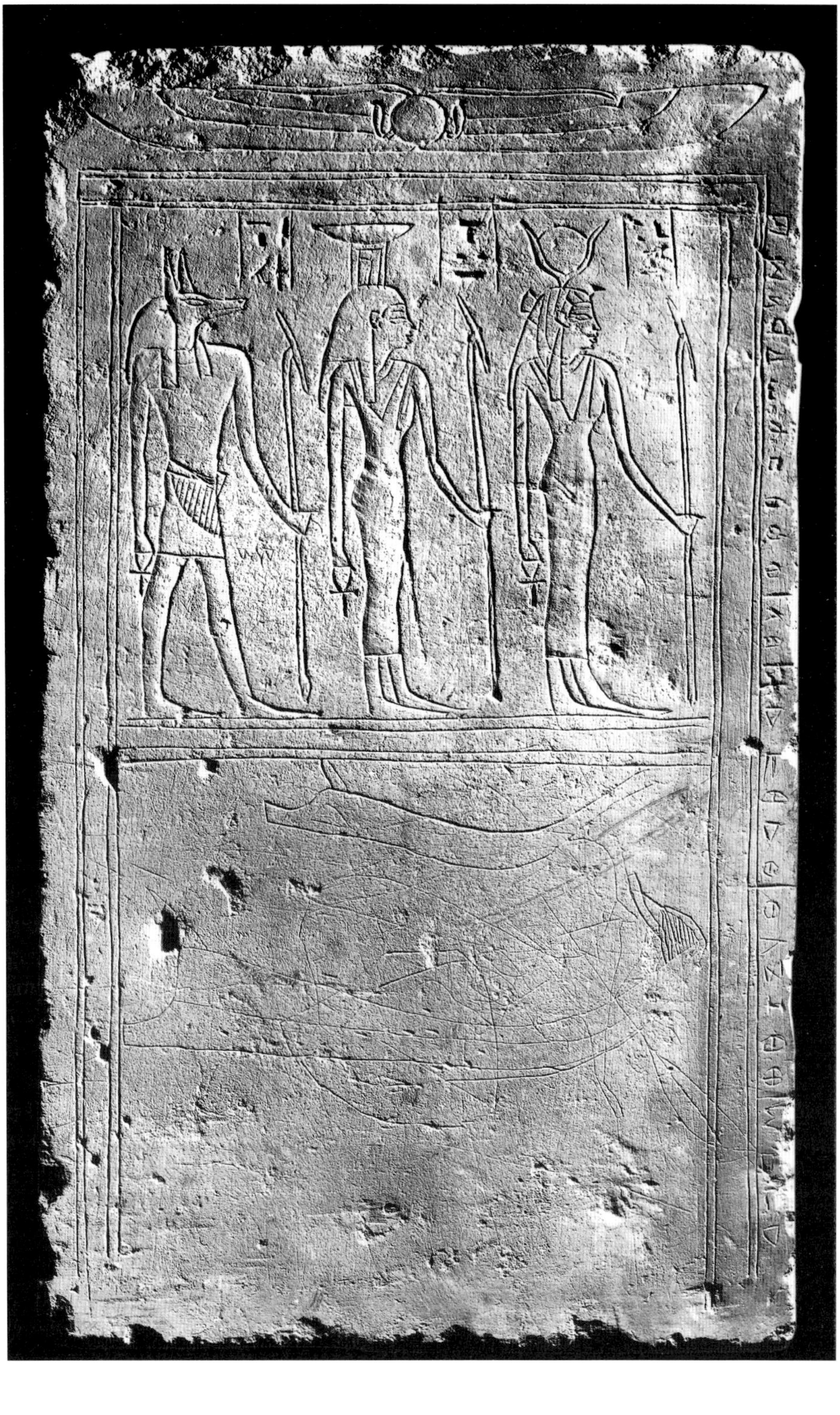

(*psmškúneit*), während der Name des Vaters nicht transliteriert wird.[31] Schon weil die karische Präsenz in Ägypten prinzipiell militärischen Hintergrund hat – was natürlich nicht bedeutet, daß jeder Karer Soldat gewesen sein muß –, ist es wahrscheinlich, daß der General Wahibrenebqen, Sohn des Generals Psamtik'auneit, den eine nach Theben gestiftete Bronzeplakette mit den Kartuschen Psammetichs II. nennt,[32] an besagte karische Familie anzuschließen ist.

(c) Zur ersten Hauptgruppe – also ägyptischen Stelen mit karischem Text – gehören weiters zwei typische memphitische Totenstelen der ersten Hälfte des 6. Jahrhunderts mit zusätzlichem karischen Text: eine Stele in Sidney[33] zeigt den Padiaset, Sohn der Tadiusir, in Verehrung vor Osiris. Die im unteren Drittel angebrachte Inschrift nennt diesmal nicht den ägyptischen Namen des Inhabers in karischer Transliteration; vielmehr heißt es hier *triqo parmaśśχi kloruλχi* „Triqo, (Sohn) des Parmaś, der *klorułd* (Titel?)". Wir haben es hier nicht mit Wiederverwendung, sondern einfach mit dem Gebrauch zweier Namen für dieselbe Person zu tun: eines ägyptischen im ägyptischen und eines karischen im karischen Teil. Auch in der Ptolemäerzeit wird die Partizipation an zwei Kulturen – der griechischen und der ägyptischen – häufig auf analoge Weise zum Ausdruck gebracht.

(d) Bei der einzigen anderen bekannten Stele dieses Typs in Berlin[34] ist es so, daß der Inhaber im ägyptischen Text mit dem vollen Namen Tjahapimou benannt wird, im karischen hingegen mit einer sehr beliebten Abkürzung, die de facto durchaus als vollwertiger Name gilt, nämlich *τamou* (Tjamou).

(e) Während diese beiden Stelen auch dann vollständige Vertreter ihrer Gattung wären, wenn man die karischen Partien weggelassen hätte, ist die Sachlage bei Stele M 1[35] verschieden. Hier findet sich vielmehr eingebettet zwischen zwei Bildregister ein zweiteiliges Schriftfeld, das komplementär mit ägyptischem und karischem Text ausgefüllt ist. Ähnliches haben wir ja schon bei der Münchner Spitzmausbronze gesehen. Offenbar ist hier aber der karo-ägyptische Text von Haus aus eingeplanter Teil des Dekorationsprogramms. Wir lesen im Schriftfeld zunächst als Variante der Opferformel „Worte zu sprechen: Osiris, der Erste der Westlichen, gebe ein schönes Begräbnis in der Nekropole". In der karischen Partie schließt sich der Name des Steleninhabers, Arliš, Sohn des Arlíom, an. Vater und Sohn werden mit ihren karischen Namen – die übrigens in griechischer Wiedergabe als Ἀρλισσις und Ἀρλιωμος bekannt sind – auch in den Beischriften zum Bildregister genannt.

(f) Scheinbar aus der Reihe fällt eine viereckige unägyptische Stele ohne Darstellungen, die eine karische und ägyptische Inschrift trägt; deswegen sei sie schon jetzt besprochen (M 7), obwohl sie eigentlich als Sonderfall in die Gruppe C einzuordnen ist. Die Stele gehört einem *Arliš* = (äg.) *'Irš* – wir haben diesen Namen eben kennengelernt –, der wiederum in beiden Textpartien erscheint. Dem Vatersnamen *ȝrskr* *Abb. 82*

Abb. 81 Karisch-ägyptische Grabstele mit ungelenker Darstellung eines griechischen Schiffes. Der ägyptische Name des Inhabers Psmṯk-'wj-Njt steht in der karischen Inschrift am rechten Rand (in der Form psmšků-neit) sowie in der Hieroglypheninschrift auf der rechten Breitseite (auf dem Photo nicht sichtbar).

Abb. 82 Karische und hieroglyphische Inschrift auf undekorierter Grabstele aus Sakkara:
Karisch: (1) Arlišś (2) Ursχleś (3) Kiδbsiś „(Stele) des Arliš, des (Sohnes des) Ursχle (= Orsikle(s)?), des (Sohnes des) Kiδbsi".
Ägyptisch: (1) 'Irš z3 n 3rskr (2) z3 I'ḥ (?) [bricht hier ab] „'Irš (= Arliš), Sohn des 3rskr (= Ursχle), des Sohnes des ...".

Abb. 83 Karische Grabstele aus Sakkara mit ägyptischen und – was die Figuren betrifft – ostgriechischen Dekorationselementen.

entspricht *ursχle* im karischen Teil.[36] Die Form der vogelgestaltigen Hieroglyphen wirkt übrigens merkwürdig unbeholfen und fast schon unägyptisch; man darf vermuten, daß hier ein Karer am Werk war, vielleicht derselbe, der die karische Inschrift eingraviert hat.

B) Die zweite Hauptgruppe – Stelen[37] mit Darstellungen in fremdem – auch ägyptisierendem – Stil und nur mit karischem Text – wird durch eine Reihe von Stücken konstituiert, die zum allergrößten Teil aus den neuen englischen Grabungen in Sakkara kommen. Wir können grundsätzlich zwei Untergruppen unterscheiden: a) Stelen mit Darstellungen in griechischem Stil, b) Stelen mit ägyptisierenden Darstellungen. Die erste Untergruppe ist bisher nur durch zwei Exemplare vertreten, von denen das erste allerdings ganz besondere Aufmerksamkeit verdient:

Abb. 83 a) Eine jetzt in Cambridge aufbewahrte, fast meterhohe Stele (M 3) zeigt unterhalb der geflügelten Sonnenscheibe – einem weitverbreiteten ägyptisierenden Dekorationselement – zwei auffallend langgestreckte Gestalten: es ist ein einander vertraulich anfassendes Paar. Der Stil ist stark von der ostgriechischen Kunst aus der Zeit um die Mitte des 6. Jahrhunderts bestimmt. – Das zweite Stück ist eine aus Abusir
Abb. 84 stammende Stele in Berlin[38] mit Prothesisdarstellung, ebenfalls in ostgriechischem

Stil. Die schlecht erhaltene Inschrift am rechten Rand wurde früher für griechisch gehalten; es hat sich erst später herausgestellt, daß sie in Wirklichkeit karisch ist.

Abb. 85 b) Etwas besser vertreten ist die Untergruppe der Stelen mit ägyptisierenden Darstellungen. Wir haben hier vor allem drei recht ähnlich aufgebaute Exemplare zu betrachten (M 4; 5; 5a). Anhand stilistischer Kriterien wird ein Ansatz ins letzte Viertel des 6. Jahrhunderts vertreten. Die Stelen sind halb gerundet, die Darstellungen entfalten sich unterhalb der geflügelten Sonnenscheibe in drei Registern. Im oberen sieht man den Verstorbenen anbetend vor Isis und Osiris, im mittleren steht der ibisköpfige Thot vor dem Apisstier und einer geflügelten Göttin, wahrscheinlich

Abb. 84 Stele aus Abusir mit Bestattungsdarstellung (Prothesis) mit ähnlicher Stilmischung wie Abb. 83. Besonders zu beachten ist die zweite Figur von links mit dem zum Kopf geführten Messer – ein Hinweis auf die von Herodot überlieferte karische Trauersitte, sich mit Messern in die Stirn zu schneiden. Vgl. auch Abb. 86a. b.

Abb. 85 Ägyptisierende Stele aus Sakkara mit drei Bildregistern.

wiederum Isis; im unteren Register schließlich findet sich eine Prothesisszene: der aufgebahrte Verstorbene wird von verschiedenen Personen – meist Frauen – betrauert. Letztere Szene findet sich auch ja auch sonst, z.B. auf den Grabsteinen von Ägypto-Aramäern; Parallelen für ein derartiges Dekorationsprogramm sind von anderen Denkmälern jedoch nicht bekannt (nach Herodot II 61 schnitten sich die Karer „mit Messern in die Stirn", woran man sähe, „daß sie Ausländer und keine Ägypter sind"; das wird aber nie im Bild gezeigt). Auf den ersten Blick könnte man die Darstellungen für rein ägyptisch halten, aber gewisse Einzelheiten – am deutlichsten die ganz außerhalb des ägyptischen Kanons stehende Körperhaltung des Thot in M 4[39] – *Abb. 86a. b*
zeigen klar, daß es sich hier um Werke nichtägyptischer Künstler handelt. Während zwei

Abb. 86a. b Ägyptisierende Stele aus Sakkara mit drei Bildregistern. Auffallend ist die nach ägyptischen Maßstäben völlig unkanonische Körperhaltung des Thot im mittleren Register rechts. Zu beachten ist ferner die zweite Figur von links im unteren Register mit erhobenem Messer; vgl. Abb. 84 und die Erläuterungen dazu.

Abb. 87 und 88 Zwei typische karische Scheintürstelen (Sigel M 14 und M 16). Der Text der einen lautet Artaùś upe „Stele des Artaù“ (= in griechischer Wiedergabe Artaos?). Die Inschrift auf der anderen ist zu transkribieren (1) tduśoλ (2) kbos / (3) (rechts außen) šamsqi[... Die ersten beiden Wörter nennen den Steleninhaber und seinen Vater („Tduśoλ Sohn des Kbo“), die Bedeutung des dritten ist unbekannt.

der Stelen einen karischen Text aufweisen – man beachte die nonchalante Lösung der Platzfrage –, ist die dritte ganz unbeschriftet. – Übrigens ist die Dekoration dieser Stelengruppe in drei Registern nicht obligatorisch. Ein weiteres Stück aus den englischen Sakkara-Grabungen (M 6) beschränkt sich auf zwei Register: die Prothesisszene entfällt, und statt des ibisköpfigen Thot erscheint der Verstorbene vor dem Apis.

Abb. 87. 88 C) Die größte Gruppe wird von Stelen in Scheintürform gebildet.[40] Die Inschriften sind stets karisch. Scheintürstelen sind im spätzeitlichen Ägypten eher selten; vor allem haben sie nicht diese Form. Es ist vermutet worden, daß dieser Typ durch die Form kleinasiatischer Felsgräber – speziell der lykischen – angeregt wurde, allerdings ist das ganz unsicher, da Felsgräber in Karien fehlen oder (in Kaunos) eine andere Form haben.

D) Schließlich kennen wir eine Reihe gänzlich undekorierter Stelen, bei denen der Blick sofort – und ausschließlich – auf die karische Beschriftung gelenkt wird. Ein

Abb. 88

Exemplar in Brüssel (MY D)[41] gehört einem *pikre*. Kammerzell liebäugelt mit dem Gedanken, daß das niemand anderer ist als jener von Polyän erwähnte Berater Psammetichs I., der Karer Pigres, den wir schon kennengelernt haben.[42] Das archaisch anmutende „Fehlen jeglicher Rahmung oder Flächengliederung sowie die in *scriptio continua* ohne Worttrenner gravierte Inschrift“[43] scheinen ihm für einen Ansatz zwischen 660 und 620 „am Anfang einer längeren Entwicklungsreihe“ zu sprechen. Dies kann durchaus zutreffend sein; vor einer vorschnellen Gleichsetzung kann aber nicht nachdrücklich genug gewarnt werden: sicher ist sie theoretisch möglich, wir verfügen jedoch über keinerlei ausreichende Anhaltspunkte, die uns zu einer solchen Annahme berechtigen würden – und nicht jeder Friedrich ist Friedrich der Große!

Etwas jünger, nach Kammerzell aus der Zeit zwischen 625 und 590, sind einige Stelen, wo die Inschrift nicht wie bei der „Pigres“-Stele dem Randverlauf folgt, sondern einen Block bildet (M 8–11).

Die Annahme, daß die rein karischen, nicht ägyptisierenden Stelen in eine frühe Zeit gehören, die noch nicht vom Streben nach kultureller Anpassung gekennzeichnet ist, liegt natürlich auf der Hand. Archaische Stilmerkmale und epigraphische Eigentümlichkeiten stützen diesen frühen Ansatz. Ein erster Assimilationsprozeß wird durch die ägyptischen Stelen mit karischem Text aus der Zeit zwischen 610 und 570 reflektiert: es handelt sich um Karer der zweiten oder dritten Generation, die also schon im Lande geboren waren und teilweise aus Mischehen stammten. Die Zweisprachigkeit ist wohl als Indiz für ein Bestreben um kulturelle Anpassung bzw. Integration zu werten. Nach einer Zäsur unter Amasis,[44] die zeitweise die Assimilationsbemühungen der Karer, soweit wir das aus ihren kulturellen Hinterlassenschaften ablesen können, in den Hintergrund drängte, kam der Akkulturationsprozeß etwa im letzten Viertel des 6. Jahrhunderts wieder in Schwung: es entwickelte sich eine eigene karomemphitische Kunst, wie wir aus den dreiregistrigen *Abb. 86a. b* Totenstelen – man erinnere sich an die kuriose Darstellung des Thot – ersehen konnten. Ägyptische Totenbräuche kamen wieder verstärkt zur Geltung, ohne daß aber noch die eigene Sprache aufgegeben wurde. Die Sitte, Totenstelen zu setzen, ist jedenfalls nicht von Haus aus karisch gewesen.

Kammerzell[45] hat errechnet, daß die relativ geringe Zahl erhaltener karischer Totenstelen (rund 70 Stück) auch bei Ansetzung einer außerordentlich hohen Verlustrate darauf hinweist, daß ihre Inhaber weniger als ein Prozent des karischen Bevölkerungsanteils ausmachten. Der gesamte Rest tritt archäologisch einfach nicht in Erscheinung. Wir haben es also – wie es im Grunde ja auch für die meisten Relikte der pharaonischen Kultur gilt – mit den Zeugnissen einer kleinen Elite zu tun. Gegen diese Schlußfolgerung kann man auch nicht geltend machen, daß die Leute, soweit wir dies derzeit beurteilen können – und für die hieroglyphischen Texte gilt das durchgehend –, offenbar in der Regel ohne identifizierbaren Titel genannt werden.

***

Nach diesem Überblick ist noch einiges über Schrift und Sprache der Karer zu sagen.[46] Die Schrift ist alphabetisch und kann rechts- wie linksläufig geschrieben *Abb. 89* werden. Die Tabelle umfaßt im wesentlichen die in den Texten aus Ägypten auftretenden Zeichen (rund 30 von etwa 40) mit der Numerierung nach Masson. Wie man sofort sieht, gleicht ein beträchtlicher Teil den (früh)griechischen, ein nicht geringer Teil ist aber neu geschaffen worden. Die traditionellen Lesungen der äußerlich mit griechischen Buchstaben identischen Zeichen gehen von der an sich ja naheliegenden Annahme aus, daß dann auch der Lautwert vorliegt, den der betreffende Buchstabe im Griechischen hat (wobei grundsätzlich zu berücksichtigen ist, daß in den verschiedenen frühgriechischen Alphabeten dieselben Zeichen je nach

Abb. 89 Tabelle zur karischen Schrift.

<u>Das karische Alphabet</u> (ohne nur im Mutterland belegte ungelesene Zeichen)

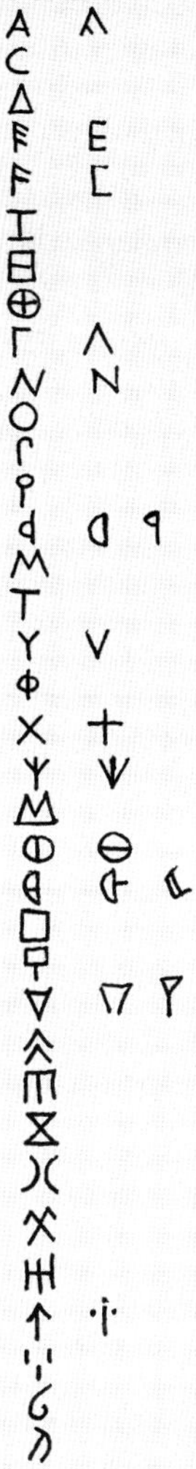

Nr.	Formen	Lesung	bestätigt durch Kaunos-Bilingue
1		a	x
3		d	x
4		l	x
5		ù	x
6		r	x
7		λ (= /ld/)	
8		? (nur einmal: MY K)	
9		q	
10		b	x
11		m	
12		o	
13		Var. zu Nr. 3?	
14		t	
15		š (in Karien t_2)	
17		s	x
18		?	
19		u	
20		ñ (nur Karien)	
21		χ	
22		n	x
24		p	
25		ś	
26		i	x
27		e	
28		w bzw. ü	
29/30		k	x
31		δ (= /nd/)	
32		ú	
33		?	
35		ζ (= /st/)	
37		γ (= /ng/)	
38		í	
40		τ	
41		Var. von Nr. 28?	
42		ŕ	
43		μ (= /mb/)	

(adaptiert und überarbeitet auf Grundlage von D. SCHÜRR, *Kadmos* 31, 1992, 151; I.-J. ADIEGO, in: *La decifrazione del cario*, Roma 1994, 29f. und neueren Forschungen)

Beispiele:

1. ← 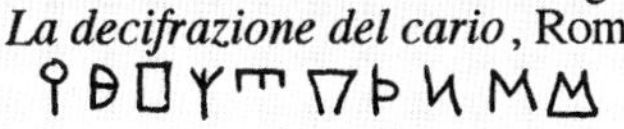
T I E N Ú K Š M S P

psmškúneit (MY F) =

(äg.) *Psmṯk-(m-)ʿwj-Njt*

2. ← 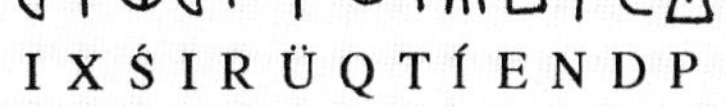
I X Ś I R Ü Q T Í E N D P

pdneít qüri-ś.χi (MY M) =
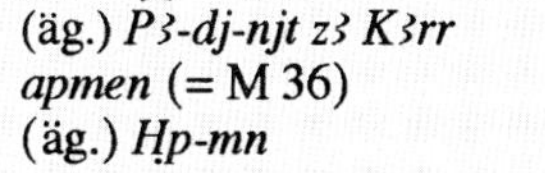
(äg.) *P3-dj-njt z3 K3rr*

3. ← 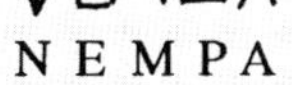
N E M P A

apmen (= M 36)
(äg.) *Ḥp-mn*

Region oft einen unterschiedlichen Lautwert haben können). D. Schürr hat gezeigt, daß die bis in die allerjüngste Vergangenheit fortlebende traditionelle Lesung des karischen Alphabets, wie sie hauptsächlich durch die Namen Ševoroškin und Masson bezeichnet wird, im wesentlichen auf den vor rund hundert Jahren wirkenden Altorientalisten Archibald Sayce zurückgeht.[47] Es hat sich allerdings herausgestellt, daß dieses System zu keinen brauchbaren Ergebnissen geführt hat und die Entzifferung letztlich in eine Sackgasse geraten ist (ähnlich übrigens, wie vor noch gar nicht so langer Zeit die Entzifferung der Maya-Hieroglyphen, die inzwischen im Prinzip als erschlossen gelten kann[48]). Man mußte sich fragen, wieso denn die in den ägyptischen Textpartien so häufig auftretenden ägyptischen Namen nie eine lautliche Entsprechung im Karischen haben sollten. Unabhängig von der Bestimmung der Sprachzugehörigkeit des Karischen wäre das Auftreten ägyptischer Eigennamen – Personen oder Götter – unbedingt zu erwarten gewesen.

Die Suche nach solchen Entsprechungen führte zu einem völligen Umsturz des alten Systems: es hat sich gezeigt, daß die auf dem Griechischen basierenden Zeichenlesungen in vielen Fällen einfach nicht stimmen können. Erst die neue Entzifferung, die von den Ägyptologen Karl-Theodor Zauzich[49] und John Ray in Gang gebracht und in den letzten Jahren von Ignacio Adiego und Diether Schürr ausgebaut und verfeinert wurde, führt zu Ergebnissen, die jeden unvoreingenommenen Beobachter überzeugen dürften. Das Bemerkenswerte dabei ist vielleicht nicht einmal so sehr, daß jetzt für eine ganze Reihe von Fällen innerhalb desselben Denkmals ägyptisch-karische Namenentsprechungen identifiziert werden konnten – hier könnte ja ein Kritiker behaupten, daß diese Entsprechungen in den karischen Text hineingelesen wurden –, sondern daß eindeutig ägyptische Personennamen unter Zugrundelegung der neuen Zeichenlesungen gelegentlich auch dort klar erkennbar werden, wo kein ägyptischer Text stützend hinzutritt. So kann beispielsweise der Anklang von *ntokris* (mit einem nicht zum Namen gehörigen Morphem *-s*) in M 27 an Nitokris kein Zufall sein, und daß *ituroúś* in M 24 mit der gesicherten Aussprachekonstruktion [iturόu] für den häufigen Namen *Jrt=w-r=w* übereinstimmt, natürlich genausowenig. Ganz zu schweigen davon, daß der Name Psammetich, wie schon erwähnt wurde, mehrfach in den Inschriften von Abu Simbel, Buhen und Silsile als *pismašk* und *psmaśk* auftaucht.

Eingefleischte Kritiker machten viel Aufhebens von einer lykisch-karischen Münze des Fürsten Erbbina, deren schlichte aus zwei Zeichen bestehende Aufschrift traditionell ER (als Abkürzung des besagten Namens) gelesen wird, während die neue Lesung *iš* bzw. t_2i damit nicht recht in Einklang zu bringen ist. Dann ist es eben keine Abkürzung von Erbbina; die positiven Resultate der neuen Entzifferung wiegen stärker.[50]

Allmählich verstummen jedoch die kritischen Stimmen. Seit dem Sommer 1996 sind nämlich in Kaunos im kleinasiatischen Mutterland drei große zusammenhängende Fragmente einer karisch-griechischen Bilingue entdeckt worden.[51] Dabei handelt es sich um eine Staatsurkunde aus dem 4. Jahrhundert, also aus einer Zeit, da in Ägypten anscheinend niemand mehr karisch schrieb. Bilingue Namengleichungen bestätigen, wie ein Blick auf unsere Tabelle zeigt, für eine ganze Reihe von

Abb. 90

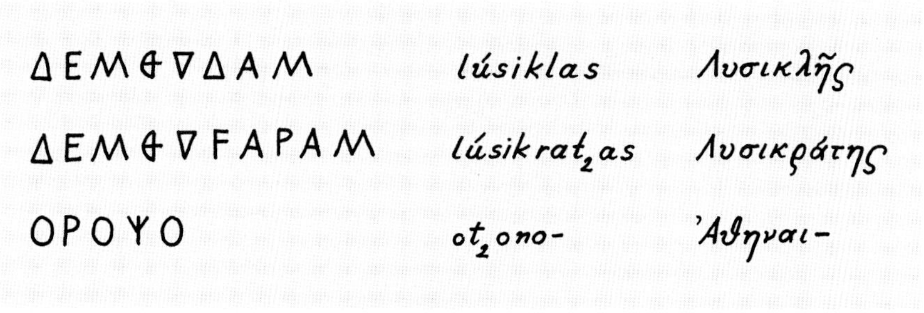

Abb. 90 Die vor wenigen Jahren entdeckte griechisch-karische Bilingue aus Kaunos bestätigt für eine Reihe von Buchstaben die neuesten Lautbestimmungen (vgl. die Tabelle Abb. 89).

ΔΕΜϚ∇ΔΑΜ	lúsiklas	Λυσικλῆς
ΔΕΜϚ∇ϜΑΡΑΜ	lúsikrat₂as	Λυσικράτης
ΟΡΟΥΟ	ot₂ono-	Ἀθηναι-

Buchstaben die Richtigkeit des von Adiego und Schürr eingeschlagenen Weges! Der merkwürdige „Metacharakterismós" – vereinfacht gesprochen, die Diskrepanz zwischen griechischem und karischem Lautwert – ist eine Tatsache, die man als gegeben akzeptieren muß, wie immer man sie erklärt.[52]

Die Schrift ist eines, die Sprache ein anderes: Während die Schrift bis auf vereinzelte Zeichen nunmehr als entziffert gelten kann, ist das Verständnis der Sprache erst sehr unvollkommen erschlossen. Das liegt natürlich auch oder vielleicht eher vor allem an der stupenden Dürftigkeit der Inschriften, dem extremen Mangel an längerem, sprachlich halbwegs ergiebigen Material. G. Neumann[53] hat auf Grund einer Analyse der Nebenüberlieferung in literarischen und epigraphischen Quellen herausgestellt, daß das Karische als „westlichstes Mitglied" „zum *'luwischen Südgürtel'*" gehört. Andere verwandte Sprachen sind demnach Lykisch, Hieroglyphenluwisch, Pisidisch, Kilikisch u.a.m. Das Karische ist mithin also, wie auch andere Forscher festgestellt hatten, eine indogermanische Sprache. In den Worten von Ivo Hajnal: „So kann es heute endgültig als gesichert gelten, daß das Karische eine indogermanische Sprache ist. Innerhalb der Indogermania muß es dem anatolischen Sprachzweig zugerechnet werden."[54]

Noch einige Worte zu dem schon mehrfach direkt und indirekt zitierten, 1993 erschienenen Werk des Ägyptologen Frank Kammerzell „Studien zu Sprache und Geschichte der Karer in Ägypten". Besonders das Kapitel zur Geschichte der karischen Präsenz in Ägypten und die Ausarbeitung einer Typologie der karischen Totenstelen sind zweifellos sehr verdienstvoll. Es traf sich jedoch, daß der Autor das Buch zu einem Zeitpunkt schrieb und veröffentlichte, als die Entzifferung der karischen Schrift zwar schon beachtliche Fortschritte gemacht hatte, aber noch zu wenig ausgereift war. Im Klartext: Mehrere der von ihm in Anschluß an Ray zugrundegelegten Lautwerte haben sich inzwischen als irrig herausgestellt (vgl. die Tabelle); das Buch ist also in diesem Bereich nur eingeschränkt und mit Vorsicht zu benutzen.[55] Für den Ägyptologen wird dies vor allem dann von Bedeutung sein, wenn er sich für die onomastischen karisch-ägyptischen Äquivalenzen interessiert, die natürlich eine einwandfreie Entzifferung voraussetzen. So konnte beispielsweise die Identifizierung des Namens des Inhabers der Stele M 36 als ägyptisch *Ḥp-mn* „der Apis dauert" erst auf Grund der neuen Lesung *apmen* gelingen.[56]

VII. Ägypten und die alten Araber

Die Verwendung des Begriffes „Araber" erfordert eine Erklärung, denkt man dabei doch wahrscheinlich zu allererst an die Anhänger des Propheten und die islamische Eroberung. Bekanntlich wurde Ägypten im Jahre 641 vom General ʿAmr ibn al-ʿĀṣ für seinen Kalifen Omar unterworfen, aber das ist eine eigene Geschichte, die mit unserem Thema nichts zu tun hat. Es gab aber auch schon lange vor dem Auftreten Mohammeds „Araber". Die assyrischen Quellen beispielsweise sprechen von Aribi.[1] Die meisten Leser werden wissen, daß es zumal in Südarabien in vorislamischer Zeit – muslimische Autoren sprechen hier von der *ǧāhiliyya*, dem Zeitalter der „Unwissenheit" vor Verkündung der Offenbarung durch das „Siegel der Propheten" – blühende Kulturen gegeben hat. Sicher stellt sich sofort die Erinnerung an die Erzählung von Salomo und der Königin von Saba ein. In der Tat werden wir von Beziehungen der alten südarabischen Völker, zumal der Minäer, zu Ägypten hören. Es gibt aber auch andere arabische Stämme, die nicht in so großen Reichen organisiert waren, und die gleichwohl mehr oder weniger sporadische Kontakte zu Ägypten hatten und dort greifbare Spuren hinterließen.

Araber haben vor der islamischen Eroberung nie in Ägypten geherrscht, sie sind auch nie in größeren Massen nach Ägypten gekommen wie die Karer. Die uns zur Verfügung stehenden Quellen sind also nicht zahlreich, aber deswegen nicht weniger informativ. Gegenüber den Karern haben sie aber den unbestreitbaren Vorzug, daß die wenigen epigraphischen Zeugnisse erstens zum Ausgleich wesentlich länger und mitteilsamer sind und wir zweitens die zugrundeliegenden Schriften und Sprachen seit langem recht gut verstehen.

„Araber" treten erstmals um 730 ins Blickfeld des Ägyptologen, und auch da nur sehr peripher. Im Kapitel über die Assyrer war davon die Rede, daß damals, unter Tiglatpilesar III. (744–727), ein in die assyrische Verwaltung integrierter arabischer Stammeshäuptling (der *nasīku*) mit der Überwachung des Grenzverkehrs betraut wurde. Dieses Verfahren wurde, wie wir ebenfalls gesehen haben, unter Sargon II. (721–705) fortgesetzt. Es sei an das Handelszentrum erinnert, das Sargon nahe der ägyptischen Grenze, etwa bei El-Arish, einrichtete.

Zu erwähnen wäre hier auch die von Diodor und Plutarch überlieferte Legende von Tnephachthos bzw. Technaktis (Tefnachte), der auf einem Feldzug gegen die Araber das einfache Leben schätzen gelernt haben soll.[2] Was daran historisch sein mag, ist schwer zu beurteilen; es ist aber gut möglich, daß der darinsteckende wahre Kern eine entbehrungsreiche Durchquerung des Sinai auf dem Wege nach Palästina ist. Damals mag der König also mit „Arabern" in Berührung gekommen sein. Im

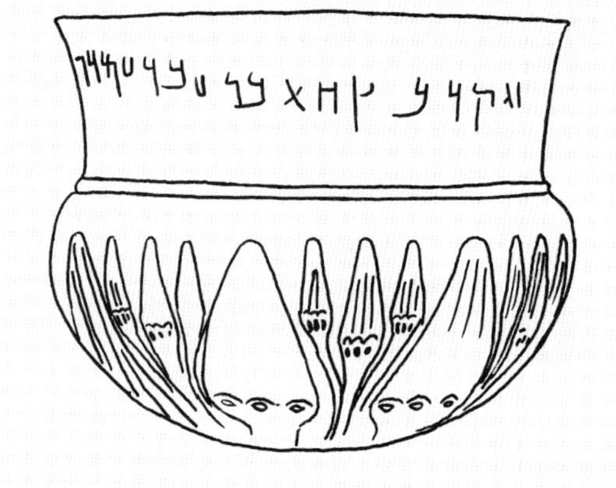

Abb. 91a. b Silberne Votivschale aus einem Heiligtum in Tell el-Maskhuta mit floraler Dekoration und einer Inschrift in aramäischer Schrift und Sprache: ZY QRB ṢḤ' BR 'BD'MRW LHN'LT *„Was Ṣeḥa', Sohn des 'Abd'amru, der Han'ilat geopfert hat."*

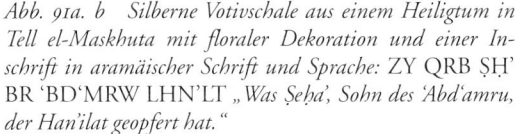

Abb. 91c Silberne Votivschale gleicher Herkunft wie Abb. 91a. b mit der Inschrift ḤRBK BR PSRY QRB LHN'LT 'LHT' *„Ḥarbek, Sohn des Pausire, opferte (es) der Göttin Han'ilat." Man beachte die (keineswegs einmalige) Durchdringung der Kulturen: Stifter und Auftraggeber waren qedaritische Araber, die Namen sind ägyptisch, Schrift und Sprache aramäisch!*

übrigen ist es bemerkenswert, daß Tefnachte in einer ägyptischen Quelle ebenfalls mit Entbehrungen assoziiert wird, aber unter umgekehrtem Vorzeichen. In der Pianchi-Stele werden ihm folgende Worte in den Mund gelegt: „Ich kann nicht im Bierhaus sitzen und lasse mir nicht auf der Harfe vorspielen. Ich esse das Brot des Hungers und trinke das Wasser des Durstes."[3] Da das aber nichts mit „Arabern" zu tun hat, brauchen wir uns hier nicht darum zu kümmern.

In Tell el-Maskhuta im Ostdelta, dem ägyptischen Per-Atum / Tjeku, biblischen Sukkot und griechischen Heroonpolis, erbauten qedaritische Araber in der Perserzeit ein kleines Heiligtum der Göttin Han'ilat. Diese Göttin entspricht der altarabischen, auch im Koran[4] vorkommenden Allāt und nach gängiger – jüngst indessen heftig bestrittener – Ansicht[5] Herodots Alilat; alle diese Namen bedeuten nichts anderes als „die Göttin". Die Gründung der Gemeinde geht wahrscheinlich auf die Zeit der Invasion des Kambyses 525 zurück, die nach Herodot (III 88; 91; 97) ohne arabische Unterstützung nicht hätte verwirklicht werden können (als Belohnung

dafür blieben die Araber steuerfrei, lieferten aber gleichwohl 1000 Talente Gold jährlich an die Perser). In Tell el-Maskhuta sind in den fünfziger Jahren vier silberne Votivschalen[6] mit aramäischen Inschriften entdeckt und ins Brooklyn Museum gebracht worden. Diese Inschriften werden um ca. 400 datiert und spiegeln trotz ihrer lapidaren Kürze verschiedene Stufen der Akkulturation: in einem Fall sind Name und Filiation des Stifters rein semitisch / altnordarabisch (Qainu, Sohn des Gašmu),
Abb. 91a. b in einem anderen hat der Stifter einen ägyptischen, der Vater einen arabischen Namen (Ṣeḥa', d.h. *Ḏd-ḥr*, Sohn des ʿAbdʿamru), während bei einer dritten Schale
Abb. 91c alle beiden Namen ägyptisch sind: „ḤRBK, Sohn des PSRY, hat (es) der Göttin Han'ilat dargebracht" lautet die Inschrift. Der vorhin erwähnte Qainu, Sohn des Gašmu, war der betreffenden Weihinschrift zufolge „König von Qedar", einer Stammeskonföderation, die aus dem Alten Testament (z.B. Jes 21, 16) gut bekannt ist. Es ist äußerst wahrscheinlich, daß eine verwandtschaftliche Beziehung zu jenem Gešem, der in der Bibel[7] als Widersacher des Nehemiah erscheint, besteht (Nehemia, der jüdische Mundschenk des Perserkönigs in Susa, war im Jahre 445 damit beauftragt worden, die zerstörte Stadtmauer von Jerusalem wiederherzustellen). Dieses Qedar wird etwa zwischen dem späteren Petra und dem Wadi Sirhan zu suchen sein.

In Anbetracht des Gesagten kann es nicht überraschen, daß Herodot Tell el-Maskhuta / Heroonpolis, das er unter dem ägyptischen Namen Patoumos (*Pr-Jtm*) anführt, als „arabische Stadt" kennt (II 158).[8] Hierzu stimmt auch, daß dieses Gebiet – der seit Pije/Pianchi belegte 20. unterägyptische Gau – in griechisch-römischer Zeit als Gau Arabia bezeichnet wird. Offenbar war diese Region ethnisch stark von nichtägyptischen, „arabischen" Elementen geprägt. Unter Alexander, im Jahre 331, wurde diese Ἀραβία ἡ πρὸς Ἡρώων πόλει der Verwaltung des Kleomenes anvertraut. Dieser spezifische, eingeschränkte Gebrauch des Terminus „Arabia" ist immer im Auge zu behalten und von umfassenderen Verwendungsweisen – zunächst für den Sinai, dann schließlich die ganze arabische Halbinsel – zu unterscheiden.

Die wichtigste, beredtste und bekannteste Quelle für die Beziehungen zwischen „Arabern" und Ägyptern in der Spätzeit – genauer gesagt, der Ptolemäerzeit – ist eine Sarkophaginschrift in minäischer Sprache. Das Minäische ist ein altsüdarabisches Idiom wie das bekanntere Sabäische und wurde wie dieses in demselben cha-
Abb. 94 rakteristischen, dekorativen und einprägsamen Alphabet geschrieben. Die Hauptstadt des Landes Maʿīn war Qarnāwu, Strabos Karna, im südlichen Al-Dschauf; und auf das Wadi l-Dschauf ist das Stammesgebiet der Minäer auch stets beschränkt gewesen.[9] Die Spezialität der Minäer war der Handel mit Weihrauch und Myrrhe,[10] und so ist es nur natürlich, daß antike Schriftsteller wie Strabo und Claudius Ptolemaeus von ihnen berichten. Etwa im 4. Jahrhundert gründeten sie eine Handelskolonie in Dedan im Norden, der jetzigen Oase Al-ʿUla. Damals befand sich also der Nordteil der
Abb. 92 Weihrauchstraße noch unter ihrer Kontrolle. Von Al-ʿUla wurden die Waren, sofern nicht der Landweg gewählt werden konnte oder sollte, zum Hafen (Leuke Kome) transportiert und von dort nach Myos Hormos. Dazu ist ergänzend zu sagen, daß eine Weihrauchstraße aus dem Süden und eine andere aus Gerrha am Persischen

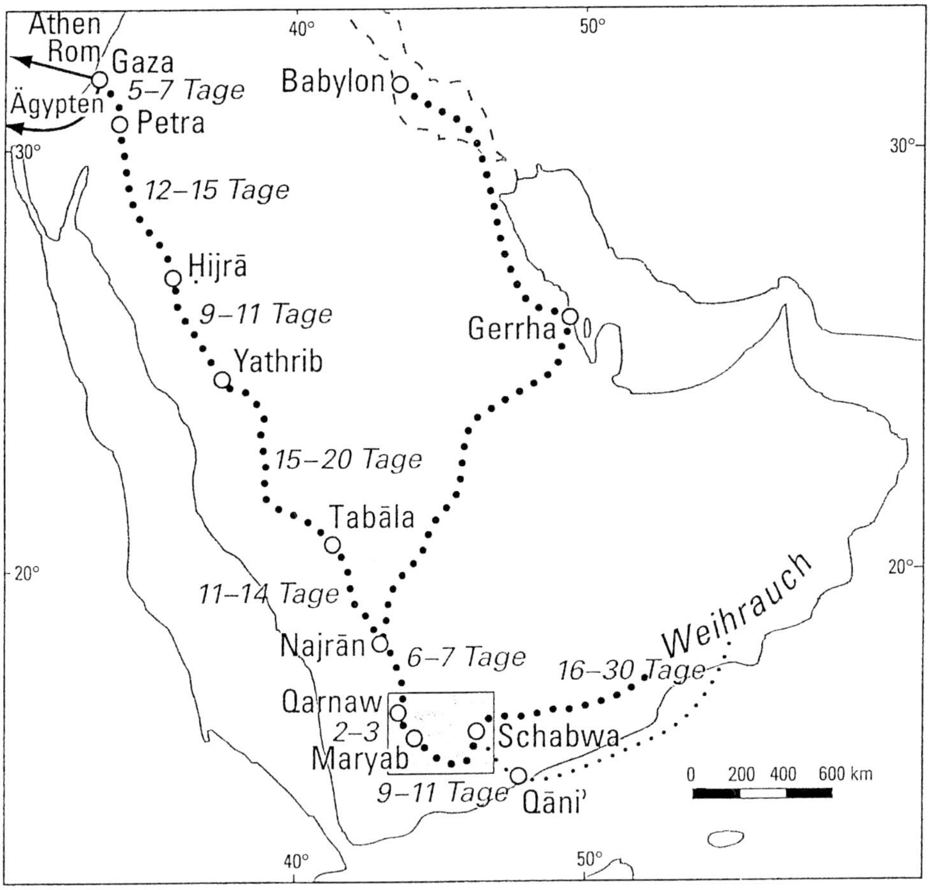

Abb. 92 Die Weihrauchstraße in Arabien.

Golf nach Petra führten. „Von hier aus wurden die Waren entweder nach Gaza oder den 'Königsweg' (Arabah) entlang nach Nordsyrien transportiert. Die Besetzung Syriens durch Ptolemaios <I.> und die Unterbringung einer Garnison in Philadelphia (Rabbat Ammon, <das heutige Amman>) auf dem 'Königsweg' gaben den Ptolemäern die völlige Kontrolle über diesen Handel."[11]

Den Höhepunkt ihres Einflusses erreichten die Minäer anscheinend in der ersten Hälfte des 3. Jahrhunderts. Das Ende der Unabhängigkeit des minäischen Kernlandes ist kurz vor 200 anzusetzen, als das Land unter die Oberherrschaft der Sabäer kam.

Ein wenig nördlich von der Handelskolonie von Dedan befand sich Hegra / Ḥiǧr (jetzt Madā'in Ṣāliḥ), das die Nabatäer später auf Kosten der Minäer (und der in Ostarabien angesiedelten Gerrhäer) zu ihrem südlichsten Außenposten ausbauten.

Vor dieser knappen Skizzierung des Hintergrunds können wir uns nun der besagten Sarkophag-Inschrift[12] zuwenden; es lohnt sich, daß wir dies in Anbetracht der *Abb. 93. 94*

Abb. 93 Sarkophag des Minäers Zayd'il aus Sakkara, ptolemäisch. Die ausführliche Inschrift berichtet, daß er die ägyptischen Tempel mit Weihrauch und Myrrhe beliefert hatte, nach ägyptischem Brauch bestattet wurde und nunmehr im Schutz des Apis-Osiris ruht.

verschiedenen lehrreichen Fragen und Probleme, die sie aufwirft, etwas genauer tun. Der ca. zwei Meter lange Sarkophag selbst ist aus Sykomorenholz, relativ grob gearbeitet und bar jeglicher Dekoration. Als das Stück ohne die zugehörige Mumie gegen Ende des 19. Jahrhunderts ins Kairoer Museum gelangte, wurde als Herkunft das Fayum angegeben; der innere Befund spricht allerdings eher für das Serapeum von Memphis, wie wir sehen werden. Die dreizeilige Inschrift findet sich an der linken Längsseite außen; die Anfänge der beiden ersten Zeilen sind zerstört. Wir stellen zuerst die in den letzten Jahren wiederholt behandelte Inschrift als Ganzes vor und erörtern dann die wichtigsten Fragen aus ägyptologischer Sicht:

𐩹𐩥𐩨 **D̲WB (d.h. D̲-W(ʿ)B) "der von den Wab-Priestern" (1)**

𐩱𐩨𐩺𐩩𐩩 | 𐩱𐩡𐩱𐩡𐩩 | 𐩣𐩮𐩧 **ʾBYTT ʾLʾLT MṢR "Die Tempel der Götter von Ägypten" (1)**

𐩩𐩡𐩣𐩺𐩻 | 𐩨𐩬 | 𐩩𐩡𐩣𐩺𐩻 **TLMYṮ BN TLMYṮ "Ptolemaios, Sohn des Ptolemaios" (1)**

𐩢𐩩𐩭𐩧 **ḤTḪR "(Monat) Hathyr" (2)**

𐩱𐩻𐩧𐩭𐩰 **ʾṮRḪF "Osiris-Apis" (3)**

𐩫𐩺𐩭𐩫 **KYḪK "(Monat) Choiak" (3)**

𐩨𐩬 | 𐩥𐩪𐩷 | 𐩣𐩮𐩧 | 𐩨𐩣𐩧𐩵 | 𐩫𐩥𐩬 | 𐩨𐩺𐩬 | 𐩣𐩹𐩺 | 𐩥𐩣𐩮𐩧 **BN WSṬ MṢR B-MRD KWN BYN MD̲Y W-MṢR (als die und die Götter sie und ihre Güter erretteten) "mitten aus Ägypten beim Krieg, der zwischen Madhay (Medien) und Ägypten war." (M 247, 2)**

Abb. 94 Einige auf den ägyptischen Hintergrund bezügliche Ausdrücke und Passagen in der Sarkophaginschrift des Zayd'il sowie in der Inschrift in Baraqish (Siglum M 247).

(1) „[…] Sarkophag für Zayd'il, den Sohn des Zayd, von der Sippe Ẓayrān, von den Wab-Priestern, welcher eingeführt hat Myrrhen und Kalmussorten für die Häuser (d.h. Tempel) der Götter Ägyptens in den Tagen des Ptolemaios, des Sohnes des Ptolemaios, (2) […] und es starb Zayd'il im Monat Hathor, und man schickte Linnen(?) aus allen Häusern der Götter Ägyptens als ihr Geschenk(?), Byssosgewand als sein Leichentuch, und sie brachten ihn (3) (, nämlich) seinen Ba, hinauf in den Bereich (?) des Hauses des Gottes Osiris-Apis im Monat Choiak des Jahres 22 des Königs Ptolemaios. Und Zaydil[13] stellte sein Bildnis (?) / Epitaph (?) / seine Mumie (?)[14] und seinen Sarkophag in den Schutz des Osiris-Apis und der Götter, die mit ihm in seinem Heiligtum sind."[15]

Klar verständlich und mithin unumstritten ist folgendes: 1. Ein Minäer hat die ägyptischen Tempel mit dem für den Kult notwendigen, in Ägypten selbst nicht vorhandenen Räucherwerk versorgt. 2. Er ist nach ägyptischem Ritus im Bereich des Heiligtums des „Osiris-Apis" bestattet worden, wobei die von ihm zu Lebzeiten belieferten Tempel nunmehr für seine Bestattung aufkamen, und 3. Er wirkte und starb in der Ptolemäerzeit, eben im Jahr 22 eines Königs Ptolemaios, Sohn des Ptolemaios.

Die Schwierigkeiten fangen aber bereits damit an, daß wir nicht sicher sagen können, um welchen Ptolemaios es sich eigentlich gehandelt hat. Die beliebte Argumentation, daß das 22. Jahr Ptolemaios II. gemeint sein müsse (263), weil dieser in den ägyptischen Dokumenten üblicherweise als „Ptolemaios, Sohn des Ptolemaios" bezeichnet wird, während bei den späteren Ptolemäern in der Regel erweiterte Zusätze gebraucht werden, ist keinesfalls stichhaltig. Auch spätere Ptolemäer werden in Datierungen gelegentlich auf dieselbe kurze Art eingeführt, und da bekanntlich jeder Ptolemaios mit Ausnahme des ersten der Sohn eines Ptolemaios ist und es zudem eine ganze Reihe von Ptolemäern mit einem Regierungsjahr 22 gibt, ist für die Präzisierung des zeitlichen Ansatzes nicht viel gewonnen. Von sabäistischer Seite wurde kürzlich darauf hingewiesen, daß paläographische Indizien für eine späte Datierung sprechen, und zwar entweder 125/24 oder 93/92.[16] In Südarabien selbst gibt es ab etwa 120 keine minäischen Inschriften mehr.

Für den Ägyptologen von größerem Interesse als die Frage der exakten Datierung ist aber gewiß der Umstand, daß Zayd'il Priester – und das soll im Zusammenhang doch wohl heißen: Priester eines ägyptischen Gottes – gewesen sein soll. Die entsprechende Stelle des Originaltextes ist lange Gegenstand von Kontroversen gewesen. An anderer Stelle[17] habe ich vorgeschlagen, im Anschluß an eine alte Deutung von Rhodokanakis ḎWB als „der von den Wab-Priestern" zu erklären. Wie wir früher am Beispiel des Phönikers Chahap gesehen haben, konnte ein Fremder sehr wohl Priester eines ägyptischen Kultes sein, auch wenn das gewiß nicht allzu häufig vorkam. Daß die Ernennung zum Priester im Falle des Zayd'il mit geschäftlichen Vorteilen im Weihrauchimport zusammenhängt, ist ziemlich durchsichtig. Die traditionelle allen merkantilen Aktivitäten abholde Einstellung des Priestertums mußte da zurückstehen. *Abb. 33*

Wenn Zayd'il also seinem eigenen Zeugnis zufolge Priester des ägyptischen Gottes Osiris-Apis war, mag es verwundern, daß er nicht nur seine Sarkophaginschrift in seiner Muttersprache schreibt, sondern auch nicht einmal einen ägyptischen Zweitnamen zu führen scheint. Möglich, daß es von ihm eine Stele in ägyptischer Schrift und Sprache gab, auf der er mit einem ägyptischen Namen erscheint!

Eine Reihe von singulären Ausdrücken konnte bisher nicht auf altsüdarabischer Grundlage gedeutet werden, so daß man Übernahmen aus der ägyptischen Sprache vermutet hat. Wo religiöse Elemente und Bestattungssitten des Gastlandes übernommen werden, ist es selbstverständlich sehr naheliegend, daß die einschlägigen Termini ebenfalls rezipiert wurden. Wir haben das bei den in Ägypten lebenden Aramäern schon festgestellt. Daß die ägyptischen Monatsnamen entlehnt wurden, ist keine Überraschung, auch das findet sich in den aramäischen Dokumenten und, wie wir noch sehen werden, in einer nabatäischen Inschrift. Ansonsten ist es recht schwierig, ägyptisches Wortgut mit einem minimalen Maß an Sicherheit herauszuschälen, es scheint aber nach dem Urteil erfahrener Sabäisten plausibel, daß wenigstens zwei Wörter nicht semitisch, sondern ägyptisch zu erklären sind: „Ba" (B') und „Geschenk, Opfergabe, Gewand" (TMḪ). Im zweiten Falle wurde anscheinend ägyptisches *tȝ mnḫ.t* univerbiert – also mitsamt dem bestimmten Artikel – ins Minäische übernommen, wie es übrigens analog bei diesem Wort auch im Ägyptisch-Aramäischen bezeugt ist.[18] Im einzelnen ist aber die Analyse mancher Termini der Zayd'il -Inschrift noch so wenig geklärt, daß es zu weit führen würde, dies in diesem Rahmen zu erörtern, und wir hier die Besprechung dieser hochinteressanten Quelle abbrechen müssen. Es zeigt sich jedenfalls, daß trotz des Umstandes, daß die Inschrift in fremder Sprache abgefaßt und der Mann nur seinen einheimischen Namen nennt, seine Akkulturation allem Anschein nach relativ weit fortgeschritten war.

Es gibt noch weitere minäische Texte, die von den Handelsbeziehungen zu Ägypten berichten. Eine um 370 zu datierende Inschrift[19] aus der Hauptstadt Qarnawu erwähnt den glücklichen Abschluß der Handelsexpedition eines Privatmannes nach Ägypten, Gaza und Aššur. Von größerem Interesse ist eine Inschrift an der Mauer von Barāqiš,[20] dem alten Yathull, der zweiten großen Stadt der Minäer. Zwei Vorsteher (*kabīr*) der minäischen Kolonie in der Oase von Dedan an der Weihrauchstraße berichten von ihrer Rettung aus höchster Not durch die Götter von Maʿīn und Yathull. Sie hatten sich in Ägypten aufgehalten, wo sie Handel trieben mit „Ägypten, Aššur [21] und ʿAbr Nahran", also Syrien-Palästina und der Transeuphratene. Die Götter der Minäer „erretteten sie und ihre Besitztümer" „mitten aus Ägypten im
Abb. 94 Kampf, der zwischen Madhay und Ägypten stattfand". Nicht genug damit, wurde ihre Karawane auf dem Rückweg auch noch im Zuge kriegerischer Wirren zwischen Süden und Norden von Sabäern überfallen. Die Heimkehr gelang ihnen aber schließlich doch, und aus Dankbarkeit gegenüber den Göttern errichteten sie ein Teilstück der Mauer mit Widmungsprotokoll. Die Madhay sind die „Meder", d. h. „Perser", es ist also offenbar auf die zweite persische Eroberung Ägyptens unter Artaxerxes III. Ochos im Jahr 343 angespielt.[22]

Ursprünglich hatte man hier sogar an die Invasion des Kambyses gedacht hat, was aber zu früh ist. Von manchen ist früher ein Ansatz des Dokuments in die Seleukidenzeit vertreten worden: „Medien" wäre demzufolge also das Seleukidenreich unter Antiochos III., und die erwähnten Ereignisse würden in die Zeit des

Vierten oder Fünften Syrischen Krieges fallen (217 oder 202). Diese Datierung wird jetzt von den Sabäisten, soviel ich sehe, mit Recht abgelehnt. Allerdings wäre darauf hinweisen, daß sich das beliebte Argument, die Seleukiden würden nie als Meder bezeichnet,[23] als nicht stichhaltig herausgestellt hat. In einem demotischen Text wird der Einfall eines „Meders" erwähnt, bei dem es sich im Zusammenhang nur um Antiochos IV. handeln kann.[24]

Ansonsten haben wir nicht viele weitere Zeugnisse in altsüdarabischer Schrift aus Ägypten. In einem Graffito in der Nähe von Edfu[25] hat sich ein gewisser „Yaḏkur'il, von der Sippe Ḥayy'il, der Minäer" verewigt. Im Wadi Hammamat befindet sich ein altsüdarabisches Graffito eines Mannes, der anscheinend den griechischen Namen Philoxenos trägt.[26] So wie in der Ptolemäerzeit Ägypter, die an der griechischen Kultur partizipierten, griechische Namen tragen konnten und diese oft auch in demotischen (wie auch hieroglyphischen) Quellen angaben, so konnten damals also auch Angehörige anderer Völkerschaften griechische Namen annehmen und sich bis zu einem gewissen Grade auch im Hinblick auf materielle Vorteile der Kultur der neuen Herren anpassen und trotzdem ihre angestammte Schrift und Sprache weiterbenutzen.

In griechischen Papyri der Ptolemäerzeit tauchen mehrfach Ἄραβες auf.[27] Interessant ist, daß von 41 Personen nur drei semitische Namen haben (Dakoutes, Myroullas, Chalbas, drei Brüder), die übrigen haben griechische oder ägyptische. In epigraphischen Quellen sind die Araber seltener. Etwa im 3. Jahrhundert hinterließ ein Ὀλύμπιος Ἄραψ ein Graffito im Grab Ramses' IV.[28] In diesem Zusammenhang sind auch die nomadischen Trogodyten zu nennen, die vielleicht ein semitisches Idiom sprachen: Strabo spricht von Τρογοδύται Ἄραβες.[29] Wenigstens eine demotische Urkunde dieser Zeit nennt Araber: Ein Mann mit dem häufigen arabischen Namen Wā'ilu,[30] Wāyilu, Sohn des *'Aum'ilu und der Taēse ("Die der Isis") – vermutlich also das Kind einer Mischehe – wird in einer ins Jahr 69 datierbaren Hausverkaufsurkunde als „Hagriter des Berges" und „Diener des Horus, des Herrn von Hebenu, des großen Gottes" bezeichnet.[31]

In diesem Zusammenhang stellt sich die Frage nach Bedeutung und Funktion dieser Hagriter. Der Begriff taucht zuerst in der Saitenzeit als männlicher und weiblicher Personenname (*Hqr, Hkr*) auf,[32] und der König Hakoris (393–380) aus der 29. Dynastie trägt denselben Namen. Posener[33] hat gezeigt, daß *Hkr* als geographische Bezeichnung in Verbindung mit Wüste und Arabern vorkommt und als Ethnikon mit den Ἀγραῖοι der antiken Schriftsteller und den biblischen *hagrīm* zu identifizieren ist. Das Wort *hagar* bedeutet im Altsüdarabischen einfach „Stadt"; mit dem griechischen ἄγγαρος „Eilbote", das aus dem Persischen abgeleitet ist, besteht also entgegen verbreiteter Annahme kein Zusammenhang. Ortsnamen wie Akoris in Mittelägypten weisen auf entsprechende Ansiedlungen. Ein aus dieser Gegend stammender demotischer Papyrus des späten vierten Jahrhunderts[34] erwähnt Hagriter in landwirtschaftlicher Tätigkeit. In einer demotischen Bürgschaftsurkunde aus dem Fayum vom Jahr 223[35] taucht ein „syrischer Hagriter", der wie sein Vater einen gut ägyptischen Namen trägt, auf.

Ab der Ptolemäerzeit finden wir gelegentlich auch Zeugnisse für die Anwesenheit der Nabatäer, eines nordarabischen Volksstammes. Die berühmtesten und eindruckvollsten Hinterlassenschaften ihrer Kultur stellen bekanntlich die monumentalen Felsgräber in Petra im Königreich Jordanien dar. Die meisten Monumente stammen aus den beiden Jahrhunderten vor und nach der Zeitenwende; die Selbständigkeit des Nabatäerstaates endete 105 n.Chr. mit der Annexion als römischer Provinz unter Trajan. Es ist damit zu rechnen, daß mit den „Arabern" der griechischen Papyri oft – aber keineswegs immer – Nabatäer gemeint sind. Die Nabatäer dominierten damals nicht nur den Nordabschnitt der Weihrauchstraße, sie besaßen auch das Monopol für die Gewinnung des für die Mumifizierung benötigten Asphalts aus dem Toten Meer. In diesem Zusammenhang sei aus einem demotischen religiösen Text auf einem Mumienbrett griechisch-römischer Zeit zitiert:[36] „Du bist hergerichtet mit feinem Byssos und erstklassigem Linnen, Harz, Weihrauch, syrischem Asphalt, Weihrauch, Myrrhe, *šw*-Weihrauch." Historisch werden uns die Nabatäer nach dem Zeugnis Diodors erstmals im Jahr 312 faßbar. Damals versuchte der Diadoche Antigonos Monophthalmos zweimal vergeblich, Petra zu überfallen. Es versteht sich, daß die Ptolemäer daran interessiert waren, die Kontrolle über den Handel mit Aromata, Gewürzen und Asphalt in ihre Hand zu bringen. Schon Alexander der Große hatte die Unterwerfung Arabiens (im weiteren Sinne) geplant, konnte dieses Unternehmen aber nicht mehr in Angriff nehmen.[37] Die Nabatäer siedelten in der Region zwischen Petra und dem Golf von Aqaba, aber auch im Sinai, der nach Alexander in seleukidischer Hand war. Nach Diodor (II 48.1–2) widmeten sie sich in dieser frühen Zeit hauptsächlich der Seeräuberei; erst später konnten ihnen die Ptolemäer das Handwerk legen.

Winnicki[38] hat vor einigen Jahren wahrscheinlich gemacht, daß sich eine Episode der sog. Satrapenstele, die zunächst von Verlegung der Residenz nach Alexandria und dem Sieg bei Gaza im Jahre 312 berichtet, auf eine Strafexpedition in Syrien oder auch im Sinai bezieht. Leider sind sowohl Lesung als auch Identifizierung des entscheidenden geographischen Begriffes „die Region von *Jrm* (?)" nicht gesichert: Es wurde vermutet,[39] daß es sich um eine Entsprechung für „Arabien" handelt, doch muß das als fragwürdig gelten. Ebenso ist ungewiß, ob das Ziel dieser Strafexpedition Nabatäer waren oder nicht: Winnicki[40] ist der Meinung, es handle sich um einen anderen Araberstamm, da die Feindseligkeiten zwischen Nabatäern und Ptolemäern erst im 2. Jahrhundert faßbar werden. Er konnte zeigen, daß entgegen verbreiteter Annahme Ptolemaios II. Philadelphos nicht gegen die Nabatäer zu Felde zog.[41] Die dafür als Kronzeuge herangezogene Passage in der Pithomstele ist vielmehr mit dem Ersten Syrischen Krieg 274 in Verbindung zu bringen. In der späteren Ptolemäerzeit wurde die ägyptische Grenze gegen die Nabatäer durch einen Arabarches, den Kommandanten der arabischen Grenzwächter, geschützt.

Die nabatäische Schrift hat sich aus der aramäischen entwickelt; auch die nabatäische Schriftsprache ist aramäisch.[42] Vor allem die Onomastik zeigt jedoch, daß die Träger dieser Kultur Araber und nicht Aramäer waren – also dasselbe Phänomen, das wir schon bei den Silberschalen aus Tell el-Maskhuta beobachten konnten. Eine nabatäische, leider sehr schlecht erhaltene Weihinschrift aus dem Wadi Tumilat (Tell Shuqafiya) datiert nach dem vierten Jahr eines nicht näher zu bestimmenden

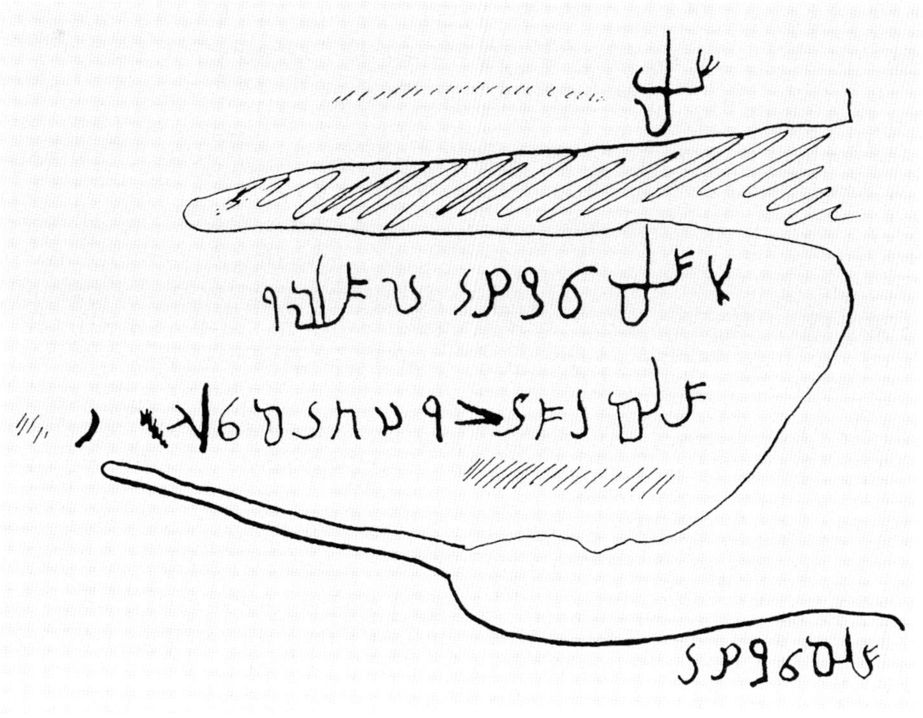

Abb. 95 Nabatäisches Graffito von der Westseite des Golfes von Suez.

1	ŠLM	„Heil!"
2	ŠLM 'PṢY BR ŠLMW	„Heil! Afṣā Sohn des Salmu"
3	ŠLM NŠYGW BR TYM'LHY B[ṬB]	„Heil! Nušaigu Sohn des Taim'allāhi, in [Wohlbefinden]"
4	[...]	[...]
5	ŠLM 'PṢ'	„Heil! Afṣā"

Ptolemaios (TLMY) – gewiß eines ganz späten – und gibt den ägyptischen Monatsnamen Pachons in ähnlicher Weise, wie wir das in der minäischen Zayd'il-Inschrift gesehen haben, in phonetischer Transliteration. Eine vor wenigen Jahren in derselben Gegend entdeckte nabatäische Inschrift aus dem Jahr 36 datiert nach Kleopatra VII. und Malichus I. und dokumentiert die Errichtung eines Schreins für Dusares, den Hauptgott der Nabatäer, „der im ägyptischen Daphnai ist".[43] Ein paar nabatäische Graffiti wurden 1996 an der von Koptos nach Kosseir führenden Wüstenstraße entdeckt.[44]

Außerordentlich zahlreich sind dagegen, wie sich denken läßt, nabatäische Graffiti im Sinai: sie finden sich dort zu Tausenden auf den Felswänden verschiedener Wadis. Man spricht hier gerne von „sinaitischen" Inschriften. Sie stammen etwa aus dem zweiten und dritten nachchristlichen Jahrhundert. Eine Reihe von Inschriften in diesem speziellen Schriftduktus wurde an der Westseite des Golfs von Suez ent- *Abb. 95*

Abb. 96 Thamudisches Graffito aus der Ostwüste.

Lesung beider Zeilen von rechts nach links:
WDD ʿGG Y ʿGB | WḌ(?)BRT „ʿAggāg hat Yaʿgab und Ḍābirat geliebt."
(B) Erste Zeile linksläufig, zweite Zeile rechtsläufig gelesen („bustrophedon"):
(1) WDD ʿGG YʿG B|T RBḌ(?)W „ʿAggāg hat Yaʿagg Tochter des Rabaḍū geliebt."

deckt.[45] Um eventuellen Mißverständnissen vorzubeugen, sei darauf hingewiesen, daß diese Schrift von der an die 2000 Jahre älteren protosinaitischen Schrift,[46] der bekanntlich eine herausragende Bedeutung in der frühen Entwicklung des Alphabets zukommt, streng zu unterscheiden ist.

Es gibt übrigens in Ägypten vereinzelt noch andere „altarabische", d. h. vorislamische Inschriften. In Al-Muwayh[47] (zwischen Koptos und Kosseir) finden sich in der Nachbarschaft altägyptischer, griechischer und lateinischer Graffiti zwei Felsinschriften in sog. „thamudischer" Schrift. Dieses Alphabet war in verschiedenen Varianten etwa vom fünften vor- bis zum vierten nachchristlichen Jahrhundert in Gebrauch und ist nur von Graffiti hauptsächlich vom nördlichen Saudi-Arabien und Jordanien, neuerdings aber auch aus dem Sinai bekannt. Man unterscheidet die verschiedenen Typen durch die Buchstaben A–F.[48] Der eine von den erwähnten
Abb. 96 Texten erlaubt zwei Übersetzungen: 1. „ʿAggāg hat geliebt Yaʿgab und Ḍābirat" (o.ä.); 2. bustrophedon gelesen (das weiß man bei dieser Schrift oft nicht so genau) „ʿAggāg hat geliebt Yaʿagg, die Tochter des Rabaḍū." Während hier also die Fremden unter sich sind, ist einem schlecht erhaltenen „taimanitischen" Graffito in der Region der für den damaligen internationalen Handelsverkehr bedeutsamen Stadt Taima im Norden Saudi-Arabiens gerade soviel zu entnehmen, daß irgend jemand „einer Ägypterin beiwohnte".[49] Also auch ein Dokument für Beziehungen von Ägyptern zu Fremden! Was die genannten Felsinschriften in der Ostwüste betrifft, so fragt man sich natürlich: Wohnten diese Leute im Lande, oder waren sie als Händler auf der Durchreise? Für letzteres könnte die sehr geringe Zahl solcher Inschriften sprechen. Andererseits ist darauf aufmerksam gemacht worden, daß die Ostwüste von den antiken Schriftstellern deswegen als „arabisch" bezeichnet worden sein wird, weil dort eben „Araber" lebten und nicht etwa nur gelegentlich als Handelsreisende durchzogen. Die Tausende von thamudischen und safaitischen Graffiti in Jordanien und Saudi-Arabien etc. werden nomadisierenden Schafhirten und Kamelzüchtern zugeschrieben. Aber wie gesagt, sind entsprechende Graffiti in

Abb. 104 Die sog. „Typhon-Situla" aus Tell Defenne.

41. Regierungsjahr (530); es sind dort dem Vorbericht von Zauzich[61] zufolge auch etliche semitische Fremdnamen (leider keine griechischen) genannt.

Überhaupt sind außer Wahibre-em-achet und seinen Eltern Alexikles und Zenodote nur wenige Fälle bekannt, wo Griechen in ägyptischen Dokumenten vorptolemäischer Zeit namentlich erwähnt werden. Theokles und Neferpresineith (s.u.) sind sicher aussichtsreiche, aber eben doch unsichere Kandidaten. In Tuna el-Gebel (Hermopolis West) wurden 1945 drei inhaltlich gleichlautende demotische Briefe aus dem 15. Regierungsjahr eines ungenannten Königs (wohl Dareios' I. = 507) entdeckt,[62] die jeweils an einen Ariston, einen General Anchwahibre und einen gewissen Ip(i) adressiert sind. Es handelt sich dabei um Schreiben der Priesterschaft des Thot von Hermopolis, in denen die betreffenden Leute im Fayum und in Herakleopolis um Unterstützung bei der Überführung der heiligen Ibisse nach Hermopolis ersucht werden sollen (der Zusatz „sollen" ist wichtig, weil der Fundort die Annahme nötig macht, daß die Briefe nicht abgeschickt wurden). Zwar wird dem Ariston kein Titel beigelegt, aber allein die Tatsache, daß ein Fremder bereits in vorptolemäischer Zeit überhaupt in interne Angelegenheiten des ägyptischen Kults involviert ist, verdient doch höchste Beachtung. Vielleicht war er wie sein ebenfalls im Fayum wirkender Kollege, der General Anchwahibre, auch ein Militär.

Wie vorhin gesagt, mögen sich manche Griechen bereits in dieser Zeit hinter ägyptischen Namen verbergen, so daß wir sie mangels eindeutiger Indizien ethnisch nicht identifizieren können. Wir können vergleichsweise wieder einmal an den Phöniker Chahap erinnern, den wir ohne die bildliche Darstellung für einen waschechten
Abb. 33 Ägypter halten würden.

Griechen unterstützten die Ägypter militärisch in verschiedener Weise: am häufigsten, wie wir gesehen haben, als Söldner; seit der Mitte des 6. Jahrhunderts dann auch als Verbündete. So ging Amasis, der Philhellene, wie ihn Herodot nennt (II 178,1 φιλέλλην), ein Bündnis mit Polykrates, dem Tyrannen von Samos, ein. Dahinter stand wohl das strategische Bestreben, den Zugang zu der Region, aus der seit den Zeiten Psammetichs I. die Söldner angeworben wurden, zu erleichtern (Samos liegt gegenüber der kleinasiatischen Küste). Diese Allianz überdauerte freilich nicht die persische Eroberung durch Kambyses. Politische Gründe waren es auch, die Amasis zur Ehelichung der in ägyptischen Quellen nicht bezeugten griechischstämmigen kyrenäischen Prinzessin Ladike bewogen hatten (Herodot II 181).

Im Zusammenhang mit der griechischen Militärhilfe sollten wir nebenbei auf die Frage nach dem Einsatz griechischer Trieren in der ägyptischen Flotte zu sprechen kommen. Ausgangspunkt ist folgende Stelle bei Herodot: „Nachdem Nekos mit dem Kanal(bau) aufgehört hatte, wandte er sich Feldzügen zu. Trieren wurden teils im nördlichen Meer, teils im Arabischen Meerbusen am Roten Meer gebaut; deren Werften sind noch zu erkennen. Er verwendete sie, wenn es nötig war, und als Nekos mit den Syrern zu Lande zusammentraf, siegte er in Magdolos" (dem erwähnte Migdol; II 159,1–2). A. Lloyd,[63] der einen großen Kommentar zu Herodots Zweitem Buch geschrieben hat, verfocht unermüdlich die Hypothese, daß die *kbnt*-Schiffe (etymologisch eigentlich „Byblos"-Schiffe) der Spätzeit nichts anderes als diese griechischen Trieren und keine phönikischen Kampfschiffe seien, wie manche behaupteten. Während es nach Lloyds Analyse wohl zutrifft, daß die Ägypter der-
Abb. 40. 81 artige Schiffe einführten und im Zusammenhang damit der Gebrauch des Wortes *kbnt* lebhaften Aufschwung erfuhr – selbst im Tempel von Edfu finden sich Reminiszenzen daran[64] –, ist *kbnt* auch in der Spätzeit ein allgemeiner Ausdruck für seegängige Schiffe, also ganz ähnlich wie die „Tarschisch-Schiffe" des Alten Testaments, die ja auch ganz allgemein Hochseeschiffe meinen.[65]

Da eben von Schiffen die Rede ist, mag es angebracht sein, kurz auf die Ergebnisse der Studien von Herman T. Wallinga[66] hinzuweisen. Er geht davon aus, daß ein großer Teil der aus dem ägäischen Raum kommenden Söldner nicht auf Dauer in Ägypten siedelte, sondern nur für befristete Zeit – im Durchschnitt etwa vier Jahre – diente und dann wieder in die Heimat zurückkehrte. Der ständig wechselnde Transport der Söldnermassen ist nun nach Wallinga mit Fünfzigruderern und den ähnlich konstruierten speziellen samischen Galeeren (genannt σάμαιναι) bewerkstelligt worden.

In der Perserzeit kämpften Griechen auf seiten des Rebellen Inaros, sie wurden allerdings von den Persern um 454 bei Memphis vernichtend geschlagen.[67] Ein gewisser Amyrtaios, der kurz darauf, um 450, eine antipersische Erhebung anzettelte, erreichte von Athen die Entsendung von 60 Kampfschiffen, doch blieb auch diese Aktion ohne Erfolg für die Ägypter. Nach dem sog. Frieden des Kallias (448), der Athen bis auf weiteres die Basis für das bisherige militärische Bündnis mit Ägypten entzog, fuhr das Geschwader intakt, aber unverrichteter Dinge, wieder ab, um sich mit der Hauptflotte im Piräus zu vereinigen.

Das griechische Engagement in Ägypten vor Alexander war mit dem Kalliasfrieden nicht ein für alle Mal beendet. Nepherites, der Gründer der 29. Dynastie (399–393), verbündete sich mit Sparta gegen die Perser, und sein Nachfolger Hakoris (393–380) wandte sich an König Euagoras von Zypern. In der Kapelle des Hakoris in Karnak hinterließen die zyprischen Söldner, die der Pharao ins Land geholt hatte, ihre teils in griechischer, teils in der einheimischen Silbenschrift abgefaßten Inschriften. Leider sind diese nicht allzu informativ; außer den Namen, eventuell einer Filiation und einer näheren Herkunftsangabe erfahren wir nichts. Einige der Graffiti sind auch in griechischer Schrift geschrieben. Bemerkenswert ist, daß einer der Männer, die sich in der Hakoriskapelle verewigten – ein gewisser „Balsamon, Sohn des Philodemos, von Ledra"-, seinem Namen nach zu schließen ein Sproß einer hellenisierten Familie phönikischen Ursprungs war.[68]

Abb. 105 und 106

Alle diese Söldner, die Dienste des alten Spartanerkönigs Agesilaos sowie des Atheners Chabrias, eines der bedeutendsten Feldherrn des 4. Jahrhunderts, konnten freilich nicht verhindern, daß Ägypten im Jahre 343 von den Persern rückerobert wurde.

***

Natürlich waren nicht alle Griechen, die nach Ägypten kamen, Militärs. Die Söldner wollten versorgt werden mit Olivenöl, Wein, Keramik und Hetären (s. u.); der Pharao brauchte Silber, Griechenland Getreide. Im Schlepptau der Söldner kamen auch handeltreibende „Zivilisten" ins Land.

Zeugnisse ägyptisch-griechischer Beziehungen setzen erst im 7. Jahrhundert ein, also viel später als in Syrien-Palästina, wo vor allem in dem großen nordsyrischen Umschlagplatz Al-Mina, aber auch andernorts, bereits im 8. Jahrhundert mit der Präsenz euböischer (und zyprischer) Händler zu rechnen ist.[69] Eine spezielle Objektgruppe sind die Bronzearbeiten, die unmittelbar aus Ägypten kamen und auf Kreta und auf Samos entdeckt wurden.[70] Das überrascht nicht, „denn Kreta war die erste Station auf dem direkten Seeweg nach Griechenland", und was die der westkleinasiatischen Küste unmittelbar vorgelagerte Insel Samos betrifft, wo eine große Anzahl ägyptischer Bronzen entdeckt wurde, so verfügen wir über den Bericht des Herodot: „Danach wurde ein samisches Schiff, dessen Schiffsherr Kolaios war, auf der Fahrt nach Ägypten an dieses Platea (Insel an der libyschen Küste, im Golf von Bomba westlich Tobruk) verschlagen" (IV 152,1). Das Schiff fuhr später wieder ab mit Kurs auf Ägypten, wurde jedoch abermals vom Ostwind abgetrieben, bis es Tartessos im fernen Westen erreichte (IV 152,2). Boardman[71] setzt die Seereise des Kolaios um 638 an und äußert in diesem Zusammenhang die Vermutung, „daß zumindest

Abb. 105 Zyprisches Graffito an der Außenmauer der Hakoris-Kapelle in Karnak (vgl. O. Masson in C. Traunecker *et al., La chapelle d'Achôris à Karnak, II, Texte, Paris 1981, 279 f., Nr. 53 mit fig. 8 und pl. IV)*

(1) sa-ta-sa-ko-ra-se	Στασαγόρας	*Stasagoras*
(2) o-ta-mo-pi-lo-se	ὁ Δαμοφίλω Σε( ) ? *bzw.* ὁ Δάμω φίλος (?)	*Sohn des Damophilos … bzw. Freund des Damos (?)*
(3) i-ni-wa	*???*	*???.*
(4) o-na-si-pa-to	Ὀνασίφα(ν)το(ς)	*Onasiphantos.*

gelegentliche Verkaufsbesuche durch Ostgriechen um die Mitte des siebenten Jahrhunderts vorkamen".

Nun dürfte allerdings die Seefahrt des Kolaios mehr ein Beutezug in bester homerischer Tradition gewesen sein; Kolaios war eher Abenteurer als professioneller Händler. Außer Sklaven hatten diese frühen Seefahrer auch wenig anzubieten. Eine neue Analyse[72] ist zu dem Ergebnis gelangt, daß die in der Literatur für die archaische Zeit erwähnten Personen, denen Handelsgeschäfte in Ägypten nachgesagt werden, keine wirklichen professionellen Händler gewesen seien: Kolaios als ναύκληρος (Besitzer eines Handelsschiffes) ist vielleicht eine Rückprojektion aus der Zeit des Herodot ins 7. Jahrhundert, und spätere Ägyptenreisende wie Sapphos Bruder Charaxos und der Athener Staatsmann Solon erledigten ebenfalls entgegen

Abb. 106 Weitere zyprische Graffiti von der Kapelle des Hakoris in Karnak (vgl. O. Masson, *a. a. O., Nr. 16–20).*

den Angaben der Schriftsteller (κατ' ἐμπορίαν bei Strabo und Aristoteles) keine Handelsgeschäfte im eigentlichen Sinne, sondern brachten von ihren Besitzungen bestimmte Dinge mit (im Falle des Charaxos Wein), die je nachdem als Gastgeschenke, zum Geschenkeaustausch oder auch gewissermaßen zur Finanzierung der Studienreise dienten. Der von Herodot IV 152 im Zusammenhang mit Kolaios genannte reiche Sostratos von Ägina, dessen Geschichtlichkeit durch eine Inschrift aus Graviscae, dem Hafen des etruskischen Tarquinia, und Händlermarken auf Gefäßen („SO") erwiesen ist, ist nach Möllers Studie als „professional trader" am Ende des 6. Jahrhunderts noch eine Ausnahme.

Und trotzdem: Die Existenz der großen Emporia (etwa „Handelsstationen") Al-Mina in Syrien und Naukratis in Ägypten zeigt, daß es bereits auch andere Arten des Gütererwerbs als „negative reciprocity" – so der ökonomische Terminus technicus für Seeräuberei und Ähnliches – und als unmittelbaren oder verzögerten Geschenkeaustausch ("gift exchange" als „balanced reciprocity" und „generalized reprocity") zwischen einander bekannten Personen vom selben sozialen Status gegeben haben muß.

Bei Diodor finden sich die beiden folgenden interessanten Mitteilungen: „Psammetichos von Sais, einer der zwölf Könige, der die Regionen in der Nähe des Meeres beherrschte, stellte allen Händlern Frachten bereit, vor allem Phönikern und Griechen. Auf diese Weise setzte er vorteilhaft die (Produkte) des eigenen Landes ab und tauschte die bei den anderen Völkern vorhandenen ein, wodurch er nicht nur

Abb. 107 Blick auf die Gegend von Naukratis.

großen Überfluß erlangte, sondern auch die Freundschaft mit (anderen) Völkern und (deren) Herrschern" (I 66, 8). „Er (Psammetichos) erwies sich aber auch denjenigen Fremden gegenüber wohltätig, die freiwillig nach Ägypten reisten, und da er ausnehmend griechenfreundlich war, ließ er seinen Söhnen eine griechische Erziehung zuteil werden. Überhaupt öffnete er als erster von den Königen Ägyptens den anderen Völkern die Handelsstationen im übrigen (bzw. nach anderer Lesart: ganzen) Land und gewährleistete den einlaufenden Fremden große Sicherheit" (67, 9). Unter einem anderen Blickwinkel berichtet Strabo im letzten Buch seiner Geographie (XVII, 1, 18): „Die Milesische Mauer: Unter Psammetichos – dieser lebte zur Zeit des Meders Kyaxares – fuhren die Milesier mit dreißig Schiffen in die Bolbitische Mündung ein, wo sie an Land gingen und die genannte Gründung befestigten: Nach einiger Zeit segelten sie in den Saitischen Gau, besiegten Inaros in einer Seeschlacht und gründeten Naukratis nicht weit oberhalb von Schedia."

A. Möller[73] hat sich mit dieser in Zusammenhang mit Naukratis immer wieder als ernstzunehmender Quelle zitierten Überlieferung beschäftigt und ist zu dem Resultat gekommen, daß die Rolle von Milet in späterer Zeit, als Naukratis eine „Gründungslegende" brauchte, stark hochgespielt wurde. Archäologisch ist von einer Festungsanlage überhaupt nichts nachzuweisen: „Eine griechische Kolonie ist auch vor dem ägyptischen Hintergrund schlecht denkbar und das Phänomen Naukratis ist schlüssiger mit Hilfe des Polanyischen Modells des 'port of trade' zu erklären." Aus diesem Grunde ist auch die Überlieferung bei Aristagoras (von Milet?), daß die Gründung nicht ohne vorhergehende Kämpfe mit den Einheimischen erfolgt sei, suspekt.[74]

Das am Ostufer des kanopischen Nilarms und unweit der damaligen Hauptstadt Sais
Abb. 107 gelegene Naukratis sollte für die nächsten 300 Jahre das große Zentrum griechi-

schen Handels und griechischer Kultur in Ägypten bleiben. Und wenngleich Strabos Angabe im Detail offenbar nicht richtig ist; daß die Gründung von Naukratis tatsächlich zur Zeit eines Königs Psammetich erfolgte – und zwar des ersten – ist archäologisch gesichert: Das wird durch ostgriechische und korinthische Keramik aus dem letzten Drittel des 7. Jahrhunderts zweifelsfrei erwiesen.

Einen ausführlichen Bericht über Bedeutung und Organisation von Naukratis liefert Herodot: „Zum Philhellenen geworden, erwies Amasis einigen von den Griechen dieses, anderen jenes, und so gab er denn auch den nach Ägypten gekommenen (Griechen) die Stadt Naukratis, darin zu wohnen. Denen von ihnen jedoch, die nicht dort wohnen wollten, sondern zur See fuhren, (um Handel zu treiben,) denen gab er Plätze, um Altäre und heilige Bezirke für die Götter zu errichten. Ihr größter, berühmtestester und meistbesuchter heilige Bezirk, das sogenannte Hellenion – dies sind die Städte, die es sich gemeinsam errichtet haben: von den Ioniern Chios, Teos, Phokaia, Klazomenai, von den Dorern Rhodos, Knidos, Halikarnassos und Phaselis, von den Aiolern allein die (Stadt) der Mytilener (d.h. Mytilene). Diesen (Städten) gehört dieser heilige Bezirk, und diese Städte sind es auch, die (die) Vorsteher des Handelsplatzes (προστάτας τοῦ ἐμπορίου) stellen. Alle anderen Städte, die darauf Anspruch erheben, erheben ihn zu Unrecht. Gesondert von ihnen haben die Aigineten für sich selbst einen heiligen Bezirk des Zeus errichtet, und die Samier einen anderen für Hera, die Milesier für Apollon. Naukratis war ursprünglich der einzige Handelsplatz von Ägypten; einen anderen gab es nicht. Wenn aber jemand in eine andere von den Mündungen des Nil einfuhr, mußte er schwören, nicht freiwillig gekommen zu sein, nach Leistung des Eids mußte er aber mit dem Schiff in die kanobische (Nilmündung) fahren. Wenn er nicht in der Lage war, gegen widrige Winde zu segeln, mußte er die Frachten in Lastschiffen um das Delta herumbefördern, bis er nach Naukratis kam. So geachtet war also Naukratis" (II 178–179).

Herodots Angaben schildern zwar nicht die etliche Jahrzehnte früher erfolgte Gründung von Naukratis, sie reflektieren aber offenbar eine Neuorganisation und einen damit einhergehenden Aufschwung.[75] Die besondere Rolle von Psammetich I. hat viel später Diodor im Prinzip richtig erkannt, nur daß seine Angabe im Hinblick auf die angebliche Öffnung anderer Handelsstationen im Lande, soviel ich sehe, nicht zu bestätigen ist. Was Naukratis betrifft, so ist jedoch die älteste Bauphase des Hellenion tatsächlich unter Amasis zu datieren, wie durch die Archäologie bestätigt wird (ca. 570-555), und die von Herodot beschriebene „quasi-politische" Organisation dieses Heiligtums wird demnach in der Tat mit Amasis zu verbinden sein (die „Vorsteher des Emporion" werden die offiziellen Repräsentanten der Griechen vor dem Pharao gewesen sein und die geschäftlichen Transaktionen überwacht haben). All das war weniger eine besondere Auszeichnung, wie Herodot meinte und wie es die ägyptischen Behörden den Griechen ja auch wirklich weisgemacht haben werden, sondern es geschah dies natürlich in Hinblick auf effektivere „staatliche" Kontrolle: „Der 'port of trade' dient als Instrument des administrativen Handels, indem er die Einziehung von Zöllen erleichtert, den Austausch der Güter kontrolliert und – vor allem – als Puffer zwischen zwei verschieden organisierten Wirtschaftsformen dient und somit ein normalerweise streng zentral organisiertes Wirtschaftssystem vor den Einflüssen eines freier agierenden Handelsvolkes schützt."[76]

Ein Vergleich von Naukratis mit Nagasaki (und die vorgelagerte Insel Dejima), dem einzigen offiziell autorisierten und kontrollierten Handelsplatz der Europäer im Japan der frühen Neuzeit, ist nicht abwegig. Sogar die Bestimmung hinsichtlich gestrandeter Schiffe hat ihre Parallele, wie aus dem Bericht von Engelbert Kaempfer, der Nagasaki im Jahr 1690 bereiste, hervorgeht:

„In den neuesten Verfügungen wegen Behandlung der Fremden, die im Jahr 1638 auf die letzte grausame Vertilgung der Christen folgten, erhielt Nagasaki den Vorzug, daß an keinem anderen Ort des Reiches die noch geduldeten Fremden aufgenommen werden können als hier. Auch wenn sie durch Sturm an eine andere japanische Küste verschlagen sind, müssen sie hierher gebracht werden und auch durch gültige Zeugnisse das ihnen widerfahrene Unglück beweisen."[77]

Abb. 108 Die wichtigsten Lokalitäten sind:[78] Im Süden ein Gebäude, das Petrie für eine Festung, von Bissing dagegen für ein Schatzhaus oder einen Speicher ägyptischen Typs noch aus dem späten 7. Jahrhundert hielt. Brian Muhs[79] hat jedoch kürzlich argumentiert, daß es sich hier vielmehr um einen sog. „Hochtempel" aus der Ptolemäerzeit handelt ähnlich wie das Gebäude des Psammuthis in Karnak und weitere Anlagen dieser Art. Dieser Bau ist zwar offenbar ein Produkt der (späten!) ägyptischen, nicht der griechischen Kultur, er beweist aber noch nicht die Existenz einer ägyptischen Siedlung in archaischer Zeit (vgl. unten).

Nördlich davon liegt der von Herodot nicht erwähnte Tempel der Aphrodite mit zahlreichen Vasen aus Chios[80] (manche Stücke mögen auch von chiotischen Töpfern in Naukratis selbst hergestellt worden sein). Generell ist hier zu sagen, daß eine teilweise Koordinierung der von Herodot aufgezählten Städte mit der aufge-

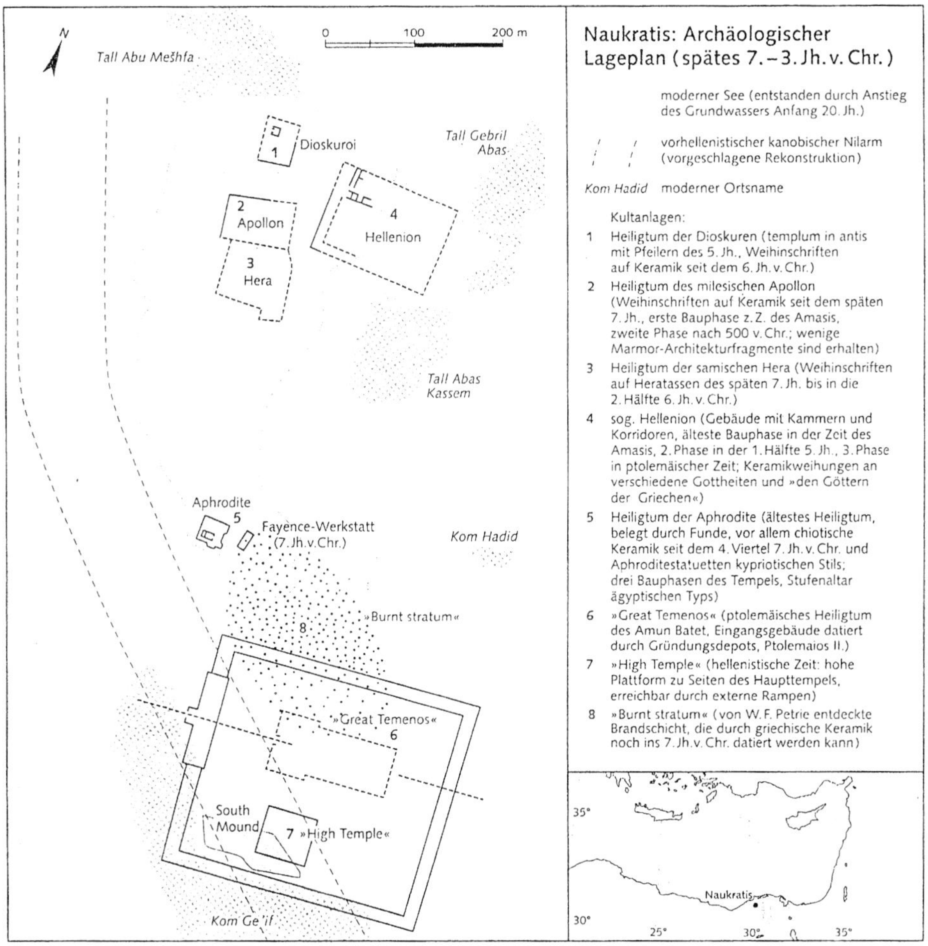
N
0 100 200 m
Tall Abu Mešhfa
Dioskuroi
1
Tall Gebril Abas
2
Apollon
4
Hellenion
3
Hera
Tall Abas Kassem
Aphrodite
5
Fayence-Werkstatt (7. Jh. v. Chr.)
Kom Hadid
»Burnt stratum«
8
»Great Temenos«
6
South Mound
7 »High Temple«
Kom Ge'if
Naukratis: Archäologischer Lageplan (spätes 7.–3. Jh. v. Chr.)
moderner See (entstanden durch Anstieg des Grundwassers Anfang 20. Jh.)
vorhellenistischer kanobischer Nilarm (vorgeschlagene Rekonstruktion)
Kom Hadid moderner Ortsname
Kultanlagen:
1 Heiligtum der Dioskuren (templum in antis mit Pfeilern des 5. Jh., Weihinschriften auf Keramik seit dem 6. Jh. v. Chr.)
2 Heiligtum des milesischen Apollon (Weihinschriften auf Keramik seit dem späten 7. Jh., erste Bauphase z. Z. des Amasis, zweite Phase nach 500 v. Chr.; wenige Marmor-Architekturfragmente sind erhalten)
3 Heiligtum der samischen Hera (Weihinschriften auf Heratassen des späten 7. Jh. bis in die 2. Hälfte 6. Jh. v. Chr.)
4 sog. Hellenion (Gebäude mit Kammern und Korridoren, älteste Bauphase in der Zeit des Amasis, 2. Phase in der 1. Hälfte 5. Jh., 3. Phase in ptolemäischer Zeit; Keramikweihungen an verschiedene Gottheiten und »den Göttern der Griechen«)
5 Heiligtum der Aphrodite (ältestes Heiligtum, belegt durch Funde, vor allem chiotische Keramik seit dem 4. Viertel 7. Jh. v. Chr. und Aphroditestatuetten kypriotischen Stils; drei Bauphasen des Tempels, Stufenaltar ägyptischen Typs)
6 »Great Temenos« (ptolemäisches Heiligtum des Amun Batet, Eingangsgebäude datiert durch Gründungsdepots, Ptolemaios II.)
7 »High Temple« (hellenistische Zeit: hohe Plattform zu Seiten des Haupttempels, erreichbar durch externe Rampen)
8 »Burnt stratum« (von W. F. Petrie entdeckte Brandschicht, die durch griechische Keramik noch ins 7. Jh. v. Chr. datiert werden kann)
35°
Naukratis
30°
25°
30°
35°

Abb. 108 Planskizze von Naukratis.

fundenen Keramik – durchwegs Weihegaben – möglich ist. So finden wir beispielsweise nicht wenige Produkte der bedeutenden nordionischen Schule von Klazomenai.

Weiter nördlich vom Aphroditetempel befanden sich die Tempel der Hera, des Apollon und der Dioskuren. Die 1899 gefundenen Reste eines größeren Heiligtums im Osten davon konnten mit Herodots Hellenion, also der gemeinsamen Gründung mehrerer ostgriechischer Staaten, identifiziert werden. Während die unabhängigen Tempelgründungen wenigstens teilweise noch bis ins späte 7. Jahrhundert zurückgehen, wurde das Hellenion, wie bereits erwähnt, erst zur Zeit des Amasis in Zusammenhang mit der Reorganisation des Status von Naukratis gegründet. Die Inschriften nennen verschiedene Götter; am kürzesten in der wiederholt begegnenden markanten Formulierung „den Göttern der Griechen" (θεοῖς τῶν Ἑλλήνων).

Die einstige Existenz so vieler griechischer Heiligtümer auf ägyptischem Boden –

heute ist davon nichts mehr erhalten – mag nicht so sehr überraschen, wenn man sich daran erinnert, daß auch die Juden und Aramäer von Elephantine und Syene ihre eigenen Kultstätten besaßen. Um so auffallender ist aber, daß für die Griechen im Emporion von Al-Mina nichts Derartiges nachweisbar ist (im Unterschied jedoch zu dem in Zusammenhang mit dem Großkaufmann Sostratos erwähnten Graviscae!).

Manche der Stifterinschriften auf den Votivgaben in den Heiligtümern regen zu Spekulationen an: Man hat vermutet, daß ein gewisser Phanes niemand anderer ist als jener Überläufer, der Ägypten an die Perser verriet, und eine von einem Herodotos gestiftete Schale ist früher mit dem großen Historiker höchstpersönlich in Beziehung gesetzt worden. Wie zu erwarten stand, hat sich die Basis für solche Gleichsetzungen als nicht tragfähig erwiesen.[81] Und wie kann man wissen, ob die in einer Weihinschrift erwähnte Archedike wirklich mit der von Herodot (II 135,5) erwähnten örtlichen Hetäre Archedike identisch ist, die „in ganz Griechenland besungen" worden sein soll? Noch berühmter war eine gewisse Rhodopis – auch unter dem Namen Doricha bekannt –, die jener Charaxos, der Bruder der Sappho von Lesbos, freikaufte.[82]

Besondere Beachtung verdient die im 6. Jahrhundert aktive Fayenceskarabäenfabrik, deren Reste Petrie im Südwesten des Emporion ermittelte. Ägyptisierende Skarabäen und andere Kleingegenstände wurden dort ebenso wie auf Rhodos, dem anderen bedeutsamen Zentrum der mittelmeerischen Aegyptiaca-Produktion, hergestellt und in die ostgriechische Welt wie auch nach Süditalien exportiert. An dem schwunghaften Handel mit solchen Objekten waren natürlich auch, wie früher schon besprochen, die Phöniker maßgeblich beteiligt, zu denen die Griechen – trotz ihrer abschätzigen Kommentare – keineswegs ständig in erbitterter Konkurrenz standen. Die ägyptischen und ägyptisierenden Kleingegenstände waren wegen ihres apotropäischen Amulettcharakters äußerst begehrt. Möglicherweise ist der zyprische Anteil an der Entwicklung von Naukratis von Anfang an wesentlich höher als meist zugestanden, doch ist die Frage der Präsenz von Zyprioten in Naukratis ein umstrittenes Thema.[83] Künstlerisch gesehen äußert sich der zyprische Einfluß eher
Abb. 109 in der Plastik. Den Zyprioten, insbesondere den mit den Griechen ethnisch verwandten Gräko-Zyprioten, kam bei der Verbreitung der Kleingegenstände sicher eine nicht unwichtige Rolle zu. Das wurde wohl dadurch erleichtert, daß es seit langem so etwas wie eine gemeinsame zyprisch-ägyptische Bildsprache gab.[84] Im Hinblick auf den Umstand, daß die ägyptisierenden Amulette nur in der griechischen Welt der archaischen, nicht aber – von Randzonen abgesehen – der klassischen Epoche auftreten und auch da nur marginale Verwendung fanden haben (Frauen und Kinder), ist argumentiert worden, daß die Hersteller dieser Objekte in Naukratis nicht Griechen, sondern Zyprioten waren. Wie gesagt, ist das aber ungewiß.

Haben bei der Skarabäenproduktion in Naukratis Ägypter mit Griechen (und anderen Fremden) zusammengearbeitet, oder waren ausschließlich Griechen am Werk? Die Beantwortung der Frage hängt nicht zuletzt von der vermuteten ägyptischen Siedlung im Süden der Stadt – also genau im Bereich der Skarabäenfabrik – ab. Die Existenz einer derartigen Siedlung ist kürzlich von A. Möller vehement

Abb. 109 Zyprische Plastik aus Naukratis, 6. Jahrhundert.

bestritten worden (s. unten mit Anm. 89), nach derselben Autorin sprächen gewisse Neuerungen des Motivschatzes „für eine eindeutig griechische Produktion".[85] Das letzte Wort ist hier aber wohl noch nicht gesprochen. Taf. 22b–d zeigt einen typischen Skarabäus aus Naukratis, wie er in Milet gefunden wurde. *Taf. 22b–d*

Die genaue Lage der Nekropolen von Naukratis ist nicht bestimmt; wir kennen nur sehr wenige Totenstelen. Eine Scheintürstele aus dem 5. Jahrhundert mit der Inschrift Ἀπολλῶτος εἰμὶ το(ῦ) Θαλίνο(υ) „Ich gehöre dem Apollos, Sohn des Thalinos" erinnert an die Exekestos-Stele sowie die karischen Stelen dieses Typs. Etwa aus derselben Zeit stammt die sekundär im Heiligtum der Dioskuren verbaute Stele des Teaos.[86] *Abb. 110* *Abb. 113* *Abb. 87 und 88*

Etwas muß endgültig klargestellt werden, weil es häufig übersehen wird: Der

Name Naukratis ist entgegen dem äußeren Anschein sekundär. Noch heute liegt in nächster Nähe das Dorf en-Niqrâsh, in dessen Namen sich die – von der 26. Dynatie bis in die Ptolemäerzeit belegte – ägyptische Bezeichnung Nau-keredj erhalten hat.[87] Aus phonetischen Gründen kann die Entwicklung aber nur von der ägyptischen Grundform zu „Naukratis" gehen, nicht umgekehrt, d.h. der Name Naukratis ist lediglich eine Umdeutung der ägyptischen Originalform auf griechischer Grundlage („Seebeherrschende"; vgl. die Wortbildungen mit ναυκρατ-). Daß wir nicht wissen, was der ägyptische Name eigentlich bedeutet, ist natürlich kein Grund, seine Priorität und Ursprünglichkeit zu bestreiten. Es existieren aber ähnlich gebildete Ortsnamen, z.B. Nau-ta-hut (gesprochen Nathô) im Delta.

Allerdings gibt es noch andere ägyptische Namen für diese Gegend, vor allem Per-merit und Bedjedj / Beded,[88] und dieses Nebeneinander führt notwendigerweise zu der Frage nach den Beziehungen zwischen Ägyptern und Griechen in Naukratis.

Die Folge der Zentralisierung des griechischen Handels war, daß Griechen hier weitgehend unter ihresgleichen waren – was aber nicht bedeuten muß, daß keine Kontakte zu Einheimischen bestanden haben können. Die schon erwähnte Fayencefabrik mag hierbei eine Rolle gespielt haben, doch wissen wir keine Einzelheiten. Die alte Theorie von einer bereits in archaischer Zeit bestehenden ägyptischen Siedlung im Süden der Stadt ist zwar von A. Möller aus archäologischen Gründen entschieden zurückgewiesen worden,[89] die generelle Leugnung der Präsenz von Ägyptern in Naukratis übersieht aber m.E. mindestens zwei Dinge: 1. Der schon erwähnte Umstand, daß „Naukratis" nur die „Volksetymologie" eines ägyptischen Ortsnamens ist, spricht nicht gerade für eine ausschließlich griechische Siedlung, und 2. Kultische Aktivitäten von Ägyptern für ägyptische Götter in Naukratis sind aus hieroglyphischen Quellen der 26. Dynastie sehr wohl bezeugt. Man wird von vornherein glauben wollen, daß die betreffenden Personen auch wirklich irgendwo in der Peripherie von Naukratis lebten.

Da der erste Punkt bereits behandelt wurde, können wir uns sogleich dem zweiten zuwenden: Was wissen wir also von Naukratis aus Dokumenten in ägyptischer Sprache? In diesem Zusammenhang muß auch einer weiteren hier interessierenden Frage nachgegangen werden, nämlich der nach ägyptischen Quellen zur staatlichen Kontrolle des Emporions.

Die sog. Naukratis-Stele[90] ist ein Dekret Nektanebos' I. (380-362), des ersten Herrschers der 30. Dynastie, in dem der König verfügt, daß ein Zehntel von allen aus der Ägäis (dem „Großen Grünen der Haunebut") eingeführten versteuerten bzw. zu versteuernden Waren sowie ein Zehntel des ebenfalls versteuerten bzw. zu versteuernden Umsatzes aus der örtlichen Produktion von Naukratis an den Tempel der Neith von Sais überwiesen wird. Unsere umständliche Formulierung „versteuert bzw. zu versteuernd" ist nötig, weil nicht recht klar ist, ob sich die Angaben auf die noch unversteuerte Gesamtmenge beziehen – und zwar derart, daß der Tempel also ein Zehntel erhält und der König seinen nicht spezifizierten Anteil – oder ob gemeint ist, daß dem Tempel ein Zehntel von dem an den Staat gehenden Einfuhrzoll und der Gewerbesteuer angewiesen wird. Die zweite Alternative liegt wohl näher.

Abb. 110 Scheintürstele des Apollos aus Naukratis, 5. Jahrhundert.

M. Lichtheim (Anm. 90) hat gezeigt, daß die früher übliche Interpretation, derzufolge die besagten Zölle und Steuern ein Zehntel des Gesamtertrags ausgemacht hätten und dieses Zehntel in toto dem Neithtempel übereignet worden sei, auf einer fehlerhaften Übersetzung beruht. Über die Höhe des Einfuhrzolls und der Gewerbesteuer selbst ist überhaupt nichts gesagt. Man muß davon ausgehen, daß entsprechende Abgaben an die Krone bereits unter Amasis geleistet wurden, wenn nicht schon früher.

Es wurde früher angenommen, daß das „alphabetische“ Schriftsystem der Naukratis-Stele griechischen Einfluß widerspiegelt,[91] doch ließ sich diese Ansicht nicht aufrechterhalten. Eine fast identische Stele ist übrigens neuerdings von Unterwasserarchäologen in der Bucht von Abukir entdeckt worden.[91a] *Taf. 13b*

Die zweite, eher indirekte Quelle liefert eine naophore Statue aus der Zeit des Amasis. Ein größeres Fragment befand sich seit längerer Zeit in Lyon, der zugehörige Kopf wurde neuerdings von De Meulenaere im Berliner Museum identifiziert, *Abb. 111* wo das ganze Stück umgehend wiedervereinigt werden konnte.[92] Inhaber der Statue war der „Vorsteher der Türöffnungen (d. h. der Grenze) der Fremdländer des Meeres" Nechthorheb. Es ist sehr wahrscheinlich, daß diesem Mann die Oberaufsicht über den griechischen Handel in Naukratis anvertraut war. Dann waren ihm die oben besprochenen, vom Hellenion gestellten „Vorsteher des Emporion" rechenschaftspflichtig.

Aus dem 10. Jahr des Amasis (561) datiert eine Schenkungsstele in St. Petersburg,[93] die die Lampenstiftung für Osiris von Sais durch einen „Neferpresineith, den (Sohn) des Qerches, den von Naukratis" dokumentiert – der früheste Beleg für das ägyptische Äquivalent von „Naukratis"! Der mit „der von" übersetzte Ausdruck steht mit folgendem Ortsnamen gerne im Sinne von „Machthaber von ...", kann aber auch nur allgemein die Herkunft angeben. Während in Neferpresineith der Thronname Psammetichs II. steckt, ist der Vatersname Qerches unägyptisch: Vor dem geographischen Hintergrund ist der Gedanke an einen griechischen Namen – zeitlich würde das gut belegte Korakos (Qoraqos) sehr gut passen – äußerst *Taf. 21 und 22a* verlockend.[94] Der Stifter wäre dann ein assimilierter Grieche wie Wahibre-em-achet und vielleicht sogar als „multikurelle" Persönlichkeit Aufseher des „port of trade"! Aber mit solchen Spekulationen sind die Grenzen des Zulässigen beinahe schon überschritten ...

Noch etwas tiefer in Vergangenheit, nämlich in die Zeit des Apries (589–570), *Abb. 112* zurück führt eine Stele in Berlin[95], die eine Schenkung für Amun-Re-Bedjed (d.h. den Amun von Naukratis) festhält.

Was die weiteren ägyptischen Quellen zu Naukratis betrifft, so wären für unser Thema natürlich in erster Linie solche von Bedeutung, die in irgendeiner Weise ein wenig Licht auf das Verhältnis zwischen Griechen und Ägyptern zu werfen vermögen, nicht so sehr Zeugnisse, die einheimische Kulte betreffen. Wichtig ist allerdings eine ptolemäische Statue in Kairo,[96] die den „Haunebut und Mann von <Pe>chat, Prophet des Min, Herrn von Bedjed, Horemheb, Sohn des Krates, geboren von der Herrin des Hauses Schesmetet" darstellt. Der in Kom Gaief / Naukratis gefundene Koloß ist vermutlich im dortigen Amuntempel aufgestellt gewesen, war doch Amun der Hauptgott der Ägypter von Naukratis. Der Name des Vaters ist eindeutig griechisch, und dazu paßt gut die Herkunftsbezeichnung Haunebut beim Sohn,[97] dessen ägyptischer Name aber auf einen ägyptisierten Griechen weist. Diese Ägyptisierung ist auch die Voraussetzung dafür, daß auch einmal ein Fremder ein Priesteramt *Abb. 33 und 93. 94* im ägyptischen Kult erwerben konnte; es sei nur an den Phöniker Chahap und den Minäer Zayd'il erinnert.[98]

Dieser Horemheb muß keineswegs ein Zeitgenosse der Ptolemäer gewesen sein, es scheint sich vielmehr um eine Art vergöttlichten Heros zu handeln. Der Titel „Prophet des Horemheb in Pechat" ist von zwei ptolemäischen Statuen bekannt, und Yoyotte[99] erwog, diese Gottheit mit dem besprochenen Horemheb von Kairo gleichzusetzen. Er vermutet, daß dieser Horemheb in der Geschichte von Naukratis eine herausragende Rolle gespielt hat und darum ähnlich wie Amenothes Sohn des Hapu, jener berühmte königliche Schreiber aus der 18. Dynastie, in der Spätzeit

Abb. 111 Naophore Statue des Nechthorheb, dem wahrscheinlich die Aufsicht über den griechischen Handel in Naukratis anvertraut war.

vergöttlicht wurde. Welches diese Rolle gewesen sein mag, wissen wir nicht. Trifft Yoyottes ingeniöse Interpretation zu, ist es freilich vollkommen unverständlich, daß sich jener Horemheb gerade in Oberägypten einer besonderen Beliebtheit erfreut hätte: Jedenfalls ist der Name Horemheb hier besonders häufig, und man kann hier unmöglich eine Verbindung mit dem naukratitischen Heiligen erkennen.

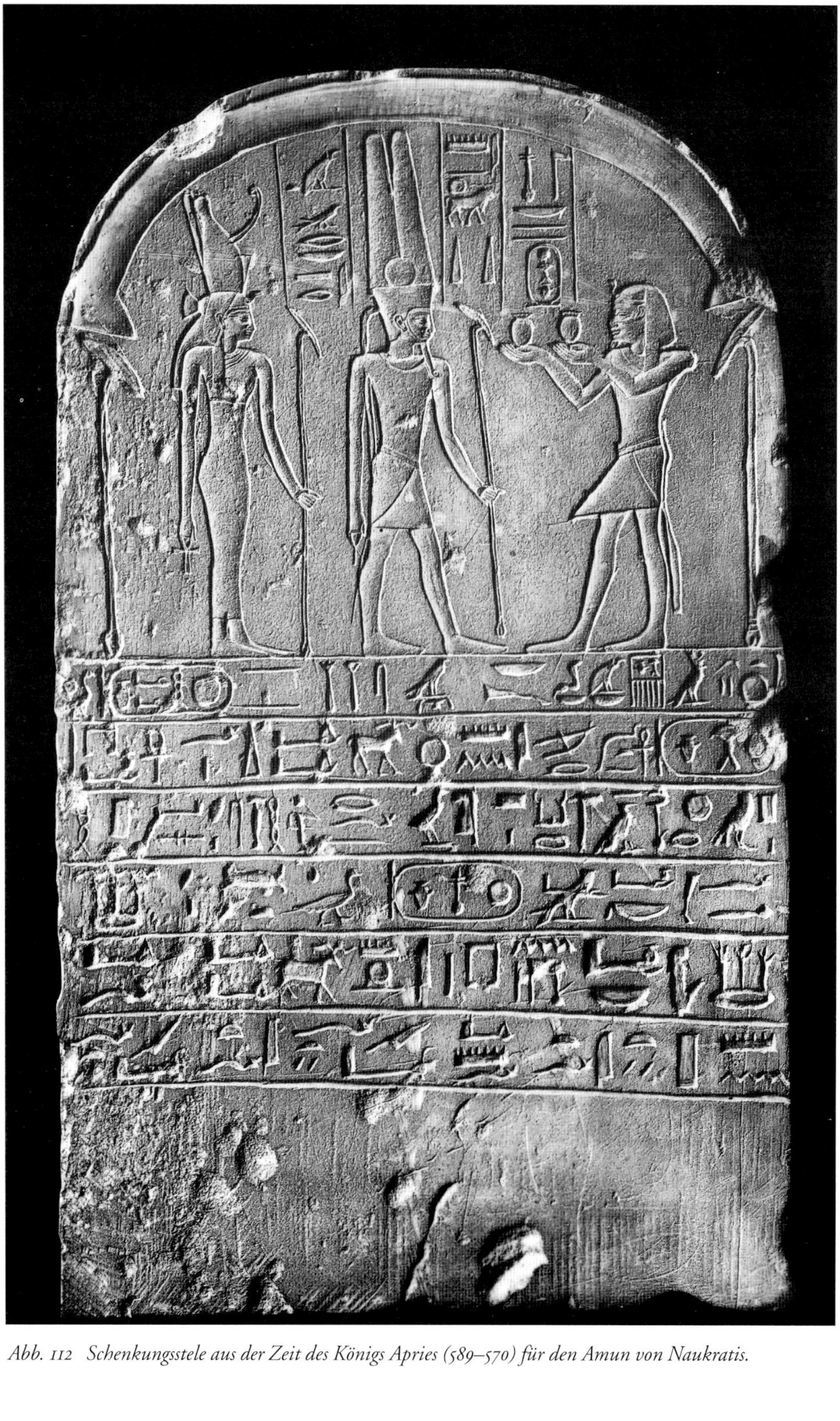

Abb. 112 Schenkungsstele aus der Zeit des Königs Apries (589–570) für den Amun von Naukratis.

Jansen-Winkeln[100] hat kürzlich die Neuedition eines eigenartigen Altaruntersatzes mit hieroglyphischen Inschriften – ebenfalls in Kairo – besorgt. Das Stück, dessen Fundort nicht bekannt ist, das aber wegen des Ortsnamens Bedjedj wohl aus Naukratis stammt, dürfte in die 30. Dynastie zu datieren sein. Aus bestimmten Epitheta hat Jansen-Winkeln geschlossen, daß der Stifter Nechtnebef ein Kaufmann war: „der Reiche, der Herr von Besitztümern, mit vielen Schätzen und wertvollen Beuteln, mit weiten Magazinen (?) und zahlreichen Schatzhäusern", also eine ungewöhnliche Häufung von Ausdrücken zur Betonung des Reichtums. Priesterämter werden keine genannt, obwohl Nechtnebef behauptet, die Verteilung der Opfer bestimmt zu haben. Der mutmaßliche Fundzusammenhang und der hier vorherrschende merkantile Geist lassen zwangsweise an das Emporion von Naukratis denken; bei den in der Inschrift erwähnten Lokalgöttern Mut und Hathor drängt sich der Gedanke an die Heiligtümer der äquivalenten Göttinnen Hera und der Aphrodite auf. War also Nechtnebef trotz seiner dem Namen nach ägyptischen Eltern ein ägyptisierter Grieche? Möglich ist das; die „in Ägypten geborenen Griechen"[101] der ptolemäischen demotischen Urkunden hatten ja sehr oft ägyptische Namen.

Daß die nach Ägypten importierten Güter wie Wein und Olivenöl vorrangig von den im Lande weilenden Griechen begehrt wurden, wird sicher zutreffen; daß diese aber die einzigen Kunden gewesen sein sollten, ist grundsätzlich nicht einzusehen. Wie Peter Haider es formuliert hat: „Warum sollten nicht auch einheimische Ägypter Geschmack an griechischem Wein und Öl gefunden haben?"[102] Und obwohl griechische Keramik in Ägypten in der Regel mit der Präsenz griechischer Nutzer in Verbindung zu bringen ist, gibt es doch auch Fälle, die zur Vorsicht mahnen. Die reichen Funde ostgriechischer Keramik, die in den letzten Jahren in den Gräbern des Udjahorresnet und des Iufaa in Abusir gemacht wurden, stammen ja nicht etwa von Sekundärbestattungen, sondern gehörten zum Grabinventar der betreffenden ägyptischen Würdenträger. Und wenngleich grundsätzlich nicht bestritten werden soll, daß für griechische Konsumenten die Dekoration der Keramik ihren Wert *per se* gehabt haben wird (bzw. die Hersteller davon ausgingen) und die Gefäße nicht einfach nur für den Transport dienten, und wenngleich es wahr sein mag, daß in der Levante vereinzelt griechische Keramik auch von Nichtgriechen geschätzt wurde und nicht automatisch auf die Anwesenheit von Griechen schließen läßt:[103] die Keramik in diesen Gräbern läßt in erster Linie auf Liebhaber griechischen Weines schließen – ob ihnen auch griechische Vasenmalerei etwas bedeutete, bleibe dahingestellt![104]

Wir hörten von Griechen vorhellenistischer Zeit im Delta, d. h. in „Stratopeda", Daphnai, Migdol, Naukratis, und wir werden bald noch Griechen in Tell el-Moqdam / Leontopolis kennenlernen; wir trafen sie in Memphis, Theben und Abu Simbel an. Im Bereich des späteren Alexandria, in der Festung von Rhakotis, waren wohl ebenfalls schon früh griechische Söldner stationiert.[105] Griechen soll es nach Herodot (III 26,1) aber auch in Oasis (Charga) gegeben haben, doch konnte diese Angabe bisher archäologisch nicht gestützt werden.[106] Eine griechische Siedlung scheint ferner das anderweitig unbekannte Neapolis bei Achmim zu sein, das Herodot erwähnt. Ägyptische Städte nennt Herodot nämlich, wie schon am Anfang dieses Kapitels festgestellt, normalerweise entweder in phonetischer Wiedergabe oder in sinngemäßer Übertragung nach dem Hauptgott. Dieses Neapolis dient als geographischer Bezugspunkt, dessen Kenntnis er offenbar bei seinen Lesern voraussetzen durfte: „Griechische Bräuche vermeiden sie anzunehmen, aber auch, um es kurz zu sagen, die Bräuche von irgendwelchen anderen Menschen. Die anderen Ägypter bewahren dies so, es gibt aber die große Stadt Chemmis im Gau von Theben unweit Neapolis" (II 91,1). Der an diese Einleitung anschließende Bericht ist für die Frage nach griechischen Einflüssen in vorhellenistischer Zeit auf Ägypten bzw. Ägypter höchst aufschlußreich. In Chemmis soll es ein viereckiges Heiligtum des Perseus, des Sohnes der Danae, geben. „Diese Chemmiten sagen, daß ihnen Perseus oft im Lande erscheine, oft aber im Inneren seines Tempels (...). Sie tun für Perseus (zu Ehren) folgendes auf griechische Art: Sie veranstalten einen gymnischen Kampf, der alle Arten von Wettkampf umfaßt, wobei sie als Kampfpreise Vieh, Mäntel und Häute aussetzen. Als ich nun fragte, warum sich Perseus bloß ihnen zeige und warum sie verschieden von den anderen Ägyptern seien, daß sie einen gymnischen Kampf veranstalteten, da sagten sie, Perseus stamme aus ihrer Stadt. Danaos und Lynkeus seien nämlich Chemmiten gewesen und nach Griechenland ausgewandert. Indem sie von diesen aus den Stammbaum verfolgten, kamen sie bis auf Perseus herunter" etc. (II 91,3–5). Lloyd[107] hat das Kapitel eingehend untersucht und ist zu dem Ergebnis gelangt, daß wir es hier mit Kulten und Bräuchen von μιξέλληνες – Gräko-Ägyptern also – zu tun haben. Dieser Eindruck wird durch die Nähe des genannten Neapolis verstärkt. „Perseus" ist nach Lloyd kaum der Gott Min in der Form *Pꜣ-wrš* „der Wächter" (dies ist als Beiname des Min in der Spätzeit durchaus bekannt).[108] Herodot zitiert ägyptische Götter entweder in phonetischer, gräzisierter Wiedergabe (Isis, Osiris) oder nach der konventionellen Entsprechung mit griechischen Göttern (Zeus = Amun). Der Perseus der Sage hat nun mit Min nichts gemein, viel eher mit Horus als Bekämpfer des Seth. Ob man aber den lautlichen Anklang von [pwerš] an Pers(eus) nur als reinen Zufall abtun kann?

Natürlich gab es außer Soldaten und Händlern auch Forschungsreisende und Intellektuelle, die Ägypten bereisten.[109] Unter den Philosophen, die Ägypten besucht haben sollen, sind Thales von Milet, Pythagoras und Platon,[110] den schon erwähnten athenischen Gesetzgeber Solon nicht zu vergessen. Schon Homer soll ja in Ägypten gewesen sein. Es ist indessen zweifelhaft, daß alle diese Männer das Land am Nil wirklich gesehen haben. Eine ausschlaggebende Rolle für derartige Überlieferungen spielte die bis in unsere Tage („schon die alten Ägypter") nachwirkende Überzeugung, daß alle Weisheit ihren Ursprung in Ägypten habe.[111] Dabei sind trotz der Meinung Herodots, die Hellenen hätten ihre Religion von den Ägyptern übernommen (II 50,1), die Einflüsse Ägyptens auf die griechische Kultur der vorhellenistischen (und vorklassischen) Epoche in der Tat geringer, als der Ägyptologe dies wahrhaben möchte. Abgesehen von „ägyptisierende(n) Tendenzen in manchen Motiven und in der mehrfarbigen Bemalung der archaischen Keramik" werden speziell drei Bereiche genannt, in denen Ägypten auf Hellas eingewirkt hat: „Tempel, Kultanlagen und Monumentalplastiken".[112]

Was Fremdeinflüsse auf die frühe Entwicklung der griechischen Literatur und Mythologie angeht, so behauptet hier der Vordere Orient das Feld[113], wie man schon äußerlich am griechischen Alphabet sehen kann. Allerdings fehlen ägyptische Impulse nicht ganz, wenngleich Art und Intensität umstritten sind. So ist unlängst argumentiert worden[114] – und zwar nicht etwa von ägyptologischer Seite –, ägyptische Jenseitsvorstellungen hätten in das frühgriechische Epos Eingang gefunden. Dazu soll die im 11. Gesang der Odyssee (der berühmten Nekyia) hervortretende ungriechische Idee gehören, daß der Verstorbene durch das Opfer von Blut als Nahrung dazu bewogen werden kann, zu den Lebenden zu sprechen. Wiederholt ist die Hypothese formuliert worden, daß griechisch μάκαρ „selig" lautlich auf *mꜣʿ-ḫrw* / *maacheru* „wahr an Stimme, gerechtfertigt" – ein stereotypes Beiwort des seligen Verstorbenen – zurückgeht. Die Chancen für diese verführerische Ableitung dürften genauso hoch oder niedrig zu veranschlagen sein wie die von derselben Autorin vorgeschlagene originelle Idee, νέκταρ als bronzezeitliche Entlehnung aus ägyptischem *nṯrj* / *netjeri* „göttlich" zu beurteilen.[115]

Wie immer dem sei, daß ägyptische Jenseitsvorstellungen auf die Orphik und die sog. „goldenen Totenpässe" eingewirkt haben, dürfte außer Frage stehen.[116]

Zu den Reiseschriftstellern vorhellenistischer Zeit gehört außer Herodot sein Vorgänger Hekataios von Milet,[117] der zur Zeit des Amasis (570–526) das Land bereiste und nicht mit Hekataios von Abdera vom Anfang der ptolemäischen Epoche verwechselt werden darf.

Der Bericht des Herodot[118] ist immer noch – vorsichtig benutzt – eine überaus wertvolle Fundgrube für die Kenntnis des spätzeitlichen Ägypten. Daß der Ionier keinen Sinn für die Eigengesetzlichkeit einer fremden Kultur hatte und alles, was er sah und hörte, in griechische Formen preßte – nicht allerdings, ohne oft die Überlegenheit der „Barbaren" anzuerkennen! –, ist eine hinzunehmende Tatsache;[119] ihm daraus aber einen Vorwurf machen zu wollen, wäre ein haltloser Anachronismus. Behauptungen des Inhalts, die um etwa 445 anzusetzende Ägyptenreise habe nie stattgefunden[120] und Herodot habe als genialer Erzähler seine Geschichten weitgehend am Schreibtisch erfunden, sind in einem maßgeblichen neuen Lexikon als „Verirrung der mod(ernen) Forsch(ung)"[121] angeprangert worden. Dem immer wiederholten Vorwurf der Naivität und Leichtgläubigkeit werden gerne die zahlreichen Stellen entgegengehalten, an denen Herodot seine eigenen Zweifel bekundet und versichert, nach dem Hörensagen oder auch nach dem Augenschein zu berichten (wenngleich manche dieser Zweifel aus der Polemik gegen Hekataios heraus motiviert sein mögen). Sein Prinzip legt der Vater der Geschichte deutlich dar: „Es ist meine Pflicht zu sagen, was gesagt wird, freilich nicht, es auch glauben. Dieses Wort soll für das ganze Geschichtswerk gelten" (VII 152, 3).[122]

So sicher nun allerdings ist, daß Herodot sehr wohl detaillierte Nachforschungen angestellt haben muß, so schwer ist auf der anderen Seite zu beweisen, daß er dies vor Ort getan hat, d. h. daß er wirklich in Ägypten war (von anderen Ländern ganz zu schweigen). Die Gegner der Autopsie-Theorie haben es leicht, auf Unstimmigkeiten hinzuweisen: So ist erst kürzlich – nicht ohne kräftige Seitenhiebe gegen die Gemeinde der „Herodot-Gläubigen" – detailliert argumentiert worden, daß Herodots Angaben zum Fayum und zum Moiris-See erkennen lassen, „daß dieser Grieche nie im Fayum gewesen ist".[123] Seine Informationen über Ägypten könnte Herodot – wie der zitierte Autor betont – ohne weiteres von ionischen, karischen und dorischen Griechen, die aus Ägypten in ihre Heimat zurückgekehrt waren, erhalten haben.

Nun muß eine Auskunft aus zweiter Hand erfahrungsgemäß keineswegs „falscher" als die eigene Erfahrung vor Ort sein; auf der anderen Seite können Mißverständnisse, Selbsttäuschungen in der Erinnerung und alle möglichen sonstigen Fehler, grobe Verzerrungen und Unstimmigkeiten ohne weiteres auch bei Lokalaugenschein in den betreffenden Regionen auftreten. Was haben nicht alles Reisende des Mittelalters und der Neuzeit in Ägypten wie auch in anderen „exotischen" Ländern gesehen, und wie entstellt haben sie oft die Dinge wahrgenommen, berichtet und gezeichnet, so daß man zweifeln müßte, sie wären wirklich dort gewesen, wäre es nicht dokumentarisch verbürgt! Objektiv zu entscheiden ist die Autopsiefrage bei Herodot von daher also – wir wiederholen es – kaum. Und wenngleich Herodot natürlich kein Historiker im modernen Sinne des Wortes war und dementsprechend mit anderen Maßstäben zu messen ist, fällt es dem unvoreingenommenen Beobachter schwer, ihm seine Reisen und Nachforschungen vor Ort seinen eigenen Versicherungen zum Trotz abzusprechen, ihn aber trotzdem nicht wenigstens in dieser Beziehung als Schwindler, Lügner und Hochstapler zu brandmarken, sondern das alles dem – an sich natürlich nicht zu leugnenden – für Herodot typischen „freieren literarischen Gestalten" zuzuschlagen.[124] Auch eine Äußerung wie „Was man dabei an Real-Information verliert, gewinnt man freilich an Einblick in das Denken des großen Erzählers aus Halikarnaß"[125] vermag über den Verlust an Authentizität, Ursprünglichkeit und – oder sollte das schon wieder zu „modern" gedacht sein?! – Redlichkeit(!) schwer hinwegzutrösten.

Falls nun aber der Vater der Geschichte das Land am Nil nun doch gesehen hat, wie wir hoffen wollen, dann ist freilich gewiß, daß seine ägyptischen Informanten nicht immer zur kulturtragenden Elite gehört haben können. Bei den „Priestern", auf die sich Herodot gelegentlich beruft, handelt es sich nicht um die höheren Ränge – mit denen der Grieche auch schwerlich in Kontakt gekommen wäre! –, sondern offenbar mehr um die unteren Chargen. Mit der Schriftkundigkeit war es da im allgemeinen nicht weit her.[126] In manchen Fällen waren Herodots Informanten vielleicht Gräko-Ägypter (μιξέλληνες), die gleichermaßen von griechischen und ägyptischen Dingen – nicht nur vordergründig-materieller Art – eine gewisse Ahnung hatten. Interessant ist, daß Herodot bisweilen von lokalen „Priestern" Informationen erhält, die bei den Informanten völlig unerwartete Kenntnisse griechischer Sagenstoffe und Überlieferungen voraussetzen. So etwa die Legende über den ägyptischen Ursprung der griechischen Orakel in Dodona und Libyen, die Herodot von den „Priestern des Zeus in Theben" – den Amunspriestern also – gehört haben will (II 54). Jedenfalls haben weder Herodot noch seine Gewährsleute diese wahrscheinlich ältere Legende erfunden![127] Ein anderes Beispiel ist die ausführliche Geschichte von der Ankunft der Helena bei Proteus in Ägypten, die dem Griechen von den Priestern von Memphis erzählt worden sein soll (II 113–116;

übrigens kommt da der uns schon aus der Odyssee bekannte Thon in der Form Thonis wieder vor). In anderen Fällen könnten auch zyprische Griechen eine entscheidende Mittlerrolle gespielt haben, etwa bei den Gleichungen griechischer und ägyptischer Götter.[128]

Gerne hätten wir authentische Nachrichten über die Begegnung zwischen griechischer und ägyptischer Geistigkeit aus der Sicht der Ägypter. Wenn Platon (Timaios 22b, Übersetzung Schleiermacher) einen alten Priester der Neith gegenüber dem fremden Besucher ausrufen läßt: „O Solon, Solon, ihr Hellenen bleibt doch immer Kinder, und einen alten Hellenen gibt es nicht", was dieser Priester anschließend mit den Worten erläutert haben soll: „Ihr seid alle jung an Geiste, denn ihr tragt in ihm keine Anschauung, welche aus alter Überlieferung stammt, und keine mit der Zeit ergraute Kunde", so ist das natürlich literarische Fiktion, die wiederum auf der alten Wertschätzung Ägyptens als Quell der Weisheit beruht, trifft aber instinktiv das kulturspezifische Überlegenheitsgefühl, das der Ägypter gegenüber den Griechen – wenngleich sicher nicht mehr oder weniger als auch gegenüber anderen Fremden! – hegte.[129]

***

Wir wollen uns nun über die bisher betrachteten Monumente hinaus verschiedene weitere bemerkenswerte Denkmäler der vorhellenistischen Griechen aus Ägypten ansehen, die das Verhältnis zu ihrer ägyptischen Umwelt in der einen oder anderen Weise beleuchten. Sehr zahlreich sind sie ohnehin nicht.

Von den Hellenomemphiten, also den im Memphis lebenden Griechen, sind für die vorptolemäische Zeit im Grunde relativ wenige Relikte erhalten. Das hat zu der Annahme geführt, daß sie sich so weitgehend an die ägyptische Kultur assimiliert hätten, daß sie uns in ihrer „Gräzität" weitgehend unfaßbar bleiben. In der Tat muß man sich fragen, ob es wirklich nur am Zufall der Ausgrabungen liegt, daß die Anzahl an griechischen Grabdenkmälern verschwindend kleiner ist als die der karischen. Und das, wo nach Kammerzells Berechnungen nur etwa ein Prozent der karischen Gesamtbevölkerung in Ägypten Denkmäler hinterlassen haben kann![130]

Die Nekropolen der griechischen Söldner haben sich gleich denen der Karer zwischen Sakkara Nord und Abusir erstreckt. Zu den raren Denkmälern gehört eine archaische Grabstele, die frappierend an karische Exemplare gemahnt. Wir lesen hier *Abb. 113* Ἐξηκέστο(υ) εἰμὶ το(ῦ) Χάρωνος „Ich gehöre dem Exekestos, dem Sohn des Charon".[131] Am Südrand von Abusir, woher ja auch die im sechsten Kapitel besprochene karische Stele in Berlin mit Prothesis-Darstellung stammt, wurde seinerzeit *Abb. 84* ein griechisches Gräberfeld entdeckt, das aber nur unvollständig freigelegt wurde. In Abusir wurden übrigens schon früher einmal und dann in den letzten Jahren im Verlauf der tschechischen Grabungskampagnen bemalte Fragmente chiotischer Keramik im sog. „Sphinx- und Löwenstil" des 6. Jahrhunderts gefunden.[132] Das ist insofern bemerkenswert, als in Memphis selbst nichts dergleichen ans Licht kam, obwohl sich dort griechische Militärlager befanden. Die Situation erklärt sich aber daraus, daß die Fragmente in Abusir Teil der Grabausstattung bildeten.

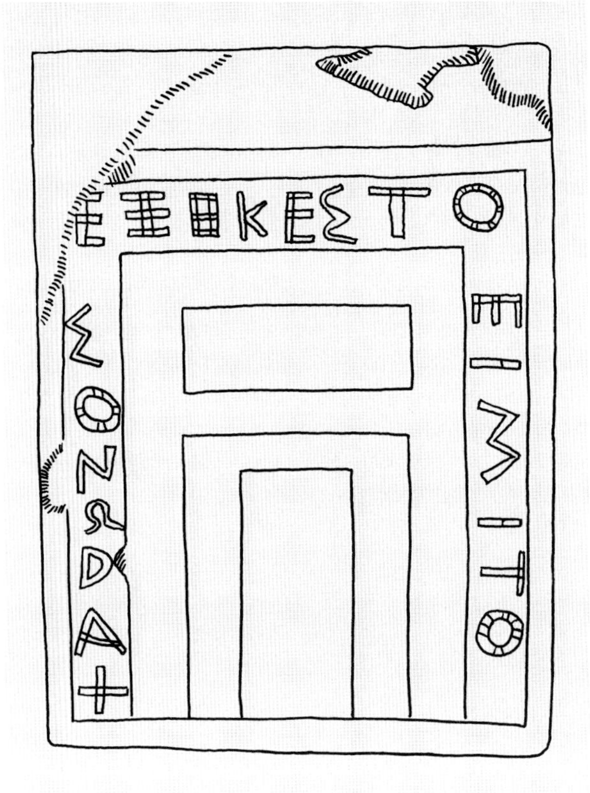

Abb. 113 Archaische Scheintürstele des Exekestos aus Sakkara.

Im Zusammenhang mit den hellenomemphitischen Nekropolen ist auch ein eigenartiges Stück zu erörtern. Die neuerdings publizierte Grabstele einer Frau aus *Abb. 114* Sakkara[133] weist zwei Register mit recht grob gearbeiteten Darstellungen auf: Oben sehen wir eine Prothesis-Darstellung mit Trauernden im ostgriechischen Stil; ägyptische Einflüsse sind kaum auszumachen. Im unteren Register erblicken wir links Osiris mit Atefkrone auf dem Throne sitzend, davor einen Opferer mit Opfertisch. Zwischen die beiden Bildfelder ist eine leider nicht vollständig rekonstruierbare griechische Inschrift eingeschaltet. Masson nimmt an, daß wir es hier mit gräzisierten Karern zu tun haben (vgl. den oben S. 202 erwähnten Karernamen Pelekos in Abu Simbel).

– Es gibt ein Objekt aus Sakkara, dessen Aufbewahrungsort nicht bekannt ist und von dem lediglich eine für die damalige Zeit anscheinend erstaunlich genaue Kopie aus *Abb. 115* dem 17. Jahrhundert existiert.[134] Die Hieroglyphen sind ziemlich gut zu identifizieren. Wir sehen die Triade Amun, Mut und Chons (möglicherweise haben wir es mit dem Naos einer naophoren Statue zu tun). Über den Götterfiguren steht eine Inschrift, die im wesentlichen griechisch aussieht. Die beiden ersten Zeichen gleichen in der Kopie zufällig karischen Buchstaben (nach heutiger Lesung *ú-k*), die übrigen lassen sich allerdings als rein griechisch bestimmen, wobei ημι = εἰμί „ich bin" entspricht; es redet also wieder einmal das Objekt bzw. die Inschrift.[135] Davor

Abb. 114 Grabstele einer Frau aus Sakkara mit charakteristischer Prothesis-Szene.

liest Masson Πιϱαπια als Name eines gräzisierten Mannes anatolischer Herkunft und identifiziert dies mit dem Namen des Inhabers im hieroglyphischen Text.[136] Die griechische Inschrift ist also offenbar nicht sekundär, sondern Teil der Gesamtbeschriftung. Die Mutter hat einen ägyptischen Namen (Chaa(u)-es-en-mut), der Vater ist nicht genannt. Man nimmt eine Datierung in der ersten Hälfte des 6. Jahrhunderts an.

Abb. 115 Verschollenes Denkmal (Naos einer naophoren Statue?) mit griechischer und hieroglyphischer Inschrift nach einer Zeichnung von Jean Michel Vansleb (1635–1679).

Abb. 116 – Eine Bronzeplakette in New York,[137] zu welcher der verlorengegangene Holzsockel einer Votivstatuette gehörte, weist auf der Vorderseite grobe und unproportionierte Darstellungen auf: Amun mit dem Was-Szepter, Mut an der Hand haltend, davor ein Verehrer. Rechts und links in einem ausgesparten Rechteck steht *Jmn dj.* Obenauf befindet sich die abrupt abbrechende hieroglyphische Inschrift „Amun gebe Leben dem Ber, Sohn (des)“. Es sei an jene karisch-ägyptische Stele[138] erinnert, wo die ägyptische Partie hinter dem zweiten „Sohn (des)“, wo der Großvater hätte genannt werden sollen, ebenfalls unvermittelt abbricht. Ber (*Br*) bzw. nach der tatsächlichen Aussprache Belle „Blinder“ ist ein in der Spätzeit sehr beliebter Name, wobei „Blinder“ primär als Gottesbezeichnung zu verstehen ist.[139] Offenbar handelt es sich um den ägyptischen Zweitnamen des griechischen Stifters, den uns die archaische ionisch-griechische Inschrift (ca. 550–525) nennt: [Με]λάνθιός με ἀνέθηκε τῶι Ζηνὶ Θηβαίωι ἄκαλμα (sic) "[Me]lanthios weihte mich (als) Standbild dem thebanischen Zeus.“ Zeus ist nach der üblichen *interpretatio graeca*

Abb. 116 Bronzeverkleidung des (verlorenen) Holzsockels einer von Melanthios für den „thebanischen Zeus" gestifteten Statuette.

Amun; der Zusatz Θηβαῖος bedeutet aber nicht notwendigerweise, daß das Stück aus Theben stammt. Wie erwähnt, wurde Amun in Naukratis verehrt, und wir finden ihn in Unterägypten auch anderswo. Das Stück kann also von einem Hellenomemphiten geweiht sein. Die Doppelnamigkeit entspricht dem in der Ptolemäerzeit bestens bezeugten Usus, wir sind mit diesem Phänomen aber auch sonst schon wiederholt konfrontiert worden, man denke nur an den Perser Aryavarta alias Djedher aus dem Wadi Hammamat[140] oder den Ägypter Eshor genannt Natan aus dem aramäischen Mibtahjah-Archiv.[141]

– Zwischen 500 und 450 datiert man eine angeblich aus dem Delta kommende Apisbronze im Britischen Museum.[142] Im Unterschied zu dem karischen Apis ist *Abb. 117* dieser hier einsprachig beschriftet Τõι Πανεπι μ'ανέστασε ΣοϘύδης „Dem Panepi hat mich Sokydes geweiht." Sokydes ist nach Masson ein Dorer, aber wer ist Panepi? Offensichtlich der dargestellte Apis (-επι = *hepi). Leider ist keine ägyptische Wortverbindung bekannt, von der man dieses Panepi zwanglos ableiten könnte. Spiegelberg[143] dachte an „der Apis-Stier", aber die von ihm vorausgesetzte Wortverbindung dafür ist nicht belegt. Möglicherweise ist der Name als Variante zu *Pa-ḥp* „Der des Apis" im Sinne von „Der Sohn des Apis" zu verstehen.[144]

– Eine Bronzestatuette der Isis mit Horusknaben in Kairo[145] aus der Zeit um 500 enthält folgende ionische Weihinschrift: Πύθερμός[146] με ὁ Νε(ί)λωνος ἐλύσατο τῆς Ἐσιος ἄγαλμα „Pythermos, Sohn des Neilon, weihte mich, das Standbild der Isis". Derivate von Νεῖλος, von dessen letztlich ägyptischem Ursprung schon die

Abb. 117 Apisbronze aus dem Delta (?), von einem Sokydes für „Panepi" gestiftet.

Rede war, tauchen in der griechischen Epigraphik bereits im 6. Jahrhundert auf. Hervorzuheben ist, daß wir hier die früheste griechische Widmung an Isis haben, und zwar mit der bezeichnenden, der authentischen Aussprache [ēse] näherkommenden älteren Wiedergabe Ἐσις anstelle von Ἶσις. Allerdings sind ägyptische Isisfigürchen in der Ägäis bereits seit der Zeit um ca. 900 (Lefkandi; später Eleusis etc.) bezeugt.[147]

– Wesentlich jünger als die Kairoer Isis, und zwar etwa vom Anfang des 4. Jahrhunderts, ist eine erst kürzlich bekanntgemachte Bronzestatuette desselben Typs, ebenfalls in Kairo, aus Tell Moqdam, dem alten Leontopolis. Die Weihinschrift lautet Ἀλεξιάδης καὶ Ταβω ἄγαλμα τῆς Ἐσιος ἀνέστασαν „Alexiades und Tabo haben das Standbild der Isis aufgestellt." Von demselben Paar – anscheinend einem Griechen und einer Ägypterin – wurde eine Statuette für Osiris in Verviers gestiftet; der Dedikationstext variiert entsprechend ἄγαλμα τοὐσίριος „Standbild des Osiris".[148]

Taf. 23a. b

– Annähernd gleichzeitig mit den eben besprochenen Stücken, etwa um 400, entstand die Berliner Statuette[149] einer Sonderform des Osiris, in der Forschung meist als Osiris-Lunus bezeichnet. Die Widmungsinschrift lautet Ζηνῆς Θεοδότο(υ) Σελήνης ἄγαλμα ἐποήσατο „Zenes, Sohn des Theodotos, machte das Standbild der Selene", woran sich die zwei Hieroglyphen für „Leben gebend" (o.ä.) anschließen. Der lunare Aspekt der dargestellten Gottheit war für die Gleichsetzung mit Selene entscheidend; daß das Geschlecht nicht paßt, hat offenbar nicht gestört.

Abb. 118

– Bereits aus der Zeit um 360, als Athen den General Chabrias nach Ägypten entsandte, stammt eine wenig beachtete Inschrift[150] auf einem Votivtisch aus der Gegend zwischen Abusir und Sakkara. Der Anfang ist zerstört, aber vermutlich ist von Gebäuden die Rede, die zu Ehren eines Gottes Tanos[151] errichtet wurden. Ver-

Abb. 118 Bronzestatuette vom Typ des sog. Osiris-Lunus, von Zenes, Sohn des Theodotos, für Selene (!) gestiftet.

Abb. 119 Griechisch inspirierte Szene aus dem Pronaos im Grab des Petosiris, Tuna el-Gebel/Hermopolis (um 300).

birgt sich dahinter (Ptah-)Tatenen?[152] Die Stifter sind Griechen verschiedener Herkunft (meist aus Athen, vereinzelt aber auch Korinth, Kyrene u.a.; ein Στράτων Καρυανδ(εύς) muß ein gräzisierter Karer sein. Bemerkenswert ist, daß als letzte von zehn Personen ein Ἀμυρταῖος Ῥόδιος erscheint: Dieser Mann aus Rhodos hat also – sicherlich erst in Ägypten – einen ägyptischen Namen angenommen; er bedeutet „Amun ist es, der ihn gegeben hat", ein sehr häufiger Name, den auch der einzige Herrscher der 28. Dynastie (404–399) sowie jener Rebell trug, von dem in diesem Kapitel schon gesprochen wurde.

Schließlich sollte das Grab des Petosiris, des Hohenpriesters des Thot, in Tuna el Gebel / Hermopolis nicht vergessen werden.[153] Das Bauwerk steht an der Schwelle der griechischen Eroberung durch Alexander – die genaue Datierung kennt man nicht, da kein Königsname genannt ist – und verrät in seiner Dekoration mancherlei ungewöhnliche griechische Einflüsse,[154] die durchblicken lassen, daß „ägyptische Priester der Spätzeit (...) offensichtlich nicht von ausländischen Einflüssen abgeschottet" waren.[155] Überhaupt ist die Untersuchung tatsächlicher und vermeintlicher griechischer Einflüsse in ägyptischer Kunst und Literatur[156] ein gleichermaßen umstrittenes wie anregendes Forschungsgebiet, doch kämen wir damit bereits in die ptolemäische und vor allem römische Zeit, die im Rahmen dieses Buches nicht mehr berücksichtigt werden kann. *Abb. 119*

IX. Ergänzende und zusammenfassende Betrachtungen

Ein vorrangiges Anliegen unserer Darstellung war es, dem Leser die Präsenz von Fremden in Ägypten – in zweiter Linie dann aber auch die Anwesenheit von Ägyptern im Ausland – durch die Vielfalt der einschlägigen sprachlichen wie bildlichen Quellen vor Augen zu führen. Für diesen praktischen Zweck hatte sich die Gliederung des Stoffes nach ethnischer Herkunft der Fremden bzw. – im Falle des Kapitels über die aramäischen Dokumente – nach verwendeter Schrift und Sprache angeboten. Es konnte dabei freilich nicht ausbleiben, daß bestimmte der individuellen Betrachtung der einzelnen Ethnien und ihrer Dokumentation übergeordnete Fragen und Aspekte teils überhaupt ausgeklammert blieben, teils auf verschiedene Kapitel verstreut zur Sprache kamen.

Gleich zu Beginn dieses Schlußkapitels ist folgendes festzuhalten: Es hat – selbstverständlich! – mehr Fremde an den verschiedensten Orten des Landes gegeben, als unsere Darstellung vermutlich erkennen ließ: Wo nämlich die Fremden nicht durch ihre eigenen Hinterlassenschaften oder durch mehr oder weniger eindeutige Hinweise in ägyptischen Quellen ethnisch identifizierbar waren, mußten sie unserem Blick während unseres Rundgangs verborgen bleiben. Einige Beispiele mögen veranschaulichen, wie dies gemeint ist:

– 1. Es gibt Denkmäler, die eindeutig Fremden zuzuweisen sind, aber mangels ikonographisch eindeutiger Merkmale oder richtungweisender Inschriften nicht näher zu bestimmen sind. So wurde kürzlich eine in Sakkara gefundene ägyptisierende Stele veröffentlicht, die einen Ausländer anbetend vor Osiris und Isis zeigt; *Abb. 120* hinter ihm steht Horus.[1] Man kann nicht sagen, ob es sich dabei um einen Phöniker, einen Aramäer oder einen Karer – oder wen immer auch – handelt. Vielleicht enthielt die untere, verlorene Hälfte eine Inschrift, die Aufklärung verschafft hätte. Dieselbe Unsicherheit besteht auch bei einer vollständig erhaltenen, aber unbeschrifteten Stele in Stockholm.[2]

– 2. Der in diesem Buch wiederholt begegnende Terminus *ḫꜣstjw / ḫꜣswt* (konventionell *chastiu / chasut* gesprochen) bezeichnet generell „Fremdlandbewohner",[3] und damit können je nachdem Libyer, Syro-Phöniker oder Perser – eben ganz allgemein „Fremde" – gemeint sein. Als „Herrscher der Fremdländer" werden im ersten Jahrtausend nicht nur die Perserkönige und später ganz offiziell Philipp Arrhidaios[4] bezeichnet, sondern auch – mit und ohne den Zusatz „in Theben" – die Machthaber der Thebais im 7. und frühen 6. Jahrhundert: Montemhet (den die Herrscherliste *Abb. 13* Assurbanipals als „König" aufgeführt hatte) und die Obervermögensverwalter der Gottesgemahlinnen des Amun Ibi und Padihorresnet. Ich glaube, daß damit

Abb. 120 Fragment einer ägyptisierenden Stele aus Sakkara.

schlicht und einfach in Oberägypten stationierte fremde Söldner gemeint sind, aber Präzisierungen sind nicht möglich.[5]
– 3. In der Stele des „Großen der Meschwesch" Schoschenk aus Abydos vom Anfang des Jahrtausends werden zwei Agenten des Schoschenk aus dem „Nordland" (d.h. Unterägypten / Delta) genannt:[6] der „Fremdlandbewohner von Charu ('Syrien') und Diener Achamenkanacht" und der „Fremdlandbewohner von Charu Achptahkanacht", beides also Leute aus Syrien-Palästina mit ägyptischen Namen. Man darf davon ausgehen, daß es sich um Semiten handelt (ägyptisierte Phöniker?), die nachträglich einen ägyptischen Namen erhielten – man beachte die parallele Bildungsweise –, Genaueres läßt sich aber nicht sagen. Noch in der Ptolemäerzeit künden Ortsnamen von der Präsenz von „Syrern" in verschiedenen Teilen des Landes.[7]
– 4. Die Texte erwähnen seit der 18. Dynastie die in der syrischen Wüste beheimateten „Schasu(-Beduinen)" (der ägyptische Ausdruck *Šꜣsw* bedeutet einfach „die Herumziehenden"). Im 9. Jahrhundert treffen wir sie in Aphroditopolis im 22. (und nördlichsten) oberägyptischen Gau – also immerhin ziemlich weit im Süden – an.[8] Nach der Nitokris-Stele stifteten in der Mitte des 7. Jahrhunderts die „Domä-

nen der südlichen Schasu(-Beduinen)" vom Territorium des Gaues von Sais im Westdelta Ländereien für den Unterhalt der neu designierten Gottesgemahlin.[9] – 5. Assurbanipal ließ die Bewohner von „Kirbit, das in Chalechasta liegt" – einer nicht näher lokalisierten Region – nach ihrer Unterwerfung nach Ägypten deportieren.[10] Man ersieht daraus, daß auch durch derartige Aktionen Ausländer nach Ägypten gelangen konnten. Einmal im Lande, blieben sie dort vermutlich über das Ende des assyrischen Interregnums hinaus, aber auch hier wiederum gilt, daß wir über keinerlei Einzelheiten Bescheid wissen.

Die bisweilen recht unscharfe ethnogeographische Terminologie bringt Probleme mit sich, wenn es darum geht, die in den Texten genannten Fremden zu identifizieren. Insbesondere in den hieroglyphischen Monumentalinschriften bediente man sich gerne mit Absicht jahrtausendealter Bezeichnungen, die zum Teil ihre ursprüngliche Bedeutung verloren und eine neue, den spezifischen Gegebenheiten angepaßte angenommen hatten. Es ist ungefähr so, wie „wenn in der spätantiken und byzantinischen Geschichtssschreibung die Fremdvölker, mit denen man in der eigenen Zeit zu tun hatte, die Goten, Hunnen, Bulgaren oder Serben, unter den Namen längst verschollener, in der klassischen Literatur bezeugter Völker erscheinen, also als Skythen, Odryser oder Kimmerier."[11] Solange sich eine konkrete, halbwegs einheitlich durchgehaltene und auch für uns erkennbare Bedeutungsverschiebung nachweisen läßt (etwa im Sinne einer Entwicklung von Haunebut „Leute aus dem nördlichen Nildelta" > „Griechen"), ist das noch nicht so gravierend, man muß aber trotzdem sicherheitshalber jeden Fall, so gut es geht, einzeln prüfen. Während die Hieroglypheninschriften selbstverständlich, wenn es darauf ankam, sehr wohl aktuelle geographische Bezeichnungen wie „Makedonien", „Lydien", „Arachosien" u.ä. umsetzen konnten, hat sich nie ein ad hoc geschaffenes hieroglyphisches Äquivalent zum eindeutigen demotischen *wjnn*[12] (davon koptisch *wejenin*) „Ionier", „Grieche" herausgebildet. In den ptolemäischen Synodaldekreten wird die Aufzeichnung der betreffenden Beschlüsse im griechischen Teil ἱεροῖς γράμμασιν καὶ αἰγυπτίοις καὶ ἑλληνικοῖς (Kanopus) bzw. τοῖς τε ἱεροῖς καὶ ἐγχωρίοις καὶ ἑλληνικοῖς γράμμασιν (Rosette) „in heiligen, in ägyptischen (!) (bzw. in der Rosettana: einheimischen) und griechischen Buchstaben" – hieroglyphisch, demotisch und griechisch also – gefordert. In den demotischen Versionen heißt es dafür „in (der) Schrift der Gottesworte, Briefschrift (und) griechischer Schrift (*sẖ wjnn*)", in den hieroglyphischen „in der Schrift des Lebenshauses (bzw. in der Rosettana: in der Schrift der Gottesworte), in der Briefschrift, in der Schrift der Haunebut".[13] Für jeden unvoreingenommenen Beobachter ist natürlich klar, daß sich „Haunebut" hier und in etlichen anderen Spätzeittexten auf die Griechen bezieht, aber man wird nicht dafür garantieren können, daß das ausnahmslos in allen Texten dieser Zeit so sein muß.

Die ptolemäischen Synodaldekrete zeigen auch sonst die Vorliebe der Monumentalinschriften für altüberlieferte Namen: Im Kanopusdekret (vgl. Kapitel III Anm. 9) heißt es im Griechischen ἔκ τε Συρίας καὶ Φοινίκης καὶ Κύπρου „aus Syrien, Phönikien und Zypern" und demotisch „das Gebiet des Assyrers (und) das Gebiet der Charu(-Leute und) die Insel von Salamis", während in der hieroglyphischen

Tafel 17a Terrakottakopf eines Achämenidenherrschers.

Tafel 17b Szenendetail am Tor des Pronaos im Hibis-Tempel: Dareios' I. (mit Krone von Unterägypten) beim Weinopfer für vier sitzende Gottheiten.

Tafel 19a Block von Elkab, der die Bautätigkeit Dareios' I. im Tempel der Nechbet bezeugt.

Tafel 19b Graffito des „Vorstehers der Arbeiten an allen Monumenten von Ober- und Unterägypten" Chnemibre aus dem Jahr 27 Dareios' I. (495) im Wadi Hammamat (Couyat-Montet Nr. 193). Die eigenartige Form der Hieroglyphenzeichen ist für die zahlreichen Graffiti dieses hohen Funktionärs charakteristisch.

Tafel 18 Blick auf den großen, von Dareios I. dekorierten Hibis-Tempel (Oase Charga).

Tafel 19c Spitzmausbronze mit Behälter zur Aufnahme der Tiermumie; darauf in karischer Schrift der Name des Stifters Uliat.

Tafel 20 *Stele aus Taima (Saudi-Arabien) mit einer aramäischen Inschrift, die die Einführung des Kultes des Gottes Salm in Taima dokumentiert. Der Vater des in diesem Kult eingesetzten Priesters trägt den ägyptischen Namen Petosiri.*

Tafel 21 *Sarkophag des Wahibre-em-achet, des Sohnes des Alexikles und der Zenodote.*

Tafel 22b–d Skarabäus aus Milet aus einer Werkstatt in Naukratis (vgl. G. Hölbl, *in: Deutsches Archäologisches Institut. Archäologischer Anzeiger 1999, 354 mit Abb. 10).*

Tafel 22a Einer der vielen Uschebtis des Wahibre-em-achet.

Tafel 23a. b   Bronzestatuette des Osiris mit Weihinschrift „Alexiade[s] und Tabo haben das Standbild des Osiris aufgestellt."

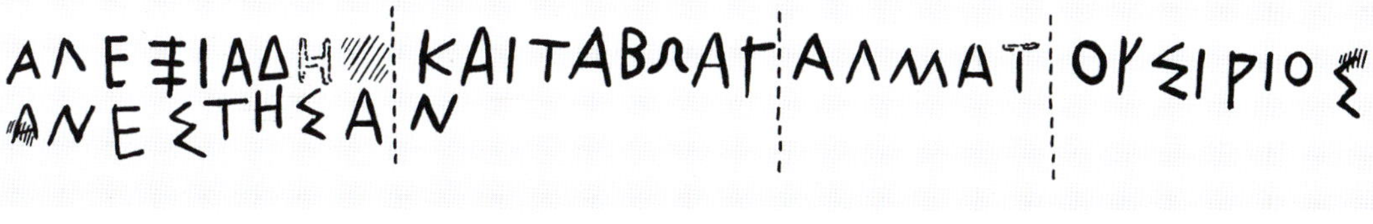

Tafel 24a Darstellung des ethnisch nicht näher zu bestimmenden Siamun in seinem Grab im Gebel el-Mauta/Siwa.

Tafel 24b Aquarell einer Szene von einem Holzbrett aus Sakkara (von einem Sarg?): vier Fremde nehmen an einer Prozession mit einem Stier und einer Kuh teil.

Version Syrien als „östliches Retjenu", Phönikien als „Land der Keftiu" bzw. „*fenech(u)*-Länder" und schließlich Zypern als „die Insel Isi{n}, die inmitten des Großen Grünen (= des Mittelmeeres) ist" bezeichnet wird.[14]

Andererseits darf man Mehrdeutigkeit und Bedeutungsverschiebung nicht übertreiben: „Es versteht sich aber von selbst, daß solche Verschiebungen neben der großen Vielzahl stabiler topographischer Begriffe immer nur die Ausnahme bilden."[15]

***

Nun aber zu einigen der zu Beginn des Kapitels angedeuteten übergeordneten Fragen und Aspekte! Daß die Präsenz der Fremden im Ägypten des 1. Jahrtausends zum überwiegenden Teil militärische Hintergründe hat – sei es, daß die Fremden als herrschende Klasse auftraten (Libyer, Perser), sei es, daß sie als Kriegsgefangene oder von den Assyrern Deportierte ins Land kamen, und sei es schließlich, daß sie als Söldner, Waffenschmiede[16] oder Händler zur Versorgung der Söldner etc. tätig waren –, ist zunächst als Faktum zu konstatieren. Daß die Fremden in der Regel unter ihresgleichen in eigenen Ansiedlungen lebten, dürfte aus unseren verstreuten Ausführungen klargeworden sein: Es sei nur an die Militärkolonien und Garnisonen in Daphnai, Marea, Magdolos, Elephantine und das Τυρίων στρατόπεδον in Memphis erinnert. Aber waren sie wirklich ganz abgeschnitten von Ägyptern und ägyptischem Leben? Diese Frage dürfen wir nun entschieden verneinen: Wir brauchen bloß an die aramäischen Elephantine-Papyri zu denken, die uns vielfach über Kontakte zwischen Ägyptern und Fremden unterrichten (wobei freilich nicht geleugnet werden soll, daß wir nicht alles erfahren, was wir gerne wüßten, während manches wiederum in seiner Interpretation unsicher ist).

Wenn die Fremden in eigenen Siedlungen lebten, bedeutet das nicht, daß dort nicht auch einige Ägypter gewohnt haben können. Wir haben gesehen, daß sich im Aramäerviertel von Elephantine auch das Haus eines ägyptischen Kataraktenschiffers befand.[17] Selbst in Naukratis, der ägyptischen Griechenstadt par excellence, muß es Ägypter gegeben haben, auch wenn wir nicht sagen können, wo sich ihre Wohnungen befanden. *Abb. 43* *Taf. 9a*

Ehen von Fremden mit Ägypterinnen waren keine Seltenheit. Das beliebte Grundmuster stellt sich dabei folgendermaßen dar:

(A) Fremder (mit Fremdname) ∞ Ägypterin
|
ägyptisierter Sohn
(mit ägyptischem Namen)

In diese Kategorie gehören Djedher aus Tell el-Maskhuta und Djedherbes aus Sakkara, die väterlicherseits phönikischer bzw. iranischer Abkunft sind, während die ägyptischen Namen der Mütter die Annahme nahelegen, daß sie eben Ägypterinnen waren. Grundsätzlich muß man vorsichtig sein: Wir wissen inzwischen, daß nicht jeder, der einen ägyptischen Namen trägt, auch ein Ägypter ist. Aber in dieser spe- *Taf. 6 und Abb. 66* zifischen Konstellation – also Sohn und Mutter mit ägyptischen Namen, Vater mit Fremdnamen – ist eine Schlußfolgerung im obigen Sinne wohl die einzig angebrachte!

Die „Ägyptisierung“, wie sie sich – freilich an sich noch nicht allzu verbindlich – in der Annahme eines ägyptischen Namens sowie der Übernahme ägyptischer Bestattungssitten und bestimmter damit verbundener religiöser Anschauungen äußert,[18] braucht nicht über eine ägyptische Mutter zu laufen (die dann nach ägyptischer Tradition auch den Namen gegeben hätte[19]). Auch wenn beide Elternteile Fremde sind, kann der Sohn ägyptisiert sein:

(B) Fremder (mit Fremdname) ⚭ Fremde (mit Fremdname)
|
ägyptisierter Sohn
(mit ägyptischem Namen)

Typischer Repräsentant dieses Schemas ist jener Wahibre-em-achet, dessen Eltern Griechen waren, der sich aber einen monumentalen anthropoiden Steinsarkophag
Taf. 21 (samt Uschebtis und Kanopen) verfertigen ließ.

Schwierig kann es werden, einen Ausländer zu identifizieren, wenn die genannten Personennamen allesamt ägyptisch sind.

(C) Fremder (mit ägyptischem Namen) ⚭ Ägypterin
|
ägyptisierter Sohn
(mit ägyptischem Namen)

Abb. 33 Ein solcher Fall ist der Syrophöniker Chahap von Memphis, der für uns ohne die typische Gewandung und Haartracht überhaupt nicht als „Fremder“ zu erkennen wäre – die Stele selbst ist in Beschriftung und Dekoration sonst rein ägyptisch. Ebenso trägt Siamun, der Besitzer eines nicht genau datierbaren Spätzeitgrabes im
Taf. 24a Gebel el-Mauta („Berg der Toten“) von Siwa, ebenso wie seine Eltern sowie seine Frau einen ägyptischen Namen, er kann aber „seiner Barttracht wegen zumindest kein reinblütiger Ägypter gewesen sein“ (er ist allerdings auch nicht ohne weiteres als Libyer oder Grieche zu definieren).[20]

Der Vollständigkeit halber sei auch folgendes natürliche Schema skizziert, das eigentlich keines Kommentars bedarf:

(D) Fremder (mit Fremdname) ⚭ Fremde (mit Fremdname)
|
Sohn
(mit Fremdname)

Ein Vertreter dieser Gruppe ist Ibaššī-īlī (’BSLY) von der ägyptisch-aramäischen,
Abb. 47 seinerzeit in Berlin aufbewahrten Stele aus dem Jahr 482. Die Übernahme ägyptischer Totenbräuche ist also noch keineswegs Grund, sich einen ägyptischen Namen zu-
Abb. 36. 37 zulegen. Auch der Phöniker Paʿalʿaštart, der eine Horusstele mit Inschriften in

Ägyptisch und Phönikisch anfertigen ließ, hat ebenso wie Vorfahren, seine Kinder und seine Frau[21] einen phönikischen Namen – eine „onomastische Assimilierung“ kam für ihn nicht in Frage.

Schema D kann allerdings leicht mit B kombiniert werden bzw. wechseln, wenn der Sohn einen Doppelnamen hat:

(B/D) Fremder (mit Fremdname) ꝏ Fremde (mit Fremdname)
|
Sohn
(mit fremdem *und* ägyptischem Namen)

Beispiel hierfür ist der Perser Aryavarta genannt Djedher vom Wadi Hammamat,[22] während sein Bruder Atiyavahya – jedenfalls nach den uns erhaltenen Quellen – ausschließlich zum Typ B gehört. Diese Doppelnamigkeit, wie sie später gerade im ptolemäischen Ägypten als Ausdruck der Bikulturalität sehr häufig wird, wird auch in vorhellenistischer Zeit öfters praktiziert worden sein, als der Zufall der Überlieferung erkennen läßt.

Ägyptische Namen für Fremde – das wirft die Frage nach deren Anpassung an die ägyptische Kultur auf. Begriffe wie „Akkulturation“ und „Assimilierung“ und dergleichen sind in diesem Buch immer wieder aufgetaucht. Es fragt sich: wie äußert sich dieses Phänomen, und wieweit gingen nun Assimilierung und „Ägyptisierung“? Man wird antworten: im weitesten Falle in einer Anpassung an ägyptische Verhaltensnormen, Bräuche und Glaubensvorstellungen und Übernahme der ägyptischen Schriftsprache. Aber hier ist bereits eine Einschränkung angebracht: Die Libyer galten noch vor zwei Jahrzehnten (und für manchen bis auf den heutigen Tag) als so gut wie vollständig assimiliert und ägyptisiert – und doch haben wir im ersten Kapitel gesehen, daß von einer wirklich umfassenden „Akkulturation“ nicht die Rede sein kann.

Nun ist natürlich zu berücksichtigen, daß die Libyer durch ihre Machtübernahme am Ende des Neuen Reiches und ihre kulturelle Eigenart in eine Konfliktsituation gegenüber bestimmten Formen der traditionellen ägyptischen Kultur geraten mußten – eine Situation also, wie sie sich Fremden, die erstens nicht als Invasoren und Herrscher kamen und zweitens nicht wie die Libyer tribal organisiert waren, erst gar nicht stellte. Und trotzdem wird man einräumen müssen, daß die Libyer alles in allem sozusagen am Pluspol der Ägyptisierung stehen. Am anderen Ende stehen zweifellos die Assyrer, was nicht lediglich auf die kurze Dauer ihrer Herrschaft zu schieben sein kann. Im Unterschied zu den Persern (bereits unter Kambyses!) hatten Asarhaddon und Assurbanipal keinerlei Interesse, als legitime Pharaonen aufzutreten, genausowenig wie es offenbar assyrischen Beamten und Funktionären in Ägypten in den Sinn kam, ägyptischen Göttern ihre Verehrung zu zollen.

Andere – Semiten, Griechen, Karer und eben auch einige Perser – übernahmen in unterschiedlichem Maße Elemente der ägyptischen Kultur. Für uns ist das in der Regel in mindestens fünf, teilweise oben bereits angesprochenen Bereichen – keinesfalls aber natürlich immer allen gleichzeitig! – faßbar: 1. der Namengebung,

2. der Hinwendung zu ägyptischen Kulten, 3. der Übernahme ägyptischer Bestattungssitten und gewisser damit zusammenhängender religiöser Anschauungen, 4. ägyptischer Ikonographie der Objekte, die die betreffenden Personen nennen, 5. Verwendung der Hieroglyphenschrift in den betreffenden Objekten (eventuell zusätzlich zur eigenen Schrift).

Assmann[23] nimmt an, daß sich in der Spätzeit – gewissermaßen, um die eigene kulturelle Identität nach verschiedenen zum Teil traumatisch erlebten Fremdherrschaften zu wahren – im Gegensatz zu älteren Epochen durch „Klerikalisierung" der Kultur und Herausbildung einer „stark von religiösen Tabus, insbesondere Speise- und Reinheitsvorschriften geprägte(n) Lebensform" eine verstärkte Abgrenzung gegenüber den Fremden entwickelt. Daran ist wohl etwas Wahres, wenn man sich die beiden folgenden Aussagen vergegenwärtigt: „Deswegen würde kein Ägypter und keine Ägypterin einen griechischen Mann auf den Mund küssen, und er (der Ägypter) wird auch nicht das Messer eines griechischen Mannes oder (dessen) Bratspieße und (seinen) Kessel gebrauchen, und er wird auch nichts von dem Fleisch eines reinen Stieres, der mit einem griechischen Messer zerlegt worden ist, genießen" (Herodot II 41, 3). „Und sie setzten ihm (dem Joseph) gesondert und ihnen (seinen Brüdern) gesondert, und den Ägyptern, die mit ihm speisten, (ebenso) gesondert vor, denn die Ägypter dürfen nicht mit den Hebräern speisen, weil das den Ägyptern ein Greuel wäre" (Genesis 43, 32). Dagegen hatten in der Ramessidenzeit die ägyptischen und hethitischen Soldaten, wie es im Bericht über die erste hethitische Hochzeit heißt, „zusammen gegessen und getrunken, indem sie ein Herz (und eine Seele) waren wie Brüder"![24]

Nun sind diese auf Abgrenzung abzielenden Tischsitten eines und der nicht immer vermeidbare Umgang mit Fremden ein anderes: Wenn sich ein orthodoxer Brahmane gezwungen sieht, einen Kastenlosen – und das ist ein Fremder automatisch – zu sich ins Haus zum Essen einzuladen, muß er hinterher sein Heim umständlichen Reinungszeremonien unterziehen; wenn er einem neugierigen Europäer Fragen beantwortet – wie angeblich die ägyptischen Priester dem Herodot –, hingegen keineswegs. Es versteht sich aber von selbst, daß die Kontakte zwischen Leuten fremder Herkunft, die in Ägypten lebten, und den Ägyptern wesentlich erleichtert wurden, wenn die Fremden dazu bereit (und in der Lage) waren, sich soweit wie möglich zu integrieren und zu assimilieren. Man darf annehmen, daß die Ehen mit einheimischen Frauen zu dieser Assimilation beigetragen haben: der Erwerb gewisser Kenntnisse der gesprochenen Sprache mag durch sie ebenso gefördert worden sein wie eine elementare Vertrautheit mit religiösen Bräuchen und Glaubensvorstellungen. Das bezeugen ja nicht nur die von Phönikern, Karern und Griechen in größerer Anzahl erhaltenen Weihgaben (Bronzestatuetten u.ä.) an ägyptische Heiligtümer sowie Objekte der Grabausstattung (Stelen, Sarkophage u.ä.), wir besitzen auch ein bemaltes, vermutlich von einem Sarg stammendes Holzbrett aus
Taf. 24b Sakkara mit der Darstellung eines Mann und dreier Frauen – alle vier Griechen oder Karer –, die an einer Prozession mit Kuh (einer „Apismutter") und Stier teilnehmen.[25] Obwohl nur diese vier Personen gezeigt werden – weil sie eben dem Auftraggeber besonders nahestanden bzw. seiner Gemeinschaft angehörten –, ist die

Vorstellung unwahrscheinlich, daß daran nicht auch echte Ägypter teilgenommen haben sollten.

Daß Fremde aktiv und in verantwortungsvollen Positionen ins kultische Leben der Ägypter eingebunden werden konnten, haben wir konkret an den Beispielen des Syrophönikers Chahap, des Minäers Zayd'il und des Griechen Ariston gesehen: Die ersten beiden gehörten dem ägyptischen Priestertum von Memphis an, und Ariston hatte in irgendeiner Weise mit den heiligen Ibissen von Hermopolis zu tun. Im Karerkapitel erwähnten wir auch Choachyten, also einfache Totenpriester, mit sehr unägyptisch klingenden Namen ...

Wir äußerten die Vermutung, daß einheimische Frauen den fremden Söldnern (und ihren Gefolgsleuten) Ägyptischkenntnisse vermittelten. Wie es generell mit der Sprachkompetenz der in Ägypten wohnhaften Fremden bestellt war, wissen wir nicht, aber speziell die Griechen waren ja in der Regel alles andere als polyglott. Wenn Galenos überliefert: „Einen Zweisprachler gab es in alter Zeit, das war ein Wunder: Ein Mensch, der zwei Sprachen verstand und beherrschte",[26] so fällt es uns heute schwer, diese Bewunderung nachzuempfinden, geschweige denn zu teilen. Für die internationale Kommunikation waren die Dolmetscher zuständig: Phöniker, Ägypter, Karer.[27] Mehrsprachige Wörter- oder Konversationsbücher, wie wir erstere aus Mesopotamien und letztere aus dem koptischen Ägypten kennen, sind leider nicht auf uns gekommen.

Besonders rege Übersetzungstätigkeit – schriftlich wie mündlich – muß es aber schon vor den Ptolemäern in der Perserzeit gegeben haben, als Aramäisch die Verkehrssprache des Achämenidenreiches war. Wir erinnern an den umfangreichen Papyrus Amherst 63 in demotischer Schrift, aber aramäischer Sprache, an jenen Brief aus der Phererendates-Korrespondenz, der offenbar aus dem Aramäischen übersetzt ist, die aramäisch-demotischen Etiketten aus Memphis und die Gesetzessammlung des Dareios. Im Lichte der engen Sprach- und Kulturberührungen zwischen Fremden und Ägyptern sind auch die aramäischen Dipinti in Schech Fadl mit einem literarischen Text, der stark an die demotischen Inaros-Petubastis-Kompositionen erinnert, zu sehen. Alle diese Quellen sind in Kapitel IV bzw., was die nicht erhaltene Gesetzessammlung betrifft, in Kapitel V besprochen worden.

Abb. 55
Abb. 62

Die Annahme liegt natürlich nahe, daß die – soweit zugelassene – Teilnahme an Festen, die schon wiederholt angesprochene Übernahme bestimmter religiöser Bräuche und Vorstellungen und vielleicht sogar eine gewisse Sprachbeherrschung – also alles das, was wir als Elemente der Integration bezeichnen würden – die Fremdheit des Ausländers in seiner nächsten Umgebung reduzierten bzw. im günstigsten Fall überhaupt annullierten. Die Einschränkung hinsichtlich der nächsten Umgebung ist freilich wichtig, denn „Fremdheit" beginnt für den Ägypter zumal der Spätzeit, wie es die demotische Lehre des Papyrus Insinger ausmalt, im allgemeinen schon außerhalb der eigenen Stadt bzw. des eigenen Dorfes.[28] Distanzverschärfend hat sich auch der bekanntlich nicht auf Ägypten beschränkte Gegensatz zwischen Nord und Süd ausgewirkt: „Südländer" (einmal erweitert zu „Feigling von Südländer") wird in einem demotischen Text zweimal als verächtliche Bezeichnung gebraucht.[29] Für den Ägypter bildete seine Sprache – so sieht es jedenfalls Assmann –

keinen „Generator" von Zugehörigkeit zu Ägypten als Ganzes, genausowenig wie übrigens Abstammung, Religion, Lebensform und gesamtägyptisches Territorium.

Welcher Abstand selbst bei weitgehender Assimilation und Ägyptisierung einfach schon durch das äußere Erscheinungsbild verblieben sein mag, können wir nicht wissen; die Quellen schweigen sich hierüber aus. Aber sogar ein Chahap, der immerhin auch Priesterämter innehatte, wird auf seiner Grabstele in heimischer Tracht *Abb. 33* dargestellt, und kein Künstler hätte das – und sei es gegen den Willen des Verstorbenen bzw. der auftraggebenden Familie – wohl getan, wenn es nicht ein wirklichkeitsnaher Zug in der Erscheinung dieses Syrophönikers gewesen wäre. Mit anderen Worten: Selbst ein hohes Maß an Ägyptisierung muß nicht kulturelle Selbstaufgabe der Fremden nach sich ziehen – sie führen also oft tatsächlich ein „Doppelleben". Die Mischungen in Stil, Sprache und Schrift auf vielen Objekten beweisen dies.

Wie anderswo,[30] so war auch in Ägypten neben der Kleidung die Nahrung ein „Indiz für die kulturelle Identität eines Volkes". Ein später literarischer Text macht sich über die nubische Küche lustig.[31]

Gab es im Ägypten der Spätzeit Fälle von ausgelebtem Fremdenhaß, Verfolgung und Diskriminierung von Ausländern? Einem in Ägypten in Königs- und Tempelinschriften, Weisheitslehren und anderen Texten jahrtausendelang tradierten Topos zufolge ist ja der Ausländer der ständig zu vernichtende Feind der Weltordnung schlechthin[32] – man denke an die Tempelpylone mit der stereotypen Szene mit dem König, der die zusammengebundenen Feinde niederschlägt[33] –, und derlei Vorstellungen sind durchaus auch außerhalb der Tempelmauern gängig,[34] allerdings kaum in der außerkultischen und außerrituellen Realität. Sicher: Man war von der eigenen kulturellen Überlegenheit überzeugt und liebte die Fremden nicht sonderlich, aber man verfolgte sie normalerweise auch nicht. Die in der Perserzeit wachsenden Spannungen zwischen Juden und Ägyptern auf Elephantine beruhten im Prinzip weder auf einem erwachenden Nationalismus der Ägypter noch auf grundsätzlicher Intoleranz gegenüber Andersdenkenden (wenngleich die wahren Ursachen letztlich ungeklärt sind und ein Zusammenprall allzu rigider Lebensformen auf beiden Seiten als Katalysator nicht auszuschließen ist). Die Juden hatten ihren Jahu-Tempel, die Aramäer ihre „heidnischen" Heiligtümer in Syene, und die Griechen von Naukratis konnten sich einer ansehnlichen Reihe von Kultstätten rühmen.

So wie die Fremden häufig genug die ägyptischen Götter verehrten, so verfolgten umgekehrt weder „Staat" noch Priestertum, noch „Volk", soviel wir sehen, fremde Kulte und deren Anhänger: im Gegenteil; auch in der Spätzeit gibt es von ägyptischer Seite einen Kult der alten vorderasiatischen Göttinnen Anath und Astarte. Und einer Stele der 26. Dynasie zufolge scheint der König – wenn richtig interpretiert, was allerdings trotz positiver Aufnahme von althistorischer Seite[35] nicht ganz sicher ist – höchstselbst den Göttern der fremden Söldner geopfert zu haben. Von Psammetich II. heißt es da in Zusammenhang mit seinem Nubienfeldzug des Jahres 593 in der sog. Schellal-Stele: „Seine Majestät brachte ein großes Opfer an kurz- und langhörnigen Rindern für alle Götter von Ober- und Unterägypten und ein Opfer (bzw. auch: und es wurde geopfert) an die Götter der Leibwache."[36]

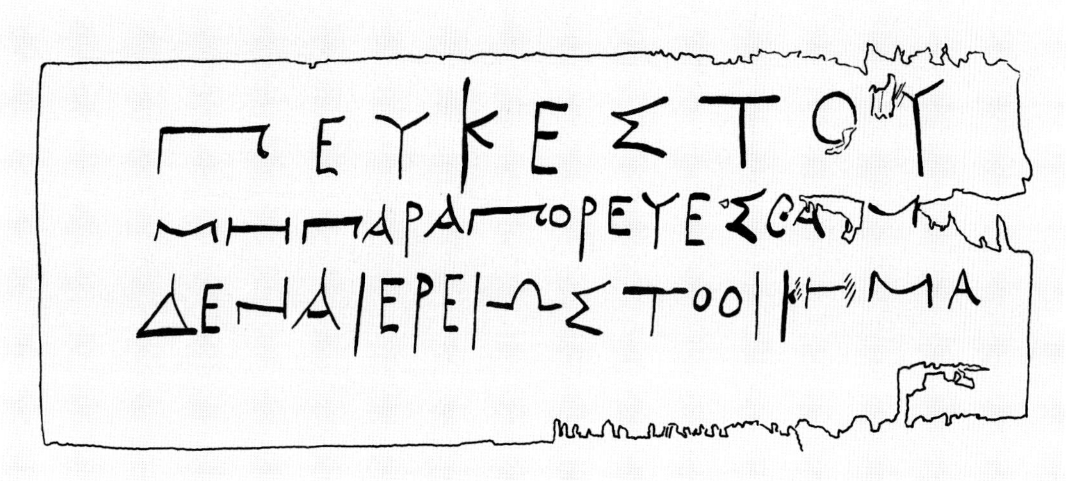

Abb. 121 Einer der frühesten griechischen Papyri aus Ägypten enthält die Anweisung des Strategen Peukestas an seine Truppen, priesterliches Areal – in Sakkara, wo die Handschrift entdeckt wurde – nicht zu betreten: Πευκέστου· μὴ παραπορεύεσθαι μηδένα· ἱερείως τὸ οἴκημα *„Von Peukestas: Niemand soll passieren. (Es ist) der Raum (bzw. die Kammer) eines Priesters.“*

Massive Spannungen werden natürlich aufgetreten sein, sobald Fremde in sakrale Zonen vordrangen: im Zuge von Eroberungen, Strafmaßnahmen, Plünderungen, Machtdemonstrationen (Assyrer, Perser), aber auch bei weniger gewalttätigen Aktionen wie der Stationierung von Militär im äußeren Tempelbereich. Daß der priesterlichen Elite an einer Beendigung dieses demütigenden Zustandes gelegen war, versteht sich von selbst; die Texte sprechen gelegentlich davon (der *locus classicus* ist die Inschrift des Udjahorresnet).[37] Ein aus der Anfangszeit der makedonischen Eroberung stammender Papyrus aus Sakkara[38] enthält eine Anweisung des Peukestas – sicherlich des von Arrian (3.5.5) bekannten Strategen – an seine Truppen, das priesterliche Areal nicht zu betreten (ob irgendwelche akuten Vorfälle den Ausschlag dafür gegegeben haben, wissen wir nicht). Bis zu einem gewissen Grade dürfte die Präsenz fremder Söldner an den heiligen Stätten des Landes ähnliche Gefühle ausgelöst haben wie in unserer Zeit die Stationierung amerikanischer Soldaten in Saudi-Arabien und im Irak bei den Muslimen … *Abb. 121*

Wie schon erwähnt, wurde das, was Assmann[39] die „Verschärfung der kulturellen Grenzen“ in der Spätzeit genannt hat, zweifellos durch gewisse traumatische Erfahrungen mit Fremden verstärkt: Zerstörungen von heiligen Bauten und Objekten, Entführungen von Kultbildern etc. unter Assyrern und Persern.[40] Kein Wunder, daß – verallgemeinert gesprochen – der Ausländer zum Inbegriff der Unreinheit, Profanation und Bedrohung hochstilisiert wurde, jemand, den man unbedingt vom Tempel fernhalten muß. Späte Tempelinschriften formulieren diese Notwendigkeit in eindringlicher Schärfe: „Der versteckte Ort der Mächtigen im Sistrenhaus für den Fall, daß die Zerstörer in Ägypten eindringen. Die Asiaten (*ꜥꜣmw*) treten dort nicht ein, die Beduinen (*Šꜣsw*) beschädigen ihn nicht“[41] etc., oder in Bezug auf das

Lebenshaus: „Der Asiat darf nicht eintreten, er darf nichts sehen".[42] Hier man muß man aber wiederum bedenken, daß der Zugang zu den inneren Tempelbereichen schon für den gewöhnlichen nicht initiierten Ägypter – und das waren nur äußerst wenige! – überhaupt nicht in Frage kam, während es umgekehrt sehr wohl vorstellbar ist, daß ein ägyptisierter Fremder wie Chahap, sofern er die erforderlichen Weihen besaß, die Schwelle zur Wohnung der Gottheit überschreiten durfte. Und jemanden wie Chahap konnte man auch nicht mehr so ohne weiteres vom heiligen Wissen fernhalten, wie es sich der Schreiber des Kölner Saitischen Totenbuchs vorstellte: „Es ist ein wahres Geheimnis, nicht sollen <es> die Haunebut an irgendeinem Ort kennen." „Haunebut" (vgl. Kapitel V Anm. 102) – hier in der Form *ḥ3wtjw-nbw* – steht hier anstelle des sonst an dieser Stelle gebräuchlichen, ähnlich beginnenden Wortes für „Pöbel" (*ḥ3w-mr*), aber die „Verwechslung" geschah wohl nicht ganz zufällig ...[43]

Gewissen Fremdländern wurde eine außerordentliche Wirkensmächtigkeit im Bereich der Magie nachgesagt – eine zweischneidige Angelegenheit, die Bewunderung und Furcht zugleich auslöste. Das erscheint insofern merkwürdig, als Ägypten selbst in der Antike bekanntlich einen Ruf als Heimat der Magie besaß – „Zehn Maß Zauberei kam herunter auf diese Welt, neun nahm sich Ägypten, und eins die ganze übrige Welt", heißt es im Talmud[44] –, aber in Ägypten galt vor allem Nubien als Heimat besonders tüchtiger Magier. Diese im sogenannten Zweiten Setne-Roman eindrucksvoll thematisierte Vorstellung, hinter der nichts anderes als „l'inquiétante étrangeté" steht, ist bereits viel früher auszumachen.[45] Wie sich in ägyptisch-arabischen Märchen der *maġrabi* ("Maghrebiner") als finsterer Schwarzmagier in Szene setzt,[46] so auch der – am Ende freilich unterliegende – nubische Zauberer im „Setne II". Daneben wurde auch Syrien und anderen Fremdländern eine Rolle auf diesem Gebiete zugesprochen. In den Orakeldekreten der Dritten Zwischenzeit versichern die Götter immer wieder, ihren Schützling „vor dem Zauber eines Syrers, vor dem Zauber eines Nubiers, vor dem Zauber eines Libyers, vor dem Zauber eines Ägypters" etc. (und ähnlich) bewahren zu wollen.[47] Während in dieser Textgruppe sämtliche einheimischen und fremden Magier *ex aequo* eingeschätzt werden, zielt eine Verwünschung in der Nachschrift einer in der zweiten Hälfte des vierten Jahrhunderts aufgezeichneten Sammlung magisch-ritueller Texte ausschließlich auf Fremde ab: „Was jeglichen Mann von jeglichem Fremdland von Nubien, Kusch und Syrien betrifft, der dieses Buch beseitigen wird (...), ihr Leichnam soll nicht bestattet werden" etc.[48]

Der Glaube an die hohe (und gefährliche!) Wirksamkeit fremdländischer Magie äußert sich ebenfalls im Gebrauch nichtägyptischer, als wundermächtig geltender Zauberformeln – ein Phänomen, das in Ägypten eine lange Tradition hat, aber bekanntlich keineswegs auf dieses Land begrenzt ist. Wir haben gegen Ende des IV. Kapitels einen solchen, zum Teil möglicherweise aramäischen, Zauberspruch aus

Abb. 33 dem Wadi Hammamat betrachtet. Noch im heutigen Ägypten gibt es die *luġat as-suryānī* ("die Sprache des Syrers"), worunter die keiner wirklich gesprochenen (oder geschriebenen) menschlichen Sprache zugehörende „Dämonensprache" verstanden wird.[49]

Abb. 122 Szene aus der Fünften Stunde des Pfortenbuchs in der Sargkammer des Grabes der Königin Tausret (ca. 1188–1186) mit Darstellung der vier Menschenrassen – Ägypter, Asiaten, Nubier und Libyer – vereint als „Vieh des Re".

Zum Abschluß soll eine – wenngleich für unsere Begriffe sehr banale – Tatsache hervorgehoben werden: Die Fremden galten den Ägyptern auch dem Begriff nach als „Menschen". Man bräuchte diesen kaum sehr erhellenden Befund nicht eigens zu erwähnen, aber man liest immer wieder – mit dem Verweis auf Herodot II 144, wo πιρῶμις (von *pꜣ rmṯ* „der Mensch") mit καλὸς κἀγαθός übersetzt wird –, daß die Ägypter (fast) nur ihresgleichen als „Menschen" (*rmṯw*) bezeichnet hätten.[50] Nun ist es ja tatsächlich ein in der Ethnologie wohlbekanntes Phänomen, daß sich so manche Völker in ihrer Eigenbezeichnung als „Menschen" schlechthin verstehen: Man muß gar nicht erst bis zu den Dajak auf Kalimantan gehen, auch das Wort „Deutsch(e)" bedeutet etymologisch „Leute, Volk".[51] Spätestens im Neuen Reich hatte man sich aber in Ägypten zu der Einsicht durchgerungen, daß Gott für Fremdvölker wie Ägypter gleichermaßen sorgt, auch wenn Sprache und Hautfarbe verschieden sind, und daß die ersteren einen „Nil am Himmel" haben.[52] In der Fünften Stunde des „Pfortenbuchs", eines seit Haremhab (Ende 18. Dynastie) in den Königsgräbern angebrachten Unterweltsbuches, erscheinen Ägypter, Asiaten, Nubier und Libyer in Text und Bild vereint als „Vieh des Re":[53] Die Ägypter werden da tatsächlich trotz der in der Regel als „kosmopolitisch" eingestuften Szene als „Menschen" schlechthin bezeichnet, während die anderen Völker mit ihren üblichen Namen benannt werden.[54] Es sind aber aus dem ersten Jahrtausend genügend Belege dafür vorhanden, die zeigen, daß der Terminus *rmṯ* auch *Abb. 122* in Bezug auf Fremde – und zwar durchaus nichtägyptisierte Ausländer! – gebraucht wurde.[55]

***

Wir sind nun endgültig am Ende unserer Einführung angelangt: Manches hätte man zweifellos anders machen können; es soll nicht geleugnet werden, daß auch bestimmte persönliche Vorlieben und Neigungen eine Rolle gespielt haben. Gardiner[56] hat am Schluß seiner nach wie vor lesenswerten „Geschichte des Alten Ägypten“ den Satz geschrieben: „Wir bekennen offen, daß wir für unsere Wissenschaft werben wollten und daß wir unser Ziel nicht als erreicht ansehen würden, wenn es uns nicht gelungen wäre, ihr wenigstens einen neuen Jünger zu gewinnen.“ Ein wenig werben wollte auch der Verfasser dieses Buches: nicht nur für einen aufgeschlossenen und offenen Blick über die Grenzen eines bestimmten Gebietes hinaus – das sollte man als selbstverständlich erwarten dürfen! –, sondern auch für eine gewisse – und sei es auch nur periphere oder rudimentäre – Beschäftigung mit Schriften und Sprachen außerhalb des eigenen Faches: Wenn z.B. (um bei der eigenen Zunft zu bleiben) ein Ägyptologe durch die Abbildungen und Erläuterungen in diesem Buch in die Lage versetzt wird, ein bestimmtes Graffito als karisch, phönikisch, zyprisch oder altsüdarabisch zu erkennen und sich dann vielleicht sogar motiviert fühlt, die eine oder andere der betreffenden Sprachen und Schriften etwas genauer zu studieren, war meine Mühe nicht vergebens.

Anmerkungen

Anmerkungen zu Kapitel I – Ägypten und die Libyer

1 In Transkription *Ṯḥnw* und *Ṯmḥw*. – Vgl. zuletzt (für die Verhältnisse in der Spätzeit) L. GESTERMANN, *RdE* 52, 2001, 135ff.

2 In Transkription *Mšwš, Rbw, ꜣIsbt* und *Hs*. Die beiden letzteren Stämme (P. Harris 1, LXXVII 15, s. *BiAeg* V, 93,15 und 16; P. GRANDET, *Le papyrus Harris I* (= *BdE* 109), Le Caire 1994, I 337; II pl. 78) sind wohl mit den 'Ασβύσται / 'Ασβύται und Αὐσέες Herodots (IV 170. 180. 191) identisch.

3 J. OSING, in: *LÄ* III 1020.

4 Vgl. G. VITTMANN, in: *Gs Quaegebeur* II 1240.

5 B. HARING, in: R. J. DEMARÉE – A. EGBERTS (Hrsg.), *Village Voices*, Leiden 1992, 80.

6 K*RI* IV 4, 14–15.

7 K*RI* IV 4, 11.

8 Damals versuchte Apophis, den Herrscher von Nubien auf seine Seite zu ziehen, um das Land auf Kosten des Kamose untereinander aufzuteilen.

9 K*RI* IV 12ff.; bearbeitet von E. HORNUNG, in: *Fontes atque Pontes* (= *ÄAT* 5), Wiesbaden 1983, 224ff. Die von uns zitierte Stelle 227 und bei K*RI* IV 14, 10 – 15, 1. Die Vereinsamung des Fürsten, dem man seine Frauen geraubt hat, findet einen späten (aber wohl auf Zufall beruhenden) Nachhall in der Schilderung Antiochos' III. im sog. Raphia-Dekret (217 v.Chr.).

10 Vgl. H. W. FAIRMAN, *BIFAO* 43, 1945, 87 (i); KUHLMANN, *Ammoneion* 20 und Anm. 57.

11 Vgl. Karte bei D. O'CONNOR, in: B.G. TRIGGER et al., *Ancient Egypt. A Social History*, Cambridge 1983, 273.

12 Vgl. zu all diesem P. GRANDET, *Ramsès III. Histoire d'un règne*, Paris 1993, 163f.

13 Zum ersten Libyerkrieg Ramses' III. in seinem 5. Regierungsjahr s. K*RI* V 10ff.; W. F. EDGERTON – J. A. WILSON, *Historical Records of Ramses III* (= *SAOC* 12), Chicago 1936, 4ff.; vgl. zusammenfassend GRANDET, *Ramsès III* 179ff. und generell zu den Kriegen Ramses' III. GRANDET, a.a.O. 161ff.; J. TRELLO, *Boletín de la Asociación Española de Egiptología* (Madrid) 10, 2000, 117ff. Wichtig für das tiefere Verständnis der historischen Situation ist der kürzlich erschienene Beitrag von K. JANSEN-WINKELN, in: *Die nahöstlichen Kulturen und Griechenland* (...), Möhnesee 2002, 123ff.

14 Nachweise für die obengenannten Zahlenangaben (der Deutlichkeit halber hier in Klammern beigefügt): K*RI* IV 8, 7 (6359); 9, 3 und 38, 4 (9376); K*RI* V 15, 13–14 und 18,12–15 (12860+12535+3000, wobei ich im Anschluß an O'CONNOR, a.a.O. 272 die letztere in vier Registern wiederholte Zahl vorsichtshalber nur einmal zähle); K*RI* V 44, 12 und 53, 7 (2175); 44, 11 und 53, 6 (2052); 53, 4 (1100 + [100]); 54, 8 (42721 ergänzt aus den Einzelposten; vgl. EDGERTON – WILSON, *Historical Records* 67f.; K*RI* V 54, 1–8).

15 Vgl. für diese positive Einschätzung JANSEN-WINKELN, a.a.O. 128f.

16 P. Harris 1, LXXVII 4–6, vgl. *BiAeg* V, 93,17 – 94,5; P. GRANDET, *Le papyrus Harris I* (= *BdE* 109), Le Caire 1994, I 337; II pl. 78; JANSEN-WINKELN, a.a.O. 140.

17 K*RI* V 53, 6–7; EDGERTON – WILSON, *Historical Records* 66 und Anm. 27e. Zum zweiten libyschen Krieg Ramses' III. in seinem 11. Regierungsjahr vgl. zusammenfassend GRANDET, *Ramsès III* 207ff.

18 Vgl. S. RICHARDSON, *JARCE* 36, 1999, 152ff.

19 Vgl. zum folgenden GRANDET, *Ramsès III* 176f.; speziell zu Zawiyet Umm er-Racham L. HABACHI,

BIFAO 80, 1980, 13ff.; S. SNAPE, *Egyptian Archaeology* (London) 11, 1997, 23f.; für die Westgrenze des Deltas S. THOMAS, *MDIK* 56, 2000, 371ff.

20 Vgl. K. A. KITCHEN, in: *Libya and Egypt*, London 1990, 21.

21 *KRI* V 91, 5–7; Übersetzung bei A. J. PEDEN, *Egyptian Historical Inscriptions of the Twentieth Dynasty*, Jonsered 1994, 63ff.; K. A. KITCHEN, *Poetry of Ancient Egypt*, Jonsered 1999, 209ff. Vgl. auch ders., in: *Libya and Egypt*, 21; A. GNIRS, in: K. RAAFLAUB – N. ROSENSTEIN (Hrsg.), *War and Society in the Ancient and Medieval Worlds*, Cambridge Mass. 1999, 90; JANSEN-WINKELN, in: *Die nahöstlichen Kulturen und Griechenland* (…) 140.

22 Vgl. G. VITTMANN, *Altägyptische Wegmetaphorik*, Wien 1999, 91.

23 P. Wilbour (ed. A. H. GARDINER), A 17, 14; A 23, 20; A 55, 7; vgl. GRANDET, *Ramsès III* 173.

24 Vgl. P. Wilbour, A 46, 28; 58, 43.

25 K. A. KITCHEN, in: *Libya and Egypt* 21 (zu *KRI* II 206, 15–16).

26 B. HARING, in: *Village Voices* 71ff.; ders., in: *Atti sesto congr. intern. eg.* II 159ff. Zur Interpretation vgl. jetzt auch K. JANSEN-WINKELN, in: *Die nahöstlichen Kulturen und Griechenland* (…) 135ff.

27 Paianch war Vorgänger – nicht Nachfolger, wie früher immer angenommen – des oberägyptischen Machthabers Herihor, vgl. K. JANSEN-WINKELN, *ZÄS* 119, 1992, 22ff.; ders., *GM* 157, 1997, 49ff.; A. EGBERTS, *GM* 160, 1997, 23ff.; J. H. TAYLOR, in: *Proceedings of the Seventh International Congress of Egyptologists* (= *OLA* 82), Leuven 1998, 1143ff.; A. THIJS, *GM* 177, 2000, 69.

28 Zu dem hier gezeichneten Bild vgl. zuletzt JANSEN-WINKELN, in: *Die nahöstlichen Kulturen und Griechenland* (…), 135ff. (mit bemerkenswerten Parallelen zwischen der Völkerwanderung und dem Untergang des Römischen Reiches). Das Zitat a.a.O. 142.

29 Vgl. K. JANSEN-WINKELN, *BN* 71, 1994, 78ff.

30 A. LEAHY, *Libyan Studies* (London) 16, 1985, 51ff.

31 Facsimile bei P. GRIMAL, *La stèle triomphale de Pi(ʿankh)y* (= *MIFAO* 105), Le Caire 1981.

32 Im Hinblick auf die akkadischen und griechischen Entsprechungen *La-me-in-tú* (Abb. 13) und Λαμενθις (vgl. auch demot. *Lmnṱ*, *Demot. Nb.* 725) gebe ich *Nmrṯ* annäherungsweise mit Namert (und nicht Nimlot oder gar Nimrod) wieder.

33 Statue Kairo CG 657; Neupublikation von R. EL-SAYED, *BIFAO* 81, 1981, 53ff.

34 Vgl. G. VITTMANN, *SAK* 10, 1983, 333ff.

35 J. YOYOTTE, *Mélanges Maspero* I/4 (= *MIFAO* 66), Le Caire 1961, 121ff.

36 ASSMANN, *Ägypten* 346. Diese treffende Charakterisierung sollte aber nicht darüber hinwegtäuschen, daß Assmanns in der alten ägyptologischen Tradition stehende Sicht, die Libyer hätten den Ägyptern als voll assimiliert gegolten (a.a.O. 312), nach den neuen Forschungen keine Gültigkeit mehr beanspruchen kann; vgl. K. JANSEN-WINKELN, *Or* 69, 2000, 4.

37 Vgl. K. JANSEN-WINKELN, *WdO* 30, 1999, 7ff.

38 H. K. JACQUET-GORDON, *JEA* 46, 1960, 12ff. (hier 16 und pl. VII, Z. 7–9); K. JANSEN-WINKELN, *Or* 69, 2000, 7.

39 O. EL-AGUIZY, in: *Multi-Cultural Society* 91ff.

40 Hierher gehört auch das Numidische, vgl. O. RÖSSLER, in: *Die Numider*, Bonn 1979, 95f. (nennt auch mehrere mit *mas* gebildete Personennamen wie z.B. *Mas-ilan* „Der Herr hat zu eigen" = latinisiert *Deushabet*).

41 Ob irgendein Zusammenhang mit dem sudanesischen Herrschertitel *mek* möglich ist (im 19. Jahrhundert gab es in Schendi – in der Nähe von Meroe – einen durch seine Auseinandersetzungen mit der Familie des Mohammed Ali in die Geschichte eingegangenen Lokalherrscher Mek Nimr)? – Zum Titel *mk* vgl. jetzt B. BORLA – F. COLIN, *BSEG* 24, 2000, 18ff.

42 Vgl. A. LEAHY, *Libyan Studies* 16, 1985, 60 mit Literatur.

43 P. Moskau 127, V 5, s. R. A. CAMINOS, *A Tale of Woe*, Oxford 1977, pl. 11/12 und Kommentar S. 68 (vermutet Bezeichnung für „a warrior or soldier of a special class"); P. Kairo CG 30865, 6 (G. VITTMANN, *Enchoria* 27, 2001 [im Druck]).

44 Vgl. R. STADELMANN, *MDIK* 27, 1971, 111ff.; C. TRAUNECKER, *Coptos* (= *OLA* 43), Leuven 1992, 387ff.

[45] Zu diesem vgl. C. Insley, *JEA* 65, 1979, 167ff.

[46] R. K. Ritner, *Enchoria* 17, 1990, 101 Anm. 1.

[47] Vgl. K. Jansen-Winkeln, *BN* 71, 1994, 78ff.; ders., *Or* 69, 2000, 1ff.; ders., *Or* 70, 2001, 153ff. (bes. 164ff.).

[48] K. Jansen-Winkeln, *BN* 71, 1994, 81.

[49] Vgl. K. Jansen-Winkeln, a.a.O. 81f. und 91; ders., *Or* 70, 2001, 170ff.

[50] K. Jansen-Winkeln, *WdO* 30, 1999, 18f.

[51] K. Jansen-Winkeln, a.a.O. 16 und Anm. 48; ders., *AoF* 28, 2001, 172.

[52] Vgl. A. Spalinger, *CdE* 53, 1978, 24.

[53] Vgl. zuletzt D. Stockfisch, in: M. Schade-Busch (Hrsg.), *Wege öffnen. Festschrift für Rolf Gundlach* (= *ÄAT* 35), Wiesbaden 1996, 315ff.

[54] J. De Morgan, *Kom Ombos*, Vienne 1895, Nr. 174 (*Ḫtȝ*) und 168. – Eine späte Erwähnung der Meschwesch (2. Jh. n.Chr.) auch in einer Fremdvölkerliste aus Komir (nahe Esna), vgl. M. Görg, *BN* 23, 1984, 14f.; ders., in: *Fs Huß* 380f.

[55] Für die Zeit Psammetichs I. vgl. H. De Meulenaere, *CdE* 31, 1956, 255f.

[56] Vgl. etwa *Die Verbotene Stadt. Aus dem Leben der letzten Kaiser von China*, Mainz 1997, 30 (P.-É. Will); 108ff. (O. Moore).

[57] Vgl. a.a.O. 184ff., bes. 185f. (N. Stupar).

[58] Vgl. jetzt die Neuedition in *TAD* IV 254f. (D20.3) (die entscheidende Stelle wurde bis dahin falsch gelesen) und dazu J. Yoyotte, *Trans* 9, 1995, 91.

[59] Vgl. jetzt L. Gestermann, *RdE* 52, 2001, 127ff.

[60] Nach der sog. Adoptionsurkunde der Nitokris, vgl. R. A. Caminos, *JEA* 50, 1964, 71ff.

[61] Vgl. J. Quaegebeur, *AS* 21, 1990, 241ff.

[62] *Tȝ-smṯk*, vgl. S. Pernigotti, *SEAP* 1, 1987, 1ff.

[63] Vgl. zuletzt K. Jansen-Winkeln, *Or* 69, 2000, 16 („deutlich libysch") mit Anm. 56. Für die zweite Namenshälfte *ṯk* verweist er auf die libyschen Namen *Ṯkrt* und *Jwṯk*. Für eine anatolische Herleitung plädierte J. D. Ray, *JEA* 76, 1990, 196f.

[64] Stele „Saqqara VII", s. H. Goedicke, *MDIK* 18, 1962, 26ff.; Neuedition P. D. Manuelian, *Living in the Past*, London 1994, 323ff. Vgl. auch Pernigotti, *I Greci* 36ff.

[65] Für beide Zitate vgl. Goedicke, a.a.O. 34.

[66] Bemerkenswert ist, daß zweimal (in Z. 4 und 5 der Inschrift) auf die tribale Organisation der Libyer und ihrer Häuptlinge Bezug genommen wird. Ich halte es nämlich für sicher, daß Ritners Vorschlag (bei Manuelian, a.a.O. 329 Anm. 138 und 142), *mht* bzw. im Plural *mhwt* als „tribes / clans" zu verstehen, das einzig Richtige ist, auch wenn Manuelian (wie später dann Pernigotti) diesen Vorschlag nicht akzeptiert hat und für *thm* „mobilisieren" – trotz der verkehrten Zeichenstellung – plädiert.

[67] Stele Louvre E 10572, s. J.-Cl. Goyon, *Les dieux-gardiens et la genèse des temples* (= *BdE* 93), Le Caire 1985, II, pl. XXXIV; vgl. auch I 156 Anm. 6 (Literatur). In der bildlichen Darstellung ist der Stifter dann freilich wieder der König, wie es die Theorie verlangte.

[68] R. K. Ritner, *Enchoria* 17, 1990, 101ff. Für die betreffende Quelle vgl. jetzt Vittmann, *P. Rylands 9*.

[69] Zum Ursprung der Kalasirier (neben den Hermotybiern die zweite Soldatenkaste) vgl. J. K. Winnicki, in: *Gs Quaegebeur* II, 1503ff.

[70] Vgl. Briant, *Histoire* 402 (vergleichende Tabelle nach Herodot III 90–94); 415.

[71] *Cahiers de la Délégation Archéologique Française en Iran* 4, Paris 1974, 207, fig. 23, Nr. XXI.

[72] P. Loeb 1 (früher irrig gelesen); s. G. Vittmann, *Enchoria* 25, 1999, 123f.

[73] Thukydides I, 110,3; vgl. Kapitel V.

[74] Das folgende stützt sich stark auf Kuhlmann, *Ammoneion* 102ff. Es wird nicht jedesmal speziell darauf verwiesen.

[75] Kuhlmann, *Ammoneion* 102.

[76] Seth ist nicht nur Ausländer- und Wüsten-, sondern auch Oasengott. Auf der Großen Dachla-Stele (A. H. Gardiner, *JEA* 19, 1933, 19ff.) erscheint er als Orakelgott. Ein unpubliziertes hieratisches

Ostrakon aus Charga im Metropolitan Museum enthält den Namen Sethnacht (*Swtḫ-nḫt*) „Seth ist stark".

77 Originaltranskription *Rrwȝt-nb*; vgl. J. Osing, in: *LÄ* V 968 Anm. 7. Kuhlmann, *Ammoneion* 104 liest dagegen *Phr-rwḏ-nb(.j)* „ein kräftiges Heilmittel ist mein Herr", doch hält P. Derchain, *BiOr* 48, 1991, 800 (in seiner Besprechung dieses Buches) Osings „libysche" Lesung mit Recht für wahrscheinlicher.

78 Kuhlmann, *Ammoneion* 107.

79 Kuhlmann, *Ammoneion* 106.

80 Kuhlmann, *Ammoneion* 102f. Der ägyptische Ausdruck ist *nb mȝʿ*.

81 Vgl. F. Preisigke, *Namenbuch* (...), Heidelberg 1922, 109; D. Foraboschi, *Onomasticon alterum papyrologicum*, Milano 1971, 112; P. M. Fraser – E. Matthews, *A Lexicon of Greek Personal Names*, I: *The Aegean Islands, Cyprus, Cyrenaica*, Oxford 1987, 168f.

82 Vgl. H. De Meulenaere, *CdE* 31, 1956, 255f.; A. Leahy, in: A. B. Lloyd (Hrsg.), *Studies in Pharaonic Religion and Society in Honour of J. Gwyn Griffiths*, London 1992, 146ff.

83 Wichtigste Publikationen der einschlägigen Quellen: W. Spiegelberg, *Der Sagenkreis des Königs Petubastis*, Leipzig 1910; Hoffmann, *Inaros*. Die Thematisierung dieser vergangenen Welt schließt natürlich eine Anregung und Befruchtung durch griechische Vorbilder nicht aus; vgl. hierzu H. J. Thissen, *SAK* 27, 1999, 369ff.

84 Vgl. Vittmann, *„Riesen"* 28 (mit Literatur) und 34 Abb. 5.

85 Vgl. E. Graefe, *Enchoria* 5, 1975, 13ff., bes. 14; M. Smith, *The Liturgy of Opening the Mouth for Breathing*, Oxford 1993, 62 oben. Libyen wird hier *Pjt* genannt.

86 *Ṯmḥjt*; vgl. J. Osing, *LÄ* III 1023.

87 Zu Ha vgl. J. Yoyotte, *ACF* 92, 1991/92, 627ff.; *ACF* 94, 1993/94, 667ff.

88 Vgl. G. Vittmann, *ZÄS* 117, 1990, 87f.

89 Kuhlmann, *Ammoneion* 64 Anm. 397.

90 Vgl. *Demot. Nb.* 810.

91 Vgl. G. Legrain, *ASAE* 15, 1915, 284ff.; M. Thirion, *RdE* 37, 1986, 134ff.; *Demot. Nb.*, Korrekturen und Nachträge zu S. 1160 (neuer Frauenname *Tȝ-dj-štt*). Zur Zeit Psammetichs I. gab es einen General namens Padischehdedit („Der, den Shehdedit gegeben hat"), der wohl Libyer war; vgl. Anm. 55.

92 Vgl. etwa allgemein E. Lüddeckens, in: *Ägypten. Dauer und Wandel*, Mainz 1985, 105ff. und spezieller G. Vittmann, *Enchoria* 24, 1997/98, 90ff.

Anmerkungen zu Kapitel II – Die Beziehungen Ägyptens zu Assyrien und Babylonien

1 Ein literarischer Papyrus aus römischer Zeit (P. Krall, V 7) nennt *ȝslštnj* = Asarhaddon. Derselbe Herrscher wird auch in dem aramäischen literarischen Text von Schech Fadl genannt ('S<R>ḤDN, panel 12, 12); vgl. für beide Quellen Kapitel IV mit Anm. 62. Sanherib verbirgt sich wohl hinter der „pseudo-etymologischen" Wiedergabe *Wsḫ-rn=f* (vgl. *Demot. Nb.*, Nachträge zu S. 129 und Kitchen, *TIP* 459 Anm. 145.

2 J. Leclant, *Montouemhat* (= *BdE* 35), Le Caire 1961, 199 (doc. 44) und 202f.; G. Vittmann, *Altägyptische Wegmetaphorik*, Wien 1999, 45f. (5.22).

3 Leclant, a.a.O. 236f.; vgl. im Anschluß daran auch T. Schneider, *BN* 44, 1988, 70.

4 Assmann, *Stein und Zeit* 278ff.

5 Kitchen, *TIP* 398 hält dies als Alternative zu Leclants Deutung für möglich.

6 Vgl. Vittmann, *P. Rylands 9*. Die betreffenden Stellen sind VI 16 und VII 3.

7 Ilias IX 381–384 und Nahum 3, 8 ff.; vgl. T. Schneider, *BN* 44, 1988, 63ff. (mit Hinaufdatierung des Nahum); Schipper, *Israel* 224ff., und für die Ilias Schneider, a.a.O. 71 (mit Verweis auf W.

BURKERT, *Wiener Studien* [Wien] 10, 1976, 5ff. und der Vermutung, daß eine spätere Interpolation „vielleicht wahrscheinlicher" ist als Burkerts Spätdatierung des ganzen Epos).

8 Deswegen nicht gesichert, weil akkad. *Muṣri* nicht notwendigerweise immer „Ägypten" bezeichnet, sondern auch andere Regionen (im Osttigrisland und in Nordsyrien); vgl. im Zusammenhang SCHIPPER, *Israel* 144ff.

9 Eine neue Gesamtedition der Inschriften dieses Herrschers liegt vor in H. TADMOR, *The Inscriptions of Tiglath-Pileser III King of Assyria*, Jerusalem 1994.

10 Zum *bīt kāri* (im Sinne von „Handelsstation bzw. -zentrum") Tiglatpilesars III. (744–727) und Sargons II. (721–705) in der „Stadt vom Wadi / Bach Ägyptens" (*āl naḫal Muṣur*) bei El-Arish vgl. EPH'AL, *Ancient Arabs* 92f.; 101ff.; REDFORD, *Egypt* 345.

11 Vgl. H.-U. ONASCH, *Die assyrischen Eroberungen Ägyptens* (= *ÄAT* 27), Wiesbaden 1994, I 5f.

12 ONASCH, a.a.O. 6.

13 Vgl. zuletzt ausführlich B. U. SCHIPPER, *BN* 92, 1998, 71ff.; ders., *Israel* 151ff.

14 H. GOEDICKE, *BASOR* 171, 1963, 64ff.; akzeptiert u.a. von REDFORD, *Egypt* 346 und S. AḤITUV, in: I. SHIRUN-GRUMACH (Hrsg.), *Jerusalem Studies in Egyptology* (= *ÄAT* 40), Wiesbaden 1998, 3 Anm. 1.

15 Vgl. REDFORD, *Egypt* 347. An eine Identifizierung mit Tefnachte denkt – mit Zitat der erwähnten Diodor-Passage – jetzt auch D. KAHN, *Or* 70, 2001, 13f. (der allerdings Anm. 75 als „most recent study on the subject" lediglich auf A.R.W. GREEN, *JNES* 52, 1993, 99ff. verweist).

16 S. Anm. 13.

17 *R'* „Re" ist in der Spätzeit nicht mehr als Personenname gebräuchlich; es könnte sich aber um *Rjꜣ* handeln (Spätzeit-Uschebti Kopenhagen A.A. 614). Vgl. auch SCHIPPER, *Israel* 154 Anm. 250.

18 Jesaja 20, 1; 2 Könige 18, 17.

19 Vgl. REDFORD, *Egypt* 347f.

20 Kalach-Prisma Sargons II.; übersetzt von R. BORGER, in: *TUAT* I 382.

21 Vgl. A. MAZAR, *Archaeology of the Land of the Bible 10,000–586 B.C.E.*, New York 1992, 547.

22 H. TADMOR, *JCS* 12, 1958, 77f.; Übersetzungen auch in *TUAT* I 383 (BORGER) und ONASCH, *Die assyr. Eroberungen* I 7. – Zum assyrisch-ägyptischen Pferdehandel vgl. L. A. HEIDORN, *JNES* 56, 1997, 105ff.; generell zum ägyptisch-vorderorientalischen Pferdehandel ausgehend von 1 Könige 10, 28f. SCHIPPER, *Israel* 73ff.

23 J. YOYOTTE, *Kêmi* 21, 1971, 52; vgl. jetzt M. BORLA – F. COLIN, *BSEG* 24, 2000, 21f.

24 Vgl. SCHIPPER, *Israel* 156 („kein Zweifel").

25 L. DEPUYDT, *JEA* 79, 1993, 269ff. setzt den Feldzug um 709 an, was viel zu spät ist (er datiert Pianchi 728–706). D. KAHN, *Or* 70, 2001, 18 kommt unter Berücksichtigung der Tang-i Var-Inschrift zu dem realistischeren Ansatz 734/33.

26 Vgl. S. 8 und Abb. 2.

27 H.W.F. SAGGS, *Iraq* 17, 1955, 134f. Nr. XVI und pl. XXXIII; vgl. REDFORD, *Egypt* 347 Anm. 135, wo auch auf R. F. HARPER, *Assyrian and Babylonian Letters*, Chicago 1892–1914, Nr. 1427 verwiesen wird; ONASCH, *Die assyr. Eroberungen* I 7.

28 Khorsabad-Annalen 123–125 und „Große Prunkinschrift" 27; Übersetzung in *TUAT* I 380; 383 (BORGER); vgl. EPH'AL, *Ancient Arabs* 109.

29 Vgl. hierzu auch J. BÄR, *Der assyrische Tribut und seine Darstellung* (= *AOAT* 243), Neunkirchen – Vluyn 1996.

30 Vgl. SCHIPPER, *Israel* 155: „Auch wenn man nur schwer an ein Vasallenverhältnis glauben mag, so muß doch eine Unterordnung des ägyptischen Pharao gegenüber dem assyrischen König erfolgt sein."

31 Vgl. A. SPALINGER, *JSSEA* 11, 1981, 46–49 und fig. 3–4; REDFORD, *Egypt* 357 Anm. 185.

32 J. QUAEGEBEUR, in: *Fs Lipiński* 245ff.

33 Vgl. zuletzt (mit Literatur) VITTMANN, *P. Rylands 9*, 494f.

34 Hauptquellen für Jamani von Asdod und sein Schicksal sind die „Große Prunkinschrift" Sargons II., Z. 95–112 (Übersetzung von R. BORGER in *TUAT* I 384f.) und die Inschrift von Tang-i Var im

Iran, vgl. unten. – In dem Namen (bzw. Appellativ) Jamani steckt etymologisch der „Ionier"; vgl. R. ROLLINGER, *RA* 91, 1997, 167ff. Ob der Mann wirklich griechischer Herkunft war (wie ich es für wahrscheinlich halte), ist ungeklärt. W.-D. NIEMEIER, *BASOR* 322, 2001, 16f. bezweifelt es; J. BOARDMAN, ibid. 40 Anm. 9 erblickt in ihm einen „Cypriot Greek", vgl. in diesem Sinne auch P. HAIDER, in: *Wege zur Genese* 81f.

35 Ninive-Prisma Sargons II., übersetzt von R. BORGER, in: *TUAT* I 381.

36 Zu diesem Datum vgl. SCHIPPER, *Israel* 202 und Anm. 24.

37 Vgl. (im Anschluß an das *Chicago Assyrian Dictionary*) A. SPALINGER, *JARCE* 10, 1973, 97 und im Anschluß daran D. B. REDFORD, *JSSEA* 22, 1985, 7. D. PICCHI, *Il conflitto tra Etiopi ed Assiri nell'Egitto della XXV dinastia*, Imola 1997, 16 und Anm. 8 referiert beide Alternativen, ohne sich selbst auf eine festzulegen.

38 So z.B. R. BORGER, in: *TUAT* I 384.

39 Zitiert von REDFORD, *Egypt* 351 Anm. 160.

40 G. FRAME, *Or* 68, 1999, 31ff.

41 Zur Chronologie vgl. zuletzt überzeugend D. KAHN, *Or* 70, 2001, 1ff.

42 Die beiden Zitate nach *Fischer Weltgeschichte* 4: *Die altorientalischen Reiche* III, Frankfurt 1967, 69.

43 Übersetzung in *TUAT* I 388ff. (BORGER). Originaltext bequem zugänglich bei R. BORGER, *Assyrisch-babylonische Lesestücke* (= *Analecta Orientalia* 54), Roma 1979, I 73ff. (Transkription), II 329f. (Keilschrifttext). Zum Ägypten-Feldzug des Sanherib vgl. mit besonderer Berücksichtigung der Chronologie J. v. BECKERATH, *UF* 24, 1992, 3ff. – Zu den Inschriften des Sanherib vgl. jetzt E. FRAHM, *Einleitung in die Sanherib-Inschriften* (= *Beihefte AfO* 26), Horn 1997; Übersetzung der betreffenden Stelle S. 59; Transkription (und kritischer Apparat) S. 54 (Rassam-Zylinder, Z. 43ff.).

44 1996 wurde in Tel Miqne – Ekron eine Inschrift in einem lokalen nordwestsemitischen Alphabet entdeckt, welche die Widmung eines Tempels durch einen 'KYŠ, König von Ekron und Sohn eben jenes Padi, dokumentiert. Dabei werden die bisher nicht bekannten Vorfahren des Padi über drei Generationen hin angegeben; s. S. GITIN – T. DOTHAN – J. NAVEH, *Israel Exploration Journal* (Jerusalem) 47, 1997, 1ff.; V. SASSON, *UF* 29, 1997, 627ff.

45 So etwa REDFORD, *Egypt* 351ff.

46 Vgl. in diesem Sinne REDFORD, *Egypt* 353 Anm. 163.

47 Publiziert von M. F. LAMING MACADAM, *The Temples of Kawa*, I, London 1949; vgl. A. SPALINGER, *CdE* 53, 1978, 22ff. Die im folgenden erwähnten Stelen aus dem 8. und 10. Jahr sind Nr. III und VI (Transkription und Übersetzung der letzteren jetzt in *Fontes hist. Nub.* I 164ff.). Vgl. auch SCHIPPER, *Israel* 277.

48 Publiziert von P. VERNUS, *BIFAO* 75, 1975, 26ff.; vgl. auch *Fontes hist. Nub.* I 181ff. Nr. 26.

49 A. SPALINGER, *CdE* 53, 1978, 29ff.

50 Edition und Bearbeitung der Inschriften des Asarhaddon R. BORGER, *Die Inschriften Asarhaddons, Königs von Assyrien* (= *Beihefte AfO* 9), Graz 1956.

51 Prisma A des Asarhaddon, II 65ff., übersetzt in *TUAT* I 395f. (BORGER).

52 Vgl. hierzu H. VERRETH, *JAOS* 119, 1999, 237f.

53 Zitiert von ONASCH, *Die assyr. Eroberungen* I 18.

54 J. WINNICKI, *JJP* 24, 1994, 149ff. (speziell zu den Assyrern als Statuenräubern: 156ff. und 167).

55 Vgl. H. SCHMÖKEL, *Ur, Assur und Babylon* (Ausgabe des Phaidon-Verlags, o.J.) 106 und Taf. 91. Die größere Figur dahinter stellt entweder Baal von Tyros oder Abdimilkutti von Sidon dar.

56 Zincirli-Stele Z. 44ff., vgl. ONASCH, a.a.O. I 24f.; II 17f.

57 Prisma E des Assurbanipal, III 16–19; vgl. ONASCH, a.a.O. I 94f.; II 29.

58 Zur Okkupationspolitik Asarhaddons vgl. ONASCH, a.a.O. I 30ff.

59 H. VERRETH, *JAOS* 119, 1999, 238f. Danach liegt der Ort eher im Gebiet von *Pr-Spdw*.

60 Prisma A des Assurbanipal, I 89; vgl. ONASCH, a.a.O. I 118f.

61 Vgl. ONASCH, a.a.O. II 24ff.; Einleitung und Übersetzung I 61ff.; R. BORGER, *Beiträge zum Inschriftenwerk Assurbanipals: Die Prismenklassen A, B, C=K, D, E, F, G, H, J und T sowie andere Inschriften*, Wiesbaden 1996, 210ff. (mit Microfiche-Beilagen für die Keilschrifttexte).

62 Vgl. vor allem BORGER, *Assyrisch-babylonische Lesestücke* I 89ff. (Transkription); II 336ff. (Keilschrifttext). Eine Transkription und Übersetzung gibt L. CAGNI, *Crestomazia accadica*, Roma 1971, 50ff.

63 Haupttext: Prisma A des Assurbanipal, I 90–109; vgl. ONASCH, a.a.O. I 36ff. und 118f.; synoptische Transkription aller Textzeugen II 106ff. Vgl. jetzt BORGER, *Beiträge* 213.

64 Vgl. S. 7ff.

65 Die Ägypter bezeichneten die Herrscher fremder Länder üblicherweise als *wr* „Großer". Erst seit der Ptolemäerzeit ist dafür vereinzelt die Bezeichnung *pr-ꜥꜣ* „Pharao" nachweisbar (Antiochos III. im sog. Raphia-Dekret; die – nur literarisch bezeugte – Königin des Landes der Frauen in der späten Erzählung „Ägypter und Amazonen" wird regelmäßig als *pr-ꜥꜣ.t* bezeichnet).

66 Vgl. ONASCH, a.a.O. I 40f.

67 Vgl. VERRETH, *JAOS* 119, 1999, 239ff. Die frühere Liste steht in Assurbanipals Prisma C und nennt lediglich sechs Herrscher, die mit einer Ausnahme alle auch in dem jüngeren Prisma A aufgeführt werden (zu dieser Ausnahme vgl. Anm. 70).

68 Vgl. *Demot. Nb.* 277 (*pꜣ-qrr*).

69 Vgl. SPIEGELBERG, *Petubastis* 79* (552); HOFFMANN, *Inaros* 434.

70 Vgl. G. VITTMANN, *SAK* 10, 1983, 333ff.; ONASCH, *Die assyr. Eroberungen* I 48ff. VERRETH, *JAOS* 119, 1999, 244 setzt als Vorgänger dieses Bukunani'pi den im Assurbanipal-Prisma C 89 erwähnten [...]au von Athribis (der also zwischen 671–667 regiert haben müßte) an. Vgl. auch a.a.O. 239 mit Anm. 50 mit Zitat der Lesung des unvollständig erhaltenen Herrschernamens als [I]x-[ ]-EZEN[?]-*a-u* durch Borger. In welchem Verhältnis dieser [...]au zu der lokalen Dynastie von Athribis steht, ist völlig unklar. Ebenso unklar sind Lesung und Ergänzung des Namens. Das Zeichen EZEN hat die Lautwerte *sar* / *šar*. Das läßt an einen Namen [...]*s-r=w* „[...]s ist gegen sie (Pl.)" denken, doch ist dies sehr unsicher. Vgl. auch ONASCH, a.a.O. 42.

71 A. LEAHY, *GM* 35, 1979, 31ff.

72 Vgl. LECLANT, *Montouemhat* (Anm. 2).

73 Prisma A, I 110–114, vgl. ONASCH, *Die assyr. Eroberungen* I 118f.

74 Prisma A, I 118–126; vgl. ONASCH, a.a.O. 120f.

75 Zur Revolte der Deltafürsten und der Begnadigung Nechos vgl. ONASCH, a.a.O. 151ff.

76 Vgl. ONASCH, a.a.O. 153f. (trennt mit *Chicago Assyrian Dictionary*, A, pt. I, 357 dieses *allu* von dem gleichlautenden sumerischen Lehnwort mit der Bedeutung „Hacke").

77 In assyrischer Wiedergabe UR-*da-ma-né-e*; vgl. synoptische Transkription bei ONASCH, a.a.O. II 127. Das erste Zeichen (UR) kann *ur*, *lik* oder *taš* gelesen werden; nur die letztere Lesung (also *Taš-da-ma-ne-é* = *Tašdamanē*) läßt sich mit der mutmaßlichen Aussprache „Tanwatamani" (o.ä.) entfernt in Verbindung bringen. Russische Ägyptologen gehen indessen von der Lesung Urdamane aus, das sie offenbar lautlich stillschweigend mit dem *Wr-t(p)j-ỉmn-nw.t* im demotischen P. Krall identifizieren, aber jedenfalls auf die Person des Känis Tanwatamani beziehen, vgl. A. O. BOLSHAKOV – A. G. SOUSHCHEVSKI, *GM* 164, 1998, 23 (Anm. 70 mit Berufung auf die Beweisführung durch O. D. Berlev, aber leider ohne Literaturangabe).

78 Maßgebliche Neuedition N.-C. GRIMAL, *Quatre stèles napatéennes au Musée du Caire* (= *MIFAO* 106), Le Caire 1981, Übersetzung bei ONASCH, a.a.O. I 129ff. Transkription, Übersetzung und zusammenfassender Kommentar von L. TÖRÖK in *Fontes Hist. Nub.* I 193ff. Nr. 29.

79 Zur Plünderung Thebens vgl. ONASCH, a.a.O. 156ff. (mit Hinweis auf die Darstellung der beiden Obelisken im Grab des Puiemre [Grab Theben 39] aus der 18. Dyn.; vgl. C. DESROCHES-NOBLECOURT, *RdE* 8, 1951, 47ff.; L. HABACHI, *Die unsterblichen Obelisken Ägyptens*, Mainz 2000, 47f. mit Abb. 49).

80 L. GESTERMANN, *Hallesche Beiträge zur Orientwissenschaft* (Halle) 29, 2000, 63ff.

81 W. M. F. PETRIE, *Six Temples at Thebes*, London 1897, 18f. und pl. XXI; T. SCHNEIDER, *BN* 44, 1988, 70; SCHIPPER, *Israel* 226 Anm. 174.

82 Vgl. hierzu A. J. SPALINGER, *JAOS* 98, 1978, 400ff.

83 Vgl. zum Thema A. I. IVANTCHIK, *Les Cimmériens au Proche Orient* (= *OBO* 127), Freiburg Schweiz – Göttingen 1993.

[84] ONASCH, *Die assyr. Eroberungen* I 158.

[85] Prisma A II 114–115, vgl. BORGER, *Beiträge* (Anm. 61) 219.

[86] W. STRUVE, *ZÄS* 62, 1927, 66; ONASCH, a.a.O. 14f.; vgl. auch SCHIPPER, *Israel* 267.

[87] Vgl. die Angaben in der Bibliographie sowie die von SCHIPPER, a.a.O. 268f. besprochene Liste.

[88] Enthalten in J. N. POSTGATE – B.K. ISMAIL, *Texts from Niniveh* (= *Texts in the Iraq Museum* XI), o.J./o.O. (ca. 1993), passim (vgl. hierin A. LEAHY, „The Egyptian Names", 56–62). Die ägyptischen Originalformen der drei nachfolgend genannten Personennamen lauten *Pꜣ-dj-ꜣs.t* ("Der, den Isis gegeben hat), *Pꜣ-dj-mꜣj-ḥsꜣ* („Der, den Miysis [= 'grimmig blickender (Löwe)'] gegeben hat"), *ʿr=w-Ḥp-r-Mn-nfr* („Sie haben den Apis nach Memphis gebracht"). Die betreffenden Urkunden sind Nr. 14 und 15.

[89] H. RANKE, *Keilschriftliches Material zur altägyptischen Vokalisation* (= *Abhandlungen der Königl. Preussischen Akademie der Wissenschaften*), Berlin 1910.

[90] A. SPALINGER, *SAK* 5, 1977, 222.

[91] Zu den Skythenzügen s. Herodot I 105–106; zur Einnahme von Asdod Herodot II 157 und dazu SCHIPPER, *Israel* 233 und Anm. 211.

[92] VITTMANN, *P. Rylands 9* (Col. VIII 14).

[93] Text É. CHASSINAT, *RecTrav* 22, 1900, 166 Nr. LXXXIX (eine Neuedition wäre wünschenswert: steht in Z. 10 *smr-njswt,* wie Chassinat hat – und wie mir wegen des typischen Determinativs plausibler scheint –, oder *sḥḏ-njswt,* was SPALINGER, *SAK* 5, 1977, 228 gibt?). Vgl. auch SCHIPPER, *Israel* 230f.

[94] Wadi-Brisa-Inschrift Nebukadnezars II., B IX 23–25; Übersetzung in *TUAT* I 405 (BORGER); vgl. SPALINGER, a.a.O.; D. J. WISEMAN, *Nebuchadrezzar and Babylon,* Oxford 1985, 22.

[95] Erstpublikation G. STEINDORFF, *JEA* 25, 1939, 30–33. Die Spätdatierung etwa bei SPALINGER, a.a.O. 229; B. PORTEN, *The Biblical Archeologist* (Missoula) 44, 1981, 44 (nach ALBRIGHT); REDFORD, *Egypt* 442 ("probably of Saite date").

[96] Vgl. hierzu Näheres in Kapitel III, S. 57.

[97] Dieser ist nicht, wie gelegentlich behauptet, einfach mit Assurbanipal gleichzusetzen.

[98] *Fischer Weltgeschichte* Bd. 4, 98 (LABAT).

[99] 2 Könige 23, 29–30; 2 Chronik 35, 20–25. In Megiddo konnte eine aus der Zeit nach 616 datierende Festung Psammetichs I. identifiziert werden, vgl. A. MALAMAT, *JANES* 5, 1973, 267ff.

[100] SCHIPPER, *Israel* 234ff. (das Zitat 235) im Anschluß an N. NA'AMAN, *Tel Aviv* (Tel Aviv) 18, 1991, 51ff.

[101] Pithom-Stele Z. 10; vgl. zur Stelle (mit Literatur) C. THIERS, *GM* 157, 1997, 95ff.

[102] Zu den Ereignissen vgl. – mit Übersetzungen aus der sog. „Babylonischen Chronik" – *Von Sinuhe bis Nebukadnezar* 189ff.

[103] B. PORTEN, a.a.O. (Anm. 95) 35ff.; *TAD* I, 6f. (A1.1). Vgl. auch WISEMAN, *Nebuchadrezzar* 25. Zum demotischen Adressenvermerk s. G. VITTMANN, *Enchoria* 25, 1999, 124ff.

[104] Transliteriert PRʿH wie im Hebräischen (vgl. auch assyr. *pirʾu*).

[105] Col. XIV 17–18; vgl. VITTMANN, *P. Rylands 9* und zum historischen Hintergrund SCHIPPER, *Israel* 242ff.

[106] Lachisch-Ostrakon Nr. 3; vgl. *KAI* 193; *Von Sinuhe zu Nebukadnezar* 197; *TUAT* I 621f. (D. CONRAD); J. RENZ, *Die althebräischen Inschriften,* I, Darmstadt 1995, 412ff. (Nr. 3); Facsimiles des hebräischen Originaltextes III, Darmstadt 1995, Taf. XLIX,4 und L,1. Zum Thema vgl. SCHIPPER, *Israel* 245f.

[107] Zum Schicksal des Reiches Juda unter Nebukadnezar vgl. O. LIPSCHITS, *UF* 30, 1998, 467ff.

[108] Vgl. P.-M. CHEVEREAU, *Prosopographie des cadres militaires égyptiens de la Basse Époque,* Paris 1985, 324f.

[109] Zu diesem Terminus (von ägypt. *pꜣ tꜣ-rsj* „das Südland") vgl. VITTMANN, *P. Rylands 9,* 287ff.; M. GÖRG, in: *Ägypten und der östliche Mittelmeerraum* 23ff.

[110] Daran ändert nichts, daß Ägypten in einem babylonischen literarischen Text zu den Ländern gehört, in denen Nebukadnezar, der „König der Gerechtigkeit" (*šar mēšarim*), siegreich war: W. G.

Lambert, *Iraq* 27, 1965, 7 (Transkription, Vso V 20); 10 (Übersetzung); vgl. Wiseman, *Nebuchadrezzar* 22.

111 D. J. Wiseman, *Chronicles of Chaldaean Kings (626–556 B.C.) in the British Museum*, London 1956, 94f. (Beschreibung) und pl. XXI (BM 33041); E. Edel, *GM* 29, 1978, 16 und 20 Anm. 6 und (ohne Berücksichtigung von Edels Artikel) Wiseman, *Nebuchadrezzar* 39f.

112 Edel, a.a.O. 15f.

113 Edel, a.a.O. 13ff.

114 D. Valbelle, in: *Fs Leclant* IV 379ff.

115 *mḥ-jb*. So wurden auch die vorher genannten Asiaten bezeichnet!

116 Zur Abstammung des Amasis vgl. G. Vittmann, *Or* 44, 1975, 380.

117 Erst in jüngster Zeit konnten in dieser Region Felsinschriften von verschiedenen Begleitern des Nabonid in „taimanischer" Schrift identifiziert werden; vgl. W. W. Müller – S. F. Al-Said, *BN* 107/108, 2001, 109ff.

118 Vgl. (mit Literatur) H.-J. Thissen, *Enchoria* 23, 1996, 145ff.; T. S. Richter, *Enchoria* 24, 1997/98, 54ff.

119 Vgl. G. Colin, *RdE* 46, 1995, 43ff.

120 Zu den Nennungen Jojachins auf Zuteilungslisten aus Babylon vgl. *Von Sinuhe bis Nebukadnezar* 195f.; M. Gerhards, *BN* 94, 1998, 64ff.

121 Vgl. A. C. V. M. Bongenaar – B. J. J. Haring, *JCS* 46, 1994, 59ff. und generell für Ägypter in Assyrien und Babylonien die Bibliographie. Vgl. auch Schipper, *Israel* 269.

122 Dazu und zum folgenden vgl. I. Eph'al, *Or* 47, 1978, 76ff. Der zitierte Keilschrifttext hat das Siglum Camb. 85.

123 Vgl. Schipper, *Israel* 269f.

124 Von ägyptisch *ḥrj-tp* „Magier"; im Alten Testament als (hebr.) *ḥarṭummīm*, (aram.) *ḥarṭummīn* (beides Plural zum nicht belegten Singular **ḥarṭom*) bezeugt. Den Versuch von H. Goedicke, *Or* 65, 1996, 24ff., *ḥarṭummīm/n* von *ḥrj-tmꜣ* „der auf der Matte" abzuleiten, betrachte ich als mißglückt.

Anmerkungen zu Kapitel III – Ägypten und die Phöniker

1 M. Görg, in: *Fs Huß* 379 meint, daß sich in griechisch-römischer Zeit *fnḫw* und Φοίνικες lautlich und semantisch entsprochen hätten, was auch immer die primäre Etymologie gewesen sei. Ich würde lieber nur von einem vagen lautlichen Anklang sprechen.

2 Vgl. Chadwick, *Documents* 573 (mehrere Belege).

3 W. Spiegelberg, *Der demotische Text der Priesterdekrete von Kanopus und Memphis (Rosettana) mit den hieroglyphischen und griechischen Fassungen*, Heidelberg 1922, 10f. (A 5 = B 18 = C 9) und 68 (griech. Fassung Z. 17).

4 Zur Frage nach Ursprung und „Werden" der Phöniker vgl. an neueren Arbeiten M.-E. Aubet, *The Phoenicians and the West*, Cambridge 1993, 5ff.; S. Moscati, in: *Die Phönizier* 24f.; G. Garbini, *La Parola del Passato* (Napoli) 48, 1993, 321ff.; W. Röllig, in: *I Fenici: ieri oggi domani*, Roma 1995, 211ff., mit Literatur; P. Xella, ibid. 142f.; S. Moscati, *Nuovi studi sull'identità fenicia*, Roma 1993.

5 Vgl. J. E. Hoch, *JSSEA* 20, 1990(1993), 115ff. mit Literatur.

6 Neue Übersetzung von G. Moers, in: *TUAT* III 912ff. (mit Literatur). Gegen die übliche Ansicht, daß das erhaltene Manuskript unvollständig sei, wendet sich F. Haller, *GM* 173, 1999, 9; dazu bestätigend E. Graefe, *GM* 188, 2002, 73ff. – Zum „Wenamun" als Quelle der Beziehungen Ägyptens zu Syrien-Palästina vgl. v.a. J. Leclant, in: W. A. Ward (Hrsg.), *The Role of the Phoenicians in the Interaction of Mediterranean Civilizations*, Beirut 1968, 9ff. und den unten Anm. 17 zitierten (und ausführlich herangezogenen) Beitrag von G. Bunnens. Eine neue juristische Analyse

des „Wenamun" bietet jetzt – mit in-extenso-Zitaten der betreffenden Abschnitte – R. DE SPENS, in: *Commerce* 105ff. Vgl. auch K. SCHIPPER, *Israel* 56ff.

7 Vgl. etwa J. OSING, in: *Festschrift C.D.G. Müller*, Köln 1988, 37ff.; A. SCHEEPERS, in: *Amosiadès. Mélanges offerts au Professeur Claude Vandersleyen*, Louvain-la-Neuve 1992, 355ff. ("Wenamun" als literarische Verarbeitung eines authentischen Berichtes; nicht als rein literarisch oder nichtliterarisch zu klassifizieren). A. ERMAN, *ZÄS* 38, 1900, 2 erblickte in dem Text einen Tatsachenbericht und wollte „ihn sogar für das Original oder die aktenmäßige Kopie halten". Vgl. jetzt auch J. BAINES, in: J. ASSMANN – E. BLUMENTHAL, *Literatur und Politik im pharaonischen und ptolemäischen Ägypten* (= *BdE* 127), Le Caire 1999, 209ff., wonach die Wenamun-Erzählung „a work of fiction and not a report" ist und kein Grund besteht, die Frage offen zu lassen (S. 233) und in diesem Sinne G. MOERS, in: ders. (Hrsg.), *Definitely: Egyptian Literature*, Göttingen 1999, 43ff.; ders., *Fingierte Welten in der ägyptischen Literatur des 2. Jahrtausends v.Chr. Grenzüberschreitung, Reisemotiv und Fiktionalität* (= *Probleme der Ägyptologie* 19), Leiden etc. 2001 (hierin zu Wenamun speziell 44ff. [Zusammenstellung bisheriger Einschätzungen]; 74ff.; 140ff. und 263ff.; 273ff. zum Moskauer Literarischen Brief). Leider konnte diese wichtige Monographie für unser Buch nur mehr peripher herangezogen werden.

8 Zu diesen beiden Texten s. R. A. CAMINOS, *A Tale of Woe*, Oxford 1977; VITTMANN, *P. Rylands 9*.

9 A. H. GARDINER, *Geschichte des alten Ägypten*, Stuttgart 1965, 340 (die englische Originalausgabe *Egypt of the Pharaohs*, Oxford 1961, 306 bezeichnet die betreffende Frage als „academic"). K. JANSEN-WINKELN, *OLZ* 96, 2001, 684 (in einer Besprechung zu G. MOERS [Hrsg.], *Definitely: Egyptian Literature*) bemerkt m. E. immer noch mit Recht: „Aber es ist ja auch recht belanglos, ob Wenamun oder Tjekerbaal tatsächlich gelebt haben oder nicht. Viel wichtiger ist, daß wir hier ein offenbar zutreffendes Bild der Zeit haben."

10 *Mngbt*, vgl. hierzu T. SCHNEIDER, *Asiatische Personennamen in ägyptischen Quellen des Neuen Reiches* (= *OBO* 114), Freiburg Schweiz – Göttingen 1992, 127f. (N 272).

11 Odyssee VII 39; XV 415 (ναυσικλύτοι).

12 Vgl. noch REDFORD, *Egypt* 252.

13 E. EDEL, *BN* 23, 1984, 7f.

14 Vgl. E. STERN, in: S. GITIN et al. (Hrsg.), *Mediterranean Peoples in Transition. Thirteenth to Early Tenth Centuries BCE. In Honor of Professor Trude Dothan*, Jerusalem 1998, 345ff.

15 Nach dem Zeugnis der großen Eschmunazar-Inschrift, vgl. unten Anm. 71.

16 J. ČERNÝ, *Late Ramesside Letters* (= *BiAeg* 9), Bruxelles 1939, 36,12 (= Nr. 21, 9-vso 1); Übersetzung E. WENTE, *Letters from Ancient Egypt*, Atlanta 1990, 183 Nr. 301.

17 G. BUNNENS, *RSF* 6, 1978, 1ff. Dieser Artikel ist für die folgenden Ausführungen grundlegend.

18 Übersetzung bei MORAN, *Lettres* 191.

19 Positiv äußerte sich z.B. M. BOTTO, *EVO* 11, 1988, 135 (unter Berufung auf A. Mele). Eine stark abweichende Sicht vertritt A. MÖLLER, *Naukratis*, Oxford 2000, 59; vgl. hier S. 210f.

20 Vgl. R. DE SPENS, in: *Commerce* 122 mit Verweis auf M. LIVERANI, *Prestige and Interest. International Relations in the Near East ca. 1600–1100 B.C.*, Padua 1990, 247ff. Vgl. auch SCHIPPER, *Israel* 56 Anm. 267.

21 Diese Passage wird in der Literatur stark unterschiedlich übersetzt; vgl. die Diskussion bei J. WINAND, *GM* 139, 1994, 95ff. mit früherer Literatur. Die obige Übersetzung versucht, Grammatik und Syntax einerseits wie innerer Logik und Kohärenz andererseits gerecht zu werden.

22 Kilamuwa-Inschrift (*KAI* 24; GIBSON, *Textbook* III 13), 12–13; übersetzt in *TUAT* I 639 (H.-P. MÜLLER).

23 Vgl. BOTTO, a.a.O. 118 (Getreide, Leinen, Byssos) und 128 (Tiere).

24 In freier, sinngemäßer Übertragung „Wie großartig ist doch Ägypten, die Mutter der Welt!" Ich greife hier einen mir unvergeßlichen Ausruf auf, den ich vor vielen Jahren aus dem Munde ägyptischer Besucher der ägyptischen Abteilung des Wiener Kunsthistorischen Museums vernommen habe.

25 *Pꜣ-n-jmn* (demot. *Pa-ỉmn*); vgl. RANKE 106, 8; *Demot. Nb.* 350.

[26] Zu Alašija = äg. *Jꜣsj, Jsj* (neben späterem *Jrs*) = Zypern vgl. zuletzt mit überzeugenden Argumenten F. J. QUACK, *Ä&L* 6, 1996, 75ff., bes. 79ff.

[27] Zur Bevölkerung Zyperns speziell im 11. Jh. (Phöniker, Griechen, Eteokyprer) vgl. O. NEGBI, in: *Fs Dothan* (Anm. 14) 87ff.

[28] Vgl. SCHNEIDER, *Asiat. Personennamen* 173 (N 367), mit semitischen Parallelen. Der Koran (Sure 111, 4) erwähnt übrigens eine völlig negativ und als sozial tiefstehend konnotierte *ḥammālata l-ḥaṭab* „Brennholzträgerin".

[29] H. SATZINGER, *LingAeg* 5, 1997, 171ff.; danach auch MOERS, *Fingierte Welten* (Anm. 7) 74f.

[30] Vgl. jetzt A. EGBERTS, *GM* 172, 1999, 17ff.

[31] Vgl. SCHNEIDER, a.a.O. 256f. (N 553).

[32] B. SASS, *The Genesis of the Alphabet and its Development in the Second Millennium B.C.* (= *ÄAT* 13), Wiesbaden 1988, 84 und Abb. 212–213. Diese – freilich unsichere – Identität erwägt H. KLENGEL, *Syria 3000 to 300 B.C. A Handbook of Political History*, Berlin 1992, 186 (vgl. auch 181).

[33] Aus der reichen Literatur sei hier nur die Übersetzung in *TUAT* II 582ff. (C. BUTTERWECK) genannt.

[34] S. F. BONDI, in: S. MOSCATI (Hrsg.), *Die Phönizier*, o.J. (deutsche Ausgabe des Begleitbandes zur großen Phönikerausstellung Venedig 1988) 35; Detailphoto vom Sarkophag auf S. 127.

[35] Farbige Abbildung in *Die Phönizier* 305. J. LECLANT, in: WARD, *The Role of the Phoenicians* 19 spricht konkret von „l'amalgame des thèmes égyptiens et perses".

[36] M. CHEHAB, in: WARD, *The Role of the Phoenicians* 8 und pl. VIb.

[37] Vgl. J. LECLANT, in: WARD, *The Role of the Phoenicians* 12f. und pl. VIIIa. Die beiden Inschriften sind ediert und kommentiert *KAI* 5–6; GIBSON, *Textbook* III 7–8. Vgl. auch SCHIPPER, *Israel* 173ff.; P. XELLA, in: *Fs Huß* 21ff.

[38] Die Präposition B ist öfters in der Bedeutung „aus" belegt; vgl. J. FRIEDRICH – W. RÖLLIG, *Phönizisch-punische Grammatik*, Rom 1999³, §283.1a.

[39] Vgl. G. SCANDONE, *RSF* 12, 1984, 159; M. BOTTO, *EVO* 11, 1988, 128f.

[40] Vgl. J. LECLANT, in: WARD, *The Role of the Phoenicians* 13 unten und 25 (36) (Literatur); SCANDONE, a.a.O. 139; M. YON – A. CAUBET, *Trans* 6, 1993, 54f. mit pl. III,7 (*non vidi*; ich entnehme den Verweis E. GUBEL, in: *Ägypten und der östliche Mittelmeerraum* 72 – scheint anzunehmen, daß es sich sich um denselben Penamun wie im „Wenamun" handelt (!) – Anm. 18).

[41] H. G. FISCHER, in: *Ancient Egypt in the Metropolitan Museum Journal*, New York 1977, 122ff.; vgl. auch SCANDONE, a.a.O. 144.

[42] Text und Übersetzung der ägyptischen Inschriften bei K. JANSEN-WINKELN, *ZÄS* 116, 1989, 143ff.

[43] R. BORGER, *Die Inschriften Asarhaddons, Königs von Assyrien* (= *Beihefte AfO* 9), Graz 1956, 8 § 5. Vgl. auch schon die Transkription und Übersetzung durch A. Falkenstein bei F. W. VON BISSING, *Zeitschrift für Assyriologie* (Leipzig, später Berlin) 46, 1940, 159 (und 156 Abb. 8a/b).

[44] Zu den Aegyptiaca aus Almuñécar vgl. zusammenfassend I. GAMER-WALLERT, *Ägyptische und ägyptisierende Funde von der Iberischen Halbinsel* (= *Beihefte zum Tübinger Atlas des Vorderen Orients*, Reihe B, Nr. 21), Wiesbaden 1978, 19ff.

[45] JANSEN-WINKELN, *ZÄS* 116, 1989, 143ff. (Nr. 1).

[46] Vgl. hierzu L. AGOSTINIANI, *Le „iscrizioni parlanti" dell'Italia antica*, Firenze 1982.

[47] Vgl. hierzu ablehnend K. JANSEN-WINKELN, *ZÄS* 116, 1989, 146.

[48] JANSEN-WINKELN, a.a.O. 151f. (Nr. 5).

[49] Vgl. M. BOTTO, *EVO* 11, 1988, 129f.

[50] S. PERNIGOTTI, in: *Momenti precoloniali* 267ff.

[51] M. E. AUBET SEMMLER, in: *Die Phönizier* 233.

[52] Darauf macht mich G. Hölbl aufmerksam.

[53] Vgl. G. HÖLBL, *Beziehungen der ägyptischen Kultur zu Altitalien*, 2 Bände (= *EPRO* 72), Leiden 1979.

[54] HÖLBL, a.a.O. I 278f.; II Taf. 151.

[55] Vgl. hierzu J. PADRÓ, *ASAE* 71, 1987, 213ff.; ders., in: *Commerce* 44f. und besonders A. LEAHY, in: J. CURTIS (Hrsg.), *Bronze-working Centres of Western Asia*, London 1988, 297ff.

[56] Beide Statuetten bei J. H. Breasted, *Geschichte Ägyptens*, Zürich 1954, Abb. 143 und 144.
[57] Vgl. J. Padró, in: *Commerce* 43.
[58] Vgl. zuletzt Schipper, *Israel* 119ff. (das Zitat 132).
[59] Vgl. oben S. 37 und jetzt die eingehende Diskussion bei Schipper, *Israel* 193ff.
[60] Daß der Vatersname semitisch ist, spielt auch in der Argumentation von Schipper, *Israel* 195 (mit weiteren Belegen in nordwestsemitischen Inschriften) eine Rolle.
[61] S. jetzt N. Avigad – B. Sass, *Corpus of West Semitic Stamp Seals*, Jerusalem 1997, 278 Nr. 747 (mit Abbildung; *non vidi*).
[62] *KAI* 29; Gibson, *Textbook* III 20; M. G. Guzzo Amadasi, *Or* 59, 1990, 58ff.
[63] Zu *Pꜣ-knꜥn* als Bezeichnung der Stadt Gaza vgl. Schipper, *Israel* 194f.
[64] P. Vernus, *Athribis* (= *BdE* 74), Le Caire 1978, 111 (doc. 123); G. Scandone, *RSF* 12, 1984, 146 mit tav. XXV, 11; XXVI 1–2.
[65] Vgl. Scandone, a.a.O. 146 Anm. 57.
[66] A. I. Meza, in: *Proceedings of the Seventh International Congress of Egyptologists* (= *OLA* 82), Leuven 1998, 775ff. (liest *Pꜣ-ꜥšꜣ-ḥr*).
[67] Buhl, *Sarcophagi* 32f. (C, a 3); K. Lembke, *Phönizische anthropoide Sarkophage* (= *Damaszener Forschungen* 10), Mainz 2001, 26ff.; 121f. (Nr.1) und Taf. 1a.
[68] *KAI* 13; Gibson, *Textbook* III 27; Übersetzung in *TUAT* II 589f. (Butterweck).
[69] So nach brieflicher Mitteilung von W. Röllig vielleicht eher statt „man sammelte für mich kein Silber" mit Hinweis auf C. Peri, *RSF* 24, 1996, 70 (*non vidi*).
[70] Buhl, *Stone Sarcophagi* 34 (C, a 5); Abbildungen u.a. bei S. Moscati, *Die Phöniker*, Zürich 1966, Tafel bei S. 70; F. Stéphan, *Les inscriptions phéniciennes et leur style*, Beyrouth 1985, unnumerierte (fünfte) Tafel (zeigt auch die aufgegebene Inschrift auf dem Kopfende); zwei Detailphotos in: *Die Phönizier* 44f. – Vgl. jetzt Lembke, a.a.O. 27f.; 121f. Nr. 2 und Taf. 1b.
[71] *KAI* 14; Gibson, *Textbook* III 28; Übersetzung in *TUAT* II 590ff. (Butterweck).
[72] Vgl. Lembke, *Phönizische anthropoide Sarkophage* (Anm. 67) 122, Nr. 3 und Taf. 1c.
[73] Vgl. Buhl, a.a.O. 181.
[74] Beide Deutungsmöglichkeiten zur Diskussion gestellt von Scandone, a.a.O.
[75] Hier sind in erster Linie die zahlreichen einschlägigen Monographien von Günther Hölbl über die Aegyptiaca des Mittelmerraumes zu nennen (vgl. einige davon in der Bibliographie!)
[76] Vgl. für den Großteil der genannten Fundorte Aston, *Egyptian Pottery* 28; 31; 35; 38; 48ff. Speziell für die Funde aus Abusir vgl. Bareš, *Udjahorresnet* 97 (Nr. 22–25) und 91 Fig. 16.
[77] Von Aston, a.a.O. 40f. nicht angeführt; vgl. aber J. Padró, in: *Commerce* 42 und Anm. 10; vgl. auch 45; 52–53 Fig. 3–4 (für Herakleopolis); B. von Pilgrim, *MDIK* 55, 1999, 128 und 140f. (für Elephantine).
[78] Zu den phönikischen Abu-Simbel-Graffiti vgl. *CIS* I Nr. 111–113 (mit Tafeln); A. Bernand – A. Ali, *Abou Simbel. Inscriptions grecques, cariennes et sémitiques des statues de la façade*, Caire 1959 (*non vidi*); J. Friedrich, *ZDMG* 114, 1964, 225f.; P. Magnanini, *Le iscrizioni fenicie dell'oriente*, Roma 1973, 61ff.; E. Bresciani, in: *Momenti precoloniali* 258f.
[79] Ägyptische Personennamen sowie ägyptische theophore Namenselemente in phönikischen und punischen Inschriften sind zusammengestellt und besprochen bei Muchiki, *Eg. Proper Names* 14ff. (nicht unkritisch zu benutzen!).
[80] *CIS* I 111a; vgl. Bresciani, a.a.O. 258; H. Hauben, in: *Fs Huß* 64 (der die in dieselbe Richtung zielende Interpretation von Bresciani übersehen hat) und 68.
[81] *KAI* 49; Magnanini, a.a.O. 66ff. Einige Beispiele bespricht Bresciani, a.a.O. 260f. Die im folgenden zitierten Beispiele sind folgenden Nummern entnommen: 2; 7; 16; 22; 27; 34; 36.
[82] W. Kornfeld, in: *Anzeiger der Öst. Akad. d. Wiss., phil.-hist. Kl.*, 115(1978), Wien 1979, 193ff.
[83] Vgl. G. Vittmann, *GM* 113, 1989, 92.
[84] Vgl. hierzu jetzt K.S.B. Ryholt, *The Political Situation in Egypt during the Second Intermediate Period*, Copenhagen 1997, 182f. (mit weiterführender Literatur).
[85] Černý, *Late Ramesside Letters* Nr. 31, 1; letzte Übersetzung G. Vittmann, in: Porten, *Elephantine Papyri* 68 (A 9).

[86] J. D. Ray, *Kadmos* 37, 1998, 134; zu dem demotischen Beleg vgl. Kapitel VI, Anm. 6.

[87] Der Ausdruck KRS kommt auch in einigen anderen phönikischen Texten vor, z. B. in einer Krugaufschrift aus Elephantine (Nr. 33) und in Zypern im Titel „Dolmetscher der KRSYM". Zu den Belegen für KRS, KRSY u.ä. vgl. Y. Garfinkel, *JNES* 47, 1988, 27ff. (mit anderer Deutung); Hoftijzer – Jongeling, *Dict.* I 537 (tut sich ebenfalls mit der Bedeutungsbestimmung schwer). Vgl. auch unten Anm. 138!

[88] M. Lidzbarski, *Ephemeris für semitische Epigraphik* III, Gießen 1915, 100. Umschrift des semitischen Begriffes: MLṢM.

[89] M. Lidzbarski, *Phönizische und hebräische Krugaufschriften aus Elephantine*, Berlin 1912; Magnanini, *Le iscrizioni fenicie* 71ff.

[90] *TAD* III, 211ff. (C3.12).

[91] Magnanini, a.a.O. 68ff. Zum folgenden vgl. Näheres G. Vittmann, *WZKM* 89, 1999, 263f.

[92] Magnanini, a.a.O. 69 Nr. 5 (Siglum RES 1512); vgl. Bresciani, in: *Momenti precoloniali* 260.

[93] Zur Inschrift und zum Namen vgl. G. Vittmann, *WZKM* 89, 1999, 264 und Anm. 60.

[94] *KAI* 50 und 51. Zu *KAI* 50 (dem besser erhaltenen Papyrus) vgl. J. C. Greenfield, *Or* 53, 1984, 242ff.; J. M. Lindenberger, *Ancient Aramaic and Hebrew Letters*, Atlanta 1994, 119f. Nr. 70.

[95] N. Aimé-Giron, *ASAE* 40, 1940/41, 447ff. und pl. XLII (Kairo JE 25147).

[96] *CIS* I Nr. 97 (dazu im Tafelteil tab. XV gute Reproduktionen der ganzen Sphinx sowie der Inschrift); Magnanini, *Iscrizioni fenicie* 63; vgl. dazu Bresciani, in: *Momenti precoloniali* 263; J. Leclant, in: *Actes du IIIe congrès international des études phéniciennes et puniques*, Tunis 1995, I, 50 (*non vidi*). Der Phöniker ist ʿZRBʿL Sohn des MSKN; die neupunische Inschrift ist (der Natur dieser Schrift entsprechend) weniger klar. – Demotische Inschriften auf Sphingen und Löwenskulpturen zusammengestellt bei Vleeming, *Short Texts* Nr. 111ff. (immer auf der Vorderseite angebracht!).

[97] Zu den Beziehungen zwischen Karthago und Ägypten vgl. die von Bresciani, a.a.O. 263 Anm. 19 angegebene Literatur sowie J. Leclant, a.a.O. 41ff.; S. Aufrère, in: *Commerce* 34f.; M. Fantar, in: *Fs Leclant* III 203ff. Die betreffenden Namen sind PNPʾ *Pa-nfr*, ʿBDRʿ „Diener des Re"; es gibt noch weitere.

[98] M. Lidzbarski, *Ephemeris für semitische Epigraphik* III 118f.; vgl. Bresciani, a.a.O. 263. Eine neuere zuverlässige Publikation fehlt meines Wissens.

[99] M. Verner, *Verlorene Pyramiden, vergessene Pharaonen* (englische Ausgabe *Forgotten Pharaohs, Lost Pyramids*), Praha 1994, 205.

[100] Die zweizeilige Inschrift lautet: (1) MŠQL NPL 8 [...] (2) LʾŠMNʾSʳPˀ [...] „(1) Gewicht ... 8 [...] (2) für Eschmunʾasap(?) [...]". Was NPL bedeutet, ist auf Grund der nordwestsemitischen Wörter- und Namenbücher nicht zu ermitteln. W. Röllig, den ich über seine Meinung zu dieser Inschrift befragte, erwägt, NPL als N (abgekürzt für die Maßangabe NBL oder NṢP) + PL „Bohnen, *fūl*" aufzulösen, im Zusammenhang also „Bohnen im Gewicht von 8 *n(bl/ṣp)*". Zu N als möglicher Abkürzung für NṢP vgl. Hoftijzer – Jongeling, *Dict.* II 754. Der Name ʾŠMNʾSʳPˀ „Eschmun hat versammelt" ist sonst nicht bekannt, die Ergänzung ist aber ziemlich sicher; vgl. den Namen ʾSP bei Avigad – Sass, *Corpus* (Anm. 61) Nr. 85 und M. Noth, *Die israelitischen Personennamen im Rahmen der gemeinsemitischen Namengebung*, Stuttgart 1928^2, 181f.

[101] Zur Topographie und zur Frage der Lokalisierung von *Prw-nfr* vgl. K. Vandorpe, *Enchoria* 22, 1995, 158ff. Man kann in diesem Zusammenhang auch das auf einer Stele des Eje genannte „Feld der Hethiter", das in dieser Region gelegen haben muß, verweisen, vgl. C. Zivie, *Giza au deuxième millénaire* (= *BdE* 70), Le Caire 1976, 181 (g).

[102] K.-Th. Zauzich – W. Röllig, *Or* 59, 1990, 320ff.

[103] Interpretierender Lesungsvorschlag: ʾ(BG) D(HW) Z(Ḥ)Ṭ! Y(K)L M(N)S ʿ. Der Verfasser – wann und wo auch immer er gelebt hat – hätte also mit dem 1. Buchstaben des Alphabets angefangen, dann den 2. und 3. ausgelassen, alsdann den 4. Buchstaben (R – wie die *ed. princ.* liest – und D sind sehr oft nicht zu unterscheiden) geschrieben und analog den 5. und 6. ausgelassen. Es geht weiter – unter der Voraussetzung, daß ʿ (O) fehlerhaft für Ṭ (⊗) geschrieben ist! – mit drei parallel

gebauten Buchstabenfolgen: 7.+9., 10.+12., 13.+15. Buchstabe. Mit dem 16. Buchstaben des nordwestsemitischen Alphabets, dem ʿAjin, endet die Inschrift. Die drei Zeichen in der Mitte unten (Röllig: ʾPH als Personenname) möchte ich in ähnlicher Weise als Schriftspielerei verstehen: ʾ(B)G(D)H, also die ersten 5 Buchstaben des Alphabets mit Auslassung des zweiten und vierten (denselben Gedanken hatte übrigens schon Zauzich, a.a.O. 331 Anm. 27, doch ist ihm Röllig darin nicht gefolgt).

[104] H. Brunner, *Hieroglyphische Chrestomathie*, Wiesbaden 1992^2, Taf. 24. Weitere Literatur bei G. Vittmann, in: *Fs Quaegebeur* II 1244ff. (§26). Die folgenden Ausführungen sind eine Zusammenfassung davon.

[105] *ḥrj n mšʿ n Mdj*. Kopt. *matoi* „Soldat" hat sich aus aram. *mādāy* „Meder" entwickelt. Die Schreibung von *Mdj* mit *ḏ* ist als rein graphische Kontamination mit *mḏꜣj* zu verstehen. Das demotische Subskript schreibt jedenfalls eindeutig *mtj*, was mit *mḏꜣj* nichts zu tun hat, da dieses Wort sein [č] (in demotischer Wiedergabe *ḏ*, aber nie *t*!) in der Spätzeit bewahrt hat. Vgl. hierzu weiteres in Kapitel V, S. 142.

[106] Berlin 2123 (nur der Kopf ist erhalten), vgl. H. Schäfer, *ZÄS* 40, 1903, 31; S. Frede, *Die phönizischen anthropoiden Sarkophage*, Mainz 2000, 134 und Taf. 114; Lembke, *Phönizische anthropoide Sarkophage* (Anm. 67) 69f. und 151 Nr. 113 und Taf. 54 a–b (befürwortet Sekundärbenutzung durch Chahap).

[107] Lembke, a.a.O. 69.

[108] Vgl. Abdalla Ali, *JSSEA* 19, 1989, 48f.; Frede, a.a.O. 133f. und Taf. 113; Lembke, a.a.O. 72 und 151 Nr. 115, Taf. 54e.

[109] Der Vatersname ist *G-r-m-g-r-t-jr* (das „Auge" statt des ähnlichen *r*) geschrieben, m. E. einfach eine Verschreibung für **Grmrgrt* = GRMLQRT (Germelqart), einen sehr beliebten phönikischen Personennamen; vgl. Benz, *Personal Names* 104.

[110] Bresciani, in: *Momenti precoloniali* 261; A. Fakhry, *The Egyptian Deserts. Baḥria Oasis*, I, Cairo 1942, 127; ders., *The Oases of Egypt*, II: *Baḥrīyah and Farafra Oases*, Cairo 1974, 133 fig. 63.

[111] Die Gewichte Wien 1334 und 1335: E. v. Bergmann, *RecTrav* 12, 1892, 10; König vor Anath: J.-Cl. Grenier, in: *Mélanges offerts à Jean Vercoutter*, Paris 1985, 106 (Tafel von Tôd Nr. 281); Stele des Padiimhotep Amsterdam 7776: W. v. Haarlem, *Corpus Antiquitatum Aegyptiacarum Amsterdam*, fascicle 1, Mainz 1986, 54ff.

[112] Zu dieser Frage vgl. meinen Beitrag in *Gs Quaegebeur* II 1231ff.

[113] Kairo CG 9402 (ed. G. Daressy); Thompson, *Memphis* 88f. und pl. III; phönikische Inschrift *KAI* 48. Vgl. auch E. Bresciani, in: *Momenti precoloniali* 263f.

[114] Gibson, *Textbook* III 37–38.

[115] In typischer phönikischer Wiedergabe ḤRPKRṬ – mit K und nicht Ḥ wie im Aramäischen –; vgl. R. Degen, *WdO* 5, 1969/70, 218ff.

[116] Das schließt eine andere Bedeutung von *dj ʿnḫ* hinter dem Königsnamen in älterer Zeit nicht aus; vgl. F. Kammerzell, *GM* 67, 1983, 57ff.; H. Satzinger, *ZÄS* 124, 1997, 142ff.

[117] Vgl. G. Vittmann, *GM* 113, 1989, 91.

[118] P. K. McCarter, *BASOR* 290–291, 1993, 115ff.

[119] Louvre AO 2744, publ. N. Aimé-Giron, *BIFAO* 23, 1924, 2ff.

[120] T.C. Gouder – B. Rocco, *Studi Magrebini* 5, 1975, 1ff. (problematische Entzifferung der bescheidenen Reste); G. Hölbl, *Ägyptisches Kulturgut auf Malta und Gozo*, Wien 1989, 114ff.; kleines Farbphoto des Papyrus in: *Die Phönizier* 208.

[121] G. Garbini, *Epigraphica* (Faenza) 45, 1983, 95ff.; ders., *La religione dei fenici in occidente* (= *Studi semitici* NS 12), Roma 1994, 97ff. und tav. VIII (mit phön. Inschrift TZK LRʿ ʾYT TB ŠL).

[122] G. Hölbl, *Ägyptisches Kulturgut im phönikischen und punischen Sardinien* (= *EPRO* 102), Leiden 1986, 352f. (die Zitate 352); Garbini, *Religione dei fenici* 93ff. Die betreffende Inschrift (Sigel Sard 31 nach der Edition von M. G. Guzzo Amadasi, *Le iscrizioni fenicie e puniche delle colonie in Occidente*, Roma 1967, 108 und tav. XXXIX) ist schwer zu lesen. Der kursiv gesetzte Ausdruck lautet nach Garbinis Lesung LMQN PLS; seine Deutung hat in Hoftijzer – Jongeling, *Dict.* noch

nicht Eingang gefunden. Statt QN würde man zwar lieber B'L erwarten, vgl. aber die Gottesbezeichnung 'L QN 'RṢ „El, Schöpfer / Besitzer der Erde", HOFTIJZER – JONGELING, *Dict.* II 1015f. (mit Verweis auf hethitische Nebenüberlieferung).

123 G. HÖLBL, *Or* 58, 1989, 318ff.

124 Vgl. G. HÖLBL, in: A. BONANNO (Hrsg.), *Archaeology and Fertility Cult in the Ancient Mediterranean*, Malta 1986, 197ff.

125 Vgl. F. POOLE, in: *Atti sesto congr. intern. eg.* II 407ff. Für Karthago ist die Verwendung als Siegel durch Abdrücke gesichert; für andere Fundorte des Mittelmeerraums ist sie indessen nach Mitteilung von G. Hölbl zweifelhaft bzw. sogar auszuschließen.

126 S. PERNIGOTTI, in: *Atti del I Congresso Internazionale di Studi Fenici e Punici*, II, Roma 1983, 583ff.; Abbildung auch in *Die Phönizier* 528.

127 H. W. ATTRIDGE – R. A. ODEN, Jr., *Philo of Byblos,* Washington 1981; A. I. BAUMGARTEN, *The* Phoenician History *of Philo of Byblos* (= *EPRO* 89), Leiden 1981; J. EBACH, *Weltentstehung und Kulturentwicklung bei Philo von Byblos*, Stuttgart etc. 1979; J. N. CARREIRA, in: *Atti sesto congr. intern. eg.* II 69ff.; K. KOCH, in *Fs Bergerhof* (= *AOAT* 232), Neukirchen – Vluyn 1993, 59ff. (zu Wind und Zeit als Konstituenten des Kosmos bei Philo). – Zum Bild des Sanchuniathon in der Antike vgl. J. DOCHHORN, *WdO* 32, 2001, 121ff.

128 Vgl. P. WAGNER, *Der ägyptische Einfluß auf die phönizische Architektur*, Bonn 1980 und speziell zum Beitrag Ägyptens zur Entwicklung der phönikischen Ikonographie E. GUBEL, in: *Ägypten und der östliche Mittelmeerraum* 69ff. Vgl. auch NUNN, *Motivschatz* passim.

129 Vgl. etwa *Der Königsweg. 9000 Jahre Kunst und Kultur in Jordanien und Palästina*, Mainz 1987, 131 Nr. 129 (Statue aus der Zitadelle von Amman).

130 HÖLBL, *Beziehungen der ägyptischen Kultur zu Altitalien* (Anm. 53) II 154f. (Kat. Nr. 618) und Taf. 160; G. MARKOE, *Phoenician Bronze and Silver Bowls from Cyprus and the Mediterranean*, Berkeley etc. 1985, 188ff. und 274ff. (Abbildungen).

131 Vgl. zuletzt J. KAMLAH, *ZDPV* 115, 1999, 163ff. und M. WEIPPERT, ibid. 191ff.

132 KAMLAH, a.a.O. 181.

133 Zum Vorstehenden vgl. KAMLAH, a.a.O. 181f. und Anm. 111.

134 In dieser Richtung argumentiert S. AUFRÈRE in einem anregenden, wenngleich m.E. etwas spekulativen Beitrag, in: *Commerce* 19ff.

135 Vgl. A. LEMAIRE, in: C. BONNET et al. (Hrsg.), *Studia Phoenicia* IV*: Religio Phoenicia*, Namur 1986, 87ff.

136 M. J. LAGRANGE, *RB* 1, 1892, 275ff.; B. DELAVAULT – A. LEMAIRE, *RSF* 7, 1979, 24ff. Nr. 8; vgl. *TUAT* II 597f. (C. BUTTERWECK).

137 BENZ, *Personal Names.* Leider berücksichtigt auch das neue Werk von MUCHIKI, *Eg. Proper Names* die Inschrift von Nabi Yunis nicht.

138 A. M. HONEYMAN, *Le Muséon* (Louvain) 51, 1938, 285ff.; MAGNANINI, *Le iscrizioni fenicie* 126f.; vgl. auch TEIXIDOR, *Bulletin* 426 (= *Syria* 56, 1979, 366). Die zitierte Passage steht in Z. 5. – Der auf semitischer Basis nicht befriedigend zu erklärende Name PRM (vgl. BENZ, *Personal Names* 177 und 395; nur diese eine Quelle) scheint mir anatolisch zu sein; vgl. das in Halikarnassos belegte Πιρωμις (W. BLÜMEL, in: M. E. GIANNOTTA et al., *La decifrazione del Cario*, Roma 1994, 71) und wohl davon zu unterscheiden karisch *Paraeùm* (in ägyptischer Wiedergabe *Prjm*), s. S. 161 und Abb. 75. Daß der Vater des PRM einen phönikischen Namen trägt (Ger'aschtart), muß einer anatolischen Deutung nicht grundsätzlich im Wege stehen, vgl. oben S. 64 und Anm. 87 zu „phönizisierten" Karern.

139 Vgl. hierzu M. DUBUISSON, in: W. HUSS (Hrsg.), *Karthago*, Darmstadt 1992, 227ff.; F. MAZZA, in: *Die Phönizier* 548ff.

140 Vgl. Odyssee XIV 288f. (ἀπατήλια εἰδώς, τρώκτης). Vgl. dazu aber J. BOARDMAN, *BASOR* 322, 2001, 395: „More to the point is to realize that Homer reflects a landowning nobility to whom all merchants are suspect and inferior, and to see that throughout Homer all merchants, Greek and Phoenician, are treated in this manner."

[141] Zum Kinderopfer vgl. GARBINI, *Religione dei fenici* (Anm. 121) 67ff.; zu den Versuchen, die Phöniker von betreffenden Vorwürfen reinzuwaschen, a.a.O. 67 Anm. 1.

[142] Zur Kontroverse Kinderopfer versus Unterwerfungsgestus (Tempelreliefs des Neuen Reiches) vgl. E. FEUCHT, in: *Festschrift Jürgen von Beckerath* (= *HÄB* 30), Hildesheim 1990, 33ff.; V.A. DONOHUE, in: A.B. LLOYD (Hrsg.), *Studies in Pharaonic Religion and Society in Honour of J. Gwyn Griffiths*, London 1992, 82ff. (beide Arbeiten interpretieren im zweitgenannten Sinne).

[143] Vgl. hierzu zuletzt W. RÖLLIG, in: *Die Geschichte der hellenischen Sprache und Schrift vom 2. zum 1. Jahrtausend v.Chr.: Bruch oder Kontinuität?*, Ohlstadt 1999, 359ff. und (unter anderem Blickwinkel) R. HAUDE, *Saeculum* 50, 1999, 1ff.

Anmerkungen zu Kapitel IV –Die aramäischen Dokumente

[1] Vgl. hierzu die nur mit Vorsicht zu benutzende Arbeit von MUCHIKI, *Eg. Proper Names*.

[2] *TAD* C3.21, 2. 4. Zur griechischen Entsprechung Μεία (u.ä.), vgl. A. CALDERINI, *Dizionario dei nomi geografici e topografici dell'Egitto greco-romano*, III, Milano 1978, 252.

[3] Aramäisch TŠṬRS, von äg. *Tꜣ-šd-rsj* „der südliche Distrikt".

[4] Vgl. H. JARITZ, *MDIK* 53, 1997, 188f.; C. VON PILGRIM, in: H. GUKSCH – D. POLZ (Hrsg.), *Stationen. Beiträge zur Kulturgeschichte Ägyptens Rainer Stadelmann gewidmet*, Mainz 1998, 485ff.

[5] Sg. DGL, Pl. DGLYN.

[6] Die eingeklammerte Kombination aus Großbuchstaben und Zahlen verweist auf das unten vorgestellte vierbändige *Textbook of Aramaic Documents from Egypt* (*TAD*). Dabei steht A, B, C, D jeweils für den 1., 2., 3. und 4. Band; die folgende Verbindung „Zahl" – „Punkt" – „Zahl" bezieht sich auf die Textnummer im betreffenden Band.

[7] Kursives *B* mit nachgesetzter Zahl bezieht sich auf die Nummern bei PORTEN, *Elephantine Papyri*.

[8] Jesaja 11, 11; Jeremias 44, 1. 15; Ezechiel 30, 14. Patrōs = *Pꜣ-tꜣ-rsj* „Das Südland" steht hier gleichsam für die Hauptstadt Elephantine.

[9] Jeremias 26, 21.

[10] J. MÉLÈZE MODRZEJEWSKI, *The Jews of Egypt. From Rameses II to Emperor Hadrian*, Princeton 1997, 25f.

[11] Vgl. unten in Kapitel VIII, S. 201 und dazu Anm. 40.

[12] P. GRELOT, *Documents araméens d'Égypte*, Paris 1972.

[13] Alle in *TAD* I.

[14] E. BRESCIANI – M. KAMIL, „Le lettere aramaiche di Hermopoli", in: *Atti della Accademia Nazionale dei Lincei*, Memorie, Classe di Scienze morali, storiche e filologiche, vol. XII (1965–166), Roma 1966, 361–428.

[15] A2.1 = *B1*, 9–10 (Hermopolis 4); A2.2 = *B2*, 12–13 (Hermopolis 2).

[16] Der Name bedeutet „Wer ist wie (die Götting) Banit?", vgl. Michael („Wer ist wie Gott?").

[17] Der im Aramäischen gebrauchte Ausdruck TQM ist von ägyptisch *dgm* entlehnt.

[18] Aram. MṢRYN, hebr. *Miṣrajim* = Unterägypten, *Patrōs* / *Paturīsu* „das Südland" = die Thebais (vgl. VITTMANN, *P. Rylands 9*, II 287ff.), *Kusch* / *Kūsi* „Nubien, Kusch." Vgl. auch Kapitel VIII!

[19] Vgl. (mit diesen Alternativen) J. D. RAY, in: *AchHist* I 81.

[20] Der erste Name lautet in aramäischer Wiedergabe ḤRY. Welcher Name mit dem zweiten wiedergegeben werden soll (ungenau für *PṬMḤW= *Pꜣ-dj-mḥj.t?*), ist unklar.

[21] Vgl. die Arbeit von S. VINSON, *The Nile Boatman at Work* (= *MÄS* 48), Mainz 1998, die löblicherweise auch aramäische Quellen berücksichtigt.

[22] Dies sind die konventionellen ägyptischen Namenformen (in Transkription *Ḏd-ḥr* und *Ḥr*); die aramäischen Wiedergaben lauten ṢḤ' und ḤWR.

[23] Aramäisch *bᵉʿēl ṭᵉʿēm*; der entsprechende ägyptische Titel ist *sntj*.

[24] Vgl. zum Vorstehenden G. VITTMANN, *WZKM* 89, 1999, 264f.

25 P. Rylands 9, XVI 18, vgl. Vittmann, *P. Rylands 9*, I 172f.

26 Vgl. vom historischen Blickwinkel aus zusammenfassend Briant, *Histoire* 620ff.

27 Deutsche Übersetzung des Bagoasbriefes von W. C. Delsman in *TUAT* I 254ff.

28 Dieser ist auch aus Esra 10, 6 und Nehemia 12, 22.23 bekannt.

29 Vgl. C. von Pilgrim, in: *Fs Stadelmann* (Anm. 4) 497; ders., *MDIK* 55, 1999, 142ff.

30 Text (in hebräischer Schrift) und Übersetzung auch bei J. M. Lindenberger, *Ancient Aramaic and Hebrew Letters*, Atlanta 1993, 71ff.

31 G. R. Driver, *Aramaic Documents of the Fifth Century B.C.,* Oxford 1954.

32 ⸢Y⸣N[Ḥ]RW = *Jr.t-ḥr-r.w*; vgl. G. Vittmann, *Or* 58, 1989, 216; Muchiki, *Eg. Proper Names* 89.

33 ⸢'⸣N[D]RW. *TAD* I 110 verzichtet auf eine Ergänzung und gibt nur die tatsächlich dastehenden Konsonanten an (mit der üblichen Alternativlesung *d/r*). Für Briant, *Histoire* 998 steht die Lesung Anu-dārū – zu Unrecht – unzweifelhaft fest; Inaros kommt für ihn aus chronologischen Gründen nicht in Frage.

34 Bei der 8. Internationalen Konferenz für Demotische Studien in Würzburg (27.–30. 8. 2002) präsentierte Michel Chauveau (Paris) ein demotisches Ostrakon aus El-Manawir (Oase Charga) aus dem späten 5. Jahrhundert, in dem *pꜣ wr n nꜣ bks.w ʼIr.t-ḥr-r.r=w* „Der Große der Rebellen Inaros" erwähnt wird. Es wäre jedoch voreilig, vor der Publikation dieses Textes über eine Identität der beiden Personen zu spekulieren.

35 Vgl. oben S. 46ff.

36 Posener, *Domination perse*, 21f. (Z. 44) und 23 (i) mit Hinweis auf die ähnliche Formulierung in Sinuhe B 28–29. Vgl. auch Kapitel V und Anm. 13.

37 Vgl. A. Eggebrecht, in: *LÄ* I 850ff.

38 Solche Schiffsleute sind gleichermaßen aramäisch wie demotisch bezeugt, vgl. Vinson, *The Nile Boatman at Work* (Anm. 21) 14 und Anm. 20.

39 Aramäisch 'RDKL ZY MLK', „*arad ekalli* (akkadisch, wörtlich 'Sklave des Palastes') des Königs". Die aramäische Namensform 'SḤWR für *Ns-ḥr* berücksichtigt den Umstand, daß das ursprünglich anlautende *n* in der tatsächlichen Aussprache längst geschwunden war.

40 Die aramäische Namensform lautet PY' (= *Pa-ỉw* „Der des Hundes"?), Sohn des PḤY (= Pahi, *Pa-ḥj*).

41 Vgl. Porten, *Elephantine Papyri* 189 Anm. 14.

42 Vgl. oben S. 57.

43 Die Stelle (Z. 15) lautet im Original ḤRWṢ BR PLṬW KMR ⸢ZY ḤN(?)⸣[...]⸢TY(?) 'LH'⸣.

44 Also 'LH' (vgl. die vorige Anmerkung), nicht der Plural 'LHY', wie man bisher meist gelesen hat. Auf dem Photo der Erstpublikation ist eine Verifizierung des Sachverhalts schwierig, da die entscheidende Stelle recht undeutlich ist.

45 Oder ist gar nicht der ägyptische, sondern ein semitischer Name (vgl. Ḥārūṣ, Schwiegervater des Königs Manasse, 2 Könige 21, 19) gemeint? P. E. Dion, *BASOR* 308, 1997, 105 hält dies aber für weniger wahrscheinlich.

46 PṬWSYRY = *Pꜣ-dj-wsjr* („Der, den Osiris gegeben hat"), BL' = *Bl* („Blinder"), TBY = *Ta-bj* (unübersetzbares Hypokoristikon), LYLW = *Ljlw* („Kind").

47 E. G. Kraeling, *The Brooklyn Museum Aramaic Papyri*, New Haven 1953.

48 LḤN, akk. *(a)laḫḫinu*, vgl. Teixidor, *Bulletin* 353 (21) (= *Syria* 53, 1976, 309); Porten, *Elephantine Papyri* 205f. Anm. 5; Hoftijzer – Jongeling, *Dict.* I 573 („certain type of temple servant"). P. E. Dion, *BASOR* 308, 1997, 105 vergleicht das griech. Äquivalent ναχόρος als Titel eines jüdischen Synagogenbeamten aus dem Fayum.

49 Die aramäischen Namenformen sind TMT / TPMT (= äg. *Ta-pꜣ-mtr*, „Die des (göttlichen) Stabes") und PTW (= *Pa-tꜣ.wj* „Der der beiden Länder").

50 C. von Pilgrim, in: *Fs Stadelmann* (Anm. 4) 485ff. Von den beiden Alternativplänen, die in *TAD* II 176 angeboten werden, gilt demnach die erste ("oben" = „Norden", „unten" = „Süden", also der vorderasiatische, nicht der ägyptische Usus!).

51 Vgl. K.-Th. Zauzich, *Enchoria* 10, 1980, 191f.; G. Vittmann, *Altägyptische Wegmetaphorik*, Wien

1999, 53. Ägyptisches *d* wird aramäisch in aller Regel mit Ṭ wiedergegeben (Ausnahme: *dgm* „Rhizinusöl" > TQM, vgl. oben Anm. 17).

52 Für mündliche Klarstellungen danke ich Cornelius von Pilgrim; vgl. im Detail dessen oben Anm. 4 erwähnten Artikel.

53 KSPY, vgl. Stellennachweise in *TAD* II xxix.

54 B. Porten, in: *Multi-Cultural Society* 259ff.

55 Zur assyrischen Komponente in der Kultur der Aramäer von Elephantine vgl. F. M. Fales, *Trans* 9, 1995, 119ff.

56 ŠNBY NḤWT = *šw nbj n ḥwṯ* „schuldhafte Leere des Bauern"; vgl. J. F. Quack, *WdO* 23, 1992, 15ff. Die Neuedition in B1.1 ist in diesem Sinne zu berichtigen.

57 J. B. Segal, *Aramaic Texts from North Saqqâra with Some Fragments in Phoenician*, London 1983; vgl. jetzt – mit mancherlei verbesserten Lesungen – *TAD* II und III (allerdings sind nicht alle Aramaica aus Segal in *TAD* aufgenommen worden; vor allem bedauert man, daß der wichtige Text Nr. 26 fehlt!). Zu hier vorkommenden ägyptischen Ausdrücken vgl. K.-Th. Zauzich, *Enchoria* 13, 1985, 115ff.

58 Gemeinsam mit W. Röllig publiziert in *TAD* IV (D3.16–18. 21; 4.23; 5.33–35. 41).

59 Vgl. Inhaltsangabe *TAD* III S. xx–xxi und jetzt ausführlich (mit verschiedenen neuen Interpretationen) P. Briant – R. Descat, in: *Commerce* 59ff. Die beiden Autoren machen nebenbei darauf aufmerksam, daß die Ergänzungen in *TAD* III bisweilen zu schematisch sind. Unsere Erläuterungen sind diesem bedeutsamen Beitrag stark verpflichtet.

60 Der Ort wird auch auf einer neuerdings von Unterwasserarchäologen in der Bucht von Abukir entdeckten Stele, die in Beschriftung und Dekoration stark der Naukratis-Stele ähnelt (vgl. *AW* 32, 2001, 411 mit Abbildung des oberen Teils), erwähnt (Taf. 13b).

61 Sie sind jetzt bequem in *TAD* IV versammelt.

62 Die aramäischen Formen für die zitierten Namen und Titel lauten: THRQ' MLK KŠY', PR'H NKW', 'S<R>ḤDN, 'TMNBN (= *Jtm nb Jwnw*), PSMŠK SRYS' bzw. SRYSH, ḤRY, YNḤRW. Porten hatte mich zur Zeit der Vorbereitung von *TAD* IV gefragt, ob ich etwas mit SNḤRW anfangen könne. Meine Rückfrage, ob nicht YNḤRW – was sich im Unterschied zu SNḤRW mühelos erklären ließe – zu lesen sei, beantwortete er negativ. Allerdings schlug, wie ich im Nachhinein *TAD* IV S. 294 entnehme, Lemaire (für „Panel" IX,7) YNḤTW vor, er hielt also das erste Zeichen ebenfalls für ein Yod (das Facsimile im *TAD*, a.a.O., zeigt ein Samech); das Original ist also offenbar nicht eindeutig. Ich erblicke darin eine gewisse Stütze für meine „ägyptische" Lesung.

63 Vgl. Hoffmann, *Inaros* 165 Anm. 735 (zu V 7) und S. 108 (Überblick über die Belege für *ꜣslštnj* = Asarhaddon und *'Ir.t-ḥr-r.r=w* = Inaros). „Atum Herr von Heliopolis" findet sich in IX 8 (im Eid).

64 Vgl. Hoffmann, a.a.O. 143 (II 4); 339 (XVIII 32); Vittmann, *„Riesen"* 62.

65 Vgl. A. Lemaire, in: *AchHist* VI 201ff.

66 Aramäisches TSHR' ZY MLK' „die Barke des Königs" entspricht exakt demotischem *tꜣ shr.t pr-ꜥꜣ* im sog. Ersten Setna-Roman (III 23. 24. 28; IV 8–9. 13. 14 und öfter).

67 Vgl. den Vorbericht von K.-Th. Zauzich, *Enchoria* 8/2, 1978, 36.

68 G. Posener, *Le papyrus Vandier*, Le Caire 1985; deutsche Übersetzungen von H.-W. Fischer-Elfert, *BiOr* 44, 1987, 5ff.; F. Kammerzell, in: *TUAT* III 973ff.

69 S. auch die Übersetzung von I. Kottsieper, in: *TUAT* III 320ff.

70 Vgl. D. Metzler, in: D. Ahrens (Hrsg.), *ΘΙΑΣΟΣ ΤΩΝ ΜΟΥΣΩΝ. Studien zu Antike und Christentum. Festschrift für Josef Fink zum 70. Geburtstag*, Köln – Wien 1984, 97ff. und Taf. 5,1.

71 Er wird auf einer akkadischen Tontafel aus Uruk aus dem Jahr 165 erwähnt (erwähnt von Kottsieper, a.a.O. 322).

72 P. Rylands 9, V 20 – VI 3, s. Vittmann, *P. Rylands 9*, 130f. und Kommentar 393.

73 Man denkt hier unwillkürlich an Herodots Erzählung von Kambyses und Kroisos (III 36).

74 Vgl. K.-Th. Zauzich, in: *Folia Rara Wolfgang Voigt (...) dedicata*, Wiesbaden 1976, 180ff. Der Name des Ahikar ist in den Schreibungen *ꜣḥjkl, ꜣḥjgl* erhalten, vgl. *Demot. Nb.* 38.

75 E. Lipiński, *CdE* 50, 1975, 93ff.

76 Vgl. Muchiki, *Eg. Proper Names* 73. Denselben Namen (*Bȝk-rn=f* „Diener seines [eines Gottes] Namens") trug jener König der 24. Dynastie, der in griechischer Überlieferung als Bokchoris bekannt ist.

77 Vgl. dazu unten S. 153.

78 So m.E. plausibel E. Lipiński *OLP* 8, 1977, 107f. *TAD* IV, LXIII (Namenindex) bietet dagegen *Absali* „DN rejected".

79 S. oben S. 14.

80 Die Namen lauten in aramäischer Wiedergabe TB', Tochter der TḤPY; TMNḤ' „die Treffliche" ist mitsamt dem Artikel von äg. *tȝ mnḫt* entlehnt. Vgl. auch MNḤH < *mnḫ* in der weiter unten im Haupttext besprochenen Vatikan-Stele.

81 Vgl. A. Lukaszewicz, *ZPE* 77, 1989, 195f.; D. Delia, *JARCE* 29, 1992, 181ff.

82 Die betreffenden Termini sind NM'TY = *nȝ mȝ'tjw* „die Gerechtfertigten" und ḤSY = *ḥzj* „Gelobter", d.h. „seliger Toter".

83 Derartige Darstellungen des Trauergeleits mit Götterstandarten begegnen in der Spätzeit auch auf Stelen, Särgen und Papyri, vgl. K. Jansen-Winkeln, *ZÄS* 128, 2001, 134 Abb. 1 und dazu 140 mit Anm. 17–20.

84 Hamm 5773.

85 Vgl. die demotische Inschrift auf dem Opfertisch Louvre D 58, die dementsprechend mit den Worten *tȝ ḥtp(.t)* beginnt: Vleeming, *Short Texts*, Nr. 261, 1.

86 ŠMYTY läßt sich am einfachsten als lautgetreue Wiedergabe von *Šmṯj* / *Šsmtt* (vgl. *Demot. Nb.* 968; d.i. die Göttin Smithis, gesprochen [šmīti], als Personenname) erklären (*TAD* versteht den Namen dagegen als Aramäisch und vokalisiert „Shumieti"). Es ist keinesfalls nötig, daß der Name derselbe sein muß wie das ŠMTY in *TAD* C3.28, Z. 92 (Edfu, ptolemäisch), das im Zusammenhang eher semitisch zu interpretieren ist.

87 W. Kornfeld, *WZKM* 71, 1967, 9ff. mit Tafeln. Für die zugehörigen Inschriften vgl. *TAD* D18.16–18.

88 Datierungvorschlag von E. Lipiński, *CdE* 50, 1975, 104, Anm. 1.

89 Vgl. Kapitel III mit Anm. 111.

90 Vgl. Thompson, *Memphis* 88ff.

91 J. Naveh, *JNES* 27, 1968, 317ff. Vgl. in diesem Sinne auch M. L. Folmer, *The Aramaic Language in the Achaemenid Period. A Study in Linguistic Variation* (= *OLA* 68), Leuven 1995, 181f.; *TAD* IV 299f. (D24.1–9).

92 S. oben S. 62ff.

93 Besprochen und abgebildet bei Naveh, a.a.O.

94 P. R. S. Moorey, *Iraq* 27, 1965, 35ff. und pl. VIII; zur Inschrift 40f. (nach G. R. Driver). Erwähnt bei Benz, *Personal Names* 368 (als „Aramaic? graffito"); ansonsten offenbar zumeist übersehen (fehlt z.B. bei Teixidor, *Bulletin*; in *TAD* IV; Grelot, *Documents* [Anm. 12]).

95 P. Amherst 63, vgl. I. Kottsieper, *UF* 29, 1997, 385ff. (mit Bibliographie); M. Rösel, *Vetus Testamentum* (Leiden) 50, 2000, 81ff. Die angekündigte Gesamtedition von R. Steiner ist noch nicht erschienen.

96 Vgl. die Hinweise bei H. Satzinger, *WZKM* 63/64, 1972, 40 und Anm. 2.

97 G. Vittmann, in: *Fs Lüddeckens* 245ff. und Taf. 35.

98 Bei dieser Meinung bleibe ich weiterhin, auch wenn E. Cruz-Uribe, *JSSEA* 28, 2001, 51f. (Nr. 154) im Anschluß an K.-Th. Zauzich, *Enchoria* 13, 1985, 119ff. eine Deutung auf demotischer Grundlage versuchte und in einem Addendum a.a.O. 54 unter dem Eindruck des inzwischen erschienenen Artikels von R. Steiner „the possibility that multiple layers of meaning might be involved" – nämlich gleichzeitig eine demotische und eine aramäische Interpretation! – erwog.

99 R. Steiner, *JNES* 60, 2001, 259ff. (dort auch weitere Literatur zu dem Graffito).

100 Zu dem von Steiners Interpretationen mehrfach vorausgesetzten Ausfall eines Aleph im Inneren einer Wortverbindung könnte ergänzend auch auf die Diskussion dieses Phänomens in nordwestsemitischen und altsüdarabischen Personennamen bei W. W. Müller – G. Vittmann, *Or* 62, 1993, 6ff. hin-

gewiesen werden. Eine Form wie das S. 7 besprochene aramäische 'ḤTBW – als „Schwester des Vaters (?)" erklärt (für das betreffende Denkmal vgl. in diesem Buch Abb. 47) – könnte gar nicht schlecht zu dem *k-p-b-w* im Wadi-Hammamat-Graffito in Parallele gesetzt werden!

101 Zu diesen Quellen sowie einigen anderen erst seit kurzem bekannten Graffiti in der Region vgl. jetzt *TAD* IV 278f. (D22.28–35).

Anmerkungen zu Kapitel V – Ägypten und die Perser

1 G. Burkard, *SAK* 21, 1994, 38.

2 *Njt-jjtj* „Neith – die Hauptgöttin von Sais – ist gekommen"; vgl. Ranke 181, 25; *Demot. Nb.* 627.

3 Vgl. die Überblicke bei W. Röllig, *Saeculum* 25, 1974, 11ff.; A. Schulman, *JNES* 38, 1979, 177ff.

4 El-Amarna-Brief 4; vgl. Moran, *Lettres* 68.

5 1 Könige 3, 1; 7, 8; 9, 16. 24; vgl. Kitchen, *TIP* 280ff.; sehr zurückhaltend Redford, *Egypt* 310f.; Schipper, *Israel* 84ff.; ders., *BN* 102, 2000, 84ff.; grundsätzlich und aus ägyptologischer Sicht optimistischer K. Jansen-Winkeln, *BN* 103, 2000, 23ff.

6 Auch als „Behistun"-Inschrift (u.ä.) bekannt (Sigel DB 1); übersetzt von R. Borger – W. Hinz in *TUAT* I 419ff. (die Passage über die Erfindung der altpersischen Keilschrift in §70 = Col. IV 88ff., die über Kambyses in §10 = Col. I 26ff.). Für den altpersischen Text benutzte man bis vor kurzem R. G. Kent, *Old Persian. Grammar, Texts, Lexicon,* New Haven 1953, 116ff. (mit Übersetzung). Diese Edition ist inzwischen durch R. Schmitt, *The Bisitun Inscriptions of Darius the Great. Old Persian Text* (= *Corpus Inscriptionum Iranicarum*, part I, vol. I, Texts I), London 1991, überholt. Vgl. auch P. Lecoq, *Les inscriptions de la Perse achéménide*, (Gallimard) 1997, 187ff.

7 Text und Übersetzung bei Posener, *Domination perse* 1ff. Deutsche Übersetzung von U. Kaplony-Heckel, in: *TUAT* I 603ff. Vgl. auch Assmann, *Ägypten* 408ff.; Bareš, *Udjahorresnet* 31ff.

8 Die eingeklammerten Zahlen geben die Zeilen an.

9 Zu den Titulaturen der Achämeniden nach hieroglyphischen Quellen vgl. jetzt J. M. Serrano Delgado, in: J. Cervelló Autuori – A.J. Quevedo Álvarez (Hrsg.), ... *ir a buscar leña. Estudios dedicados al Prof. Jesús Lopez,* Barcelona 2001, 175ff.

10 C. Thiers, *BIFAO* 95, 1995, 493ff. (die Udjahorresnet-Passage 498ff.).

11 Assmann, *Ägypten* 435 (Kapitelüberschrift).

12 H. Schäfer, *ZÄS* 37, 1899, 72ff. wollte darin die Ärzteschule von Sais erkennen.

13 Sinuhe B 28–29, vgl. oben Kapitel IV mit Anm. 36 sowie (in einer Zusammenstellung spätzeitlicher Zitate aus „klassischer" ägyptischer Literatur) R. Jasnow, in: E. Teeter – J. A. Larson (Hrsg.), *Gold of Praise. Studies on Ancient Egypt in Honor of Edward F. Wente* (= *SAOC* 58), Chicago 1999, 198 („Quotation 11").

14 *zꜣ z*, wörtl. „Sohn eines Mannes"; vgl. zu diesem Ausdruck ausführlich H.-W. Fischer-Elfert, *Die Lehre eines Mannes für seinen Sohn* (= *Ägyptologische Abhandlungen* 60), Wiesbaden 1999, 299ff. Vgl. auch das spanische „hidalgo" (Angehöriger des niederen Adels), das sich von „hijo de algo" (d.h. „hijo de alguien" „Sohn jemandes") herleitet.

15 Vgl. J. Blenkinsopp, *Journal of Biblical Literature* (Atlanta) 106, 1987, 409ff.; Assmann, *Ägypten* 410.

16 G. Godron, in: *Hommages à François Daumas*, Montpellier 1986, I, 285ff.; G. Burkard, *SAK* 21, 1994, 46.

17 R. Anthes – H. S. K. Bakry, in: R. Anthes, *Mit Rahina 1956*, Philadelphia 1965, 98ff.; E. Bresciani, *EVO* 8, 1985, 1ff.

18 Einen anschaulichen, schön bebilderten Bericht gibt M. Verner, *Forgotten Pharaohs, Lost Pyramids*, Praha 1994, 195ff. Vgl. jetzt Bareš, *Udjahorresnet*, demzufolge Udjahorresnet entgegen anderer Meinung tatsächlich hier beigesetzt war (a.a.O. 79ff.).

[19] Für den Hinweis und eine Kopie danke ich W. Huß.

[20] H.-J. Thissen, *Enchoria* 2, 1972, 137ff.; danach u.a. auch G. Burkard, *SAK* 21, 1994, 46.

[21] H.-J. Thissen, *Enchoria* 23, 1996, 146ff.

[22] Zu Tempelzerstörungen und Grabplünderungen unter den Hyksos vgl. neuerdings K.S.B. Ryholt, *The Political Situation in Egypt during the Second Intermediate Period in Egypt*, Copenhagen 1997, 143ff.

[23] Für die maßgeblichen Quellen (zwei Serapeumstelen und ein Sarkophag) vgl. Posener, *Domination perse* 30ff. (Nr. 3–5).

[24] J. D. Ray, in: *Cambridge Ancient History*, 2nd ed., vol. 4, Cambridge 1988, 260.

[25] J. Depuydt, *JNES* 54, 1995, 119ff. (das Zitat 126). D. Devauchelle, *Trans* 9, 1995, 68ff. erwägt ebenfalls sehr vorsichtig die Möglichkeit, aus den Daten der Apisstelen einen Apismord herauszulesen, bleibt aber doch eher skeptisch.

[26] R. Merkelbach, *Mithras. Ein persisch-römischer Mysterienkult*, Königstein 1984, 2. Auflage Weinheim 1994, 34f. und 47ff. (zu Tiridates).

[27] Der traditionellen Rückführung der Mithrasreligion auf altpersische Ursprünge ist allerdings in den letzten Jahren massiv widersprochen worden, vgl. D. Ulansey, *Die Ursprünge des Mithraskults*, Darmstadt 1998.

[28] Vgl. P. Barguet, *Le temple d'Amon-Rê à Karnak*, Le Caire 1962, 6; G. Burkard, *ZÄS* 121, 1994, 94 Anm. 11.

[29] G. Vittmann, *MDIK* 53, 1997, 263ff. Vgl. auch W. Kaiser, ibid. 178.

[30] Vgl. Vittmann, a.a.O. Dazu paßt sehr schön, daß H.-J. Thissen, in: *Gs Quaegebeur* II 1048f. jetzt auch den „Meder" im sog. „Lamm des Bokchoris" (P. Wien D 10100, I 22) mit Antiochos IV. identifiziert.

[31] Vgl. oben S. 93ff. und Abb. 44.

[32] W. Kaiser, *MDIK* 53, 1997, 180.

[33] J. K. Winnicki, *JJP* 24, 1994, 149ff.

[34] H. Gauthier – H. Sottas, *Un décret trilingue en l'honneur de Ptolémée IV*, Le Caire 1925, 36 (Z. 22); neue Transkription und Übersetzung bei R. Simpson, *Demotic Grammar in the Ptolemaic Sacerdotal Decrees*, Oxford 1996, 248f.

[35] W. Spiegelberg, *Die sogenannte Demotische Chronik* (...) (= *Demotische Studien* 7), Leipzig 1914, 32f. und Taf. VIII; übersetzt auch bei D. Devauchelle, *Trans* 9, 1995, 75 sowie von E. Bresciani in dem ersten in Anm. 38 genannten Artikel.

[36] S. Vleeming, *The Gooseherds of Hou* (= *Studia demotica* 3), Leuven 1991.

[37] Die Implikationen der Stelle sind mir nicht ganz klar.

[38] E. Bresciani, in: *Méditerranées* 6/7, 103ff. Vgl. auch ihre früheren Ausführungen in *EVO* 6, 1983, 67ff., wo sie diesen Gedanken aber noch nicht geäußert hatte.

[39] Briant, *Histoire* 85.

[40] Man vergleiche hierzu den Bericht Herodots über die Verarmung hellenischer Städte infolge der notwendigen Bewirtungen des Xerxes und der Verpflegung seines Heeres (VII 118–119); hierzu Briant, *Histoire* 413f.

[41] Hierzu grundlegend D. Meeks, in: E. Lipiński (Hrsg.), *State and Temple Economy in the Ancient Near East*, II (= *OLA* 6), Leuven 1979, 605ff. (mit Quellenverzeichnis).

[42] D. Meeks, *Le grand texte des donations au temple d'Edfou* (= *BdE* 59), Le Caire 1972.

[43] Vittmann, *P. Rylands 9*, 563f.

[44] *Urk* II 17, 3 (Z. 9). 12 (Z. 10); 18, 4 (Z. 11). Statt dessen ist das Determinativ des gebundenen Feindes gebraucht.

[45] Vgl. E. Bresciani, in: *Fischer Weltgeschichte*, Bd. 5, Frankfurt 1965, 314.

[46] Zu Nubien und dem Perserreich vgl. R. Morkot, in: *AchHist* VI 321ff.

[47] Papyrus Bibliothèque Nationale 216, Verso, c 7, s. Spiegelberg, *Demotische Chronik* (Anm. 35), 30f. und Taf. VII/VIIa. Spiegelberg schlug für den ersten Teil die Lesung *mwt=f ḥr pꜣ tm'w*(?) „er starb auf der Matte" – im Sinne von „im Lager" vor (a.a.O. 31 Anm. 1), während E. Bresciani,

EVO 4, 1981, 217ff. bei dem letzten Wort an eine phonetische Schreibung *tb* für *ḏbꜣ* „Vergeltung" dachte. Ich habe dagegen Bedenken, außerdem ist vor *mwt=f* sicher weiterhin *n.ỉm=f* – als Schluß der vorangehenden Satzperiode – zu lesen und nicht kausatives *tw=f.* D. DEVAUCHELLE, *Trans* 9, 1995, 74 in seiner Übersetzung des ganzen Textes bleibt kommentarlos bei „il mourut sur la natte (?)".

48 *uvāmr¬šiyuš,* DB (d.i. das Sigel für die große Bisitun-Inschrift) I 43.

49 J. YOYOTTE, *RdE* 24, 1972, 216ff.

50 Brooklyn 37.353; vgl. *Egyptian Sculpture of the Late Period,* Brooklyn 1960, Nr. 64 und pl. 60–61; Publikation der Inschriften K. JANSEN-WINKELN, *Or* 67, 1998, 163ff. und Taf. X.

51 Zu „persischem Mantel" und „persischem Gestus" vgl. V. LAURENT, *RdE* 35, 1984, 139ff., wo auch auf die vereinzelten Vorläufer aus der 18. Dynastie hingewiesen wird.

52 Vor allem New York MMA 30.8.74, s. W. C. HAYES, *The Scepter of Egypt* II, New York 1959, 237 fig. 142; H. SOUROUZIAN, in: *Fs Leclant* I 522f. Nr. 52 und fig. 6d; E.-C. STRAUSS-SEEBER, *Die Königsplastik Amenophis' III,* Diss. München 1997, 127ff.

53 Vgl. H. KOCH, *Es kündet Dareios der König ...,* Mainz 1992, Taf. 26 (und hierzu im Text 220).

54 P. BRIANT, in: *AchHist* I 163.

55 G. POSENER, *RdE* 37, 1986, 91ff. (die Schreibung ist *q-p-p-šꜣ-*"sitzender Mann").

56 Eingeleitet durch [*ḏd n.f* (?)] *njswt;* die Formulierung ist allerdings sehr ungewöhnlich.

57 POSENER, a.a.O. Zu den Eunuchen des Perserreichs s. BRIANT, *Histoire* 279ff. und hier weiter unten.

58 SPIEGELBERG, *Demotische Chronik* (Anm. 35) 30f. und Taf. VII/VIIa (Vso c 8ff.).

59 In griechischer Transkription als σεμ(ε)νουθι = *ḏm'-ntr* überliefert; vgl. J. QUAEGEBEUR, *AS* 11/12, 1980/81, 227ff.

60 *ꜣbjgrm,* aram. 'BYGRN < altpers. **abigarana* „Vertragsstrafe"; vgl. A. AZZONI – S. LIPPERT, *Enchoria* 26, 2000, 20ff. (lästig ist nur das Schluß *-m* anstelle von *-n*).

61 ASSMANN, *Ägypten* 407.

62 Publikation N. DE GARIS DAVIES, *The Temple of Hibis in El Khargeh Oasis,* pt. III: *The Decoration,* New York 1953. Vgl. auch J. OSING, in: S. ISRAELIT-GROLL (Hrsg.), *Studies in Egyptology Presented to Miriam Lichtheim,* II, Jerusalem 1990, 751ff.

63 Vgl. Kapitel I mit Anm. 60.

63a Vgl. hierzu M. AYAD, *JSSEA* 28, 2001, 1ff.

64 Nach R. K. RITNER, *GM* 164, 1998, 85ff. entbehrt zwar die den „Sängerinnen vom Inneren des Amun" zugeschriebene Ehelosigkeit und Jungfräulichkeit einer zureichenden Grundlage, doch hat E. GRAEFE, *GM* 166, 1998, 109ff. gezeigt, daß Ritners Argumentationen auf schwachen Füßen stehen. E. TEETER, in: *Studies Wente* (Anm. 13) 405ff. hat abermals versucht, die Zölibats- und Keuschheitstheorie zu widerlegen, aber gerade an den entscheidenden Stellen nicht überzeugend. In *Enchoria* 25, 1999, 117 hatte ich bemerkt, daß keinerlei Quellen bekannt sind, die auch einmal einen Mann als Sohn einer „Sängerin vom Inneren des Amun" ausweisen würden – was man doch erwarten würde, wenn diese Damen heiraten und Kinder gebären konnten. Nun nennt TEETER, a.a.O. 407 tatsächlich einen Nesptah, der der Sohn einer „Sängerin vom Inneren des Amun" namens Diesehebsed (*Dj-ꜣst-ḥb-sd*) sein soll. Wäre das richtig, könnte mindestens in diesem Fall von Keuschheit und Kinderlosigkeit nicht die Rede sein. Prüft man die angegebene Stelle (G. LEGRAIN, *RecTrav* 12, 1912, 173f.) nach, stellt man jedoch fest, daß es genau umgekehrt ist: Diesehebsed ist die Tochter des Nesptah! Offenbar hatte Legrains Anordnung der Genealogien von oben nach unten Anlaß zu dem Mißverständnis gegeben.

65 Vgl. hierzu A. LEMAIRE, in: *AchHist* VI 199ff., der aus dem weitgehend zerstörten Namen in Z. 1 den berüchtigten Vidranga herausliest. Diese Ergänzung ist nach der neuesten Edition der Inschrift in *TAD* IV (D17.1) problematisch. Nach Facsimile und Transkription ist der Gottesname in Z. 5 (es folgt ausdrücklich 'LH' „der Gott") ⌜.⌝WPR(bzw. D)NḤTY zu lesen. Das eindeutige NḤTY am Schluß legt natürlich die Analyse als äg. *nḫt* *[nachte] (o.ä.) „stark / gewaltig" sehr nahe, d. h. es handelt sich dann auf jeden Fall um eine *ägyptische* Gottheit. Lemaires Lesung des Zeichens hinter

dem W als S ist nach dem Facsimile allerdings nicht möglich, auch wenn nur bei der Lesung mit S eine plausible Identifizierung des Theonyms ("Osiris der Starke") herauszubringen wäre. Zu *nḫt* als Zusatz bei Götternamen vgl. VITTMANN, *„Riesen"* 7 Anm. 33.

66 Zur achämenidischen Religionspolitik vgl. P. BEDFORD, in: M. DILLON (Hrsg.), *Religion in the Ancient World. New Themes and Approaches*, Amsterdam 1996, 17ff., ferner die Bemerkungen von NUNN, *Motivschatz* 193f.

67 L. KÁKOSY, *Acta Antiqua Academiae Scientiarum Hungaricae* (Budapest) 25, 1977, 137ff.

68 Vgl. W. SPIEGELBERG, *Sitzungsberichte der Preußischen Akademie der Wissenschaften* (Berlin) 1928, 604ff.; G. R. HUGHES, in: *Grammata demotika. Festschrift für Erich Lüddeckens*, Würzburg 1984, 75ff. (argumentiert überzeugend, daß das Dokument aus dem Aramäischen übersetzt wurde!); C. MARTIN, in: PORTEN, *Elephantine Papyri* 290ff. (C1 [Berlin 13540]; C3 [Berlin 13539]). Zur Chronologie der Pherendates-Korrespondenz vgl. die Revision von M. CHAUVEAU, *RdE* 50, 1999, 269ff.

69 Gräzisiert (λεσωνις) aus *jmj-rꜣ šn* „Vorsteher der Inspektion" o.ä.; vgl. zusammenfassend VITTMANN, *P. Rylands 9*, X und 290f.

70 Die demotischen Belege (geschrieben *ḥr-ib-tp*) hat CHAUVEAU, a.a.O. 270 Anm. 7 identifiziert. Zum Titel vgl. nach hieroglyphischen Belegen J. YOYOTTE, *CRAIBL* 1989, 73ff. passim (dort auch zur Verknüpfung mit den Titel *sntj* und *jmj-rꜣ ꜣḥ*); D. INCONNU-BOCQUILLON, *RdE* 40, 1989, 65ff.; J. QUAEGEBEUR, in: *Form und Maß. Festschrift für Gerhard Fecht* (= *ÄAT* 12), Wiesbaden 1983, 368ff.

71 P. Berlin P 13536 (nicht bei MARTIN, a.a.O.), s. K.-TH. ZAUZICH, *Papyri von der Insel Elephantine* (= *Demotische Papyri Berlin*, Lfg. 3), Berlin 1993.

72 CHAUVEAU, a.a.O.

73 Col. II 7–9, Transkription und Übersetzung VITTMANN, *P. Rylands 9*, 118ff.

74 Vgl. C. A. REDMOUNT, *JNES* 54, 1995, 127ff.; BRIANT, *Histoire* 493ff.; H. STERNBERG-EL HOTABI, *ZÄS* 127, 2000, 157ff.

75 POSENER, *Domination perse* 48ff.

76 KENT, *Old Persian* (Anm. 6) 147, Sigel DZc, Z. 7ff.; W. BRANDENSTEIN – M. MAYRHOFER, *Handbuch des Altpersischen*, Wiesbaden 1964, 88 (Nr. 7); LECOQ, *Inscriptions* (Anm. 6) 248.

77 Dies ist zu koptisch *piero* < *pꜣ jtrw ꜥꜣ* „der große Fluß" = „der Nil" zu stellen.

78 Gesamtpublikation (mit allen Inschriften) *Cahiers de la Délégation Archéologique Française en Iran* 4, Paris 1974; vgl. auch LECOQ, a.a.O. 246f. (Sigel DSab).

79 Vgl. P. CALMEYER, in: *AchHist* VI 285ff.

80 Inschrift von Naqsh-i Rustam, Sigel DNa, Z. 38–47, Text und Übersetzung KENT, *Old Persian* 137f.; neue Übersetzung LECOQ, a.a.O. 220.

81 *pꜣ ꜥꜣ pꜣ wr n nꜣ wrw*, vgl. POSENER, *Domination perse* 55, Text Nr. 8 (Stele von Tell el-Maskhuta), Z. 4.

82 Berlin 7493, M. BURCHARDT, *ZÄS* 49, 1911, 71f. und Taf. VIII,1; BRIANT, *Histoire* 499 (mit Fig. 39). Vgl. auch U. STERNBERG-EL HOTABI, *ZÄS* 127, 2000, 157 und Abb. 3.

83 Sigel DSf, Text und Übersetzung KENT, *Old Persian* 142ff.; Transkription auch bei BRANDENSTEIN – MAYRHOFER, *Handbuch* (Anm. 76) 87 (Nr. 5). Die von uns zitierte Passage in Z.47–55; vgl. jetzt auch LECOQ, *Inscriptions* (Anm. 6) 236f.

84 Nr. 1557; vgl. Übersetzung bei J. WIESEHÖFER, *Das antike Persien*, München – Zürich 1994, 118.

85 Genannt sei lediglich der geflügelte Genius mit Atefkrone in Pasargadae, abgebildet etwa bei KOCH, *Es kündet Dareios der König* 75 Abb. 28.

86 Zum Abzug von Fachkräften für die Bauprojekte Dareios' I. und der dadurch in Ägypten selbst bewirkten künstlerischen Stagnation vgl. H. STERNBERG-EL HOTABI, *ZÄS* 127, 2000, 155ff.

87 WIESEHÖFER, *Das antike Persien* 71ff.

88 Satrapenstele Z. 11, *Urk* II 18. Eine originelle, jedoch unhaltbare Lesung bietet U. KAPLONY-HECKEL, in: *TUAT* I 617 an, indem sie das *wr* hinter *zꜣ.f* mit dem folgenden *sjꜣ s* zusammenzieht und als Wiedergabe von „(O)arses" auffaßt.

89 Vgl. BRIANT, *Histoire* 591ff.

90 Aus einem neuen Fund demotischer Ostraka aus El-Manawīr, deren Publikation M. Chauveau vorbereitet; vgl. einstweilen den Vorbericht von M. CHAUVEAU, *BSFE* 137, 1996, 32ff., bes. 44.

91 Vgl. hierzu CHAUVEAU, a.a.O. 44ff.

92 Diodor XIV, 35, 3–5.

93 P. Bibliothèque Nationale 215, III 18. 20; vgl. SPIEGELBERG, *Demotische Chronik* (Anm. 35), 11 und 17; Taf. II. Zur „Demotischen Chronik" vgl. jetzt – mit Übersetzung – H. FELBER, in: A. BLASIUS – B. U. SCHIPPER, *Apokalyptik in Ägypten* (= *OLA* 107), Leuven 2002, 65ff.

94 *rmt Prs* Kanopus-Dekret A3 : B12; P. Kairo JE 68567, 1 (D. DEVAUCHELLE, *RdE* 39, 1988, 208).

95 Vgl. J. SCHWARTZ, *BIFAO* 48, 1949, 65ff.; speziell zu Artaxerxes III. Ochos jetzt L. MILDENBERG, *ZDPV* 115, 1999, 201ff.

96 Die Identifizierung von Chababasch mit *Ḫmbswdn* – das *wdn* könnte als Namenszusatz zu verstehen sein – und die Einschätzung als Nubier vertrat zuletzt W. HUSS, *SEL* 11, 1994, 97ff.; vgl. auch ders., *Ägypten in hellenistischer Zeit*, München 2001, 291. L. TÖRÖK, in: *Fontes Hist. Nub.* II 470f. und 500 macht darauf aufmerksam, daß der ägyptische Befund auf libysche Herkunft und unterägyptischen Hintergrund des Chababasch deutet und dessen Identifizierung mit dem Gegner des Nastasen möglich, aber alles andere als sicher ist. Strikt gegen eine Gleichsetzung spricht sich mit guten Gründen R. MORKOT, in: *AchHist* VI 330f. aus. Vgl. auch C. PEUST, *Das Napatanische*, Göttingen 1999, 210.

97 Neue ausführlich kommentierte Edition O. PERDU, *RdE* 36, 1985, 89ff. Die zitierte Stelle steht in Z. 8–10 (a.a.O. S. 103 und zugehörige Anmerkungen).

98 Dies impliziert der Titel *ḫrp Srqt*, d.i. ein Spezialist für Schlangenbisse und Skorpionstiche.

99 F. v. KÄNEL, *BSFE* 88/89, 1980, 31ff.; vgl. auch BRIANT, *Histoire* 878f.

100 G. LEFEBVRE, *Le tombeau de Petosiris*, Le Caire 1923–1924, Nr. 81; vgl. auch Übersetzung von B. OCKINGA, in: *TUAT* II 532 (bezieht „Herrscher der Fremdländer" im Anschluß an E. Otto auf Philipp Arrhidaios). Zur Interpretation vgl. B. MENU, *BIFAO* 94, 1994, 323ff. und im Anschluß daran BRIANT, *Histoire* 880f. Zu den differenzierten Bezeichnungen für die jeweiligen anonymen Herrscher (Ägypter, Perser, Makedonen) speziell bei Petosiris vgl. B. MENU, *BIFAO* 98, 1998, 247ff.

101 Wien 20, vgl. jetzt DERCHAIN, *Impondérables* 18; 41; 67ff.; 106 pl. I.

102 Zu den Haunebut vgl. die grundlegende Dokumentation und Analyse von J. VERCOUTTER, *BIFAO* 46, 1947, 125ff.; *BIFAO* 48, 1949, 107ff. Zur Diskussion vgl. C. VANDERSLEYEN, *Les guerres d'Amosis*, Bruxelles 1971, 139ff.; anders ders., *GM* 103, 1988, 80 („sûrement une population occupant la frange nord du Delta"); J. C. DARNELL, in: *Multi-Cultural Society* 74ff. Vgl. auch (mit weiterer Literatur) H.-FISCHER-ELFERT, *Die Lehre eines Mannes für seinen Sohn* (Anm. 14) 104f.

103 E. JELÍNKOVÁ-REYMOND, *Les inscriptions de la statue guérisseuse de Djed-ḥer-le-Sauveur* (= *BdE* 23), Le Caire 1956 (Kairo JE 46341); E. J. SHERMAN, *JEA* 67, 1981, 82ff. (Chicago OIM 10589).

104 Medisch **ḫšaθrapāna* nach R. SCHMITT, in: *Studia linguistica. Festschrift für I. Duridanov* (= *Archiv für bulgarische Philologie* 3), Sofia 1999, 171 Anm. 9. Die Rekonstruktion ohne intervokalisches *v* würde natürlich zu den ägyptischen Wiedergaben wie auch zu aram. ḤŠTRPN in der trilinguen Xanthos-Inschrift besser passen als das bisher in Entsprechung zu altpers. *ḫšaçapāvan-* rekonstruierte medische **ḫšaθrapāvan-*).

105 Hieroglyphisch *ḫšdrpn* in der Satrapenstele Z. 13, = *Urkunden des ägyptischen Altertums*, II, Leipzig 1904, 19, 7 (vom späteren Ptolemaios I.); demotische Belege (*ḫštrpn, iḫštrpnj*) ERICHSEN, *Demot. Glossar* 369; H. S. SMITH, in: *Multi-Cultural Society* 296 (der auf einem Ostrakon genannte „Satrap" *P3-dj-3s.t* wird mit dem von Arrian III.5.1ff. genannten, von Alexander zusammen mit Doloaspis eingesetzten Ägypter Petisis identifiziert). Ein weiterer, bisher nicht exakt bestimmter Beleg liegt in der sog. Erzählung vom „Zauberer Naneferkasokar" vor: Im P. Berlin P 13640, 29 ist nämlich nicht *ḫštrpj.w* „Satrapien" zu lesen (so der Hrsg. W. SPIEGELBERG, in: *Studies Presented to F. Ll. Griffith*, London 1932, 173; 176 und 179(38), als Wiedergabe von σατραπεία), sondern nach der Tafel (a.a.O. pl. 21) einfach *ḫštrpn.w* „Satrapen"!

[106] *ntj iw Km.t ḥn n=f* P. Berlin 13539, 1; letzte Übersetzung C. MARTIN, in: PORTEN, *Elephantine Papyri* 294 (C3).

[107] Vgl. VITTMANN, *P. Rylands 9*, 778 (zu II 17) mit Verweis auf J. WIESEHÖFER, in: *AchHist* VI 306f. und 308.

[108] Eine umfassende Dokumentation zum Wesirat im 1. Jahrtausend bleibt ein Desiderat.

[109] Zu den „Vorstehern von Oberägypten" (*jmj-rꜣ Šmꜥw*) in der Spätzeit vgl. G. VITTMANN, *SAK* 5, 1977, 256f. Anm. 39.

[110] Zum Titel *sntj* (griech. entspricht διοικητής) vgl. die wichtige Arbeit von J. YOYOTTE, *CRAIBL* 1989, 73ff. und ergänzend dazu VITTMANN, *P. Rylands 9*, 296ff.

[111] So YOYOTTE, a.a.O. 78 (es geht um den *Ḥr-wḏꜣ* von P. Tebt. Tait 6). Diese Vermutung gewinnt an Wahrscheinlichkeit, wenn man bedenkt, daß im römischen Tebtynis auch die Erinnerung an die gesetzlichen Verfügungen über die Tempel durch Kambyses lebendig war.

[112] Vgl. THOMPSON, *Memphis* 16 mit Verweis auf W. M. F. PETRIE et al., *Meydum and Memphis III*, London 1910, 41. Die aramäischen Texte sind nicht in *TAD* enthalten.

[113] In dem betreffenden Ausdruck stecken etymologisch die „Ohren" des Königs, Sg. *gaušaka*, vgl. PORTEN, *Elephantine Papyri* 136 (B17 = *TAD* A4.5). Zu TŠṬRS = *tꜣ šd rsj* vgl. dort Anm. 22.

[114] Zum folgenden vgl. J. WIESEHÖFER, in: *AchHist* VI 305ff. (aramäische Wiedergabe PRTRK).

[115] WIESEHÖFER, a.a.O. 309.

[116] H. S. SMITH – A. KUHRT, *JEA* 68, 1982, 199ff. (*Mjtrḫꜣ*; die dort vorgeschlagene Alternativlesung *Šjtrḫꜣ* ist samt den entsprechenden Erklärungsversuchen hinfällig).

[117] POSENER, *Domination perse* 41ff., Nr. 6 (*jmj-rꜣ mšꜥ*); 46f., Nr. 7 (*jmj-rꜣ mšꜥ wr*); vgl. auch BAREŠ, *Udjahorresnet* 40.

[118] J. A. JOSEPHSON – M. M. ELDAMATY, *Statues of the XXVth and XXVIth Dynasties*, Cairo 1999 (49 Statuen); K. JANSEN-WINKELN, *Biographische und religiöse Inschriften der Spätzeit aus dem Ägyptischen Museum Kairo*, 2 Bände (= *ÄAT* 45), Wiesbaden 2001 (41 Statuen von der 26. Dynastie bis zur Ptolemäerzeit). – Ein – unvollständiges – Verzeichnis von Cachette-Statuen ab der 25. Dynastie in Kairo und in anderen Sammlungen findet sich in B. PORTER – R. MOSS, *Topographical Bibliography of Ancient Egyptian Hieroglyphic Texts, Reliefs, and Paintings*. II: *Theban Temples*, Oxford 1972², 153ff.

[119] Bei JANSEN-WINKELN, a.a.O. wird nur für zwei Stücke (Nr. 12 und 13) eine Datierung in der 27. Dynastie vorgeschlagen. Mindestens Nr. 12 ist zweifellos jünger (ca. Mitte 4. Jh.), wie an anderer Stelle (Festschrift H. Satzinger) begründet werden soll.

[120] Vgl. zu diesem Dokument P. BRIANT, in: *AchHist* I 169f.; ders., *Histoire* 623f.

[121] POSENER, a.a.O. 117ff., Nr. 24ff.; vgl. auch K. KOSCHEL, *AW* 33, 2002, 62ff. mit Abb. 18 und 19.

[122] Dies hat mit Artama (äg. *ꜣrṯm*, s. u.!) nichts zu tun; vgl. R. SCHMITT, in: *JEA* 81, 1995, 37 unter Verweis auf E. EDEL – M. MAYRHOFER, *Or* 40, 1971, 1f. (*ṛta-misa*).

[123] Vgl. BRIANT, *Histoire* 279ff. Zur Frage nach der Existenz von Kastraten im alten Ägypten vgl. G. VITTMANN, *ZÄS* 127, 2000, 167ff.; ders., *Enchoria* 27, 2001 (im Druck; Publikation des kursivhieratischen Brieffragments Kairo *CG* 30865) sowie M. DEPAUW (in Vorbereitung für *ZÄS*).

[124] POSENER, *Domination perse* 128 Nr. 33; vgl. auch S. 178.

[125] Berlin 23721; vgl. F. W. v. BISSING, *ZDMG* 84, 1930, 226ff. (die beiden Zitate auf S. 233 und 235); M. MULZER, *BN* 111, 2002, 76ff. (zur Einbeziehung von Tieren in Buße und Totentrauer ausgehend vom AT) und 89 Abb. 1.

[126] I. MATHIESON et al., *JEA* 81, 1995, 23ff. (jetzt Kairo JE 98807).

[127] Vgl. hierzu einen ersten Überblick von H. S. SMITH, in: *Multi-Cultural Society* 295ff.; s. auch P. HUYSE, *JEA* 78, 1992, 287ff. Zu verschiedenen iranischen Namen in ägyptischer Überlieferung vgl. zuletzt J. TAVERNIER, *GM* 186, 2002, 107ff.

[128] *Von Troja bis Amarna. The Norbert Schimmel Collection New York*, Mainz 1978, Nr. 256; s. auch Sotheby's Katalog vom 16. 12. 1992, New York, Nr. 119.

[129] J. DUCHESNE-GUILLEMIN – B. VAN DE WALLE, *Jaarbuch van het vooraziatisch-egyptische genootschap Ex Oriente Lux* (Leiden) 16, 1959–1962, 72ff.; vgl. auch P. BRIANT, in: *AchHist* I 168f. Die Lesung der Inschrift ist im Detail problematisch.

[130] Koch, *Es kündet Dareios der König* 30f. mit Abb. 14 (Louvre AO 24011).
[131] R. Lunsingh Scheurleer, *RdE* 26, 1974, 83ff.
[132] Vgl. C. Traunecker, *Trans* 9, 1995, 105f. mit pl. V (Brüssel, Sammlung Féron-Stoclet; Louvre E 14699).
[133] J. D. Cooney, *JARCE* 4, 1965, 44ff. und Taf. 26 (Brooklyn 63.37). Der Verfasser bespricht in seinem Artikel weitere persische Objekte aus Ägypten.
[134] Vgl. G. Vittmann, *WZKM* 86, 1996, 435ff.; R. C. Steiner, *JNES* 59, 2000, 191ff.
[135] G. Vittmann, *AfO* 28/29, 1991/92, 159f. (*wjspwṯr* im demotischen Papyrus Kairo *CG* 31174, 4. 5).
[136] Vgl. oben Anm. 60.
[137] Diese communis opinio wird stark bezweifelt von Peust, *Das Napatanische* (Anm. 96), 185ff.

Anmerkungen zu Kapitel VI – Die Karer in Ägypten

[1] Die Stelle wird im originalen Wortlaut samt Übersetzung zitiert von Kammerzell, *Studien* 114f.; ders., in: *Naukratis* 241.
[2] Vgl. P. W. Haider, in: *Wege zur Genese* 72 und Anm. 83 (mit Verweis auf Archilochos Fragm. 40D); vgl. auch ders. (Diskussionsbeitrag), in: *Naukratis* 206.
[3] Porten, *Elephantine Papyri* 115ff. (B11 = *TAD* I A6.2).
[4] *TAD* I 96. Nach den kümmerlichen Zeichenresten (vgl. das Facsimile der Urkunde a.a.O. 95 unten rechts bei „C") scheint mir das aber äußerst fraglich. – Zu *bjrj* vgl. die griechische Wiedergabe βᾶρις bei Herodot II 96, 5; 179.
[5] J. B. Segal, *Aramaic Texts from North Saqqara*, London 1983, Nr. 26 (nicht in *TAD*).
[6] Zu dieser Stelle vgl. C. Martin, *Kadmos* 30, 1991, 173f., der die Publikation des ganzen Dokuments (P. BM 10384 = P. Malcolm) vorbereitet.
[7] Vgl. O. Masson, in: *Mélanges Émile Benveniste*, Paris 1975, 407ff. (wo auch Yoyottes Interpretation von *Grmnfj* in Kom Ombo Nr. 174 erwähnt wird).
[8] Zum Zenon-Archiv vgl. P. W. Pestman, *Greek and Demotic Texts from the Zenon Archive* (= *P. L. Bat.* 20), Leiden 1980; ders., *A Guide to the Zenon Archive* (= *P. L. Bat.* 21), Leiden 1981.
[9] P. Michigan 3134, vgl. D. Wildung, *Imhotep und Amenhotep* (= *MÄS* 36), Berlin 1977, 49f.
[10] Vgl. A. B. Lloyd, *JEA* 64, 1978, 107ff.
[11] J. D. Ray, *Kadmos* 37, 1998, 132 (Florenz 2459, 2507, 2536; Louvre C 294).
[12] *Pdrwjhj* (?), Sohn des *Jpdj*. Die Choachyten (äg. *wꜣḥ-mw* und griech. χοαχύτης bedeuten etwa „Wasserspender") waren im Totenkult tätig, vgl. *LÄ* III 1008f.; VI 679ff.; P. W. Pestman (Hrsg.), *Les papyrus démotiques de Tsenhor*, Leuven 1994, 10ff.; S. P. Vleeming, in: ders. (Hrsg.), *Hundred-Gated Thebes* (= *P. L. Bat.* 27), Leiden 1995, 241ff.
[13] O. Masson, in: W. C. Brice (Hrsg.), *Europa. Studien zur Geschichte und Epigraphik der frühen Aegaeis. Festschrift für Ernst Grumach*, Berlin 1967, 211ff. Die Schriftzeichen entsprechen häufig nicht denen, die in den karischen Inschriften aus Ägypten üblich sind.
[14] O. Masson – J. Yoyotte, *Objets pharaoniques à inscription carienne* (= *BdE* 15), Le Caire 1956, 35ff. (Doc. I), pl. IV (b). – Die in dieser Publikation gesammelten karischen Texte werden von den Spezialisten üblicherweise kurz als MY mit folgendem Großbuchstaben (unser Beispiel ist also MY I) zitiert.
[15] Die Umschriften folgen natürlich der neuen Entzifferung (vgl. weiter unten). Die älteren Transkriptionen basieren auf einer völlig anderen Grundlage und sind darum in der neuen Gestalt nicht wiederzuerkennen. So wurde die betreffende Inschrift (also MY I) von Masson „avec certitude" *ri-d-he-a-ḫe* gelesen.
[16] Vgl. S. 76 und Taf. 8.
[17] Masson – Yoyotte, a.a.O. 40ff. und pl. V–VII (Sigel MY K); vgl. auch U. Höckmann, in: *Naukratis* 226 und Taf. 42, 1–2.

[18] Zum folgenden vgl. G. Vittmann, *Kadmos* 40, 2001, 50ff. – Zum Namen vgl. die phönikische Wiedergabe (?) PRM, s. Kapitel III mit Anm. 138.

[19] Masson – Yoyotte, a.a.O. 49ff. und pl. V–VII (Sigel MY L)

[20] Masson – Yoyotte, a.a.O. 55ff. und pl. VIII (a) (Sigel MY M) (Berlin 13784/5, Kriegsverlust).

[21] „Tochter des ...“ ist hier nach demotischer Art durch *tꜣ* (*n*) (vgl. kopt. *ta*) ausgedrückt.

[22] Sigel 4 Š. Die Inschrift ist zu lesen *šarnaís sb taqbos* „für Šarnai und (seine Frau?) Taqbo“, vgl. G. Vittmann, *Kadmos* 40, 2001, 53.

[23] Masson – Yoyotte, *Objets pharaoniques* 11, Doc. a, und pl. VIII(b) (Sigel MY a). Die Inschrift wird jetzt *ioneλś* gelesen.

[24] Vgl. (mit überholten Lesungen) O. Masson, in: *Hommages à la mémoire de Serge Sauneron*, II (= *BdE* 82), Le Caire 1979, 35ff.; neue Transkriptionen bei I.-J. Adiego, in: M. E. Giannotta et al. (Hrsg.), *La decifrazione del cario. Atti del 1° Simposio Internazionale Roma, 3–4 maggio 1993*, Roma 1994, 59.

[25] Transkriptionen der bisher bekannten bzw. transkribierbaren Graffiti bietet I.-J. Adiego, in: *La decifrazione del cario* 59f. Kurz zum Publikationsstand O. Masson, in: *La decifrazione del cario* 191ff.

[26] Diskussionsbeitrag von J. Ray zu O. Masson, a.a.O. 194.

[27] O. Masson, *Carian Inscriptions from North Saqqâra and Buhen*, London 1978.

[28] Kammerzell, *Studien* 119ff.

[29] Masson – Yoyotte, *Objets pharaoniques* 17ff. und pl. I (Sigel MY E). Danach ist die karische Beschriftung sekundär über eine dem ursprünglichen Zweck entfremdete Schenkungsstele gesetzt (anders D. Schürr, *Kadmos* 31, 1992, 155).

[30] Masson – Yoyotte, a.a.O. 20ff. und pl. II (Sigel MY F). Zur historischen Bedeutung der Schiffsdarstellung vgl. A. B. Lloyd, *JHS* 95, 1975, 59 und den Diskussionsbeitrag von P. W. Haider, in: *Naukratis* 241.

[31] Das im Text stehende *naria* bezieht sich vermutlich auf die Mutter, vgl. D. Schürr, *Kadmos* 31, 1992, 155; F. Kammerzell, in: *Naukratis* 238.

[32] G. Daressy, *ASAE* 3, 1902, 143 (14) und pl. II, fig. 1 (statt *ꜥꜣ* ist *nb* zu lesen). Kammerzell, *Studien* 189 sowie ders., in: *Naukratis* 238 hat einen – freilich sehr hypothetischen – sechs Generationen umfassenden Stammbaum aus karischen und ägyptischen Quellen rekonstruiert.

[33] Masson – Yoyotte, *Objets pharaoniques* 28ff. und pl. III; vgl. auch Kammerzell, *Studien* 127f. (Sigel MY G).

[34] Masson – Yoyotte, a.a.O. 31ff. und pl. IVa; vgl. auch Kammerzell, *Studien* 129f. (Sigel MY H).

[35] Die folgenden Verweise M + Zahl beziehen sich auf die laufende Nummer bei Masson, *Carian Inscriptions*. Die übersichtliche Anlage dieses Werkes macht – im Unterschied zu den *Objets pharaoniques* – separate Quellennachweise überflüssig.

[36] Offenbar das von G. Neumann, in: F. Blakolmer et al. (Hrsg.), *Fremde Zeiten. Festschrift für Jürgen Borchhardt zum sechzigsten Geburtstag*, I, Wien 1996, 145 identifizierte Ὀρσικλῆς als plausibelstes Beispiel für einen griechischen Karernamen in Ägypten. Die verbreitete Lesung *Nrskr*, auf deren Grundlage dann das Karische emendiert wurde, ist unfundiert (richtig Kammerzell, *Studien* 12; 153). Ausgeschriebenes *zꜣ n* in der Filiation ist sehr häufig bezeugt.

[37] Zu Ikonographie und Stil der karisch-ägyptischen Grabstelen vgl. die Anayse von U. Höckmann, in: *Naukratis* 217ff. Es wird dort auch anderes karisches Material herangezogen und abgebildet (wir verweisen darauf nicht in jedem Fall einzeln).

[38] Berlin 19553; vgl. Masson, *Carian Inscriptions* 64; 91; pl. XXX; Höckmann, a.a.O. 220 mit Anm. 36 und Taf. 40.

[39] Vgl. zu diesem Stück auch Höckmann, a.a.O. 220f. und Taf. 38 (Stele BM 67235).

[40] Kammerzell, *Studien* 154ff. („Klasse C“).

[41] Masson – Yoyotte, *Objets pharaoniques* 9f.; pl. IX.

[42] Kammerzell, *Studien* 146ff. Vgl. im Anschluß daran W.-D. Niemeier, *BASOR* 232, 2001, 17 („with some probability“). F. Kammerzell, in: *Naukratis* 241 begnügt sich dagegen damit, die

Brüssler Stele als authentischen karischen Beleg für den Namen Pigres zu zitieren, ohne eine eventuelle Identität der Namenträger anzudeuten.

43 Kammerzell, *Studien* 146.

44 Ibid. 190.

45 Ibid. 178f.

46 Vgl. an neuerer Literatur (auch zur Entzifferungsgeschichte) die Beiträge in *La decifrazione del cario* und – nach der Entdeckung der Kaunos-Bilingue (s.u.) – *Kadmos* 36, 1997; 37, 1998.

47 D. Schürr, in: *La decifrazione del cario* 121ff.

48 Vgl. die brillant geschriebene, wenngleich nach B. Riese, *Die Maya. Geschichte – Kultur – Religion*, München 1995, 131 „(n)icht ganz ausgewogene Forschungsgeschichte" von M. D. Coe, *Das Geheimnis der Maya-Schrift*, Reinbek 1995.

49 K.-Th. Zauzich, *Enchoria* 22, 1995, 228 Anm. 3 beansprucht nachdrücklich die Priorität „für den jetzt allgemein anerkannten 'bilinguen' Charakter einzelner Inschriften" sowie für die Identifizierung des karischen *p*-Zeichens und anderer Buchstaben im Jahr 1971.

50 Vgl. hierzu – im Sinne der neuen Entzifferung – M. Meier-Brügger, *Kadmos* 37, 1998, 45; N. Cau, *Kadmos* 38, 1999, 43ff. (liest t_2 *i*).

51 P. Frei – C. Marek, *Kadmos* 36, 1997, 1ff.; *Kadmos* 37, 1998, 1ff.

52 I.-J. Adiego, *Kadmos* 37, 1998, 57ff. versucht, diesen „Metacharakterismos" dadurch zu erklären, daß die karischen Zeichenformen ursprünglich aus lautlich passenden griechischen kursiven Vorlagen durch Vereinfachung entwickelt, in einer späteren Phase jedoch – im Zuge einer Umformung für den Gebrauch in Monumentalinschriften – an griechische Buchstaben ohne Rücksicht auf deren Lautwert angeglichen worden seien.

53 G. Neumann, in: *La decifrazione del cario* 23.

54 I. Hajnal, *Die Sprache* (Wiesbaden) 37, 1995, 12.

55 In seinem neuen zusammenfassenden Beitrag in *Naukratis* 233ff. gibt Kammerzell in den zahlreichen Textproben doppelte Umschriften nach seinem eigenen System ("K-93") und dem von I. Adiego ("A-93"). Gelegentliche Übersetzungen (S. 247ff.) folgen dem ersteren. Dieses Verfahren erweckt beim unkundigen Leser den Eindruck, daß Kammerzells Transkriptionssystem mindestens genauso viel für sich hat wie das andere, wenn nicht sogar mehr. Dies ist jedoch nicht der Fall: Die neue Kaunos-Bilingue bestätigt in drei Fällen eindeutig die von Kammerzell abweichenden Lesungen des Adiego-Systems (Nr. 3 *d* [nicht *g*]; Nr. 4 *l* [nicht *d*ʳ]; Nr. 22 *n* [nicht *k*']), und auch in anderen Fällen erweist sich letzteres bei genauerer Prüfung als trag- und leistungsfähiger.

56 Vgl. G. Vittmann, *Kadmos* 40, 2001, 39ff. (zu *apmen* S. 49) mit einigen weiteren neuen Identifizierungen und einem Index der ägyptisch-karischen Entsprechungen.

Anmerkungen zu Kapitel VII – Ägypten und die alten Araber

1 Zu Arabern in der assyrischen Quellen s. Eph'al, *Ancient Arabs*.

2 Diodor I 45, 2; Plutarch, De Iside et Osiride 8; vgl. J. Yoyotte, *Kêmi* 21, 1971, 40ff.; Redford, *Egypt* 347.

3 Die Stelle (Z. 133–135) wird in Zusammenhang mit der von Plutarch und Diodor überlieferten Anekdote zitiert und interpretiert von Assmann, *Ägypten* 369f.

4 *a-fa-ra'aytumu l-lāta wa-l-'uzzā / wa-manāta t-tāliṯata l-uḫrā* „Habt ihr denn Allāt und al-'Uzzā gesehen / und Manāt, die andere dritte?" Sure 53, 19.

5 J. Hämeen-Anttila – R. Rollinger, *Journal of Ancient Near Eastern Religions* 1, 2001 (Leiden 2002), 84ff. Wesentliche Argumente sind der sprachgeschichtlich junge Charakter des arabischen Artikels *al*, das Fehlen eines Gottesnamens *'L'LT und die Tatsache, daß die herodoteische Überlieferung an den betreffenden Stellen (I 131; III 8) nicht eindeutig ist. Allerdings können die Autoren keinen eigenen Gegenvorschlag anbieten, und daß die Form Alilat – die immerhin als einzige sinnvoll deutbar ist – die falsche ist, ist zwar nicht bewiesen, aber eben auch nicht widerlegt. Der frühe,

isoliert dastehende Beleg für den Artikel *al* – wenn die traditionelle Deutung richtig ist – ist allerdings zugegebenermaßen tatsächlich problematisch; vgl. A.F.L. Beeston, *Arabica* 28, 1981, 181 (brieflicher Hinweis von W. Müller, der die gängige Interpretation von „Alilat" nach wie vor für plausibel hält).

6 Zu diesen Schalen s. I. Rabinowitz, *JNES* 15, 1956, 1ff.; ders., *JNES* 18, 1959, 155f.; Gibson, *Textbook* II 25 (speziell die Inschrift des Qainu, Sohnes des Gašmū); W. C. Delsman, in: *TUAT* II 579 Nr. 3; letzte Edition *TAD* IV 231ff. (D15.1–4).

7 Neh 2, 19; 6, 1. 2. 6; an letztgenannter Stelle in der authentischen Schreibung Gašmū.

8 Zu Heroonpolis vgl. ausführlich E. Kettenhofen, *OLP* 20, 1989, 75ff.

9 Die Angabe bei B. Doe, *Südarabien*, Bergisch Gladbach 1970, 66, daß sich das Stammesgebiet der Minäer „vom Jemen bis hin nach Ḥaḍramaut erstreckt habe", ist nach Auskunft von W. W. Müller nicht zutreffend.

10 Vgl. W. W. Müller, „Weihrauch", in: *Paulys Realencyclopädie der Classischen Altertumswissenschaft*, Supplementband XV, München 1978, 701ff.; A. Avanzini (Hrsg.), *Profumi d'Arabia. Atti del convegno* [Pisa, Oktober 1995], Roma 1997 (hierin W. W. Müller, „Namen von Aromata im antiken Südarabien", 193ff.); B. Vogt, in: W. Daum et al., *Im Land der Königin von Saba, Kunstschätze aus dem antiken Jemen*, München 1999, 205ff.

11 J. K. Winnicki, *AS* 22, 1991, 189. Meine eigenen Zusätze sind durch spitze Klammern gekennzeichnet.

12 Sigel M 338 = RES 3427; vgl. C. Robin, in: *Fs Leclant* IV 291ff. und Fig. 8; W. W. Müller, in: *TUAT* II 627f.; vgl. auch G. Vittmann, in: *Gs Quaegebeur* II 1241ff.

13 Hier ohne Aleph geschrieben!

14 Die Bedeutung von LMN oder GMN – eine sichere Entscheidung zwischen diesen beiden Alternativen ist bislang nicht gelungen – ist ungewiß. P. Swiggers, in: *Fs Lipiński* 342 schlägt dafür LMN vor, das er – und dieser bemerkenswerte Vorschlag ist neu – mit kopt. *limēn* „portrait, image" (Etymologie ungeklärt) gleichsetzt.

15 Die Übersetzung folgt weitgehend der von W. Müller, a.a.O.

16 Robin, in: *Fs Leclant* IV 294f.

17 G. Vittmann, in: *Gs Quaegebeur* II 1242.

18 TMNḪH, vgl. Hoftijzer – Jongeling, *Dict.* II 659 unter mnḥhꜣ (= *KAI* 269, 1). – Swiggers, in: *Fs Lipiński* 340 leitet TMḪ von äg. *tmꜣ*, kopt. *tmē* „Matte" ab, was völlig ausgeschlossen ist, da das Ḫ natürlich nicht unter den Tisch fallen darf.

19 Sigel M 27 = RES 2271; Robin, in: *Fs Leclant* IV 286 und fig. 1–4. Die Inschrift ist jetzt unter dem Siglum Maʿīn 7 neu behandelt von F. Bron im *Inventaire des inscriptions sudarabiques*, Tome 3: *Maʿīn*, Paris – Rome 1998, 45ff. (*non vidi*).

20 Sigel M 247 = RES 3022; Robin, a.a.O. 289f. und fig. 6; W. W. Müller, in: *TUAT* I, 663ff.

21 Nach Müller, a.a.O. 664, [1] (f) bezieht sich ʾS^{2}R eher auf die in Gen 25, 3 erwähnten nordarabischen Aššurīm als auf Assur bzw. Assyrien.

22 Zu der paläographisch fundierten Datierung vgl. Robin, a.a.O. 289; K. Schippmann, *Geschichte der altsüdarabischen Reiche*, Darmstadt 1998, 38f.

23 Vgl. Schippmann, a.a.O. 39.

24 Vgl. für den betreffenden Beleg und einen weiteren Kapitel V, Anm. 29–30.

25 Vgl. Robin, *Fs Leclant* IV 296.

26 G. Colin, *BIFAO* 88, 1988, 33ff.; Robin, a.a.O.

27 Liste bei W.H.M. Liesker – A.M. Tromp, *ZPE* 66, 1986, 85ff. Zu Arabern und anderen Semiten in römischen Papyri vgl. H. Harrauer, *Corpus Papyrorum Raineri* XIII, Wien 1987, 42.

28 Vgl. Liesker – Tromp, a.a.O. 87 Nr. 16.

29 Strabo I, 1, 3; vgl. auch I, 2, 34 und öfter.

30 Der Name ist übrigens immer noch lebendig: 1999 wurde von einer deutschen Mutter ein „Wael" geboren, und der ägyptische Vater trägt denselben Namen.

31 Vgl. E. Lüddeckens, *ZÄS* 115, 1988, 52ff. (A, 1–2; B, 2–3); W. W. Müller, ibid. 84f.; G. Vitt-

MANN, in: *Gs Quaegebeur* II 1248. – Die Originalformen der zitierten Namen und Titel lauten *Wjlw, ʿwmꜣjlw, Ta-ỉs.t, ḥgr n pꜣ tw, bꜣk* („Diener").

32 Vgl. RANKE 231, 12; *Demot. Nb.* 766 (mit weiterer Literatur).

33 G. POSENER, *RdE* 21, 1969, 148ff.

34 W. SPIEGELBERG, *Die demotischen Papyri Loeb*, München 1931, Nr. 13, 10 (*nꜣ ḥkr.w*).

35 F. DE CENIVAL, *Cautionnements démotiques du début de l'époque ptolémaïque*, Paris 1973, Nr. 59, 4 (*ḥgr ʾIšwr*; Lesung berichtigt von H.-J. THISSEN, *Enchoria* 4, 1974, 168). Der Mann ist *Ḥr* Sohn des *Pꜣ-dj-ḥr-pꜣ-rʿ*.

36 G. VITTMANN, *ZÄS* 117, 1990, 81f. (BM 35464, 16–19).

37 Vgl. P. HÖGEMANN, *Alexander der Große und Arabien* (= *Zetemata* 82), München 1985, 120ff.; J. K. WINNICKI, *AS* 22, 1991, 187.

38 WINNICKI, a.a.O. 175ff.

39 WINNICKI, a.a.O. 184. Der betreffende Ausdruck lautet *pꜣ tš Jrm* (?).

40 WINNICKI, a.a.O. 183.

41 K. WINNICKI, *JJP* 20, 1990, 157ff.

42 Grammatik mit Chrestomathie und Glossar: J. CANTINEAU, *Le Nabatéen*, 2 Bände, Paris 1930–1932; Neudruck Osnabrück 1978.

43 DY BDPN' MṢRYT. – Zu den nabatäischen Inschriften in Ägypten vgl. Literatur bei G. LACERENZA, *SEL* 13, 1996, *112 und Anm. 13.

44 F. BRIQUEL-CHATONNET – L. NEHMÉ, *Semitica* (Paris) 47, 1998, 81ff.

45 N. AIMÉ-GIRON, *ASAE* 39, 1939, 343ff. (alle Graffiti beginnen charakteristischerweise mit ŠLM „Frieden!").

46 Eine neue Edition derselben bietet B. SASS, *The Genesis of the Alphabet and Its Development in the Second Millennium B. C.* (= *ÄAT* 13), Wiesbaden 1988. Vgl. auch W. HINZ, *ZDMG* 141, 1991, 16ff. mit recht eigenwilligen Deutungen sowie J. TROPPER, *AW* 32, 2001, 353ff.

47 C. ROBIN, *BIFAO* 95, 1995, 109ff. und fig. 12 (ich übernehme seine Transkription dieses Ortsnamens).

48 Vgl. H. P. ROSCHINSKI, *Bonner Jahrbücher* (Köln) 180, 1980, 164ff.; M. C. A. MACDONALD – G. M. H. KING, in: *The Encyclopaedia of Islam*, New Edition, X, Leiden 2000, 436ff.

49 F. V. WINNETT – W. L. REED, *Ancient Records from North Arabia*, Toronto 1970, hier 106 Nr. 37: BH MṢRYT (**bāha miṣrīyat*).

50 H. P. ROSCHINSKI, a.a.O. 170.

51 Vgl. zu all dem J. KAHL, *GM* 122, 1991, 33ff. (mit Quellennachweisen).

52 J. F. QUACK, *RdE* 44, 1993, 141ff. (mit Korrekturen *RdE* 45, 1994, 197). Auch wenn die These, die Ägypter hätten dieses Alphabet von den Arabern übernommen, nicht zutrifft, bleibt Quacks Artikel trotzdem sehr lehrreich.

53 Diese Reihenfolge ist epigraphisch gesichert; vgl. bereits A.K. IRVINE – A.F.L. BEESTON, *Proceedings of the Seminar for Arabian Studies* (London) 18, 1988, 35ff. (*non vidi*).

54 Ich hatte mich Quacks Ergebnissen allzu voreilig in *ZÄS* 125, 1998, 73 und *Gs Quaegebeur* II 1243 Anm. 80 angeschlossen.

55 J. TROPPER, *UF* 28, 1996, 619ff.; vgl. auch ders., *AW* 32, 2001, 353ff. Der *halaḥam*-Typus ist bereits für das 13. Jh. (Bet-Schemesch-Tafel; Alphabettafel aus Ugarit) bezeugt, und ungefähr um diese Zeit wurde nach Tropper auch Ägypten damit bekannt. In Ägypten gab es keine einzige feste Alphabetfolge, sondern mehrere variierende Traditionen.

56 Zum folgenden vgl. W. W. MÜLLER – G. VITTMANN, *Or* 62, 1993, 1ff. Gleichzeitig und unabhängig davon hat sich zu den Namen der Ägypterinnen der „Hierodulenlisten" C. ROBIN, in: *Fs Leclant* IV 297ff. mit teilweise abweichenden Deutungen geäußert.

57 BDR „Vollmond", TḤYW „Sie möge leben!", 'ḪTMW „Schwester der Mutter" o. ä. (Var. ḪTMW; vgl. MÜLLER – VITTMANN, a.a.O. 6ff. und zu solchen Namen und ihrer Schreibung in altsemitischer Überlieferung auch J. RENZ, *ZDPV* 115, 1999, 129f. Anm. 18), 'MTŠMS „Dienerin der Sonne".

58 TḪBṮ (*Ta-ḫbs* „Die der Sterne") – auch als Name einer Frau aus Gaza auftretend – und (zweimal) TB' Tabi, ein Hypokoristikon.

59 Minäisch 'MT'?Ṯ, nabatäisch 'MT'YSY; 'BDŚR in einer Inschrift aus Taima. Zu diesen Namen vgl. MÜLLER – VITTMANN, a.a.O. 9 mit Verweisen auf phönikische, punische und aramäische Parallelen und W. W. MÜLLER, *WdO* 32, 2002, 267. Vgl. auch G. WAGNER, *BIFAO* 76, 1976, 277ff. und für Isis in Petra M. LINDNER, *ZDPV* 104, 1988, 84ff.

60 W. DAUM et al., *Im Land der Königin von Saba* (Anm. 10) 312 (Siglum 66M).

61 Vgl. W. W. MÜLLER – S. F. AL-SAID, *BN* 107/108, 2001, 109ff.

62 Vgl. GIBSON, *Textbook* II 30; B. AGGOULA, *Syria* 62, 1985, 61ff.; deutsche Übersetzung W. C. DELSMAN, in: *TUAT* II 580 (A).

63 Zu den Hagritern vgl. oben und Anm. 32–35. Die Gegenargumente von F. HOFFMANN, *Ägypter und Amazonen*, Wien 1995, 91 Anm. 417, der aus *hkr, hgr* in dem betreffenden literarischen Text wieder ein iranisches Fremdwort mit der Bedeutung „Eilbote" (> griech. ἄγγαρος) machen möchte, haben mich nicht überzeugt. – Das altnordarabische Königreich Lihyan, das enge Beziehungen zu den Ptolemäern unterhielt, wird mehrfach in einer noch unpublizierten fragmentarischen demotischen Erzählung aus Tebtynis erwähnt (P. Carlsberg 459; die Kenntnis dieses Textes verdanke ich Kim Ryholt).

64 *ꜣwskj pꜣ wr pꜣ tꜣ ꜣlbjn* W. SPIEGELBERG, *Demotische Texte auf Krügen* (= *Demotische Studien* 5), Leipzig 1912, 16f. (Krug A, I 16; a.a.O. 9ff. die indische Version nach dem I. Buch des Pañcatantra). Vgl. auch F. HOFFMANN, *Ägypten. Kultur und Lebenswelt in griechisch-römischer Zeit*, Berlin 2000, 67f. Zum sekundären *n* in *ꜣlbjn* ließe sich auf die Beispiele bei J. OSING, *GM* 40, 1980, 48f. verweisen.

65 Nach M. BETRÒ, in: B. VIRGILIO (Hrsg.), *Studi ellenistici* 12, Pisa – Roma 1999, 115ff. SPIEGELBERG, a.a.O. 34 (59) hatte in *ꜣwskj* an eine Zusammensetzung mit altarabisch *aus* „Geschenk" gedacht, was in dem angenommenen „arabischen" Kontext auch durchaus nahelag; es ließ sich aber keine Gottesbezeichnung ermitteln, die zu dem verbleibenden *-kj* passen würde (vgl. BETRÒ, a.a.O. 119).

Anmerkungen zu Kapitel VIII – (Griechen und Ägypter in vorhellenistischer Zeit

1 Freilich ist es die Ausnahme, daß der Ägyptologe alle drei Versionen bewältigt. Ausreichende Griechischkenntnisse sind leider rar geworden, Demotisch war ohnehin schon immer die Domäne einiger weniger Spezialisten, und die – am meisten in Mitleidenschaft gezogene – hieroglyphische Fassung repräsentiert weder sprachlich noch graphisch den gewohnten mittelägyptischen Standard ...

2 Auch *a₃-ku-pi-ti-jo* umschrieben. Vgl. CHADWICK, *Documents* 537 (Glossar; der Text hat das Siglum KN Db 1105). Zu dem gleichbedeutenden (?) Namen *mi-sa-ri-jo* vgl. unten und Anm. 14.

3 Genannt seien vor allem die aufsehenerregenden Funde minoischer Malerei aus der Zeit des frühen Neuen Reiches in Tell ed-Dabᶜa (Ostdelta). Dazu und zu anderen Aspekten dieser Beziehungen vgl. generell die von M. Bietak herausgegebene Zeitschrift *Ägypten und Levante*. Vgl. auch N. LUTZ, *Der Einfluß Ägyptens, Vorderasiens und Kretas auf die mykenischen Fresken*, Frankfurt 1994; W. V. DAVIES – L. SCHOFIELD (Hrsg.), *Egypt, the Aegean and the Levant. Interconnections in the Second Millennium BC*, London 1995; J. VERCOUTTER, *RdÉ* 48, 1997, 219ff. Einen Quellenkatalog bietet C. LAMBROU-PHILLIPSON, *Hellenorientalia*, Göteborg 1990.

4 Alle Belege bei B. SNELL, *Lexikon des frühgriechischen Epos*, I, Göttingen 1955, 260ff. unter Αἰγύπτιος, Αἴγυπτος. Zu Ägypten in den homerischen Epen vgl. R. BICHLER – W. SIEBERER, in: *Wege zur Genese* 126 und Anm. 46 (Ilias); 143 (Odyssee).

5 Zu diesem Terminus vgl. A. DIHLE, *Die Griechen und die Fremden*, München 1994, 8ff.; R. S. P. BEEKES, *Glotta* 73, 1995/96, 12ff. (Interpretation als ursprünglich vorgriechische Volksbezeichnung).

6 Odyssee IV 477; XIV 257f.

[7] Zum folgenden vgl. F. Solmsen, *Isis among the Greeks and Romans,* Cambridge (Mass.) – London 1979, 18 sowie J. M. Davison, in: *DE Special Number* 1, 1989, 61ff. (nimmt Entstehung der Io-Legende unter ägyptischem Einfluß in der Kuschitenzeit an).

[8] Herodot II 153 (und zur Verschmelzung von Io und Isis II 41). Auch Aischylos, Hiketiden 41 spricht vom „Jungstier des Zeus".

[9] Manetho, Fr. 50,102 (Waddell) bzw. F. Jacoby, *Die Fragmente der griechischen Historiker*, III c 1, Leiden 1958, 92:10 (= Nr. 609, F 10: 231). Vg. dazu J. Dillery, *ZPE* 127, 1999, 94ff.

[10] Manetho, Fr. 53a; 53b (Waddell) bzw. Jacoby, a.a.O., 109:19 (= Nr. 609, F 28: p.293).

[11] Vgl. W. Röllig, in: *Reallexikon der Assyriologie* 8, Berlin 1993–1997, 264ff.

[12] Ägyptisch-arabisch *maṣr*, dies auch speziell für Kairo. *miṣr* (Pl. *amṣār*) bezeichnete ursprünglich einen militärischen Außenposten in einer Grenzregion und entwickelte später die Bedeutung „große Stadt".

[13] S. oben Kapitel VII, S. 186 mit Anm. 20.

[14] Vgl. S. Hiller, *Ä&L* 6, 1996, 91 und Anm. 100 (Text KN F841).

[15] U. Luft (Hrsg.), *The Intellectual Heritage of Egypt. Studies Presented to László Kákosy* (= *StudAeg* 14), Budapest 1992, 403ff. (Ableitung von ägyptischem *nꜣ-jtrw-ꜥꜣ*). – Der Singular ist *pꜣ jtrw ꜥꜣ* „der (große) Fluß" (> koptisch *piero*), vgl. die altpersische Wiedergabe *pirāva* (s. Kapitel V, S. 136 mit Anm. 77). Vgl. auch hebräisch j^{e}*ʼor* < *jtrw* (ohne *ꜥꜣ* „groß") und akkadisch *jaruʼu* (mit *ꜥꜣ*) als Bezeichnung des Nil.

[16] *Demot. Nb.* 629 (*Njlws*).

[17] Θῆβαι Αἰγύπτιαι Ilias IX 381f., in Vers 383 mit einem berühmt gewordenen Beinamen als „hunderttorig" (ἑκατόμπυλοι) bezeichnet; Odyssee IV 126f.

[18] Vgl. E. Otto, in: *LÄ* I 1108. Zum etymologisch ungeklärten Namen Djeme vgl. K. Vandorpe, in: S. P. Vleeming, *Hundred-Gates Thebes* (= *Papyrologica Lugduno-Batava* 27), Leiden 1995, 222f.

[19] H.-J. Thissen, *Rheinisches Museum für Philologie* (Frankfurt) 145, 2002, 46ff. Zugunsten dieser Aktivierung einer literarischen Reminiszenz könnte man übrigens auch auf den späteren Gebrauch von αἴθιοψ für dunkelhäutige Menschen verweisen, der wieder an die Verhältnisse in mykenischer Zeit anknüpft; vgl. hierzu die Angaben oben in Anm. 5.

[20] Zur Interpretation vgl. G. Hölbl, *Or* 50, 1981, 186ff. Vgl. die umfangreiche Arbeit von Nancy J. Skon-Jedele, *„Aigyptiaka": A Catalogue of Egyptian and Egyptianizing Objects Excavated from Greek Archaeological Sites, ca. 1100–525 B.C., with Historical Commentary*, vier Bände, Dissertation Pennsylvania 1994. Generell ist für die Aegyptiaca des zentralen und östlichen Mittelmeers auf die einschlägigen Arbeiten von Günther Hölbl zu verweisen. Eine Typologie der Skarabäen erarbeitete A. F. Gorton, *Egyptian and Egyptianizing Scarabs. A Typology of steatite, faience and paste scarabs from Punic and other Mediterranean sites*, Oxford 1996.

[21] J. Boardman, *Kolonien und Handel der Griechen*, München 1981, 131f.

[22] Vgl. in diesem Sinne S. Pernigotti, *Ocnus* (Bologna) 1, 1993, 126; ders., in: E. Acquaro (Hrsg.), *Alle soglie della classicità. Il Mediterraneo tra tradizione e innovazione. Studi in onore di Sabatino Moscati*, Pisa–Roma 1996, 356ff. A. Möller, *Naukratis*, Oxford 2000, 33 tendiert zu derselben Meinung, läßt aber die Möglichkeit offen, daß es sich bei den von Gyges gesandten Söldnern und den von Herodot erwähnten Piraten um zwei Gruppen gehandelt habe.

[23] Vgl. Boardman, *Kolonien und Handel der Griechen* 134.

[24] Vgl. W. M. F. Petrie, *Tanis II* (= *EEF* 5), London 1888; ders., *Ten Years Digging in Egypt*, London 1891, 50ff.; Boardman, *Kolonien und Handel der Griechen* 156ff. (trennt Daphnai und Stratopeda); Schipper, *Israel* 282f.

[25] Vgl. Boardman, a.a.O. 56 und besonders R. Wenning, in: *Naukratis* 257ff.

[26] Vgl. J. Renz, *Die althebräischen Inschriften*, I, Darmstadt 1995, 353ff.; zur Interpretation des Begriffs etwa auch W.-D. Niemeier, *BASOR* 322, 2001, 18.

[27] Vgl. Schipper, *Israel* 232f.; Haider, in: *Wege zur Genese* 69; 71; 75; Niemeier, a.a.O. 22f.; Wenning, a.a.O. 260ff.

[28] Vgl. S. Pernigotti, in: *Studi in onore di Sabatino Moscati* (Anm. 22), 355ff.

[29] Vgl. H. De Meulenaere, *BIFAO* 63, 1965, 19ff.; S. Pernigotti, *Ocnus* 1, 1993, 128; G. Vittmann, in: *WZKM* 89, 1999, 259f. Die Statue ist jetzt katalogisiert als Kairo CG 48637; s. J. A. Josephson – M. M. Eldamaty, *Statues of the XXVth and XXVIth Dynasties*, Cairo 1999, 87ff. und pl. 37. Der betreffende Titel ist *sšm ḫ3swt,* was mit dem vorher genannten *ḫrp ḫ3swt* synonym ist.

[30] Vgl. Boardman, a.a.O. 135 und 55 Abb. 20; Niemeier, a.a.O. 19f. mit Fig. 3.

[31] Alkaios 350 (Voigt); vgl. Boardman, a.a.O. 56f.; Vittmann, *„Riesen"* 39f.; Niemeier, a.a.O. 18; Wenning, a.a.O. 260.

[32] A. Bernand – O. Masson, *Revue des Études Grecques* (Paris) 70, 1957, 1ff.; *Fontes Hist. Nub.* I 286ff. Nr. 42; P. W. Haider, in: *Naukratis* 202ff. (mit Klarstellung, daß sich zwei Gruppen unterscheiden lassen, die an zwei verschiedenen Stellen angebracht wurden und sich auf zwei verschiedene Phasen des Nubienfeldzugs Psammetichs II. beziehen); Facsimiles 212ff.

[33] Zum Nubienfeldzug Psammetichs II. vgl. Pernigotti, *I Greci* 53ff. (mit weiterer Literatur); Haider, in: *Wege zur Genese* 105ff.; ders., in: *Naukratis* 202ff. (S. 215 Abb. 6 Tabelle zur Kommandostruktur); H. Hauben, in: *Fs Huß* 53ff.

[34] Identifizierung ungeklärt; vgl. hierzu (mit Literatur) Haider, in: *Wege zur Genese* 108 und Anm. 256; Hauben, a.a.O. 57f.

[35] Zum karischen Namen Pelekos vgl. unten mit Anm. 45. Zu einer „wörtlichen" Übersetzung „Axt, Sohn des Niemand" (wie in *Fontes Hist. Nub.* I 288 (a) und Anm. 77; M.P.J. Dillon, *ZPE* 118, 1997, 128ff.; H. Hauben, in: *Fs Huß* 73ff.) besteht m.E. keine Veranlassung, auch wenn wir uns durch diese Weigerung in die Schar der „Übersetzer ohne Humor" (O. Murray, *Das frühe Griechenland*, München 1998^{6}, 290) einreihen müssen.

[36] Vgl. die Dokumentation von S. Pernigotti, *SCO* 17, 1968, 251ff.; s. auch ders., *SEAP* 9, 1991, 1ff.; P.-M. Chevereau, *Prosopographie des cadres militaires égyptiens de la Basse Époque*, Antony 1985, 88f. (doc. 114).

[37] Zu den sog. „schönen Namen" (*rn nfr*) der Spätzeit vgl. H. De Meulenaere, *Le surnom égyptien à la Basse Époque*, Istanbul 1966 (Potasimto dort Nr. 34; Amasis Nr. 3); neue Nachträge und Konkordanzen ders., in: H. Győry (Hrsg.), *Mélanges offertes à Edith Varga*, Budapest 2001, 381ff.

[38] Vgl. Kapitel V Anm. 102.

[39] Chevereau, a.a.O. 89f. (doc. 115).

[40] Zu den verschiedenen Deutungen vgl. S. Pernigotti, in: *Méditerranées* 6/7, 98; ders., *I Greci* 70 (legt sich in weiser Zurückhaltung nicht fest); Haider, in: *Wege zur Genese* 107f. (Oberbefehlshaber der griechischen Söldner, dem Potasimto unterstellt); ders., in: *Naukratis* 205 und Diagramm 215 (schiebt nunmehr zwischen Psammatichos und Potasimto den Offizier Bakenrenef ein); Hauben, in: *Fs Huß* 70f. (als Koordinator; mit den beiden Zitaten).

[41] Hauben, a.a.O. 56f. Anm. 20.

[42] Chevereau, *Prosopographie* (Anm. 36), doc. 114 (Potasimto / Neferibrenebqen); 117 (Haubens Kandidat Hor / Psammetich); 186 (Bakenrenef / Anchneferibre; vgl. Anm. 40); 187 (Iufaa / Neferibremerneith) (hinter dem Schrägstrich jeweils der sog. „schöne Name").

[43] Haider, in: *Wege zur Genese* 107f., der Anm. 253 die Beurteilung von Boardman, *Kolonien und Handel der Griechen* 137 oben („kaum mehr als jene wertlosen, wichtigtuerischen Kritzeleien, mit denen Soldaten und andere Leute unweigerlich alle dafür geeigneten Mauern und Denkmäler entstellen") indirekt zurückweist.

[44] Vgl. Pernigotti, *Ocnus* 1, 1993, 125ff. (hier 129); ders., *I Greci* 62f.

[45] Vgl. Kammerzell, *Studien* 16ff.; O. Masson, *SMEA* 34, 1994, 137ff.

[46] P. Dupont – J. Cl. Goyon, in: *Atti sesto congr. intern. eg.* I 153ff. Zur griechischen (und zyprischen) Keramik aus Theben-West vgl. auch Aston, *Egyptian Pottery* 48ff. und jetzt S. Weber, in: *Naukratis* 139ff.

[47] Buhl, *Sarcophagi* 33f. (Beschreibung) und 31 Fig. 7; vgl. auch unten Anm. 50.

[48] Vgl. oben Kapitel III mit Abb. 22 und Taf. 5.

[49] F. Ll. Griffith, *JEA* 3, 1916, 143; vgl. auch H. De Meulenaere, *BiOr* 17, 1960, 32; S. Pernigotti, *Ocnus* 1, 1993, 132; ders., *I Greci* 98.

50 Vgl. jetzt S. Grallert, in: *Naukratis* 183ff. mit der plausibel scheinenden Annahme, daß der ägyptische Name des Inhabers nicht der Geburtsname ist, sondern ein sekundär erworbener Zweitname (S. 186).

51 Vgl. H. D. Schneider, *Shabtis*, Leiden 1977, I, 165f. Ein Exemplar befindet sich im Martin von Wagner-Museum Würzburg (H 407a; vgl. Taf. 22a).

52 Stockholm 98–101, s. P. Lugn, *Ausgewählte Denkmäler aus ägyptischen Sammlungen in Schweden*, Leipzig 1922, 37f. und Taf. XXV.

53 Vgl. O. Masson – J. Yoyotte, *Epigraphica Anatolica* (Bonn) 11, 1988, 171ff.; C. Ampolo – E. Bresciani, *EVO* 11, 1988, 237ff.; Pernigotti, *Ocnus* 1, 1993, 132ff.; ders., *I Greci* 90ff.; Haider, in: *Wege zur Genese* 100ff.; ders., in: *Naukratis* 200f. und 211 Abb. 1; Hauben, in: *Fs Huß* 71 und Anm. 86.

54 S. Pernigotti, in: *Méditerranées* 6/7, 1996, 99; ders., *I Greci* 95f.

55 Haider, a.a.O. 200.

56 H. Ranke, *ZÄS* 44, 1907, 42ff. (Berlin 17700; mit überholter Lesung des Namens).

57 Vgl. Boardman, *Kolonien und Handel der Griechen* 168 mit Abb. 167; L. H. Jeffery, *The Local Scripts of Archaic Greece*, revised edition, Oxford 1990, 348 und 415 Nr. 10 (ergänzt den Namen zu [Σμυϱ?]δης) mit pl. 67. Zu zwei sehr kleinen Fragmenten zweier weiterer ägyptischer Steinstatuetten aus Milet vgl. G. Hölbl, *Archäolog. Anzeiger* (Berlin) 1999, 346f. mit Abb. 2.

58 Zur griechischen Keramik aus Tell Defenne vgl. S. Weber, in: *Naukratis* 131ff. (auch zu den Situlen) mit Taf. 20, 1–4; L. Wriedt Sørensen, ibid. 151ff.; Möller, *Naukratis* (Anm. 22) 145f. (zu den Situlen).

59 Jeremia 44, 1; Herodot II 159,2. Zum Ort vgl. E. D. Oren, *BASOR* 256, 1984, 7ff.

60 Vgl. den in Anm. 46 genannten Artikel von Dupont – Goyon.

61 K.-Th. Zauzich, in: *Multi-Cultural Society* 361ff.

62 H. O. M. Zaghloul, *Frühdemotische Urkunden aus Hermupolis*, Cairo 1985, Nr. 1–3 (Ariston, in demotischer Wiedergabe *ꜣrstn*, in Nr. 1). Zur Datierung vgl. H. J. Thissen, *Enchoria* 18, 1991, 112 und Anm. 9; zur Person jetzt auch Pernigotti, *I Greci* 97.

63 A. B. Lloyd, *JEA* 58, 1972, 268ff; 307f.; *JHS* 95, 1975, 45ff.; *JEA* 63, 1977, 142ff.; *JHS* 100, 1980, 195ff.

64 Vgl. D. Kurth, *SAK* 8, 1980, 153ff.

65 Zum Gebrauch von *kbnt* in der Spätzeit vgl. J. C. Darnell, in: *Multi-Cultural Society* 67ff.; anders L. Bradbury, *JARCE* 33, 1996, 37ff., wonach das entscheidende die Bauart ist. Auf die funktionelle Analogie zwischen *kbnt* („Byblos"-Schiff) und „Tarschisch-Schiff" hat P. W. Haider, in: *Wege zur Genese* 88 Anm. 151 aufmerksam gemacht.

66 H. T. Wallinga, in: *Achaemenid History* VI 179ff.

67 Zu den von uns nur gestreiften Ereignisse des 5. und 4. Jh. (von Inaros bis Kallias), für die die griechischen Schriftsteller die wichtigste Informationsquelle darstellen, vgl. immer noch am bequemsten F. K. Kienitz, *Die politische Geschichte Ägyptens vom 7. bis zum 4. Jahrhundert vor der Zeitwende*, Berlin 1953, 70ff.

68 Βαλσαμων kommt von B'LŠM' „Baal hat gehört". Zu diesen Graffiti s. die Publikation von O. Masson in C. Traunecker et al., *La chapelle d'Achôris à Karnak*, II, *Texte*, Paris 1981, 251ff. (Balsamon hier Nr. 1). Vgl. auch G. Vittmann, *WZKM* 89, 1999, 260f.

69 Vgl. an Literatur der letzten Jahre Haider, in: *Wege zur Genese* 59ff.; J. C. Waldbaum, *BASOR* 305, 1997, 1ff.; Möller, *Naukratis* 45; 50f.; Niemeyer, *BASOR* 322, 2001, 11ff.

70 Vgl. Boardman, *Kolonien und Handel der Griechen* 132 (dort auch das Zitat). Speziell für Samos vgl. U. Jantzen, *Ägyptische und orientalisierende Bronzen aus dem Heraion von Samos* (= *Samos* VIII), Bonn 1972.

71 Boardman, *Kolonien und Handel der Griechen* 133. Noch weiter mit der Datierung des Kolaios hinauf (um 650) geht nach Mitteilung von U. Höckmann B. Freyer-Schauenburg, *Madrider Mitteilungen* (Berlin) 7, 1966, 89ff.

72 Möller, *Naukratis* 54ff., wo sich auch die nötigen Quellennachweise finden.

[73] A. MÖLLER, in: *Naukratis* 13ff. (das Zitat S. 13; dort auch der griechische Text); dies., *Naukratis* 183f. – Zur Vermeidung von Mißverständnissen sei darauf aufmerksam gemacht, daß sich Verweise auf „MÖLLER, in: *Naukratis*" auf die Akten der Mainzer Naukratis-Tagung beziehen (vgl. Abkürzungsverzeichnis), während mit „MÖLLER, *Naukratis*" die Oxforder Monographie der Verfasserin (vgl. Anm. 22) gemeint ist.

[74] JACOBY, *Fragmente griechischer Historiker* III c 1, 4:14ff. (Nr. 608, F. 8); vgl. zur Interpretation MÖLLER, in: *Naukratis* 19 (mit dem griechischen Text).

[75] Zum folgenden vgl. MÖLLER, *Naukratis* 192ff.

[76] MÖLLER, in: *Naukratis* 12.

[77] Zitiert nach H. SCURLA (Hrsg.), *Reisen in Nippon. Berichte deutscher Forscher des 17. und 19. Jahrhunderts aus Japan*, Berlin 1982^5, 40f. – NB. Manche Leser werden sich vielleicht aus früher Ceram-Lektüre daran erinnern, daß derselbe Engelbert Kaempfer (1651–1716) als einer der ersten Reisenden der Neuzeit über die altpersischen Monumente berichtet und die erste – recht tüchtige! – Kopie eines längeren Keilschrifttextes hinterlassen hat; vgl. C. W. CERAM, *Götter, Gräber und Gelehrte im Bild*, Hamburg 1957 (und spätere Auflagen) 196; 200f. (mit zwei Abbildungen).

[78] MÖLLER, *Naukratis* 291 Fig. 1; eine ähnliche Planskizze gibt dieselbe Autorin in *Der Neue Pauly. Enzyklopädie der Antike*, Bd. 8, Stuttgart – Weimar 2000, 747. Zur Topographie von Naukratis vgl. jetzt ausführlich MÖLLER, *Naukratis* 94ff. und Fig. 2–6.

[79] B. MUHS, *JARCE* 31, 1994, 99ff.

[80] Vgl. BOARDMAN, a.a.O. 144 Abb. 139. Zur Keramik aus Naukratis vgl. *Naukratis* passim; MÖLLER, *Naukratis* 119ff.; 217ff.

[81] BOARDMAN, a.a.O. 155 (mit dem Identifizierungsvorschlag); dagegen D.W.J. GILL, *JHS* 106, 1986, 184ff.; MÖLLER, *Naukratis* 177f. Was Phanes betrifft, so ist nach MÖLLER, a.a.O. 179(6) eine Entscheidung unmöglich.

[82] Zu Archedike und Rhodopis vgl. Herodot II 135 und BOARDMAN, a.a.O. Abbildung des attischen Skyphosfragments mit der Inschrift [Ἀϱ]χεδίϰη bei MÖLLER, *Naukratis*, pl. 3d. Zum Thema vgl. HAIDER, in: *Wege zur Genese* 103; MÖLLER, a.a.O. 55. Nebenbei bemerkt, ist Rhodopis die Heldin eines frühen Romans von Nagib Mahfuz (*Rādubīs*).

[83] Dafür vgl. WH. M. DAVIS, *GM* 35, 1979, 13ff.; ders., *GM* 41, 1980, 7ff. Dagegen A. MÖLLER, in: *Naukratis* 6 Anm. 28; dies., *Naukratis* 161ff. Nach Beobachtungen von U. Höckmann (briefliche Mitteilung) ist die Votivkleinplastik aus Naukratis eindeutig zyprisch, doch ist die Entscheidung zwischen Import und Produktion durch zyprische Handwerker in Naukratis nach wie vor ungeklärt

[84] F. DE SALVIA, *EVO* 12, 1989, 127 spricht geradezu von „un'antica e ricca 'koiné' figurativa e religiosa cipro-egizia"; vgl. in diesem Sinne auch ders., *SEAP* 12, 1993, 68 sowie ders., *DE Special Number* 1, 1989, 81ff.

[85] MÖLLER, in: *Naukratis* 6.

[86] Apollos: A. BERNAND, *Le delta égyptien d'après les textes grecs*, 1. *Les confins libyques* (= *MIFAO* 91), Le Caire 1970, 761f. Nr. 31 und pl. 40,4 (danach deutlich Θαλινο, nicht Θλαινο). Teaos: a.a.O. 762 Nr. 32 (= *RdE* 35, 1984, pl. 10 fig. 4). Jünger (4. Jh.) ist BERNAND, a.a.O. 763 Nr. 33, pl.40,5 – das ist alles!

[87] *N3.w-krḏ*; vgl. H. DE MEULENAERE, in: *LÄ* IV 360f. (mit Deutung „L'établissement de Keredj"); J. YOYOTTE, *ACF* 92, 1991/92, 641f. A. B. LLOYD, *Herodotus Book II. Commentary 99–182* (= *EPRO* 43, 3), Leiden 1988, 222 hat den Gedanken an eine ägyptische Etymologie zu Unrecht als „patently absurd" abgelehnt. An griechischen Ursprung des Namens glaubt auch – im Einklang mit ihrer Ablehnung einer ägyptischen Siedlung – MÖLLER, *Naukratis* 185. – L. BRADBURY, *JARCE* 33, 1996, 58f. stellt die ägyptische Form von „Naukratis", die nubische Stadt Karoi, Ugarit (!) und Kar, den *heros eponymos* der Karer, allesamt zu akkad. *kārum* „Handelsstation": originell, aber sehr bedenklich ...

[88] *Pr-mrjt* und *Bḏḏ*, vgl. J. YOYOTTE, *RdE* 34, 1982/83, 129ff.

[89] MÖLLER, in: *Naukratis* 5ff.; dies., *Naukratis* 117ff.

[90] Vgl. M. Lichtheim, in: *Studies in Honor of George R. Hughes* (= *SAOC* 39), Chicago 1976, 139ff. (mit Übersetzung der ganzen Inschrift und älterer Literatur).

[91a] Vgl. hierzu J. Yoyotte, *Égypte Afrique & Orient* 24, 2001, 24ff.

[91] Vgl. B. Gunn, *JEA* 29, 1943, 55f.; dagegen K. Jansen-Winkeln, *Or* 67, 1998, 168ff.

[92] D. Wildung, *AW* 27, 1996, 1f. Der ursprünglich in Lyon befindliche Hauptteil wurde publiziert von P. Tresson, *Kêmi* 4, 1931–1933, 126ff. Vgl. auch G. Posener, *Revue de Philologie*, IIIe sér. (Paris), 21, 1947, 117ff.

[93] Petersburg [nicht Moskau!] 18499, R. El-Sayed, *Documents relatifs à Saïs et ses divinités* (= *BdE* 69), Le Caire 1975, 53ff. (mit einigen Fehlern und Ungenauigkeiten, z.B. beim Namen des Vaters des Stifters), Nr. 4, und pl. VIII, hier Z. 2–3; vgl. J. Yoyotte, *ACF* 92, 1991/92, 643f.

[94] Problematisch ist, daß *ḫ* (in *Grḫs*) in der Wiedergabe eines griechischen Namens absolut ungewöhnlich – und an sich auch unpassend – wäre. Eventuell hängt die Verwendung von *ḫ* für griech. Koppa mit dem bereits für diese Zeit nachweisbaren Wandel von /ẖ/ in *ḫꜣ*ʿ „legen" > /k/ (kopt. *kô*) zusammen. – Vgl. auch Möller, in: *Naukratis* 10 (favorisiert zu Recht Korakos gegenüber dem von O. Masson bei Yoyotte, a.a.O. vorgeschlagenen Korax, sieht aber – für eine Nichtägyptologin natürlich verzeihlich! – das phonetische Problem nicht).

[95] Berlin 7780, s. H. De Meulenaere, *RdE* 44, 1993, 16ff.; Yoyotte, a.a.O. 643; Möller, in: *Naukratis* 10 (erwägt zu Unrecht immer noch einen Bezug auf Mendes).

[96] Kairo *CG* 1230, bearbeitet von Derchain, *Impondérables* 42f.; 69ff.; 107 (Reproduktion der aufstellungsbedingt nicht im Original nachprüfbaren Inschrift nach dem *Catalogue Général*). Originale Transkription von „Horemheb": *Ḥr-m-ḥb*.

[97] C. Vandersleyen, *Les guerres d'Amosis*, Bruxelles 1971, 153 bezweifelt, daß der Vatersname griechisch ist, da die von Vercoutter angenommene Entsprechung Καρεώτης auf einem Irrtum beruht. Somit könne Horemheb auch „simplement un Asiatique, Syrien ou Phénicien" sein. *Qꜣrds* ist aber sicher griechisch Κράτης (auch demotisch belegt; vgl. *Demot. Nb.* 986); das Aleph hinter dem *q* ist hier rein graphisch zu verstehen und braucht keinen Vokal anzudeuten.

[98] Vgl. S. 70; 185f. und meinen Beitrag in *Gs Quaegebeur* II 1231ff.

[99] J. Yoyotte, *RdE* 34, 1982/83, 148f. Ders., *ACF* 95, 1994/95, 671ff. vertritt jetzt entschieden die Meinung, daß der Horemheb von Kairo CG 1230 lediglich nach dem vergöttlichten Mann benannt, aber nicht mit ihm identisch war.

[100] K. Jansen-Winkeln, *ZÄS* 124, 1997, 108ff. (Kairo T 1/6/24/6).

[101] *wjnn ms n Kmj*, vgl. K. Goudriaan, *Ethnicity in Ptolemaic Egypt*, Amsterdam 1988, 126ff.

[102] Haider, in: *Wege zur Genese* 104.

[103] Zu diesem rege diskutierten Thema vgl. J.C. Waldbaum, *BASOR* 305, 1997, 1ff. (wo die Frage S. 5 auf den Punkt gebracht wird: „how many sherds make a Greek?"); Haider, in: *Wege zur Genese* 59ff.; Niemeier, *BASOR* 322, 2001, 11ff.; Boardman, ibid. 33ff.

[104] Vgl. K. Smoláriková, in: *Naukratis* 163ff.

[105] Vgl. Haider, in: *Wege zur Genese* 104.

[106] Herodots Zeugnis wird ernst genommen von Kuhlmann, *Ammoneion* 90ff. Dagegen schlägt J. Osing, in: *Gs Quaegebeur* II 1447f. vor, Herodots Samier mit dem libyschen Stamm der *Šmn, Šn* (in der sog. Kleinen Dachla-Stele) zu identifizieren.

[107] A. B. Lloyd, *JHS* 89, 1969, 79ff.

[108] Zu *Pꜣ-wrš* als Bezeichnung des Min und dem Anklang an „Perseus" vgl. S. Sauneron, *RdE* 14, 1962, 53ff.

[109] Zu derartigen, bisweilen toposhaften Überlieferungen vgl. J. Gómez Espelosín, in: L. A. García Moreno – A. Pérez Largacha (Hrsg.), *Egipto y el exterior. Contactos e influencias* (= *Aegyptiaca Complutensia* 3), Alcalá 1997, 163ff.

[110] Speziell zum (befürworteten) Aufenthalt Platons in Ägypten vgl. B. Mathieu, *ASAE* 71, 1987, 153ff.

[111] Vgl. E. Hornung, *Das esoterische Ägypten. Das geheime Wissen der Ägypter und sein Einfluß auf das Abendland*, München 1999; J. Assmann, *Weisheit und Mysterium. Das Bild der Griechen von Ägypten*, München 2000.

[112] Vgl. knapp (mit den beiden Zitaten) MURRAY, *Das frühe Griechenland* 292f.; wesentlich ausführlicher BOARDMAN, *Kolonien und Handel der Griechen* 168ff. Speziell für die ägyptischen Einflüsse auf die griechische Architektur vgl. G. HÖLBL, *Jahreshefte des Österreich. Archäolog. Inst.* (Wien) 55, 1984, 1ff. und jetzt M. BIETAK (Hrsg.), *Archaische Griechische Tempel und Altägypten*, Wien 2001. Die zuletzt genannte Arbeit zeigt, daß die Frage dieser Einwirkungen differenzierter gesehen muß: Nach E. ØSTBY, a.a.O. 17ff. ist zwar die Anregung, Tempel in Stein zu erbauen, ägyptischen Impulsen verpflichtet, nicht aber die vielmehr im mykenischen Erbe wurzelnde architektonische Ausgestaltung.

[113] Vgl. W. BURKERT, *Die orientalisierende Epoche in der griechischen Religion und Literatur*, Heidelberg 1984; D. R. WEST, *Some Cults of Greek Goddesses and Female Daemons of Oriental Origin* (= *AOAT* 33), Neukirchen-Vluyn 1995; R. ROLLINGER, in: *Wege zur Genese* 156ff.; R. RIBICHINI et al. (Hrsg.), *La questione delle influenze vicino-orientali sulla religione greca. Stato degli studi e prospettive della ricerca. Atti del Colloquio Internazionale Roma, 20–22 maggio 1999*, Roma 2001.

[114] R. DREW GRIFFITH, *SMEA* 39, 1997, 219ff. Der Artikel enthält eine Reihe weiterer origineller, phantasievoller Vorschläge, z.B. daß Homers stehende Redensart ἔπεα πτερόεντα, wörtl. „gefiederte Worte" von der Schreibung von *mꜣ*ʿ*-ḫrw* „wahr an Stimme, gerechtfertigt" mit der Feder für den ersten Bestandteil des Ausdrucks herrührt; die „geflügelten Worte" wären also eigentlich Worte eines Heroen, eines μάκαρ (vgl. unsere weiteren Ausführungen und die folgende Anmerkung).

[115] Vgl. DREW GRIFFITH, a.a.O. 230f. und Anm. 45 mit Hinweis auf ihren Artikel in *Glotta* 72, 1994, 20ff., wo für die Wiedergabe von äg. *ṯ* durch κτ auf die angebliche Entsprechung δά<u>κτ</u>υλος „Dattel" = aram. DQL „Palme" verwiesen wird (handelt es sich denn nicht einfach um einen Spezialgebrauch des griechischen Wortes für „Finger"?!). Daß νίτρον eine (anerkannte) archaische Übernahme von demselben äg. *nṯrj* ist, erwähnt die Autorin jedoch durchaus.

[116] Vgl. R. MERKELBACH, *ZPE* 128, 1999, 3ff.

[117] Zu Hekataios von Milet im Vergleich mit Herodot vgl. S. M. BURSTEIN, in: A. LOPRIENO (Hrsg.), *Ancient Egyptian Literature*, Leiden etc. 1996, 593ff.; zu Herodot von Abdera S. M. BURSTEIN, in: *Multi-Cultural Society* 45ff.

[118] Vgl. den dreibändigen Kommentar von A. B. LLOYD, *Herodotus Book II*, Leiden 1975 und 1988; ders., in: *Hérodote et les peuples non grecs*, Genève 1990, 215ff.; C. OBSOMER, in: *Gs Quaegebeur* II 1423ff. Eine eingehende, in bestimmten Punkten methodisch aber übers Ziel schießende detaillierte Zurückweisung der von O. K. Armayor und D. Fehling angeführten „Liar School" unternahm W. K. PRITCHETT, *The Liar School of Herodotos*, Amsterdam 1993.

[119] Vgl. BURSTEIN, a.a.O. 593f.

[120] Vgl. in diesem Sinne zweifelnd O. K. ARMAYOR, *JARCE* 15, 1978, 59ff. Zu dem analogen Ergebnis, daß Herodot auch nicht in Babylon gewesen sein könne, kommt R. ROLLINGER, *Herodots babylonischer Logos*, Innsbruck 1993 (anders PRITCHETT, a.a.O. 235ff.). Auch A. SCHLÖGL, *Herodot*, Reinbek 1998 (in den preisgünstigen und leicht lesbaren rororo-Biographien) gehört zu denen, die Herodots Reisetätigkeit weitestgehend in Abrede stellen; vgl. auch den in Anm. 123 zitierten Aufsatz von P. W. Haider.

[121] K. MEISTER, in: *Der Neue Pauly. Enzyklopädie der Antike*, Bd. 5, Stuttgart – Weimar 1998, 472.

[122] Vgl. auch Herodot II 123, 1 und zum Prinzip des λέγειν τὰ λεγόμενα PRITCHETT, a.a.O. 285f.; *Der Neue Pauly*, a.a.O.; ironisch-kritisch SCHLÖGL, *Herodot* 132f.

[123] P. W. HAIDER, in: *Althistorische Studien (...). Festschrift für F. Hampl*, Stuttgart 2001, 127ff. (das Zitat 144).

[124] Vgl. R. BICHLER – R. ROLLINGER, *Herodot*, Hildesheim 2000, 161f.

[125] G. LORENZ, in: *Althistorische Studien* 82.

[126] Nach II 100 sollen allerdings die Priester dem Herodot die Namen von 330 Königen aus einem Buch vorgelesen haben.

[127] Vgl. hierzu PRITCHETT, a.a.O. 73ff.; H.-G. NESSELRATH, *Museum Helveticum* (Basel) 56, 1999, 1ff.

[128] Vgl. F. DE SALVIA, *EVO* 12, 1989, 125ff.; ders., *DE Special Number* 1, 1989, 81ff.; ders., *SEAP* 12, 1993, 65ff.

[129] Die zitierte Stelle trifft freilich auch dadurch, daß sie den Ägyptern lange ungebrochene Traditionen als hochgeschätztes Ideal zuschreibt, etwas Wahres, vgl. (mit Zitat dieser Stelle) ASSMANN, *Stein und Zeit* 303f. Dagegen ist die Einleitung zum 16. Traktat des Corpus Hermeticum, in der die gesamte griechische Philosophie von einem Ägypter als Wortgeklingel abgetan wird, eine Fälschung; vgl. H.-J. THISSEN, *SAK* 27, 1999, 380 Anm. 55 mit Literatur.

[130] Vgl. oben Kapitel VI, S. 176 mit Anm. 45.

[131] G. LACAZE – O. MASSON – J. YOYOTTE, *RdE* 35, 1984, 137 Anm. 34 (a) und pl. 11.

[132] K. SMOLÁRIKOVÁ, *GM* 141, 1994, 81ff. (aus dem Grab des Udjahorresnet). Zu archaischer ostgriechischer Keramik aus dem unlängst entdeckten Grab des Iufaa in Abusir vgl. dies., in: *Naukratis* 163ff.

[133] P. GALLO – O. MASSON, *BIFAO* 93, 1993, 265ff.

[134] G. LACAZE – O. MASSON – J. YOYOTTE, *RdE* 35, 1984, 132ff.; vgl. auch M. MARTIN, *BIFAO* 97, 1997, 181ff.

[135] Vgl. Kapitel III, S. 55 mit Anm. 46.

[136] Das *pi* ist in Ligatur geschrieben. Um die zum Griechischen passende Lesung *Prpj* zu erhalten, muß man freilich annehmen, daß dreimal ein falsches Vogelzeichen geschrieben worden ist, denn eigentlich steht ja *Prtj* da! – Zum Namen vgl. das analog gebildete Armapiya, s. oben S. 97.

[137] O. MASSON, *RdE* 29, 1977, 53ff. und pl. 2.

[138] Vgl. Abb. 82 (Stele M 7).

[139] Vgl. G. VITTMANN, *Enchoria* 24, 1997/98, 95.

[140] Vgl. oben S. 151.

[141] Vgl. oben S. 100.

[142] O. MASSON, *RdE* 29, 1977, 61ff. und pl. 2; vgl. auch U. HÖCKMANN, in: *Naukratis* 226 und Taf. 42, 3–4.

[143] W. SPIEGELBERG, *JEA* 12, 1926, 34ff. (*pꜣ jḥ n Ḥp*).

[144] Mit diesem **Pa-n-ḥp* (die Dokumente kennen nur das zitierte *Pa-ḥp*) könnten die Namensformen *Pa-n-ꜣs.t* Πανησις, Φανησις als Variante zu *Pa-ꜣs.t* Πανησις „Der der Isis" verglichen werden (*Demot. Nb.* 354).

[145] O. MASSON, *RdE* 29, 1977, 57ff. und pl. 3 (Kairo JE 36571). Vgl. die oben S. 162 erwähnte Petersburger karische Isis!

[146] Das Rho hat dieselbe Form wie im vorhin zitierten Namen Πιραπια nach der alten Kopie von Vansleb.

[147] Vgl. G. HÖLBL, in: *Fs Leclant* III 271ff.

[148] Publikation der beiden genannten Denkmäler: G. WAGNER, in: *Fs Leclant* III 485ff.; PH. DERCHAIN, *CdE* 37, 1962, 188ff. (auf der Statuette in Verviers erscheint das Prädikat in der Form ἀνέστησαν).

[149] O. MASSON, *RdE* 29, 1977, 63ff. und pl. 4 (Berlin 2458).

[150] *Sammelbuch der griechischen Inschriften aus Ägypten* V, Wiesbaden 1955, Nr. 8306. Die Inschrift, soweit erhalten, beginnt mit ...]οδομαῖς Τᾶνον θεὸν ἱδρύσαντο.

[151] Aufgenommen in G. RONCHI, *Lexicon theonymon rerumque sacrarum et divinarum ad Aegyptum pertinentium quae in papyris ostracis titulis graecis latinisque in Aegypto repertis laudantur*, V, Milano 1977, 1081.

[152] Vgl. P. GALLO – O. MASSON, *BIFAO* 93, 1993, 272 Anm. 24.

[153] Publiziert von G. LEFEBVRE, *Le tombeau de Petosiris*, 3 Bände, Le Caire 1923–1924.

[154] Hierzu vgl. immer noch CH. PICARD, *BIFAO* 30, 1931, 201ff.

[155] H.-G. NESSELRATH, *Poetica* (München) 28, 1996, 283 Anm. 22.

[156] Vgl. hinsichtlich der Kunst etwa J. FISCHER, *Gnomon* (München) 66, 1994, 165ff.; K. LEMBKE, *MDIK* 55, 1999, 299ff.; für die Literatur zuletzt H.-J. THISSEN, *SAK* 27, 1999, 369ff. Alle diese Autoren beziehen mit vollem Recht gegen eine einseitig ägyptozentrische Betrachtungsweise Stellung.

Anmerkungen zu Kapitel IX – Ergänzende und zusammenfassende Betrachtungen

1 A. ZIVIE, in: *Gs Quaegebeur* I 287ff.

2 Vgl. P. GALLO – O. MASSON, *BIFAO* 93, 1993, 271 Anm. 19 und pl. III fig. 8 (Stockholm 11422).

3 *ḫ3swt* sind eigentlich die „Wüstengebiete", „Bergländer", früh aber auch schon die „Fremdländer" sowie deren Bewohner. *ḫ3stj* ist eine sog. Nisbe zum Singular *ḫ3st*, bedeutet also wörtlich „der zum Wüstengebiet / zum Bergland / zum Fremdland Gehörige."

4 Vgl. H. DE MEULENAERE, *Cahier de Recherches de l'Institut de Papyrologie et d'Égyptologie de Lille* (Lille) 13, 1991, 54 und Anm. 10.

5 Vgl. hierzu G. VITTMANN, *WZKM* 89, 1999, 259f.

6 A. M. BLACKMAN, *JEA* 27, 1941, 84 und pl. X/XI (Z. 10); vgl. SCHIPPER, *Israel* 114f.

7 Vgl. VITTMANN, a.a.O. 268 (speziell für Theben).

8 R. A. CAMINOS, *The Chronicle of Prince Osorkon*, Rome 1958, 142 und 144 (q).

9 R. A. CAMINOS, *JEA* 50, 1964, 76 und pl. X (Z. 27); 94f.

10 "Large Egyptian Tablets" (abgekürzt LET), Vso 12–18; vgl. H.-U. ONASCH, *Die assyrischen Eroberungen Ägyptens* (= *ÄAT* 27), Wiesbaden 1994, I 108f. (zusammenhängende Transkription und Übersetzung); II 78f. (synoptische Transkription).

11 A. DIHLE, *Die Griechen und die Fremden*, München 1994, 101.

12 Der bisher erst ab der Ptolemäerzeit belegte Ausdruck (vgl. W. ERICHSEN, *Demotisches Glossar*, Kopenhagen 1954, 80) ist nunmehr bereits für das Ende der Ersten Perserzeit bezeugt: In demotischen Ostraka aus El-Manawir in der Oase Charga vom Ende des 5. Jahrhunderts wird nach Stateren (einmal, in O 620, 5, heißt es *sttr n wj<nn>* „io<nischer> Stater") gerechnet, vgl. vorläufig M. CHAUVEAU, *Trans* 20, 2000, 137ff.

13 Zur *Ḥ3w-nbw*-Frage vgl. Kapitel V, S. 143 mit Anm. 102.

14 Vgl. J. OSING, *GM* 40, 1980, 48f. und besonders ders., in: I. GAMER-WALLERT – W. HELCK (Hrsg.), *Gegengabe. Festschrift für Emma Brunner-Traut*, Tübingen 1992, 273ff. (hier 278f. zu der Stelle im Kanopus-Dekret). Die zitierte Stelle aus dem Kanopus-Dekret zeigt übrigens eindeutig, daß *w3ḏ-wr* / *wadj-wer* – wie auch in anderen Texten – sehr wohl das Meer bezeichnen kann (bekanntlich liegt Zypern im Mittelmeer). Dies festzuhalten wäre überflüssig, wenn nicht von bestimmten Seiten immer wieder hartnäckig behauptet würde, daß *w3ḏ-wr* (ebenso wie *jm*) grundsätzlich nie „Meer" bedeutet; vgl. z.B. C. VANDERSLEYEN, *GM* 103, 1988, 75ff.; und dazu kritisch J. F. QUACK, *OLZ* 97, 2002, 453ff.

15 OSING, a.a.O. 279 Anm. 22.

16 Vgl. P. W. HAIDER, in: *Wege zur Genese* 98 (zur „Präsenz ionischer und karischer Söldner und spezialisierter Waffenschmiede in Festungen wie Tahpanhes").

17 Zumindest ist kein stichhaltiger Grund zu erkennen, warum 'SPMT Sohn des PPṬ'WNYT (gesprochen etwa Espmēt / Pefṭe'auneit „Er gehört dem (heiligen) Stab" – ein in Elephantine häufiger Personenname – und „Sein Lebensodem ist in den Händen der Neith") kein Ägypter gewesen sein sollte.

18 Speziell für die aramäisch-ägyptischen Grabstelen, die hier übrigens informativer sind als die – wenngleich zahlreicheren – karischen, vgl. die in der Bibliographie zu Kapitel IV genannten Beiträge von H. Donner und B. Porten – J. Gee.

19 Vgl. hierzu G. POSENER, *RdE* 22, 1970, 204f.

20 Zur – letztlich ungeklärten – Frage nach der ethnischen Zugehörigkeit des Siamun vgl. KUHLMANN, *Ammoneion* 83ff. (das Zitat 83). Zu den Darstellungen des Siamun in seinem Grabe vgl. a.a.O. Taf. 37–38 und Farbtaf. I–II.

21 Ihr Name war *Šmrbj*, wie oben S. 74 vermerkt. Der Anfang sollte dem Element ŠMR „bewahren" entsprechen; vgl. den häufigen Männernamen ŠMRB'L (BENZ, *Personal Names* 181 und 421). Wahrscheinlich handelt es sich um eine Abkürzung (der Name des Stifters, Pa'al'aštart, wird in den hieroglyphischen Inschriften der Stele teils phonetisch exakt transkribiert, teils abgekürzt zu *P'rj*, wobei nach ägyptischem Usus *r* für /r/ und – wie hier /l/ steht).

[22] Vgl. oben Kapitel V mit Anm. 124.

[23] J. ASSMANN, in: M. SCHUSTER (Hrsg.), *Die Begegnung mit dem Fremden*, Stuttgart – Leipzig 1996, 85.

[24] Text bei *KRI* II 251; übersetzt z.B. bei S. SCHOTT, *Altägyptische Liebeslieder*, Zürich 1950², 98. Vgl. auch ASSMANN, a.a.O.

[25] G. T. MARTIN, *The Tomb of Hetepka and Other Reliefs and Inscriptions from the Sacred Animal Necropolis North Saqqâra 1964–1973*, London 1979, 74ff.; vgl. auch U. HÖCKMANN, in: *Naukratis* 224 und zur Teilnahme von fremden Söldnern am Apiskult a.a.O. 224ff.

[26] Ich entnehme das Zitat von H.J. THISSEN, *ZPE* 97, 1993, 241.

[27] Vgl. oben S. 64; 161f.; 199; G. VITTMANN, *Kadmos* 40, 2001, 51f.

[28] Vgl. zu all diesem ASSMANN, a.a.O. 82ff. und 93ff. Der *locus classicus* über die Verständigungsschwierigkeiten zwischen Nord und Süd findet sich in der sog. Satirischen Streitschrift (P. Anastasi 1 [ed. Fischer-Elfert], XXVIII 6; zitiert von ASSMANN, a.a.O. 83).

[29] P. Rylands 9, XI 4; XVI 19; vgl. VITTMANN, *P. Rylands 9*, 150f. und 172f.; Kommentar 463f. und 532.

[30] Für China vgl. z.B. W. BAUER (Hrsg.), *China und die Fremden*, München 1980, 71 (dort auch das – natürlich auf die entsprechenden Verhältnisse bezogene – Zitat).

[31] S. SAUNERON, *Kush* (Khartoum) 7, 1959, 63ff. (zu Setne 2, III 6).

[32] Vgl. u.a. A. LOPRIENO, *Topos und Mimesis. Zum Ausländer in der ägyptischen Literatur* (= *Ägyptologische Abhandlungen* 48), Wiesbaden 1988.

[33] Vgl. E. SWAN HALL, *The Pharao Smites his Enemies* (= *MÄS* 44), Berlin 1986.

[34] Vgl. etwa die an einen Pfahl gebundenen Feinde auf zwei spätzeitlichen Kosmetiklöffeln bei M. PERRAUD, *BIFAO* 99, 1999, 369ff., die in Text und Bild angedeutete, jenseitig orientierte Feindvernichtungssymbolik der Sandalen (hierzu W. VAN HAARLEM, *JEA* 78, 1992, 294f.) oder die ebenso jenseitsbezogenen Darstellungen gefesselter Ausländer auf der Unterseite des Fußteils ptolemäer- und römerzeitlicher Kartonagesärge (W. K. SIMPSON, *ZÄS* 100, 1973, 50ff.).

[35] Vgl. P. HAIDER, in: *Wege zur Genese* 106; ders., in: *Naukratis* 203.

[36] So versteht H. GOEDICKE, *MDIK* 37, 1981, 188 und 196f. (v) die Stelle (Z. 12). Zu der betreffenden Stele (Goedickes Bearbeitung a.a.O. 187ff. weist verschiedene Mängel auf, aber seine Auffassung der zitierten Passage verdient Beachtung) vgl. PERNIGOTTI, *I Greci* 53ff. mit Fig. 5 und weiterer Literatur).

[37] Vgl. den bereits in Kapitel V, Anm. 10 zitierten Artikel von C. THIERS, *BIFAO* 95, 1995, 493ff.

[38] E. G. TURNER, *JEA* 60, 1974, 239ff. und pl. LV.

[39] J. ASSMANN, *Ägypten. Eine Sinngeschichte*, Darmstadt 1996, 435.

[40] Zu Fremden als Religions- und Kultfeinden vgl. J. WINNICKI, *JJP* 24, 1994, 149ff.

[41] ASSMANN, a.a.O. 437 (533 Anm. 61 mit Verweis auf R. GIVEON, *Les bédouins Shosou des documents égyptiens*, Leiden 1971, 168f.).

[42] ASSMANN, a.a.O. 437 und 533 Anm. 64 (P. Salt 825, VII 5).

[43] U. VERHOEVEN, *Das saitische Totenbuch der Iahtesnacht*, Bonn 1993, Teil 1, 304 und Anm. 4 (Übersetzung und Kommentar); hieroglyphische Transkription in Teil 2, 122* (117,13); Photo in Teil 3, Beilage 28. Es handelt sich um den Vermerk zu Totenbuchkapitel 148.

[44] Zitiert nach T. HOPFNER, *Griechisch-Ägyptischer Offenbarungszauber*, Amsterdam 1924, II 24.

[45] Vgl. Y. KOENIG, *RdE* 38, 1987, 105ff. (mit dem zitierten Begriff im Untertitel); H.-J. THISSEN, in: D. MENDEL – U. CLAUDI (Hrsg.), *Ägypten im afro-orientalischen Kontext. Gedenkschrift P. Behrens*, Köln 1991, 369ff.; F. HOFFMANN, *Ägypten. Kultur und Lebenswelt in griechisch-römischer Zeit. Eine Darstellung nach den demotischen Quellen*, Berlin 2000, 213.

[46] Vgl. z.B. die bei H. M. EL-SHAMY, *Folktales of Egypt*, Chicago – London 1980, 38ff. übersetzte Version.

[47] I. E. S. EDWARDS, *Oracular Amuletic Decrees of the Late New Kingdom*, London 1960, 10 und pl. III/IIIA (Sigel L.1, Verso 33–37) und für die anderen Stellen 124 (Index) s.v. *ḫȝrw*.

[48] R. O. FAULKNER, *The Papyrus Bremner-Rhind* (= *Bibliotheca Aegyptiaca* 3), Bruxelles 1933, 34:8–10; Übersetzung ders., *JEA* 23, 1937, 11.

[49] Vgl. K. Henschel, *Geister, Magier und Muslime*, München 1997, 178ff. (mit einem längeren Beispiel).

[50] Vgl. Loprieno, *Topos und Mimesis* (Anm. 32) 7 Anm. 29; P. Hasenfratz, *Zeitschrift für Religions- und Geistesgeschichte* (Leiden) 42, 1990, 193; relativierend H. Buchberger, *WdO* 20/21, 1989/90, 19ff.; vgl. auch hier unten Anm. 55.

[51] Zu „Mensch" als Selbstbezeichnung von Völkern vgl. V. A. Nikonov, in: *Beiträge zur Namenforschung* (Heidelberg) 25, 1990, 29f. (zuerst 1970 in Russisch erschienen).

[52] Großer Sonnenhymnus des Echnaton; vgl. J. Assmann, *Ägyptische Hymnen und Gebete*, Zürich – München 1975, 219. Zur Vorstellung von Thot als Schöpfer der Sprachen vgl. J. Černý, *JEA* 34, 1948, 121f.

[53] Das ist natürlich ebenso wie die Bezeichnung „die Menschen, das Vieh des Re" in der Lehre für Merikare eine Metapher auf derselben Ebene wie das Bild vom „guten Hirten".

[54] Zur Charakterisierung dieser Völker im Pfortenbuch auf Grund von Wortspielen vgl. zuletzt K. Jansen-Winkeln, *Altorientalische Forschungen* (Berlin) 25, 1998, 374ff.

[55] Zu *rmṯ* in Bezug auf Ausländer vgl. K. Jansen-Winkeln, in: E.A. Braun-Holzinger – H. Matthäus (Hrsg.), *Die nahöstlichen Kulturen und Griechenland an der Wende vom 2. zum 1. Jahrtausend v.Chr. Kolloquium (…) Mainz, 11.–12. Dezember 1998*, Möhnesee 2002, 136 u. Anm. 80; K. A. Kitchen, *RdE* 36, 1985, 178 und Anm. 2; beide Autoren mit Verweis auf die Belege bei A. Amer, *JEA* 71, 1985, 67 Anm.8 (Beispiele aus dem Neuen Reich).

[56] A. H. Gardiner, *Geschichte des alten Ägypten*, Stuttgart 1965, 477 (englische Originalausgabe unter dem Titel *Egypt of the Pharaos*, Oxford 1961, 427).

Abkürzungen

ACF	*Annuaire du Collège de France*, Paris
AchHist	*Achaemenid History*, Leiden I: H. Sancisi-Weerdenburg *(Hrsg.), Sources, Structures and Synthesis. Proceedings of the Groningen 1983 Achaemenid History Workshop*, Leiden 1987 III: A. Kuhrt – H. Sancisi-Weerdenburg (Hrsg.), *Method and Theory. Proceedings of the Groningen 1985 Achaemenid History Workshop*, Leiden 1988 VI: H. Sancisi-Weerdenburg – A. Kuhrt (Hrsg.), *Asia Minor and Egypt: Old Cultures in a New Empire. Proceedings of the Groningen 1988 Achaemenid History Workshop*, Leiden 1991 VIII: H. Sancisi-Weerdenburg et al. (Hrsg.), *Continuity and Change. Proceedings of the last Achaemenid History Workshop April 6–8, 1990 – Ann Arbor, Michigan*, Leiden 1994
ÄAT	*Ägypten und Altes Testament*, Wiesbaden
Ägypten und der östliche Mittelmeerraum	M. Görg – G. Hölbl (Hrsg.), *Ägypten und der östliche Mittelmeerraum im 1. Jahrtausend v. Chr. Akten des Interdisziplinären Symposions am Institut für Ägyptologie der Universität München 25.–27. 10. 1996* (= *ÄAT* 44), Wiesbaden 2000
Ä&L	*Ägypten und Levante. Internationale Zeitschrift für ägyptische Archäologie und deren Nachbargebiete*, Wien
AfO	*Archiv für Orientforschung*, Graz / Horn
AOAT	*Alter Orient und Altes Testament*, Kevelaer – Neukirchen-Vluyn
AS	*Ancient Society*, Leuven
ASAE	*Annales du Service des Antiquités de l'Égypte*, Le Caire
Assmann, *Ägypten*	J. Assmann, *Ägypten. Eine Sinngeschichte*, München – Wien und Darmstadt 1996
Assmann, *Stein und Zeit*	J. Assmann, *Stein und Zeit. Mensch und Gesellschaft im alten Ägypten*, München 1991
Aston, *Egyptian Pottery*	D. Aston, *Egyptian Pottery of the Late New Kingdom and Third Intermediate Period (Twelfth – Seventh Centuries B.C.)* (= *Studien zur Archäologie und Geschichte Altägyptens* 13), Heidelberg 1996
Atti sesto congr. intern. eg.	*Atti del Sesto Congresso Internazionale d'egittologia*, Torino 1992
AV	Deutsches Archäologisches Institut Abteilung Kairo, *Archäologische Veröffentlichungen*, Mainz
AW	*Zeischrift für Archäologie und Kulturgeschichte*, Mainz
Bareš, *Udjahorresnet*	L. Bareš, *Abusir IV: The Shaft Tomb of Udjahorresnet at Abusir*, Prague 1999
BASOR	*Bulletin of the American Schools of Oriental Research*, Boston
BdE	*Bibliothèque d'Étude*, Le Caire
Benz, *Personal Names*	F. L. Benz, *Personal Names in the Phoenician and Punic Inscriptions* (= *Studia Pohl* 8), Rome 1972
BES	*Bulletin of the Egyptological Seminar*, New York
BiAeg	*Bibliotheca Aegyptiaca*, Bruxelles
BIFAO	*Bulletin de l'Institut Français d'Archéologie Orientale*, Le Caire
BiOr	*Bibliotheca Orientalis*, Leiden
BN	*Biblische Notizen*, Bamberg

Briant, *Histoire*	P. Briant, *Histoire de l'empire perse*, Paris 1996
BSEG	*Bulletin de la Société d'Égyptologie Genève*, Genève
BSFE	*Bulletin de la Société Française d'Égyptologie*, Paris
Buhl, *Sarcophagi*	M.-L. Buhl, *The Late Egyptian Anthropoid Stone Sarcophagi*, København 1959
CdE	*Chronique d'Égypte*, Bruxelles
Chadwick, *Documents*	J. Chadwick, *Documents in Mycenaean Greek*, Cambridge 1973[2]
CIS	*Corpus inscriptionum semiticarum*, Paris 1881ff.
Commerce	N. Grimal – B. Menu (Hrsg.), *Le Commerce en Égypte ancienne* (= *BIFAO* 121), Le Caire 1998
CRAIBL	*Comptes Rendus de l'Académie des Inscriptions et Belles-Lettres*, Paris
DE Special Number 1	*Proceedings of Colloquium „The Archaeology, Geography and History of the Egyptian Delta in Pharaonic Times." Wadham College 29–31 August, 1988, Oxford* (= *Discussions in Egyptology*, Special Number 1), Oxford 1989
Demot. Nb.	E. Lüddeckens et al., *Demotisches Namenbuch*, Wiesbaden 1980–2000
Derchain, *Impondérables*	P. Derchain, *Les impondérables de l'hellénisation. Littérature d'hiérogrammates* (= *Monographies Reine Élisabeth* 7), Brepols 2000
Die Phönizier	S. Moscati (Hrsg.), *Die Phönizier*, o.J.
EEF	Egypt Exploration Fund, London
Enchoria	*Enchoria. Zeischrift für Demotistik und Koptologie*, Wiesbaden
Eph'al, *Ancient Arabs*	I. Eph'al, *The Ancient Arabs. Nomads on the Borders of the Fertile Crescent 9th – 5th Centuries B.C.*, Jerusalem 1984
EPRO	*Études préliminaires aux réligions orientales dans l'Empire Romain*, Leiden
Erichsen, *Demot. Glossar*	W. Erichsen, *Demotisches Glossar*, Kopenhagen 1954
EVO	*Egitto e Vicino Oriente*, Pisa
Fontes Hist. Nub.	T. Eide et al., *Fontes Historiae Nubiorum*, 4 Bände, Bergen 1994-2000
Fs Huß	K. Geus – K. Zimmermann (Hrsg.), *Punica – Libyca – Ptolemaica. Festschrift für Werner Huß* (= *OLA* 104), Leuven u.a. 2001
Fs Leclant	*Hommage à Jean Leclant*, 4 Bände (= *BdE* 106), Le Caire 1994
Fs Lipiński	K. van Lerberghe – A. Schoors (Hrsg.), *Immigration and Emigration Within the Ancient Near East. Festschrift E. Lipiński* (= *OLA* 65), Leuven 1995
Fs Lüddeckens	H.-J. Thissen – K.-Th. Zauzich (Hrsg.), *Grammata demotika. Festschrift für Erich Lüddeckens*, Würzburg 1984
Gibson, *Textbook*	J. C. K. Gibson, *Textbook of Syrian Semitic Inscriptions*, 3 Bände, Oxford 1971–1982 (zitiert nach Nummer)
Glotta	*Glotta. Zeitschrift für griechische und lateinische Sprache*, Göttingen
GM	*Göttinger Miszellen. Beiträge zur ägyptologischen Diskussion*, Göttingen
GOF IV	*Göttinger Orientforschungen*, IV. Reihe: Ägypten, Wiesbaden
Gs Quaegebeur	W. Clarysse et al. (Hrsg.), *Egyptian Religion. The Last Thousand Years. Studies Dedicated to the Memory of Jan Quaegebeur*, 2 Bände (= *OLA* 84/85), Leuven 1998
Hoffmann, *Inaros*	F. Hoffmann, *Der Kampf um den Panzer des Inaros* (= *Mitteilungen aus der Papyrussammlung der Österreichischen Nationalbibliothek*, Neue Serie, 26), Wien 1996
Hoftijzer – Jongeling, *Dict.*	J. Hoftijzer – K. Jongeling, *Dictionary of the North-West Semitic Inscriptions* (= *Handbuch der Orientalistik*, 1. Abtlg., Bd. 21) , Leiden – New York – Köln 1995
JA	*Journal Asiatique*, Paris
JANES	*The Journal of the Ancient Near Eastern Society of Columbia University*, New York
JAOS	*Journal of the American Oriental Society*, New Haven
JARCE	*Journal of the American Research Center in Egypt*, Boston
JCS	*Journal of Cuneiform Studies*, Boston
JEA	*Journal of Egyptian Archaeology*, London
JHS	*Journal of Hellenic Studies*, London
JJP	*The Journal of Juristic Papyrology*, Warsaw

JNES	*Journal of Near Eastern Studies*, Chicago
JSSEA	*Journal of the Society for the Study of Egyptian Antiquities*, Toronto
Kadmos	*Kadmos. Zeitschrift für vor- und frühgriechische Epigraphik*, Berlin – New York
KAI	H. Donner - W. Röllig, *Kanaanäische und aramäische Inschriften*, 3 Bände, Wiesbaden 1966–1973 (zitiert nach Nummer)
Kammerzell, *Studien*	F. Kammerzell, *Studien zu Sprache und Geschichte der Karer in Ägypten* (= *GOF* IV 27), Wiesbaden 1993
Kêmi	*Kêmi. Revue de philologie et d'archéologie égyptiennes et coptes*, Paris
Kitchen, *TIP*	K. A. Kitchen, *The Third Intermediate Period in Egypt*, 2. Auflage, Warminster 1986
K*RI*	K. A. Kitchen, *Ramesside Inscriptions, Historical and Biographical*, 8 Bände, Oxford 1975-1990
Kuhlmann, *Ammoneion*	K. Kuhlmann, *Das Ammoneion* (= *AV* 75), Mainz 1988
LÄ	W. Helck – W. Westendorf (Hrsg.), *Lexikon der Ägyptologie*, 7 Bände, Wiesbaden 1975-1992
LingAeg	*Lingua Aegyptia. Journal of Egyptian Language Studies*, Göttingen
MÄS	*Münchner Ägyptologische Studien*, Berlin
MDIK	*Mitteilungen des Deutschen Archäologischen Instituts*, Abteilung Kairo, Mainz
Méditerranées 6/7	B. Menu (Hrsg.), *Égypte pharaonique: pouvoir, société* (= *Méditerranées* 6/7), Paris 1996
MIFAO	*Memoires de l'Institut Français d'Archéologie Orientale*, Le Caire
Momenti precoloniali	*Atti del Convegno Internazionale „Momenti precoloniali nel Mediterraneo Antico"*, Roma 1988
Moran, *Lettres*	W. L. Moran, *Les lettres d'El-Amarna*, Paris 1987
Muchiki, *Eg.Proper Names*	Y. Muchiki, *Egyptian Proper Names and Loanwords in North-West Semitic*, Atlanta 1999
Multi-Cultural Society	J. H. Johnson (Hrsg.), *Life in a Multi-Cultural Society. Egypt from Cambyses to Constantine and Beyond* (= *SAOC* 51), Chicago 1992
Naukratis	U. Höckmann – D. Kreikenbom (Hrsg.), *Naukratis. Die Beziehungen zu Ostgriechenland, Ägypten und Zypern und archaischer Zeit. Akten der Table Ronde in Mainz, 25.–27. November 1999*, Möhnesee 2001
Nunn, *Motivschatz*	A. Nunn, *Der figürliche Motivschatz Phöniziens, Syriens und Transjordaniens vom 6. bis zum 4. Jahrhundert v.Chr.* (= *OBO Series Archaeologica* 18), Freiburg Schweiz – Göttingen 2000
OBO	*Orbis Biblicus et Orientalis*, Freiburg Schweiz – Göttingen
OLA	*Orientalia Lovaniensia Analecta*, Leuven
OLP	*Orientalia Lovaniensia Periodica*, Leuven
Or	*Orientalia*, Rom
P. L. Bat.	*Papyrologica Lugduno-Batava*, Leiden
Pernigotti, *I Greci*	S. Pernigotti, *I Greci nell'Egitto della XXVI dinastia*, Imola 1999
Porten, *Elephantine Papyri*	B. Porten (Hrsg.), *The Elephantine Papyri in English*, Leiden – New York – Köln 1996
Posener, *Domination perse*	G. Posener, *La première domination perse* (= *BdÉ* 11), Le Caire 1936
RA	*Revue d'Assyriologie et d'archéologie orientale*, Paris
Ranke	H. Ranke, *Die ägyptischen Personennamen*, 2 Bände, Glückstadt - Hamburg 1935 und 1952
RB	*Revue biblique*, Paris
RdE	*Revue d'Égyptologie*, Paris
RecTrav	*Recueil de travaux relatifs à la philologie et à l'archéologie égyptiennes et assyriennes*, Paris
Redford, *Egypt*	D. B. Redford, *Egypt, Canaan, and Israel in Ancient Times*, Princeton 1992
RSF	*Rivista di studi fenici*, Roma
SAK	*Studien zur altägyptischen Kultur*, Hamburg

SAOC	*Studies in Ancient Oriental Civilization*, Chicago
SCHIPPER, *Israel*	B. U. SCHIPPER, *Israel und Ägypten in der Königszeit. Die kulturellen Kontakte von Salomo bis zum Fall Jerusalems* (= *OBO* 170), Freiburg Schweiz – Göttingen 1999
SCO	*Studi Classici e Orientali*, Pisa
SEAP	*Studi di Egittologia e di Antichità Puniche*, Pisa
SEL	*Studi epigrafici e linguistici sul Vicino Oriente antico*, Verona
Serapis	*Serapis. The American Journal of Egyptology*, Chicago
SMEA	*Studi Micenei ed Egeo-Anatolici*, Roma
SPIEGELBERG, *Petubastis*	W. SPIEGELBERG, *Der Sagenkreis des Königs Petubastis*, Leipzig 1910
StudAeg	*Studia Aegyptiaca*, Budapest
TAD	B. PORTEN – A. YARDENI, *Textbook of Aramaic Documents from Ancient Egypt*, 4 Bände, Jerusalem – Winona Lake 1986–1999
TEIXIDOR, *Bulletin*	J. TEIXIDOR, *Bulletin d'épigraphie sémitique (1964–1980)*, Paris 1986
THOMPSON, *Memphis*	D. J. THOMPSON, *Memphis Under the Ptolemies*, Princeton 1988
Trans	*Transeuphratène. Recherches pluridisciplinaires sur une province de l'Empire Achéménide*, Paris
TUAT	O. KAISER (Hrsg.), *Texte aus der Umwelt des Alten Testaments*, Gütersloh 1982ff.
UF	*Ugarit-Forschungen*, Neukirchen-Vluyn, ab Bd. 27 Münster
VITTMANN, *„Riesen"*	G. VITTMANN, *„Riesen" und riesenhafte Wesen in der Vorstellung der Ägypter* (= *Veröffentlichungen der Institute für Afrikanistik und Ägyptologie* 71), Wien 1995
VITTMANN, *P. Rylands 9*	G. VITTMANN, *Der demotische Papyrus Rylands 9*, 2 Bände (= *ÄAT* 38), Wiesbaden 1998
VLEEMING, *Short Texts*	S. P. VLEEMING, *Some Coins of Artaxerxes and Other Short Texts in the Demotic Script* (...) (= *Studia demotica* 5), Leuven etc. 2001
Von Sinuhe bis Nebukadnezar	A. JEPSEN (Hrsg.), *Von Sinuhe bis Nebukadnezar. Dokumente aus der Umwelt des Alten Testaments*, Stuttgart – München 1975
WdO	*Welt des Orients*, Göttingen
Wege zur Genese	C. ULF (Hrsg.), *Wege zur Genese griechischer Identität. Die Bedeutung der früharchaischen Zeit*, Berlin 1996
WZKM	*Wiener Zeitschrift für die Kunde des Morgenlandes*, Wien
ZÄS	*Zeitschrift für Ägyptische Sprache und Altertumskunde*, Berlin / Leipzig
ZDMG	*Zeitschrift der Deutschen Morgenländischen Gesellschaft*, Leipzig, später Wiesbaden und Stuttgart
ZDPV	*Zeitschrift des Deutschen Palästina-Vereins*, Leipzig, später Wiesbaden
ZPE	*Zeitschrift für Papyrologie und Epigraphik*, Bonn

Literatur
(in Auswahl)

I. Ägypten und die Libyer

H. Goedicke, „Psammetik I. und die Libyer", *MDIK* 18, 1962, 26-49

E. Graefe, „Der libysche Stammesname *p(j)dj / pjt* im spätzeitlichen Onomastikon", *Enchoria* 5, 1975, 13–17

B. Haring, „Libyans in the Late Twentieth Dynasty", in: R.J. Demarée – A. Egberts (Hrsg.), *Village Voices*, Leiden 1992, 71–80

–, „Libyans in the Theban region, 20th dynasty", in: *Atti sesto congr. intern. eg.* II 159–165

K. Jansen–Winkeln, „Der Beginn der libyschen Herrschaft in Ägypten", *BN* 71, 1994, 78–97

–, „Gab es in der altägyptischen Geschichte eine feudalistische Epoche?", *WdO* 30, 1999, 7–20

–, „Die Fremdherrschaften in Ägypten im 1. Jahrtausend v. Chr.", *Or* 69, 2000, 1–20

–, „Der thebanische ‘Gottesstaat’", *Or* 70, 2001, 153–182

–, „Ägyptische Geschichte im Zeitalter der Wanderungen von Seevölkern und Libyern", in: E.A. Braun-Holzinger – H. Matthäus (Hrsg.), *Die nahöstlichen Kulturen und Griechenland an der Wende vom 2. zum 1. Jahrtausend v. Chr. Kolloquium (…) Mainz, 11.–12. Dezember 1998*, Möhnesee 2002, 123–142

K. Kuhlmann, *Das Ammoneion. Archäologie, Geschichte und Kultpraxis des Orakels von Siwa* (= *AV* 75), Mainz 1988

A. Leahy (Hrsg.), *Libya and Egypt c1300–750*, London 1990

–, „The Libyan Period in Egypt: An Essay in Interpretation", *Libyan Studies* (London) 16, 1985, 51–65

–, „‘May the King Live’: The Libyan Rulers in the Onomastic Record", in: A. B. Lloyd (Hrsg.), *Studies (…) in Honour of J. Gwyn Griffiths*, London 1992, 146–163

J. Osing, „Libyen, Libyer", in: *LÄ* III, 1980, 1015–1033

S. Richardson, „Libya Domestica: Libyan Trade and Society on the Eve of the Invasions of Egypt", *JARCE* 36, 1999, 149–164

R. K. Ritner, „The End of the Libyan Anarchy in Egypt", *Enchoria* 17, 1990, 101–108

D. Stockfisch, „Bemerkungen zur sog. ‘libyschen Familie’, in: M. Schade-Busch (Hrsg.), *Wege öffnen. Festschrift für Rolf Gundlach* (= *ÄAT* 35), Wiesbaden 1996, 315–325

J. Yoyotte, „Les principautés du Delta au temps de l’anarchie libyenne", in: *Mélanges Maspero* I/4 (= *MIFAO* 66), Le Caire 1961, 121–181

II. Ägypten, Assyrien und Babylonien

P. Albenda, „Egyptians in Assyrian Art", *BES* 4, 1982, 5–23

J. v. Beckerath, „Ägypten und der Feldzug Sanheribs im Jahre 701 v.Chr.", *UF* 24, 1992, 3–8

A.C.V.M. Bongenaar – B.J.J. Haring, „Egyptians in Neo-Babylonian Sippar", *JCS* 46, 1994, 59–72

R. Borger, *Die Inschriften Asarhaddons, Königs von Assyrien* (= *Beiheft zum AfO* 9), Graz 1956

–, „Historische Texte in akkadischer Sprache", in: *TUAT* I 354–410

–, *Beiträge zum Inschriftenwerk Assurbanipals: Die Prismenklassen A, B, C=K, D, E, F, G, H J und T sowie andere Inschriften*, Wiesbaden 1996

G. Colin, „L’Égypte pharaonique dans la chronique de Jean, évêque de Nikiou", *RdE* 46, 1995, 43–54

E. Edel, „Amasis und Nebukadnezar II.", *GM* 29, 1978, 13–20

–, *Neue Deutungen keilschriftlicher Umschreibungen ägyptischer Wörter und Personennamen*, Wien 1980

M. Elat, „The Economic Relations of the Neo-Assyrian Empire with Egypt", *JAOS* 98, 1978, 20–34

I. Eph'al, „The Western Minorities in Babylonia in the 6th–5th Centuries B.C.: Maintenance and Cohesion", *Or* 47, 1978, 74–90
–, *The Ancient Arabs. Nomads on the Borders of the Fertile Crescent 9th – 5th Centuries B.C.*, Jerusalem 1984
G. Fecht, „Zu den Namen ägyptischer Fürsten und Städte in den Annalen des Assurbanipal und der Chronik des Asarhaddon", *MDIK* 16, 1957, 112–119
L. Gestermann, „Die Plünderung Thebens durch assyrische Truppen – Eine Randbemerkung aus ägyptologischer Sicht", in: *Dankesgabe für Heinrich Schützinger* (= *Hallesche Beiträge zur Orientwissenschaft* 29), Halle (Saale) 2000, 63–80
L. A. Heidorn, „The Horses of Kush", *JNES* 56, 1997, 105–114
H. Klengel, *Syria 3000 to 300 B.C. A Handbook of Political History*, Berlin 1992
D. Kahn, „The Inscription of Sargon II at Tang-i Var and the Chronology of Dynasty 25", *Or* 70, 2001, 1–18
A. Mazar, *Archaeology of the Land of the Bible 10,000–586 B.C.E.*, New York 1992
H.-U. Onasch, *Die assyrischen Eroberungen Ägyptens*, 2 Teile (= *ÄAT* 27), Wiesbaden 1994
D. Picchi, *Il conflitto tra Etiopi ed Assiri nell'Egitto della XXV dinastia*, Imola 1997
J. N. Postgate – B.K. Ismail, *Texts from Niniveh* (= *Texts in the Iraq Museum* IX), o.J./o.O. (ca. 1993), passim (hierin A. Leahy, „The Egyptian Names", 56–62)
D. B. Redford, *Egypt, Canaan, and Israel in Ancient Times*, Princeton 1993
B. U. Schipper, *Israel und Ägypten in der Königszeit. Die kulturellen Kontakte von Salomo bis zum Fall Jerusalems* (= *OBO* 170), Freiburg Schweiz – Göttingen 1999
A. Spalinger, „An Egyptian Motif in an Assyrian Text", *BASOR* 223, 1976, 64–67
–, „Egypt and Babylonia: a Survey (c. 620 B.C. – 550 B.C.)", *SAK* 5, 1977, 221–244
–, „The Foreign Policy of Egypt Preceding the Assyrian Conquest", *CdE* 53, 1978, 22–47
H. Verreth, „The Egyptian Eastern Border Region in Assyrian Sources", *JAOS* 119, 1999, 234–247
D. J. Wiseman, „Some Egyptians in Babylonia", *Iraq* 28, 1966, 154–158
R. Zadok, „Some Egyptians in First-Millennium Mesopotamia", *GM* 26, 1977, 63–68
–, „Egyptians in Babylonia and Elam During the 1st Millennium B.C.", *LingAeg* 2, 1992, 139–146
J. Zeidler, „Einige neue keilschriftliche Entsprechungen ägyptischer Personennamen", *WdO* 25, 1994, 36–56

III. Ägypten und die Phöniker

S. Aufrère, „Un prolongement méditerranéen du mythe de la Lointaine à l'époque tardive", in: *Commerce* 19–39
J. Baines, „On *Wenamun* as a Literary Text", in: J. Assmann – E. Blumenthal, *Literatur und Politik im pharaonischen und ptolemäischen Ägypten* (= *BdE* 127), Le Caire 1999, 209–233
M. Botto, „L'attività economica dei fenici in oriente tra il IX e la prima metà dell'VIII sec. A.C.", *EVO* 11, 1988, 117–154
E. Bresciani, „Presenze fenicie in Egitto", *EVO* 10, 1987, 69–78, auch abgedruckt in: *Momenti precoloniali* 257–265
G. Bunnens, „La mission d'Ounamon en Phénicie. Point de vue d'un non-égyptologue", *RSF* 6, 1978, 1–16
C. Butterweck et al., „Phönizische Grab-, Sarg- und Votivinschriften", in: *TUAT* I 582–620
J. N. Carreira, „Hermopolitan traditions in Philo Byblius' Phoenician History", in: *Atti sesto congr. intern. eg.* II 69–76
R. de Spens, „Droit international et commerce au début de la XXIe dynastie. Analyse juridique du rapport d'Ounamon", in: *Commerce* 105–126
H. Donner – W. Röllig, *Kanaanäische und aramäische Inschriften*, 3 Bände, Wiesbaden 1966–1973
J. Elayi, „La place de l'Égypte dans la recherche sur les Phéniciens", *Trans* 9, 1995, 11–24
M. Fantar, „Présence égyptienne à Carthage", *Fs Leclant* III 203–211
I. Gamer-Wallert, *Ägyptische und ägyptisierende Funde von der Iberischen Halbinsel* (= *Tübinger Atlas des Vorderen Orients*, Beihefte, B 21), Wiesbaden 1978
J. C. K. Gibson, *Textbook of Syrian Semitic Inscriptions*, vol. 3: *Phoenician Inscriptions*, Oxford 1982
T. C. Gouder – B. Rocco, „Un talismano bronzeo da Malta contenente un nastro di papiro con iscrizione fenicia", *Studi Magrebini* 5, 1975, 1–18

E. Gubel, „Das libyerzeitliche Ägypten und die Anfänge der phönizischen Ikonographie", in: *Ägypten und der östliche Mittelmeerraum* 69–100

G. Hölbl, „Egyptian Fertility Magic within Phoenician and Punic Culture", in: A. Bonanno (Hrsg.), *Archaeology and Fertility Cult in the Ancient Mediterranean*, Malta 1986, 197–205 und 334–356

–, *Ägyptisches Kulturgut im phönikischen und punischen Sardinien* (= *EPRO* 102), Leiden 1986, 352f.

–, *Ägyptisches Kulturgut auf Malta und Gozo*, Wien 1989

–, „Ägyptische Kunstelemente im phönikischen Kulturkreis des 1. Jahrtausends v.Chr.: Zur Methodik ihrer Verwendung", *Or* 58, 1989, 318–325

J. Kamlah, „Zwei nordpalästinische 'Heiligtümer' der persischen Zeit und ihre epigraphischen Funde", *ZDPV* 115, 1999, 163–190

W. Kornfeld, „Neues über die phönikischen und aramäischen Graffiti in den Tempeln von Abydos", *Anzeiger der Österreichischen Akademie der Wissenschaften*, phil.-hist. Kl., 115 (1978), Wien 1979, 193–200

V. Krings (Hrsg.), *La civilisation phénicienne et punique. Manuel de recherche* (= *Handbuch der Orientalistik*, 1. Abteilung, 20. Band), Leiden – New York – Köln 1995

A. Leahy, „Egypt as a Bronzeworking Centre (1000–539 BC)", in J. Curtis (Hrsg.), *Bronze-working Centres of Western Asia, c. 1000–539 B.C.*, London 1988, 297–309

J. Leclant, „Les relations entre l'Égypte et la Phénicie du voyage d'Ounamon à l'expédition d'Alexandre", in W. A. Ward (Hrsg.), *The Role of the Phoenicians in the Interaction of Mediterranean Civilizations*, Beirut 1968, 9–31

–, „Carthage et l'Égypte", in: *Actes du IIIe congrès international des études phéniciennes et puniques, Tunis, 11–16 novembre 1991*, Tunis 1995, I, 41–50 (*non vidi*)

A. Lemaire, „Divinités égyptiennes dans l'onomastique phénicienne", in: *Studia Phoenicia*, IV: C. Bonnet et al. (Hrsg.), *Religio Phoenicia*, Namur 1986, 87–98

P. Magnanini, *Le iscrizioni fenicie dell'oriente. Testi, traduzioni, glossari*, Roma 1973

G. Markoe, *Phoenician Bronze and Silver Bowls from Cyprus and the Mediterranean*, Berkeley – Los Angeles – London 1985

P.K. McCarter, „An Inscribed Phoenician Funerary Situla in the Art Museum of Princeton University", *BASOR* 290–291, 1993, 115–120

A. O. Meza, „An Egyptian Statuette in Petra", in: *Proceedings of the Second International Congress of Egyptologists Cambridge, 3–9 September 1995* (= *OLA* 82), Leuven 1998, 775–783

S. Moscati, *Die Phönizier*, o.J. (deutsche Ausgabe des Begleitbandes zur großen Phönikerausstellung Venedig 1988)

Y. Muchiki, *Egyptian Proper Names and Loanwords in North-West Semitic*, Atlanta 1999

J. Padró, „Le rôle de l'Égypte dans les relations commerciales d'orient et d'occident au premier millénaire", *ASAE* 71, 1987, 213–222

–, „Les relations commerciales entre l'Égypte et le monde phénico-punique", in: *Commerce* 41–58

S. Pernigotti, „Una rappresentazione religiosa egiziana su uno scarabeo con iscrizione fenicia", in: *Atti del I Congresso Internazionale di Studi Fenici e Punici*, II, Roma 1983, 583–587

–, „Aspetti dei rapporti tra la civiltà fenicia e la cultura egiziana", in: *Momenti precoloniali* 267–276

S. Ribichini, „Divinità egiziane nelle iscrizioni fenicie d'Oriente", in: G. Benigni et al. (Hrsg.), *Saggi fenici*, Roma 1975, 6–14

G. Scandone, „Testimonianze egiziane in Fenicia dal XII al IV sec. A.C.", *RSF* 12, 1984, 133–163

G. Vittmann, „Zu den in den phönikischen Inschriften enthaltenen ägyptischen Personennamen", *GM* 113, 1989, 91–96

P. Wagner, *Der ägyptische Einfluß auf die phönizische Architektur*, Bonn 1980

M. Weippert, „Eine phönizische Inschrift aus Galiläa", *ZDPV* 115, 1999, 191–200

K.-Th. Zauzich – W. Röllig, „Eine ägyptische Schreiberpalette in phönizischer Umgestaltung", *Or* 59, 1990, 320–332

IV. Die aramäischen Dokumente

P. Briant, „Une curieuse affaire à Éléphantine en 410 av. n.è.: Widranga, le sanctuaire de Khnûm et le temple de Yahweh", in: *Méditerranées* 6/7, 1996, 115–135

P. Briant – R. Descat, „Un registre douanier de la satrapie d'Égypte à l'époque achéménide", in: *Commerce* 59–104

A. Cowley, *Aramaic Papyri of the Fifth Century B.C.*, Oxford 1923

H. Donner, „Elemente ägyptischen Totenglaubens bei den Aramäern Ägyptens", in: *Religions en Égypte hellénistique et romaine. Colloque de Strasbourg 16–18 mai 1967*, Paris 1969, 35–44

M. L. Folmer, *The Aramaic Language in the Achaemenid Period. A Study in Linguistic Variation* (= *OLA* 68), Leuven 1995

P. Grelot, *Documents araméens d'Égypte*, Paris 1972

W. Kornfeld, „Aramäische Sarkophage in Assuan", *WZKM* 61, 1967, 9–16

–, „Jüdisch-aramäische Grabinschriften aus Edfu", *Anzeiger der Österreichischen Akademie der Wissenschaften* 110, 1973, 123–37

–, *Onomastica Aramaica aus Ägypten*, Wien 1978

I. Kottsieper, „Die Geschichte und die Sprüche des weisen Achiqar", in: *TUAT* III 320–347

E. G. Kraeling, *The Brooklyn Museum Aramaic Papyri*, New Haven 1953

J. M. Lindenberger, *Ancient Aramaic and Hebrew Letters*, Atlanta 1994

H. Lozachmeur, „Un nouveau graffito araméen provenant de Saqqara", *Semitica* 48, 1999, 147–149

J. Mélèze Modrzejewski, *The Jews of Egypt. From Rameses II to Emperor Hadrian*, Princeton 1997

Y. Muchiki, *Egyptian Proper Names and Loanwords in North-West Semitic*, Atlanta 1999

J. Naveh, „Aramaica dubiosa", *JNES* 27, 1968, 317–325

C. von Pilgrim, „Textzeugnis und archäologischer Befund: Zur Topographie Elephantines in der 27. Dynastie", in: H. Guksch – D. Polz (Hrsg.), *Stationen. Beiträge zur Kulturgeschichte Ägyptens Rainer Stadelmann gewidmet*, Mainz 1998, 485–497

B. Porten, *Archives from Elephantine: The Life of an Ancient Jewish Military Colony*, Berkeley – Los Angeles 1968

– , „The Identity of King Adon," *Biblical Archeologist* (Missoula) 44, 1981, 35–52

– , „Aramaic-Demotic Equivalents: Who is the Borrower and Who the Lender?", in: *Multi-Cultural Society* 259–264

– (Hrsg.), The Elephantine Papyri in English, Leiden – New York – Köln 1996

–, in: W. W. Hallo (Hrsg.), *The Context of Scriptures. Canonical Compositions, Monumental Inscriptions, and Archival Documents from the Biblical World*, Leiden etc., II, 2000, 163; 175–176; 185–191 [Inschriften]; III, 2002, 116-217 [Papyri und Ostraka]

–, „Egyptian Names in Aramaic Texts", in: K. Ryholt (Hrsg.), *Acts of the Seventeenth International Conference of Demotic Studies*, Copenhagen 2002, 283–327

B. Porten - J. Gee, „Aramaic Funerary Practices in Egypt", in: P. M. M. Daviau et al. (Hrsg.), *The World of the Aramaeans II. Studies in History and Archaeology in Honour of Paul-Eugène Dion* (= *Journal for the Study of the Old Testament Supplement Series* 325), 2001, 270–307

B. Porten – A. Yardeni, *Textbook of Aramaic Documents from Ancient Egypt*, 4 Bände, Jerusalem – Winona Lake 1986–1999

J. F. Quack, „Ein demotischer Ausdruck in aramäischer Transkription", *WdO* 23, 1992, 15–20

E. Sachau, *Aramäische Papyrus und Ostraka aus einer jüdischen Militär-Kolonie zu Elephantine*, Leipzig 1911

J. B. Segal, *Aramaic Texts from North Saqqâra with Some Fragments in Phoenician*, London 1983

G. Vittmann, „Semitisches Sprachgut im Demotischen", *WZKM* 86, 1996, 435–447

–, „Ägyptische Onomastik der Spätzeit im Spiegel der nordwestsemitischen und karischen Nebenüberlieferung", in: M. P. Streck – S. Weninger, *Altorientalische und semitische Onomastik* (= *AOAT* 296), Münster 2002, 85–107

S. P. Vleeming – J. W. Wesselius, *Studies in Papyrus Amherst 63*, vol. I, Amsterdam 1985

K.-Th. Zauzich, „Ägyptologische Bemerkungen zu den neuen aramäischen Papyri aus Saqqara", *Enchoria* 13, 1985, 115–118

V. Ägypten und die Perser

M. Ayad, „Some Thoughts on the Disappearance of the Office of the God's Wife of Amun", *JSSEA* 28, 2001, 1–14
P. Bedford, „Early Achaemenid Monarchs and Indigenous Cults: Toward the Definition of Imperial Policy", in: M. Dillon (Hrsg.), *Religion in the Ancient World. New Themes and Approaches*, Amsterdam 1996, 17–39
R. S. Bianchi, „Perser in Ägypten", in: *LÄ* IV, 1982, 943–951
E. Bresciani, „La satrapia d'Egitto", *SCO* 7, 1958, 132–187
–, „Ägypten und das Perserreich", in: *Fischer Weltgeschichte*, Bd. 5, Frankfurt 1965, 311–329; Anmerkungen 390–393
–, „The Persian Occupation of Egypt", in: *Cambridge History of Iran*, II, Oxford 1985, 502–528
–, „Cambyse, Darius I et le droit des temples égyptiens", in: *Méditerranées* 6/7, 1996, 103–113
P. Briant, „Ethno-classe dominante et populations soumises dans l'empire achémenide: Le cas d'Égypte", in: *AchHist* III 136–173
–, *Histoire de l'empire perse de Cyrus à Alexandre*, Paris 1996
–, „Inscriptions multilingues d'époque achéménide: le texte et l'image", in: *Le décret de Memphis. Colloque de la Fondation Singer-Polignac à l'occasion de la célébration du bicentenaire de la découverte de la Pierre de Rosette*, Paris 1999, 91–115
G. Burkard, „Medizin und Politik: Altägyptische Heilkunst am persischen Königshof", *SAK* 21, 1994, 35–57
–, „Literarische Tradition und historische Realität: Die persische Eroberung Ägyptens am Beispiel Elephantine", *ZÄS* 121, 1994, 93–106; *ZÄS* 122, 1995, 31–37
Cahiers de la Délégation Archéologique Française en Iran 4, 1974 (Publikation der Susa-Statue Dareios' I.)
P. Calmeyer, „Ägyptischer Stil und reichsachaimenidische Inhalte auf dem Sockel der Dareios-Statue aus Susa/Heliopolis", in: *AchHist* VI 285–303
M. Chauveau, „La chronologie de la correspondance dite «de Phérendatès»", *RdE* 50, 1999, 269–271
J. D. Cooney, „Persian Influence in Late Egyptian Art", *JARCE* 4, 1965, 39–48
L. Depuydt, „The Story of Cambyses's Mortal Wounding of the Apis Bull (ca 523 B.C.E)", *JNES* 54, 1995, 119–126
D. Devauchelle, „Un Perse dans l'Égypte ptolémaïque", *RdE* 39, 1988, 208
–, „Le sentiment anti-perse chez les anciens Égyptiens", *Trans* 9, 1995, 67–80
–, „Un problème de chronologie sous Cambyse", *Trans* 15, 1998, 9–17
G. Godron, „Notes sur l'histoire de la medicine et l'occupation perse en Égypte", in: *Hommages à François Daumas*, Montpellier 1986, I, 285–297
I. Hofmann, „Kambyses in Ägypten", *SAK* 9, 1981, 179–199
T. Holm-Rasmussen, „Collaboration in Early Achaemenid Egypt", in: *Studies in Ancient History and Numismatics Presented to Rudi Thomsen*, Aarhus 1988, 29–38
G. R. Hughes, „The So-Called Pherendates Correspondence", in: *Grammata demotika. Festschrift für Erich Lüddeckens*, Würzburg 1984, 75–86
W. Huss, „Ägyptische Kollaborateure in persischer Zeit", *Tyche. Beiträge zur Alten Geschichte, Papyrologie und Epigraphik* (Wien) 12, 1997, 131–143
P. Huyse, *Iranische Namen in den griechischen Dokumenten Ägyptens* (= *Iranisches Personennamenbuch*, Band V, Faszikel 6a), Wien 1990
–, „Die Perser in Ägypten. Ein onomastischer Beitrag zu ihrer Erforschung", in: *AchHist* VI 311–320
–, „'Analecta Iranica' aus den demotischen Dokumenten von Nord-Saqqara", *JEA* 78, 1992, 287–293
J. H. Johnson, „The Persians and the Continuity of Egyptian Culture", in: *AchHist* VIII 149–159
– „Ethnic Considerations in Persian Period Egypt", in: E. Teeter – J. A. Larson (Hrsg.), *Gold of Praise. Studies on Ancient Egypt in Honor of Edward F. Wente* (= *SAOC* 58), Chicago 1999, 211–222
F. von Kaenel, „Les mésaventures du conjurateur de Serket Onnophris et de son tombeau", *BSFE* 88/89, 1980, 31–45
R. G. Kent, *Old Persian. Grammar, Texts, Lexicon*, New Haven 1953
H. Koch, *Es kündet Dareios der König ... Vom Leben im Persischen Großreich*, Mainz 1992
P. Lecoq, *Les inscriptions de la Perse achéménide. Traduit du vieux perse, de l'élamite, du babylonien et de l'araméen*, (Gallimard) 1997
A. B. Lloyd, „The Inscription of Udjaḥorresnet. A Collaborator's Testament", *JEA* 68, 1982, 166–180

–, „Egypt, 404–332 B.C.", *Cambridge Ancient History*, VI, 2nd edition, Oxford 1994, 337–360
–, „Cambyses in Late Tradition", in: *The Unbroken Reed. Studies (...) in Honour of A. F. Shore*, London 1994, 195–204
I. Mathieson et al., „A Stela from the Persian Period from Saqqara", *JEA* 82, 1995, 23–41
B. Menu, „Les carrières des égyptiens à l'étranger sous les dominations perses; les critères de justification, leur évolution et leurs limites", *Trans* 9, 1995, 81–90; auch abgedruckt in: B. Menu, *Recherches sur l'histoire juridique, économique et sociale de l'ancienne Égypte*, II (= *BdE* 122), Le Caire 1998, 255–264
R. Morkot, „Nubia and Achaemenid Persia: Sources and Problems", in: *AchHist* VI 321–336
G. Posener, *La première domination perse en Égypte. Recueil d'inscriptions hiéroglyphiques* (= *BdE* 11), Le Caire 1936
–, „De nouveau sur Kombabos", *RdE* 37, 1986, 91–96
J. D. Ray, „Egypt: Dependence and Independence (425–343 B.C.)", in: *AchHist* I 79–95
–, „Egypt 525–404 B.C.", in: *Cambridge Ancient History*, IV, 2nd edition, 1988, 254–286 und (Bibliographie) 833–839
C. A. Redmount, „The Wadi Tumilat and the 'Canal of the Pharaohs'", *JNES* 54, 1995, 127–135
J. Schwartz, „Les conquérants perses et la littérature égyptienne", *BIFAO* 48, 1949, 65–80
K. Sethe, „Spuren der Perserherrschaft in der späteren ägyptischen Sprache", in: *Nachrichten von der Gesellschaft der Wissenschaften zu Göttingen*, phil.-hist. Kl. 1916, 112–133
H. S. Smith, „Foreigners in the Documents from the Sacred Animal Necropolis, Saqqara", in: *Multi-Cultural Society* 295–301
W. Spiegelberg, „Drei demotische Schreiben aus der Korrespondenz des Pherendates, des Satrapen Darius' I., mit den Chnum-Priestern von Elephantine", *Sitzungsberichte der Preußischen Akademie der Wissenschaften*, Jg. 1928, Berlin 1928, 604–622
H. Sternberg-el Hotabi, „Politische und sozio-ökonomische Strukturen im perserzeitlichen Ägypten", *ZÄS* 127, 2000, 153–167
J. Tavernier, „Zu einigen iranischen Namen aus Ägypten", *GM* 186, 2002, 107–111
C. Traunecker, „Un portrait ignoré d'un roi perse: La tête «Strasbourg 1604»", *Trans* 9, 1995, 101–117
Chr. Tuplin, „Darius' Suez Canal and Persian Imperialism", in: *AchHist* VI 237–283
G. Vittmann, „Ein altiranischer Titel in demotischer Überlieferung", *AfO* 38/39, 1991/92, 159–160
V. Wessetzky, „Fragen zum Verhalten der mit den Persern zusammenarbeitenden Ägypter", *GM* 124, 1991, 83–89
J. Wiesehöfer, „*Prtrk, rb ḥyl', sgn* und *mr'*. Zur Verwaltung Südägyptens in achaimenidischer Zeit", in: *AchHist* VI 305–309
–, *Das antike Persien. Von 550 v.Chr. bis 650 n.Chr.*, Zürich 1993 und München 1994
J. Yoyotte, „Les inscriptions hiéroglyphiques. Darius et l'Égypte", *JA* 260, 1972, 253–256
A. P. Zingarelli, „La política religiosa de Cambises en Egipto", *Revista de Estudios de Egiptología* (Buenos Aires) 5, 1994, 87–94

VI. Ägypten und die alten Araber

A. Avanzini, „Brevi osservazioni sui rapporti tra cultura sudarabica e le culture vicine", *EVO* 11, 1988, 185–193
– (Hrsg.), *Profumi d'Arabia. Atti del convegno*, Roma 1997
A. F. L. Beeston, „Further Remarks on the Zayd-'il Sarcophagus Text", *Proceedings of the Seminar for Arabian Studies* (London) 14, 1984, 100–102
F. Briquel-Chatonnet – L. Nehmé, „Graffitti nabatéens d'Al-Muwayḥ et de Bi'r al-Ḥammāmāt (Égypte)", *Semitica* (Paris) 47, 1998, 81–88
G. Colin, „À propos des graffites sud-arabiques du ouadi Hammāmāt", *BIFAO* 88, 1988, 33–36
I. Eph'al, *The Ancient Arabs. Nomads on the Borders of the Fertile Crescent 9th – 5th* Centuries B.C., Jerusalem 1984
Iscrizioni sudarabiche, vol. I: *Iscrizioni minee*, Napoli 1974
W. H. M. Liesker – A.M. Tromp, „Zwei ptolemäische Papyri aus der Wiener Papyrussammlung", *ZPE* 66, 1986, 79–89 (mit Liste von Arabern in den ptolemäischen Papyri)
E. Lüddeckens, „Ein demotischer Papyrus aus Mittelägypten", *ZÄS* 115, 1988, 51–61

W. W. MÜLLER, „Weihrauch", in: *Paulys Realencyclopädie der Classischen Altertumswissenschaft*, Supplementband XV, München 1978, 701–777
–, „Zu den in demotischen Urkunden in den Schreibungen *wjlw* und *ʿwmȝjlw* belegten semitischen Namen", *ZÄS* 115, 1988, 84–85
W. W. MÜLLER – G. VITTMANN, „Zu den Personennamen der aus Ägypten stammenden Frauen in den sogenannten 'Hierodulenlisten' von Maʿīn", *Or* 62, 1993, 1–10
F. J. QUACK, „Ägyptisches und südarabisches Alphabet", *RdE* 44, 1993, 141–151 (mit Korrekturen *RdE* 45, 1994, 197)
I. RABINOWITZ, „Aramaic Inscriptions of the Fifth Century B.C.E. from a North-Arab Shrine in Egypt", *JNES* 15, 1956, 1–9
–, „Another Aramaic Record of the North-Arabian Goddess Han-Ilat", *JNES* 18, 1959, 155–156
C. ROBIN, „L'Égypte dans les inscriptions de l'Arabie méridionale préislamique", in: *Fs Leclant* IV 285–301
A.M. A.H. SAYED, „Reconsideration of the Minaean Inscription of Zayd'il bin Zayd", *Proceedings of the Seminar for Arabian Studies* (London) 14, 1984, 93–99
P. SWIGGERS, „A Minaean Sarcophagus Inscription from Egypt", in: *Fs Lipiński* 335–343
J. TROPPER, „Ägyptisches, nordwestsemitisches und altsüdarabisches Alphabet", *UF* 28, 1996, 619–632
J. K. WINNICKI, „Zustrom und Ansiedlung der Nomaden vom Nordosten Ägyptens im Niltal in der griechisch-römischen Zeitperiode", *JJP* 30, 2000, 165–178

VII. Die Karer in Ägypten

I. ADIEGO, „Les identifications onomastiques dans le déchiffrement du carien", in: GIANNOTTA et al., *Decifrazione* (s.u.), 27–63 (hierin Appendix S. 59–63 „Inscriptions cariennes en transcription")
P. FREI – C. MAREK, „Die karisch-griechische Bilingue von Kaunos. Eine zweisprachige Staatsurkunde des 4. Jh.s v.Chr.", *Kadmos* 36, 1997, 1–89
–, „Die karisch-griechische Bilingue von Kaunos. Ein neues Textfragment", *Kadmos* 37, 1998, 1–18
P. GALLO – O. MASSON, „Une stèle 'hellénomemphite' de l'ex-collection Nahman", *BIFAO* 93, 1993, 265–276
M. E. GIANNOTTA et al. (Hrsg.), *La decifrazione del cario. Atti del 1° Simposio Internazionale Roma, 3–4 maggio 1993*, Roma 1994
U. HÖCKMANN, „'Bilinguen'. Zu Ikonographie und Stil der karisch-ägyptischen Grabstelen des 6. Jhs. v.Chr. Methodische Überlegungen zur griechischen Kunst der archaischen Zeit in Ägypten", in: *Naukratis* 217–232
F. KAMMERZELL, *Studien zu Sprache und Geschichte der Karer in Ägypten* (= *GOF* IV 27), Wiesbaden 1993
–, „Die Geschichte der karischen Minderheit in Ägypten", in: *Naukratis* 233–255
A. B. LLOYD, „Two Figured Ostraca from North Saqqâra", *JEA* 64, 1978, 107–112
C. MARTIN, „The Carians in Egypt. The Demotic Evidence", *Kadmos* 30, 1991, 173–174
O. MASSON, „Le nom des cariens dans quelques langues de l'antiquité", in: *Mélanges Émile Benveniste*, Paris 1975, 407–414
–, *Carian Inscriptions from North Saqqâra and Buhen* (= *Texts from Excavations*, 5th memoir), London 1978
–, „Karer in Ägypten", in: *LÄ* III, Wiesbaden 1978, 333–337
–, „Remarques sur les graffites cariens d'Abou Simbel", in: *Hommages à la mémoire de S. Sauneron*, II (= *BdE* 82), Le Caire 1979, 35–49
–, „Les inscriptions cariennes du tombeau de Montouemhat (Thèbes)", in: GIANNOTTA et al., *La decifrazione del Cario* (s.o.), 191–194
O. MASSON – J. YOYOTTE, *Objets pharaoniques à inscription carienne* (= *BdE* 15), Le Caire 1956
J. D. RAY, „The Carian Inscriptions from Egypt", *JEA* 68, 1982, 181–198
–, „New Names in Carian", in: GIANNOTTA et al., *La decifrazione del Cario* (s.o.), 195–206
–, „Aegypto-Carica", *Kadmos* 37, 1998, 125–136
D. SCHÜRR, „Zur Bestimmung der Lautwerte des karischen Alphabets 1971–1991", *Kadmos* 31, 1992, 127–156
–, „Bastet–Namen in den karischen Inschriften Ägyptens", *Kadmos* 35, 1996, 55–71
D. J. THOMPSON, *Memphis Under the Ptolemies*, Princeton 1988, Kapitel „Caromemphites", S. 93–95
G. VITTMANN, „Ägyptisch-Karisches", *Kadmos* 40, 2001, 39–59

–, „Ägyptische Onomastik der Spätzeit im Spiegel der nordwestsemitischen und karischen Nebenüberlieferung" (vg. Literatur zu Kapitel IV)

VIII. Ägypten und die Griechen in vorhellenistischer Zeit

C. Ampolo – E. Bresciani, „Psammetico re d'Egitto e il mercenario Pedon", *EVO* 11, 1988, 237–253

O. K. Armayor, „Did Herodotus ever go to Egypt?", *JARCE* 15, 1978, 59–73

J. Assmann, *Weisheit und Mysterium. Das Bild der Griechen von Ägypten*, München 2000

A. Bernand, *Le delta égyptien d'après les textes grecs*, 1. *Les confins libyques*, 3ème partie (= *MIFAO* 91, 3), Le Caire 1970, 575–863 (Kapitel „Naucratis")

A. Bernand – O. Masson, „Les inscriptions grecques d'Abou Simbel", *Revue des Études Greques* (Paris) 70, 1957, 1–46

J. Boardman, *Kolonien und Handel der Griechen. Vom späten 9. bis zum 6. Jahrhundert v.Chr.*, München 1981

S. M. Burstein, „Images of Egypt in Greek Historiography", in: A. Loprieno (Hrsg.), *Ancient Egyptian Literature. History and Forms*, Leiden etc. 1996, 591–604

W. D. E. Coulson – A. Leonard, Jr., *Cities of the Delta*, I: *Naukratis* (= *ARCE Reports*, 4), Malibu 1981

W. D. E. Coulson et al., *Ancient Naukratis*, vol. II, pt. I: *The Survey at Naukratis*, Oxford 1996

J. C. Darnell, „The *Kbn.wt* Vessels of the Late Period", in: *Multi-Cultural Society* 67–89

Wh. Davis, „Ancient Naukratis and the Cypriotes in Egypt", *GM* 35, 1979, 13–23

–, „The Cypriotes at Naukratis", *GM* 41, 1980, 7–19

F. De Salvia, „Cultura egizia e cultura greca in età pre-ellenistica: attrazione e repulsione", *EVO* 12, 1989, 125–138

–, „The Cypriotes in the Saite Nile Delta: The Cypro-Egyptian Religious Syncretism", in: *DE Special Number* 1, 1989, 81–118

–, „Cipro, Grecia e l''Egittizzante cipriota'", *SEAP* 12, 1993, 65–75

P. Dupont – J. Cl. Goyon, „Amphores grecques archaïques de Gurna: à propos d'une publication récente", in: *Atti sesto congr. intern. eg.* I 153–166

P. Gallo – O. Masson, „Une stèle 'hellénomemphite' de l'ex-collection Nahman", *BIFAO* 93, 1993, 265–276

E. A. Gardner, *Naukratis* II (= *EEF* 6), London 1888

J. Gómez Espelosín, „La ruta de los sabios. Tópico y verdad del viaje a Egipto a lo largo de la cultura griega", in: L. A. García Moreno – A. Pérez Largacha (Hrsg.), *Egipto y el exterior. Contactos e influencias* (= *Aegyptiaca Complutensia* 3), Alcalá 1997, 163–185

P. W. Haider, „Griechen im Vorderen Orient und in Ägypten bis ca. 590 v.Chr.", in: C. Ulf (Hrsg.), *Wege zur Genese griechischer Identität. Die Bedeutung der früharchaischen Zeit*, Berlin 1996, 59–115

–, „'Das Buch vom Fayum' und seine Historisierung bei Herodot", in: P.W. Haider – R. Rollinger (Hrsg.), *Althistorische Studien im Spannungsfeld zwischen Universal- und Wissenschaftsgeschichte. Festschrift für Franz Hampl gedacht zum 90. Geburtstag*, Stuttgart 2001, 127–155

–, „Epigraphische Quellen zur Integration von Griechen in die ägyptische Gesellschaft der Saïtenzeit", in: *Naukratis* 197–215

H. Hauben, „Das Expeditionsheer Psamtiks II. in Abu Simbel (593/92 v.Chr.)", in: *Fs Huß* 53–77

U. Höckmann – D. Kreikenbom (Hrsg.), *Naukratis. Die Beziehungen zu Ostgriechenland, Ägypten und Zypern in archaischer Zeit. Akten der Table Ronde in Mainz, 25.–27. November 1999*, Möhnesee 2001

G. Lacaze – O. Masson – J. Yoyotte, „Deux documents memphites copiés par J. M. Vansleb au XVIIe siècle", *RdE* 35, 1984, 127–137

Leonard Jr., A., *Ancient Naukratis. Excavations at a Greek Emporium in Egypt*, Pt. I: *The Excavations at Kom Ge'if* (= *Annual of the American School of Oriental Research* 54), o.O., 1997

–, *Ancient Naukratis. Excavations at a Greek Emporium in Egypt*, Pt. II: *The Excavations at Kom Hadid* (= *Annual of the American School of Oriental Research* 55), o.O., 2001 (*non vidi*)

M. Lichtheim, „The Naucratis Stela Once Again", in: *Studies in Honor of G. R. Hughes* (= *SAOC* 39), Chicago 1976, 139–146

A. B. Lloyd, „Triremes and the Saite Navy", *JEA* 58, 1972, 268–279

–, „The So-called Galleys of Necho", *JEA* 58, 1972, 307–308

–, „Were Necho's Triemes Phoenician?", *JHS* 95, 1975, 45–61

–, *Herodotus Book II. Introduction* (= *EPRO* 43, 1), Leiden 1975

–, *Herodotus Book II. Commentary 1–98* (= *EPRO* 43, 2), Leiden 1975

–, *Herodotus Book II. Commentary 99–182* (= *EPRO* 43, 3), Leiden 1988

–, „Herodotus on Egyptians and Libyans", in: *Hérodote et les peuples non grecs* (= *Entretiens sur l'antiquité classique* 35), Genève 1990, 215–253

U. Luft, „Νεῖλος. Eine Anmerkung zur kulturellen Begegnung der Griechen mit den Ägyptern", in: U. Luft (Hrsg.), *The Intellectual Heritage of Egypt. Studies Presented to László Kákosy* (= *StudAeg* 14), Budapest 1992, 403–410

D. Mallet, *Les premiers établissements des grecs (VIIe et VIe siècles)* (= *Mémoires publiés par les membres de la Mission Archéologique Française au Caire* 12), Paris 1893

O. Masson, „Quelques bronzes égyptiens à inscription grecque", *RdE* 29, 1977, 53–67

O. Masson – J. Yoyotte, „Une inscription ionienne mentionnant Psammétique Ier", *Epigraphica Anatolica* (Bonn) 11, 1988, 171–179

A. Möller, *Naukratis. Trade in Archaic Greece*, Oxford 2000

–, „Naukratis – griechisches *emporion* und ägyptischer 'port of trade'", in: *Naukratis* (s. Abkürzungsverzeichnis!) 1–25

B. Muhs, „The Great Temenos of Naukratis", *JARCE* 31, 1994, 99–113

O. Murray, *Das frühe Griechenland*, 6. Auflage München 1998

Naukratis, s. Abkürzungsverzeichnis

H.-G. Nesselrath, „Herodot und der griechische Mythos", *Poetica* (München) 28, 1996, 275–296

–, „Dodona, Siwa und Herodot – ein Testfall für den Vater der Geschichte", *Museum Helveticum* (Basel) 56, 1999, 1–14

C. Obsomer, „Hérodote et les prêtres de Memphis", in: *Gs Quaegebeur* II 1423–1442

E. D. Oren, „Migdol. A New Fortress on the Edge of the Eastern Nile Delta", *BASOR* 256, 1984, 7–44

S. Pernigotti, „Greci in Egitto e Greci d'Egitto", *Ocnus* (Bologna) 1, 1993, 125–137

–, „Les rapports entre les Grecs et l'Égypte à l'Époque Saïte: les aspects juridiques et institutionnels", in: *Méditerranées* 6/7, 1996, 87–101

–, „La 'legione straniera' nell'Egitto della XXVI dinastia", in: E. Acquaro (Hrsg.), *Alle soglie della classicità. Il Mediterraneo tra tradizione e innovazione. Studi in onore di Sabatino Moscati*, Pisa – Roma 1996, 355–363

–, *I Greci nell'Egitto della XXVI dinastia*, Imola 1999

–, „I rapporti tra i Greci e l'Egitto in età saitica: gli aspetti giuridici e istituzionali", *Ricerche di Egittologia e di Antichità Copte* (Imola) 3, 2001, 29–44 (geringfügig revidierte Originalfassung des in französischer Übersetzung in *Méditerranées* 6/7, 1996, 87–101 veröffentlichten Beitrags [s.o.])

W. M. F. Petrie et al., *Naukratis* I (= *EEF* 3), London 1886, 2. Aufl. 1888

–, *Tanis* II (= *EEF* 5), London 1888

–, *Ten Years Digging in Egypt*, London 1891 (Neudruck Chicago 1976)

Ch. Picard, „Les influences étrangères au tombeau de Petosiris: Grèce ou Perse?", *BIFAO* 30, 1931, 201–227

D. Piekarski, *Die Keramik aus Naukratis im Akademischen Kunstmuseum Bonn* (= *Bonner Sammlung von Aegyptiaca* 4), Wiesbaden 2001 (*non vidi*; vgl. *GM* 189, 2002, 111f.)

G. Posener, „Les douanes de la Méditerranée dans l'Égypte Saïte", *Revue de Philologie* (Paris), IIIe sér., 21, 1947, 117–131

W. K. Pritchett, *The Liar School of Herodotos*, Amsterdam 1993

K. Smoláriková, „Chios-Keramik in Abusir", *GM* 141, 1994, 81–88

O. Masson, „Les graffites chypriotes alphabétiques et syllabiques", in: C. Traunecker et al., *La chapelle d'Achôris à Karnak*, II, Texte, Paris 1981, 251–284

M.S. Venit, *Greek Painted Pottery from Naukratis in Egyptian Museums*, Indiana 1988

G. Wagner, „Une des plus anciennes mentions d'Isis en grec. À propos d'une inscription inédite", in: *Fs Leclant* III 485–489

H. T. Wallinga, „Polycrates and Egypt: the Testimony of the *samaina*", in: *AchHist* VI 179–197

S. Weber, „Archaisch ostgriechische Keramik aus Ägypten außerhalb von Naukratis", in: *Naukratis* 127–150

G. WIRTH, „Hellas und Ägypten: Rezeption und Auseinandersetzung im 5. bzw. 4. Jht. v.Chr.“, in: *Ägypten und der östliche Mittelmeerraum* 281–319

J. YOYOTTE, „L'Amon de Naukratis“, *RdE* 34, 1982/83, 129–136

–, „Naucratis, ville égyptienne“, *ACF* 92, 1991/92, 634–644

–, „Les contacts entre Égyptiens et Grecs (VIIe – IIe siècles av. J.-C.): Naucratis, ville égyptienne (1992–1993, 1993–1994)“, *ACF* 94, 1993/94, 679–692; *ACF* 95, 1994/95, 669–682

–, „Le second affichage du décret de l'an 2 de Nekhtnebef et la découverte de Thônis-Héracléion", *Égypte Afrique & Orient* N° 24, Décembre 2001, 24–34

IX. Ergänzende und zusammenfassende Betrachtungen

J. ASSMANN, „Zum Konzept der Fremdheit im alten Ägypten“, in: M. SCHUSTER (Hrsg.), *Die Begegnung mit dem Fremden. Wertungen und Wirkungen in Hochkulturen vom Altertum bis zur Gegenwart*, Stuttgart – Leipzig 1996, 77–99 [auch abgedruckt in J. ASSMANN, *Herrschaft und Heil. Politische Theologie in Altägypten, Israel und Europa*, München – Wien 2000, 217–242 mit Anm. 461–515 auf S. 316–320]

A. LOPRIENO, *Topos und Mimesis. Zum Ausländer in der ägyptischen Literatur* (= *Ägyptologische Abhandlungen* 48), Wiesbaden 1988

P. VERNUS, „Les étrangers dans la civilisation pharaonique“, *Bulletin du Cercle lyonnais d'égyptologie Victor Loret* (Lyon) 8, 1994, 49–65

A. ZIVIE, „Une stèle tardive récemment découverte dans la zone du Bubasteion à Saqqara“, in: *Gs Quaegebeur* I 287–294

Zeittafel[1]

Ägypten		Assyrien / Babylonien / Persien		(Israel) Juda[2]	
22. Dynastie		assyrische Herrscher			
Schoschenk I.	ca. 945–925	Assurdan II.	935–912	Salomo	ca. 965/4–926/5
Osorkon I.	ca. 925–890	Adad-nirari II.	911–891	Rehabeam	926–910[3]
Takelothis I.	ca. 890–877	Tukulti-Ninurta II.	890–884	Abia	910–908
Schoschenk II.	ca. 877–875	Assurnasirpal II.	883–859	Asa	908–868
Osorkon II.	ca. 875–837	Salmanassar III.	858–824	Josaphat	868–847
				Joram	852/47–845
				Atalja	845–840
Schoschenk III.	ca. 837–798	Schamschi-Adad V.	823–811	Joas	840–801
Schoschenk IIIa	ca. 798–785	Adad-nirari III.	810–783	Amasja	801–773
Pami	ca. 785–774	Salmanassar IV.	782–772	Asarja/Ussia	773–736(?)
Schoschenk V.	ca. 774–736	Assur-dan III.	771–755	Jotham	759/6–744/1
		Assur-nirari V.	754–745	Ahas	744/1–729/5
		Tiglatpilesar III.	744–727		
23. Dynastie					
oberägyptische Linie					
9 Herrscher	ca. 870–730				
Deltaherrscher					
Petubastis II	ca. 756–730				
Iuput II	ca. 756–725				
Osorkon IV.	ca. 730–722				

1 Daten: für Ägypten bis 332 nach J. v. Beckerath, *Chronologie für des pharaonischen Ägypten* (= *MÄS* 46), Berlin 1997; Makedonen und Ptolemäer (bei Beckerath nicht mehr berücksichtigt) nach I. Shaw (Hrsg.), *The Oxford History of Ancient Egypt*, Oxford 2000; speziell für den Anfang der 25. Dynastie jedoch nach D. Kahn, *Or* 70, 2001, 18; für die assyrischen und babylonischen Herrscher nach H. Klengel, *Syria 3000 to 300 B.C. A Handbook of Political History*, Berlin 1992, und *The Cambridge Ancient History*, second edition, vol. III, part 2: *The Assyrian and Babylonian Empires (...) from the Eighth to Sixth Centuries B.C.*, Cambridge 1991; für die Herrscher von Juda nach H. Donner, *Geschichte des Volkes Israel und seiner Nachbarn in Grundzügen*, 2 Teile, Göttingen 1984 und 1995.

2 Auf die Auflistung der Könige des Nordreiches (Israel) seit der Reichsteilung nach dem Tode Salomos konnte verzichtet werden.

3 Die hier wiedergegebenen konventionellen Datierungen für Rehabeam und Schoschenk I. werden dem biblischen Synchronismus (1 Kön 14, 25: Feldzug des Schischaq im 5. Jahr des Rehabeam) nicht gerecht; vgl. zu diesem ungelösten Problem Schipper, *Israel* 120f.

Ägypten		Assyrien / Babylonien / Persien		(Israel) Juda	
24. Dynastie (in Sais)					
Tefnachte	ca. 733–726/5				
Bokchoris	726/5–720	Salmanassar V.	726–722		
25. Dynastie					
Pije / Pianchi	ca. 734–721				
(in Kusch seit ca. 753)					
Schabaka	720–707/6	Sargon II.	721–705	Hiskia	728/5–700/697
(in Kusch seit 721)					
Schabataka	707/6–690	Sanherib	704–681	Manasse	696–642
Taharka	690–664	Asarhaddon	680–669		
Tanwetamani	664–656				
26. Dynastie					
Psammetich I.	664–610	Assurbanipal	668–627	Amon	641–640
		Assur–etel–ilani	626–623		
		Sin–scharra–ischkun	623–612		
		Fall Ninives	*612*		
		Assur-uballit II.	611–609	Josia	639–609
		babylonische Herrscher:			
Necho II.	610–595	Nabupolassar	625–605	Joahas	609
				Jojakim	608–598
				Jojachin	598/7
Psammetich II.	595–589	Nebukadnezar II.	604–562	Zedekia	598/7–587/6
Apries	589–570			*Fall Jerusalems*	*586*
Amasis	570–526	(vier ephemere Könige	561–556)		
		Nabonid	555–539		
		Fall Babylons	*539*		
		persische Herrscher:			
Psammetich III.	526–525	Kyros II.	559–530 (ab 539 in Babylon)		
27. Dynastie (1. Perserherrschaft)					
Kambyses	525–522	Kambyses	529–522 (Fortsetzung s. linke Spalte!)		
Dareios I.	522–486				
Xerxes	486–465				
Artaxerxes I.	465–424				
Dareios II.	424–404				
Artaxerxes II.	404–401	Artaxerxes II.	404–358		

Ägypten		Assyrien / Babylonien / Persien		(Israel) Juda
28. Dynastie				
Amyrtaios	404/401–399			
29. Dynastie				
Nepherites I.	399–393			
Psammuthis	393/392			
Hakoris	393–380			
Nepherites II.	380			
30. Dynastie				
Nektanebos I.	380–362			
Tachos	364/62–360			
Nektanebos II.	360–343			
31. Dynastie (2. Perserherrschaft)				
Artaxerxes III.	343–338	Artaxerxes III. Ochos	358–338	
Arses	338–336	(Fortsetzung s. linke Spalte)		
Dareios III.	336–332			
(ägyptischer Gegenkönig:)		*Ende der Achämeniden*	*331*	
Chababasch	338/37–336/35			

Makedonen und Ptolemäer

Alexander der Große	332–323
Philipp Arrhidaios	323–317
Alexander IV.	317–310 (nominell bis 305)
Ptolemaios I. Soter	305–285
Ptolemaios II. Philadelphos	285–246
Ptolemaios III. Euergetes	246–221
Ptolemaios IV. Philopator	221–205
Ptolemaios V. Epiphanes	205–180
Ptolemaios VI. Philometor	180–145
Ptolemaios VIII. Euergetes	170–116
Ptolemaios IX. Soter	116–107
Ptolemaios X. Alexander	107–88
Ptolemaios IX. Soter	88–80
Ptolemaios XI. Alexander	80
Ptolemaios XII. Neos Dyonisos	80–51
Kleopatra VII. Philopator	51–30
Ptolemaios XIII.	51–47
Ptolemaios XIV.	47–44
Ptolemaios XV. Caesarion	44–30

Abbildungsverzeichnis
(und Abbildungsnachweis)

Zu den Aufbewahrungsorten: Soweit nicht anders angegeben, bezieht sich „Kairo" auf das Ägyptische Museum, „Berlin" auf Ägyptisches Museum und Papyrussammlung. Für „London, British Museum" und „Paris, Musée du Louvre" steht vereinfacht „British Museum" bzw. „Louvre".

Abb. 26 Drei phönikische Graffiti im Tempel Sethos' I. in Abydos (*KAI* 49:11–13). Photo des Verfassers.
Abb. 27 Phönikisches Graffito im Tempel Sethos' I. in Abydos (*KAI* 49:34). Aus M. Lidzbarski, *Ephemeris für semitische Epigraphik* III, Gießen 1915, Taf. X Nr. 47.
Abb. 28 Stele aus Tell Defenne (Kairo JE 25147). Aus *ASAE* 40, 1940/41, pl. XLII.
Abb. 29 Sphinx aus dem Serapeum von Sakkara mit phönikischer und neupunischer Inschrift. Aus *CIS* I, Tafel zu Nr. 97.
Abb. 30 Opfertafel aus Memphis mit phönikischer Inschrift. Aus Lidzbarski (wie Abb. 27), 118.
Abb. 31 Phönikisches Ostrakon aus Abusir. Nach M. Verner, *Forgotten Pharaohs, Lost Pyramids*, Praha 1994, 205.
Abb. 32a Ägyptische Schreiberpalette in phönikischer Umgestaltung (Würzburg, Martin von Wagner Museum K 947). Photo des Museums.
Abb. 32b Ägyptische Schreiberpalette in phönikischer Umgestaltung. Umzeichnung Verfasser.
Abb. 33 Stele des Chahap aus Sakkara (Berlin 2118, Kriegsverlust). Photo ©bpk, Berlin.
Abb. 34 Frauenkopf von verlorenem phönikischen Sarkophag aus Sakkara (Berlin 2123). Photo ©bpk, Berlin.
Abb. 35 Malerei im Grab des Padiastart in der Oase Bahriya. Nach A. Fakhry, *The Oases of Egypt*, II: *Baḥrīyah and Farafra Oases*, Cairo 1974, fig. 63.
Abb. 36/37 Horuscippus des Paalaschtart (Kairo CG 9402). Aus G. Daressy, *Textes et dessins magiques*, Le Caire 1903, pl. II und III.
Abb. 38 Phönikische Inschrift auf ägyptisierender Situla (Princeton, University Museum y1938-20). Nach *BASOR* 290-291, 1993, 119 fig. 11.
Abb. 39 Papyrus aus Malta mit Isisdarstellung. Nach *Studi Magrebini* 7, 1975, 9.
Abb. 40 Ring aus Tharros (?) mit Barke in phönikischem Stil. Nach G. Garbini, *La religione dei fenici in occidente*, Roma 1994, tav. XVIII.
Abb. 41 Phönikischer Skarabäus aus Sulcis (Sardinien; jetzt S. Antioco, Collezione Biggio). Photo A. Bertoldi.
Abb. 42 Fundplätze phönikischer und aramäischer Texte in Ägypten. Vom Verlag nach Entwurf des Verfassers.
Abb. 43 Das jüdisch-aramäische Viertel von Elephantine. Auf Grundlage von C. von Pilgrim, in: *Stationen. Beiträge zur Kulturgeschichte Ägyptens Rainer Stadelmann gewidmet*, Mainz 1998, 486.
Abb. 44 Der „Bagoas-Brief" (Berlin P 13495). Aus *Das Erwachen der Menschheit. Propyläen-Weltgeschichte* I, Berlin 1931, Taf. bei S. 560.
Abb. 45 Stammbaum der Mibtahjah.
Abb. 46 Stammbaum des Ananjah.
Abb. 47 Stele einer Familie „aus der Stadt Chastemeh" (Berlin 7707, Kriegsverlust). Photo ©bpk, Berlin.
Abb. 48 Stele der Tabi. Photo Bibliothèque Inguimbertine archives et musées de Carpentras, Carpentras N° T 134334.
Abb. 49 Stele des Anchhapi (Vatikan, Museo Egizio 22787). Vgl. Taf. 12.
Abb. 50 Standartenträger im Grab des Pabasa (TT 279, Vorkammer). Photo des Verfassers.
Abb. 51 Inschrift auf Stele des Hapimen. Umzeichnung Verfasser.
Abb. 52 Verschollene Stele unbekannter Herkunft mit aramäischer Aufschrift ŠMYTY. Aus *TAD* IV, S. 285.
Abb. 53a.b Sarkophag des Schabbatai aus Aswan (Aswan Museum 2605). Photos des Verfassers.
Abb. 54a.b Szenen von den Sarkophagen des Hor und der Abutai aus Aswan (Aswan Museum 2606 und 2607). Aus *WZKM* 61, 1967, Taf. IV.
Abb. 55 Amherst Egyptian Papyrus #63, „sheet 4, columns 9 & 10" (The Morgan Library, New York). Photo der Sammlung.
Abb. 56a Lederhandschrift in aramäischer Schrift und unidentifizierter Sprache. Ägyptisches Museum und Papyrussammlung. Photo B. und K. Zuckerman, West Semitic Research.
Abb. 56b Facsimile zu Abb. 56a. Aus *TAD* IV, S. 137 (A. Yardeni).
Abb. 57 Demotisches Graffito im Wadi Hammamat mit Zauberspruch gegen Skorpione. Photo des Verfassers.
Abb. 58 Statue Dareios' I. aus Susa (Teheran, Arch. Mus.). Photo Deutsches Archäologisches Institut (J. Liepe).
Abb. 59 Aus der altpersischen Inschrift auf der Susa-Statue Dareios' I.
Abb. 60 Stele mit Adorant vor Dareios I. als Falke, (Berlin 7493). ©bpk, Berlin.
Abb. 61 „Der Feind Xerxes" in der Satrapenstele.

Abb. 62	Zwei aramäisch-demotische Etiketten aus Memphis. Aus W. M. F. PETRIE, *Meydum and Memphis III*, London 1910, pl. XXXIV.
Abb. 63/64	Graffiti des Atiyavahya im Wadi Hammamat (Couyat-Montet 148 und 164). Photos des Verfassers.
Abb. 65	Unbeschriftete Stele eines „persischen Großen" (Berlin 23721). ©bpk, Berlin.
Abb. 66	Stele des Persers Djedherbes aus Memphis (Kairo JE 98807). Nach *JEA* 81, 1995, 27 fig. 3.
Abb. 67	Salbfläschchen Dareios' I. mit Löwenattaschen. Vgl. Taf. 16b.
Abb. 68	Siegelzylinder des Peteese mit persischem „Flügelmann" (Brüssel, Musées Royaux d'Art et d'Histoire O 2784). Photo des Museums.
Abb. 69	Elfenbeinfigürchen eines Mannes mit Dolch im Gürtel. © Photo RMN, Louvre MN 1353
Abb. 70	Statue der Anahita(?) (Brooklyn Museum of Art, Charles Edwin Wilbour Fund 63.37). Photo des Museums.
Abb. 71	Fremdvölkerliste Kom Ombo, Südseite der Außenmauer. Aus DE MORGAN, *Kom Ombo* Nr. 174.
Abb. 72	Ostrakon aus Sakkara mit Kopf eines Karers. The Egypt Exploration Society, London.
Abb. 73	Fundstellen karischer Inschriften in Ägypten. Vom Verlag nach Entwurf des Verfassers.
Abb. 74a.b	„Parakarisches" Ostrakon von Hu/Diospolis (Oxford, Ashmolean Museum, 1896–1898. E 3659). Photo des Museums aus dem Nachlaß O. Masson.
Abb. 75	Apisbronze mit ägyptisch-karischer Inschrift (Kairo JE 49061). Nach O. MASSON – J. YOYOTTE, *Objets pharaoniques à inscription carienne*, Le Caire 1956, pl. VI(a).
Abb. 76	Der Name *šarkbiom* in karischer und ägyptischer Schrift.
Abb. 77a.b	Karisches Graffito im Treppenhaus des Tempels Sethos' I. in Abydos (Ab. 14F). Photo des Verfassers.
Abb. 78	Karische Graffiti in Abu Simbel. Aus LEPSIUS, *Denkmäler* VI 99.
Abb. 79	Karische Graffiti im Grab des Montemhet in Theben (Sigel Th. 60 Š). Photo Nachlaß O. Masson.
Abb. 80	Stele des Apries mit ägyptischer und karischer Inschrift (Kairo JE 49060). Facsimile Nachlaß O. Masson.
Abb. 81	Karisch-ägyptische Stele mit Darstellung eines griechischen Schiffes (Lausanne, Musée historique cantonal 4727). Photo des Museums aus dem Nachlaß O. Masson.
Abb. 82	Karisch-hieroglyphische Stele (Kairo JE 91387). Nach O. MASSON, *Carian Inscriptions from North Saqqâra and Buhen*, London 1978, pl. VI.
Abb. 83	Karische Stele (Cambridge, Fitzwilliam Museum E.1.1971). Photo Nachlaß O. Masson.
Abb. 84	Stele mit Prothesisszene (Berlin 19553). Photo des Museums aus Nachlaß O. Masson.
Abb. 85	Ägyptisierende Stele (Sakkara, Magazin). Photo aus Nachlaß O. Masson (vgl. MASSON, *Carian Inscriptions* pl. V, Nr. 5).
Abb. 86a.b	Ägyptisierende Stele (British Museum EA 67235). © The British Museum. Zeichnung The Egypt Exploration Society, London.
Abb. 87/88	Zwei karische Scheintürstelen (Cambridge, Fitzwilliam Museum E.3.1971 und E.2.1971). Photo des Museums.
Abb. 89	Tabelle zur karischen Schrift.
Abb. 90	Griechisch-karische Namengleichungen aus der Bilingue von Kaunos.
Abb. 91a–c	Zwei Silberschalen aus Tell el-Maskhuta mit floraler Dekoration (Brooklyn Museum of Art, Charles Edwin Wilbour Fund 54.50.32 und 57.121). Photos des Museums.
Abb. 92	Skizze zur Weihrauchstraße. Aus W. DAUM (Hrsg.), *Im Land der Königin von Saba*, München 1999, 205.
Abb. 93	Sarkophag des Zayd'il mit minäischer Inschrift (Kairo „SS 27/B 4"). Aus *BdÉ* 106/4, Le Caire 1993, 293 fig. 8.
Abb. 94	Textbeispiele zum ägyptischen Hintergrund minäischer Inschriften.
Abb. 95	Nabatäisches Graffito von der Westseite des Golfes von Suez. Aus *ASAE* 39, 1939, 345.
Abb. 96	Thamudisches Graffito aus der Ostwüste. Nach *BIFAO* 95, 1995, 124 fig. 12.
Abb. 97	Ägyptische Sphinx mit altsüdarabischer Inschrift (Ibb, Museum IM 4). Aus W. DAUM (Hrsg.), *Im Land der Königin von Saba*, München 1999, 312.
Abb. 98	Genealogie der Danaiden.
Abb. 99	Griechen in Ägypten in der 26. Dynastie. Vom Verlag nach Entwurf des Verfassers.

Abb. 100 Die große griechische Abu-Simbel-Inschrift.
Abb. 101 Drei kleinere griechische Graffiti aus Abu Simbel.
Abb. 102 Uschebti eines anonymen Griechen aus Sakkara. Aus *ASAE* 3, 1902, unnumerierte Tafel zu 186f.
Abb. 103 Würfelhocker des Pedon mit griechischer Inschrift. Nach *EVO* 11, 1988, 253 fig. 1.
Abb. 104 Sog. „Typhon-Situla" aus Tell Defenne (British Museum B 104). © The British Museum.
Abb. 105/106 Zyprische Graffiti an der Außenmauer der Kapelle des Hakoris in Karnak. Photos des Verfassers.
Abb. 107 Blick auf die Gegend von Naukratis. Photo U. Höckmann.
Abb. 108 Archäologischer Lageplan von Naukratis. Aus *Der Neue Pauly*, Bd. 8, 2000, 747.
Abb. 109 Zyprische Plastik aus Naukratis (British Museum B 447). © The British Museum.
Abb. 110 Scheintürstele des Apollos aus Naukratis. Nach A. Bernand, *Le delta égyptien d'après les texts grecs*, I, Le Caire 1970, pl. 40, 4.
Abb. 111 Naophore Statue des Nechthorheb (Ägyptisches Museum Berlin 1048+3/95). Photo Bildarchiv Preußischer Kulturbesitz (M. Büsing).
Abb. 112 Schenkungsstele aus der Zeit des Apries für Amun von Naukratis (Berlin 7780). Photo des Museums.
Abb. 113 Scheintürstele des Exekestos. Nach *RdE* 35, 1984, pl. 11.
Abb. 114 Grabstele einer Frau aus Sakkara mit Prothesis-Szene. Aus *BIFAO* 93, 1993, pl. I fig. 2 zu 265ff.
Abb. 115 Verschollenes Denkmal mit griechischer und hieroglyphischer Inschrift. Zeichnung von J. M. Vansleb. Aus *RdE* 35, 1984, 133 fig. 2.
Abb. 116 Bronzeverkleidung des Holzsockels einer von Melanthios für den „thebanischen Zeus" gestifteten Statuette (New York, Metropolitan Museum of Art 21.2.65). Aus *Classical Review* 5, 1891, 78.
Abb. 117 Bronzestatuette des Apis / „Panepi" (British Museum B 3208). © The British Museum.
Abb. 118 Bronzestatuette des Osiris-Lunus, gestiftet von Zenes für Selene (Berlin 2458). Photo ©bpk, Berlin.
Abb. 119 Szene aus dem Pronaos im Grab des Petosiris, Tuna el-Gebel / Hermopolis. Aus G. Lefebvre, *Le tombeau de Petosiris* III, Paris 1924, pl. XIX.
Abb. 120 Oberer Teil der Grabstele eines Fremden aus Sakkara. Aus *Gs Quaegebeur* I 288 fig. 1.
Abb. 121 Peukestas-Papyrus aus Sakkara. Nach *JEA* 60, 1974, pl. LV.
Abb. 122 Darstellung der vier Menschenrassen in der Sargkammer des Grabes der Königin Tausret (KV 14). Photo des Verfassers.

Taf. 1 Stele Asarhaddons I. aus Zincirli (Berlin, Vorderasiat. Mus. 2708). Photo ©bpk, Berlin.
Taf. 2a und Innentitel S. II/III Assurbanipal in Ägypten nach Wandrelief aus Ninive (London, British Museum 124928). © The British Museum.
Taf. 2b Relief Sethos' I. von der Außenwand des Großen Hypostyls in Karnak: Die Bewohner des Libanon schlagen Zedern für den Pharao. Photo des Verfassers.
Taf. 3a Alabastergefäß mit phönikischer und assyrischer Inschrift (Berlin, Vorderasiat. Mus. Ass. 2258). Photo ©bpk, Berlin (J. Liepe).
Taf. 3b/4a Reliefs Schoschenks I. auf der Außenmauer des südlichen Hypostyls in Karnak. Photos des Verfassers.
Taf. 5 Sarkophag des Eschmunazar. ©Photo RMN - Chuzeville, Louvre AO 4806.
Taf. 6 Sarkophag des Djedher aus Tell el-Maskhuta (Ismailia Museum 1219). Photo des Verfassers.
Taf. 7a Bronzestatuette des Harpokrates mit phönikischer Inschrift (British Museum 132908). © The British Museum.
Taf. 7b Bronzestatuette des Harpokrates mit phönikischer Inschrift (Madrid, Archivo Fotográfico, Museo Arqueológico National 2150). Photo des Museums.
Taf. 8 Bronzestatuette des Imhotep mit phönikischer Inschrift. ©Photo RMN - H. Lewandowski, Louvre AO 2744.
Taf. 9a Blick auf die Aramäerhäuser von Elephantine. Photo des Verfassers.
Taf. 9b Ziegelpflaster vom Jahu-Tempel in Elephantine. Photo des Verfassers.
Taf. 10 Das Monnus-Mosaik (Trier, Rheinisches Landesmuseum). Photo des Museums (Th. Zühmer).
Taf. 11 Stele der Tumma (Brüssel, Musées Royaux d'Art et d'Histoire E 4716). Photo des Museums.
Taf. 12 Stele des Anchhapi (Vatikan, Museo Egizio 22787). Photo des Museums.

Taf. 13a	Stele des Hapimen (Hamm, Gustav Lübcke Museum 5773). Photo des Museums.
Taf. 13b	Naukratis-Stele aus Herakleion. © Franck Goddio/Hilti Foundation. Photo Christoph Gerigk.
Taf. 14a	Statuette einer geflügelten Gottheit „Pazuzu". (Oxford, Ashmolean Museum, 1892.43). Photo des Museums.
Taf. 14b	Statue des Ptahhotep (Brooklyn Museum of Art, Charles Edwin Wilbour Fund 37.353). Photo des Museums.
Taf. 14c	Detail aus Taf. 14b mit Steinbock-Halsband.
Taf. 15	Statue des Udjahorresnet (Vatikan, Museo Egizio 22690). Photo des Museums.
Taf. 16a	Goldener Armreif (Karlsruhe, Badisches Landesmuseum F 1816). Photo des Museums.
Taf. 16b	Salbfläschchen Dareios' I. und Löwenattaschen (Norbert Schimmel Collection Kat. 256). Photo ©bpk, Berlin (J. Liepe).
Taf. 17a	Kopf eines Perserkönigs. ©Photo RMN - H. Lewandowski, Louvre E 14699.
Taf. 17b	Dareios I. beim Weinopfer für vier Gottheiten im Hibis-Tempel (Eingang zum Pronaos, Nordseite innen). Photo des Verfassers.
Taf. 18	Blick auf den Hibis-Tempel (Oase Charga). Photo des Verfassers.
Taf. 19a	Block in Elkab (ehemals Tempel der Nechbet) mit Kartusche Dareios' I. Photo des Verfassers.
Taf. 19b	Graffito des Chnemibre im Wadi Hammamat (Couyat-Montet Nr. 193). Photo des Verfassers.
Taf. 19c	Spitzmausbronze mit karischer Inschrift (München, Staatliches Museum Ägyptischer Kunst 1385). Photo des Museums.
Taf. 20	Aramäische Stele aus Taima. ©Photo RMN - F. Raux, Louvre AO 1505.
Taf. 21	Sarkophag des ägyptisierten Griechen Wahibre-em-achet (Leiden, Rijksmuseum van Oudheden AM 4). Photo des Museums.
Taf. 22a	Uschebti des Wahibre-em-achet (Würzburg, Martin von Wagner Museum H 407a). Photo des Museums (K. Öhrlein).
Taf. 22b–d	Aus Naukratis importierter Skarabäus aus Milet (Milet, Museum 3200). Photos G. Hölbl.
Taf. 23	Bronzestatuette des Osiris, gestiftet von Alexiades und Tabo (Verviers, Musée d'Archéologie). Photo des Museums.
Taf. 24a	Darstellung des Siamun in seinem Grab im Gebel el-Mauta / Siwa. Photo K. Lembke.
Taf. 24b	Aquarell (Helen Ward) einer Szene von einem Holzbrett aus Sakkara. Photo The Egypt Exploration Society, London.

Soweit nicht anders angegeben, wurden alle Zeichnungen und Facsimiles vom Verfasser angefertigt (die Angabe „Nach ..." verweist auf die entsprechende Vorlage).

Register

(Verweise auf die Hauptkapitel I–VII sind fett gesetzt)
NB. Fremde Begriffe und Eigennamen erscheinen hier bisweilen ohne diakritische Zeichen.

PHILIPP VON ZABERN

Kulturgeschichte der antiken Welt

Band 1: *vergriffen*
John Boardman
Schwarzfigurige Vasen aus Athen
Einführung und Handbuch
278 Seiten; 321 Abbildungen
4. Auflage

Band 2: *vergriffen*
Maria Alföldi
Antike Numismatik
Teil 1: Theorie und Praxis

Band 3: *lieferbar*
Maria Alföldi
Antike Numismatik
Teil 2: Bibliographie

Band 4: *vergriffen*
John Boardman
Rotfigurige Vasen aus Athen
Die archaische Zeit
285 Seiten; 528 Abbildungen
4. Auflage

Band 5: *vergriffen*
John Boardman
Griechische Plastik
Die archaische Zeit
297 Seiten; 481 Abbildungen
4. Auflage

Band 6: *lieferbar*
Karl-Theodor Zauzich
Hieroglyphen ohne Geheimnis
Eine Einführung in die altägyptische Schrift
125 Seiten; 8 Farb- und 6 Schwarzweißabbildungen
11. Auflage

Band 7: *vergriffen*
Friedrich Karl Dörner
Vom Bosporus zum Ararat
Reise- und Fundberichte aus Kleinasien

Band 8: *vergriffen*
Friedrich Richter
Wilhelm Hornbostel
Unser tägliches Griechisch

Band 9: *vergriffen*
Sybille Haynes
Die Tochter des Augurs

Band 10: *vergriffen*
Volkert Haas
Hethitische Berggötter und hurritische Steindämonen

Band 11: *vergriffen*
Neuausgabe als
AW-Sonderband *lieferbar*
Labib Habachi
Die unsterblichen Obelisken Ägyptens

Band 12: *vergriffen*
Gerd Hagenow
Aus dem Weingarten der Antike

Band 13: *vergriffen*
Denys Haynes
Griechische Kunst und die Entdeckung der Freiheit

Band 14: *vergriffen*
W. K. Lacey
Die Familie im antiken Griechenland

Band 15: *vergriffen*
Jost Perfahl
Wiedersehen mit Argos und andere Nachrichten über Hunde in der Antike

Band 16: *vergriffen*
Karl Schefold
Die Bedeutung der griechischen Kunst für das Verständnis des Evangeliums

Band 17: *vergriffen*
J. M. C. Toynbee
Tierwelt der Antike

Band 18: *vergriffen*
Hilde Rühfel
Das Kind in der griechischen Kunst

Band 19: *vergriffen*
Hilde Rühfel
Kinderleben im klassischen Athen

Band 20: *vergriffen*
A. M. Snodgrass
Wehr und Waffen im antiken Griechenland

Band 21: *vergriffen*
Patricia und Don R. Brothwell
Manna und Hirse
Eine Kulturgeschichte der Ernährung

Band 22: *vergriffen*
Roland Hampe
Antikes und modernes Griechenland

Band 23: *vergriffen*
Donna C. Kurtz/John Boardman
Thanatos
Tod und Jenseits bei den Griechen

Band 24: *vergriffen*
Alison Burford
Künstler und Handwerker in Griechenland und Rom

Band 25: *vergriffen*
Howard Hayes Scullard
Römische Feste
Kalender und Kult

Band 26: *vergriffen*
Hermann Müller-Karpe
Frauen des 13. Jahrhunderts v. Chr.

Band 27: *vergriffen*
Barbara Deppert-Lippitz
Griechischer Goldschmuck

Band 28/1: *vergriffen*
Werner Ekschmitt
Kunst und Kultur der Kykladen
Teil I: Neolithikum und Bronzezeit

Band 28/2: *vergriffen*
Werner Ekschmitt
Kunst und Kultur der Kykladen
Teil II: Geometrische und Archaische Zeit

Band 29: *vergriffen*
Theodor Wiegand
Halbmond im letzten Viertel

Band 30: *lieferbar*
Rainer Stadelmann
Die ägyptischen Pyramiden
Vom Ziegelbau zum Weltwunder
323 Seiten; 97 Textabbildungen;
23 Farb- und 54 Schwarzweißtafeln
3., erweiterte Auflage

Band 31: *vergriffen*
Claude Bérard,
Jean Pierre Vernant u. a.
Die Bilderwelt der Griechen

Band 32: *vergriffen*
Frédéric L. Bastet
Hinter den Kulissen der Antike

Band 33: *lieferbar*
Marcus Junkelmann
Die Legionen des Augustus
Der römische Soldat im archäologischen Experiment
313 Seiten mit 24 Textabbildungen; 80 Tafeln mit 31 Farb- und 126 Schwarzweißabbildungen
8. Auflage

Band 34: *vergriffen*
Erika Simon
Die konstantinischen Deckengemälde in Trier

Band 35: *lieferbar*
John Boardman
Griechische Plastik
Die klassische Zeit
323 Seiten mit 412 Abbildungen; 8 Farbtafeln
4. Auflage

Band 36: *vergriffen*
Thomas Hägg
Eros und Tyche

Band 37: *vergriffen*
Anne Johnson
Römische Kastelle

Band 38: *vergriffen*
H. W. Parke
Athenische Feste

Band 39: *lieferbar*
Bernard Andreae
Laokoon und die Gründung Roms
220 Seiten mit 14 Abbildungen; 40 Tafeln mit 30 Farb- und 22 Schwarzweißabbildungen
3., überarbeitete Auflage

Band 40: *vergriffen*
Friedrich Karl und Eleonore Dörner
Von Pergamon zum Nemrud Dağ
Die archäologischen Entdeckungen Carl Humanns

Band 41: *vergriffen*
John M. Camp
Die Agora von Athen
Ausgrabungen im Herzen des klassischen Athen

Band 42: *vergriffen*
Bettina Schmitz/Ute Steffgen (Hrsg.)
Waren sie nur schön?
Frauen im Spiegel der Jahrtausende

Band 43: *vergriffen*
Werner Ekschmitt
Weltmodelle
Griechische Weltbilder von Thales bis Ptolemäus

Band 44: *vergriffen*
John S. Morrison/John F. Coates
Die athenische Triere
Geschichte und Rekonstruktion eines Kriegsschiffs der griechischen Antike

Band 45: *lieferbar*
Marcus Junkelmann
Die Reiter Roms
Teil I: Reise, Jagd, Triumph und Circusrennen
293 Seiten; 49 Farb- und 234 Schwarzweißabbildungen
3. Auflage

Band 46: *vergriffen*
Michael Siebler
Troia – Homer – Schliemann

Band 47: *vergriffen*
Arthur D. Trendall
Rotfigurige Vasen aus Unteritalien und Sizilien
343 Seiten; 595 Abbildungen

Band 48: *lieferbar*
John Boardman
Rotfigurige Vasen aus Athen
Die klassische Zeit
287 Seiten; 566 Schwarzweißabbildungen

Band 49: *lieferbar*
Marcus Junkelmann
Die Reiter Roms
Teil II: Der militärische Einsatz
222 Seiten; 27 Farb- und 91 Schwarzweißabbildungen
3. Auflage

Band 50: *vergriffen*
Karl-Wilhelm Weeber
Humor in der Antike

Band 51: *lieferbar*
Karl Jaroš
Kanaan · Israel · Palästina
Ein Gang durch die Geschichte des Heiligen Landes
184 Seiten; 27 Karten; 31 Abbildungen
3. Auflage

Band 52: *lieferbar*
Bernhard Kytzler
Lutz Redemund
Unser tägliches Latein
Lexikon des lateinischen Spracherbes
XXXIX, 994 Seiten
6., erweiterte Auflage

Band 53: *lieferbar*
Marcus Junkelmann
Die Reiter Roms
Teil III: Zubehör, Reitweise, Bewaffnung
227 Seiten; 33 Farb- und 166 Schwarzweißabbildungen
3. Auflage

Band 54: *vergriffen*
Hans Georg Gundel
Zodiakos
Tierkreisbilder im Altertum

Band 55: *lieferbar*
Heidemarie Koch
Es kündet Dareios der König ...
Vom Leben im persischen Großreich
V, 309 Seiten; 199 Textabbildungen; 36 Farbtafeln

Band 56: *vergriffen*
Stephanos Geroulanos
René Bridler
Trauma
Wund-Entstehung und Wund-Pflege im antiken Griechenland

Band 57: *vergriffen*
M. Carroll-Spillecke u. a.
Der Garten von der Antike bis zum Mittelalter
293 Seiten; 95 Textabbildungen; 39 Farbtafeln

Band 58: *vergriffen*
Werner Ekschmitt
Ugarít – Qumrân – Nag Hámmadi
Die großen Schriftfunde zur Bibel

Band 59: *lieferbar*
Ralf-Bernhard Wartke
Urartu
Das Reich am Ararat
189 Seiten mit 90 Textabbildungen, 64 Farb- und 26 Schwarzweißtafeln, 2 Karten
2. Auflage

Band 60: *lieferbar*
Geoffrey Thorndike Martin
Auf der Suche nach dem verlorenen Grab
Neue Ausgrabungen verschollener und unbekannter Grabanlagen in Memphis
283 Seiten mit 128 Abbildungen, 16 Tafeln mit 27 Farbabbildungen

Band 61: *lieferbar*
Paul Zanker
Pompeji
Stadtbild und Wohngeschmack
238 Seiten mit 113 Schwarzweißabbildungen, 16 Farbtafeln mit 22 Abbildungen

Band 62: *vergriffen*
Alfred Stückelberger
Bild und Wort · Das illustrierte Fachbuch in der antiken Naturwissenschaft, Medizin und Technik
139 Seiten mit 61 Abbildungen, 37 Farb- und 2 Schwarzweißtafeln

Band 63: *lieferbar*
Karl Jaroš
Wurzeln des Glaubens
Zur Entwicklung der Gottesvorstellung bei Juden, Christen und Muslimen
277 Seiten mit 54 Schwarzweiß- und 2 Farbabbildungen

Band 64: *lieferbar*
Rainer Hannig
Die Sprache der Pharaonen
Großes Handwörterbuch
Ägyptisch – Deutsch
(2800 bis 950 v. Chr.)
LIX, 1414 Seiten, 21 Karten
3. Auflage

Band 65: *vergriffen*
Conrad Stibbe
Das andere Sparta
316 Seiten mit 143 Abbildungen, 16 Farbtafeln

Band 66: *lieferbar*
Bernard Andreae
»Am Birnbaum«
Gärten und Parks im antiken Rom, in den Vesuvstädten und in Ostia
148 Seiten mit 32 Abbildungen, 32 Farbtafeln

Band 67: *lieferbar*
Orhan Bingöl
Malerei und Mosaik der Antike in der Türkei
147 Seiten mit 96 Abbildungen, 31 Farbtafeln mit 59 Abbildungen

Band 68: *vergriffen*
Nikolaus Himmelmann
Minima Archaeologica
298 Seiten mit 149 Abbildungen

Band 69: *lieferbar*
Karol Myśliwiec
Herr Beider Länder
288 Seiten mit 22 Strichzeichnungen, 87 Schwarzweißabbildungen und 15 Tafeln mit 24 Farbabbildungen

Band 70: *lieferbar*
Dietrich Sahrhage
Fischfang und Fischkult im alten Ägypten
174 Seiten mit 77 Schwarzweißabbildungen; 21 Tafeln mit 37 Farbabbildungen

Band 71: *lieferbar*
Karl Jaroš
Esther · Geschichte und Legende
125 Seiten mit 7 Abbildungen, 7 Farbtafeln

Band 72: *lieferbar*
Rainer Hannig und Petra Vomberg
Wortschatz der Pharaonen nach Sachgruppen
Kulturhandbuch Ägyptens
XII, 1029 Seiten

Band 73: *lieferbar*
Wolfgang Schiering
Minoische Töpferkunst
Die bemalten Tongefäße der Insel des Minos
VIII, 253 Seiten mit 73 Abbildungen, 8 Farb- und 80 Schwarzweißtafeln

Band 74: *vergriffen*
Thomas G. Schattner (Hrsg.)
Archäologischer Wegweiser durch Portugal
236 Seiten mit 5 Karten und 204 Abbildungen; 19 Farbtafeln

Band 75: *lieferbar*
Marcus Junkelmann
Panis Militaris · Die Ernährung des römischen Soldaten oder der Grundstoff der Macht
254 Seiten mit 10 Farb- und 84 Schwarzweißabbildungen, 18 Tafeln mit 33 Farbabbildungen

Band 76: *lieferbar*
Christoph Müller
Ikarus fliegt weiter – Ursprung und Rezeption geflügelter Worte und Sprachbilder
XIX, 232 Seiten mit 73 Abbildungen; 8 Farbtafeln

Band 77: *vergriffen*
Bernard Andreae
Schönheit des Realismus
Auftraggeber, Schöpfer, Betrachter hellenistischer Plastik
336 Seiten mit 353 Abbildungen

Band 78: *lieferbar*
Karl Schefold
Der religiöse Gehalt der antiken Kunst und die Offenbarung
Unter Mitarbeit von Mirjam T. Jenny
580 Seiten mit 106 Abbildungen

Band 79: *lieferbar*
Anton Bammer
Die Rückkehr des Klassischen in die Levante · Neuzeitliche Architektur und Minderheiten
278 Seiten mit 107 Schwarzweißabbildungen; 8 Farbtafeln

Band 80: *lieferbar*
John Boardman
Griechische Plastik
Die spätklassische Zeit und die Plastik in Kolonien und Sammlungen
319 Seiten mit 377 Abbildungen

Band 81: *lieferbar*
Maria Alföldi
Bild und Bildersprache der römischen Kaiser
Beispiele und Analysen
304 Seiten mit 260 Schwarzweißabbildungen

Band 82: *lieferbar*
Angelika Dierichs
Von der Götter Geburt und der Frauen Niederkunft
XII, 324 Seiten mit 144 Schwarzweißabbildungen; 16 Farbtafeln

Band 83: *lieferbar*
Wolfgang Zwickel
Der salomonische Tempel
212 Seiten mit 81 Schwarzweißabbildungen; 16 Farbtafeln mit 25 Abbildungen

Band 84: *lieferbar*
B. S. J. Isserlin
Das Volk der Bibel · Von den Anfängen bis zum Babylonischen Exil
VII, 327 Seiten mit 78 Schwarzweißabbildungen; 8 Farb- und 33 Schwarzweißtafeln

Band 85: *lieferbar*
Peter Betthausen u. Max Kunze (Hrsg.)
Jacob Burckhardt und die Antike
180 Seiten

Band 86: *lieferbar*
Rainer Hannig
Die Sprache der Pharaonen · Großes Handwörterbuch Deutsch – Ägyptisch (2800–950 v. Chr.)
XXII, 1753 Seiten

Band 87: *lieferbar*
Matthias Steinhart
Eckhard Wirbelauer
Aus der Heimat des Odysseus
Reisende, Grabungen und Funde auf Ithaka und Kephallenia bis zum ausgehenden 19. Jahrhundert
336 Seiten mit 146 Schwarzweißabbildungen und eine Faltkarte; 16 Farbtafeln

Band 88: *lieferbar*
Bernhard Kytzler, Lutz Redemund, Nikolaus Eberl
Unser tägliches Griechisch
Lexikon des altgriechischen Spracherbes
XLIII, 1209 Seiten

Band 90: *lieferbar*
Klaus Bartels
Wie die Murmeltiere murmeln lernten
77 neue Wortgeschichten
174 Seiten

Band 91: *lieferbar*
Nicholas Reeves
Echnaton
Ägyptens falscher Prophet
238 Seiten mit 116 Schwarzweißabbildungen; 16 Farbtafeln mit 20 Abbildungen

Band 92: *lieferbar*
Felix Müller
Götter, Gaben, Rituale
Religion der Frühgeschichte Europas
VII, 243 Seiten mit 79 Farb- und 99 Schwarzweißabbildungen

Band 93: *lieferbar*
Karl Jaroš
In Sachen Pontius Pilatus
144 Seiten mit 27 Abbildungen und 2 Tabellen

Band 95: *lieferbar*
Horst Klengel
Hattuschili und Ramses
Hethiter und Ägypter – ihr langer Weg zum Frieden
179 Seiten mit 49 Farb- und 31 Schwarzweißabbildungen

Band 96: *lieferbar*
John Boardman
Die Perser und der Westen
Eine archäologische Untersuchung zur Entwicklung der Achämenidischen Kunst
311 Seiten mit 289 Schwarzweißabbildungen; 16 Farbtafeln

Band 97: *lieferbar*
Günter Vittmann
Ägypten und die Fremden im ersten vorchristlichen Jahrtausend
X, 322 Seiten mit 122 Schwarzweißabbildungen; 24 Farbtafeln

Band 98: *lieferbar*
Rainer Hannig
Hannig-Lexica · 4
Ägyptisches Wörterbuch I
Altes Reich und Erste Zwischenzeit
CV, 1681 Seiten